语文学习，乐在其中！
愿每个孩子都能轻松学语文，快乐学语文！

——李万青

相信，只要怀揣一个梦想，拥有一颗热爱生活的心，一双善于发现的眼睛，一份永不言弃的坚持，就可以在文学的道路上越走越远。我们一起出发吧！

——杨晗菲

魔幻故事，让我脑洞大开！再接再厉，我将继续展开想象的翅膀，在我的文学天地里自由翱翔！

——朱星瑞

在写作中观察世界，在写作中体会冷暖，在写作中认识真、善、美。

——史文君

凭着"痴心"去"妄想",在文学创作的世界里,我就是造物主!

——柳沛阳

只愿我的作品能有触动人心的力量,能给懦弱者带来勇气,给孤独者带来温暖,给坚强者带来信念,给快乐者带来思考……

——姚凌曦

写作让我的童年更美好,更丰富,更有意义!

——陈贝贝

我快乐地畅游在自己的想象之中!想象力为我插上了翅膀,飞翔在外太空。

——陈允初

天马行空的想象，让我享受着文学创作的乐趣。

——范心蕊

一写起来便刹不住手！那种脑中的想法倾泻而出的感觉是多么酣畅淋漓，是多么美妙！

——陈雨阳

创作小说的快乐,远远大于快乐本身!你也来试试吧!

——张雨芊

在创作小说的过程中享受不断超越自我的快乐!

——曹冠群

梦想的翅膀

李万青 等著

东南大学出版社
SOUTHEAST UNIVERSITY PRESS
·南京·

图书在版编目（CIP）数据

梦想的翅膀 / 李万青等著. —南京：东南大学出版社，2015.6
 ISBN 978-7-5641-5762-3

Ⅰ.①梦… Ⅱ.①李… Ⅲ.①作文–小学–选集
Ⅳ.① H194.4

中国版本图书馆 CIP 数据核字（2015）第 111667 号

梦想的翅膀

出版发行	东南大学出版社
出 版 人	江建中
社　　址	南京市四牌楼 2 号
邮　　编	210096
经　　销	全国各地新华书店
印　　刷	南京玉河印刷厂
开　　本	700mm × 1000 mm　1/16
印　　张	24.25
字　　数	439 千字
版　　次	2015 年 6 月第 1 版
印　　次	2015 年 6 月第 1 次印刷
书　　号	ISBN 978-7-5641-5762-3
定　　价	45.00 元

（本社图书若有印装质量问题，请直接与营销部联系，电话：025-83791830）

序 言

——让梦想插上翅膀

审阅修改完最后一篇孩子们的作品,我长长地舒了口气,欣慰、幸福、甜蜜、些许遗憾……诸般感慨涌上心头!

孩子们的第一部作品集终于即将付梓出版了!

这对孩子们来说是一件重要的事情,几年的努力就要化为白纸黑字散发着油墨清香的书籍了,该为作品集起个什么有意义的名字呢?于是我给孩子们布置了一项特殊的任务:为作品集起个名字,并且说明理由。

孩子们听到这个任务,很是兴奋,个个摩拳擦掌、跃跃欲试,当时教室里就此起彼伏地响起了好些名字。我和孩子们一起逐一讨论这些书名,最终一致认为"梦想的翅膀"最为合适。

童年是一幅绚丽迷人的画,是一首悠扬动听的歌,是一个色彩斑斓的梦。最美的童年少不了书香的陪伴。是啊,"梦想的翅膀",一个富有诗意又贴切的名字,童年怎能没有梦想呢?梦想又怎能缺少翅膀呢?有梦想的人生才是充满希望和动力的,有梦想的童年才是幸福快乐的。宝剑锋从磨砺出,梅花香自苦寒来。梦想不落实到行动不会成真,行动不持之以恒难见成效。今天,孩子们的作品之所以能够正式出版成册,正是他们对文学怀抱梦想,平时坚持不懈地积累和学习的结果。

有人曾这样比喻,说要想写好小说首先就要把自己变成个杂货铺。意思是作者必须要有广博的知识面,如此才"有料"可写。只有在不断的广泛阅读和大量练习的基础上,写作才会有立足之本,才能提高,才能进步。否则,皮之不存,毛将焉附?所以,从教二班以来,我就希望孩子们能够广泛阅读,培养爱读书的好习惯,也时常给他们推荐一些必读书籍。特别是在寒暑两个假期,我更会摒弃那些死抄滥写类的暴力作业,而是把大量阅读作为重点布置给孩子们。长此以往,孩子们的知识面明显宽了,想象力与思维能力也大幅提升,这为写作奠定了良好的基础。与此同时,我也希望让孩子们能在语文实践中提升自己的语文综合素养。所以,在教学中为他们创造大量的练笔机会,有计划分步骤地扎实写作基本功,语言、心理、动作、表情,主题、情节、线索、人物,立意、选材、构思、提纲……练得细致,练得有序,练得精彩。不同的写作训练,起到不同的练习效果。随教材的单元作文,规范孩子们的语言表达,

传递写作方法；紧随阅读的读写结合，模仿大家，掌握方法；每周一次的轮流日记，激发兴趣，自由表达。特别是"轮流日记"成为孩子们的最爱。每个孩子每周至少写一篇日记，题材、体裁、主题、内容、篇幅、辞章……一切皆无限制，尽可自由发挥。终于，"拨得云开见日出"，孩子们的努力开始有了明显效果，对写作不再像当初那样苦大仇深，而是越来越喜欢写作，并乐在其中，这也是我感到最开心的事了。记得有一学期刚开学头两周我太忙了，未顾上及时布置孩子们写轮流日记，当第三周我对孩子们宣布继续写时，教室里竟爆发出一片热烈的欢呼声"耶！"在这声"耶"里，我深深体会到了作为一名语文教师的幸福和快乐。

《梦想的翅膀》共收录了十一个孩子的作品，刚好占了全班总数的四分之一。其实还有很多孩子的作品，也都写得非常好，只是由于时间、篇幅等原因，这次无法收录入集，甚为遗憾。这些作品，字数短则一两万，长则六七万，题材广泛，内容丰富，有校园故事，有魔幻童话，有动物趣事……我时常一边阅读修改，一边惊奇于孩子们丰富自由的想象力，惊喜于他们显得既老道又充满童趣、清新灵气的文字，惊异于他们蕴藏着的巨大潜力。现在回头想想，如果这几年没有让孩子们坚持写轮流日记，那么孩子们的这份兴趣爱好和文学才能或许也就无声无息地湮没了，那是一件多么令人惋惜和遗憾的事啊！因为这些作品不仅是孩子们写作才能的印证，更是他们一去不复返的无比珍贵的童年的一份美好记忆。

每个人都有自己的童年。童年是转瞬即逝的，走得最急的总是最美的时光。最淡的墨水胜于最好的记忆。孩子们今年即将毕业，挥泪告别童年，正是缘于此，我和家长们达成了一个共识：把孩子们平日写的作品结集出版，把他们的美好童心永远珍藏起来，把他们纯洁深厚的师生情谊、同学友爱永远珍藏起来，把他们的美丽梦想珍藏起来！

孩子们的梦想是一粒充满希望的种子，我有幸能呵护这粒生机鲜活的种子，为它施肥浇水，亲眼看着它日渐饱满丰盈、开花结果，我的心便是满满的欢喜。

孩子们的梦想就是那欲起飞翱翔的雄鹰，我有幸能为它加载一份动力，欣赏它翼展万里、搏击长空的飒爽英姿，我的心便觉足以欣慰矣！

你是娇艳的花儿，你就尽情绽放吧！你是凌云的雄鹰，你就展翅高飞吧！我的孩子们，我会时刻为你们祝福，为你们祈祷，愿你们梦想成真，明天更美好！

是为序。

李万青

2015年4月

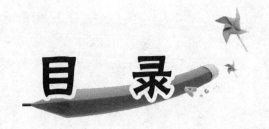

目 录

鹰　杨晗菲 …………………………………… 01

丁丁历险记　朱星瑞 ………………………… 54

向左，向右　史文君 ………………………… 75

流浪汉弗吉尔的故事　柳沛阳 ……………… 113

青春枫舞　姚凌曦 …………………………… 141

龙游寻梦　陈贝贝 …………………………… 154

黄金时空　陈允初 …………………………… 221

玛格丽特与魔法校园　范心蕊 ……………… 249

夜·怕黑　陈雨阳 …………………………… 270

猫皇　张雨芊 ………………………………… 304

MH370航班　柳沛阳 ………………………… 326

隔壁的世界　曹冠群 ………………………… 333

鹰

杨晗菲

一 序

一座山。

一片林。

一只肥肥的兔子在地上跑着、跳着。这时,它发现了一片苜蓿。苜蓿是兔子的最爱,它立刻停了下来,在这片美味中不亦乐乎地享受着,完全忘记了危险。

这是一片有鹰的林。

黑影闪过……鲜血!眨眼间,这只可怜的兔子已被鹰带上了天,一下子就断了气。

这是一只雄性苍鹰,叫褐翅。这个名字很合适他。因为,他长着一对漂亮、矫健的赤褐色翅膀,黄色的爪,弯钩似的喙和一双炯炯有神的红色鹰眼。

"亲爱的,我们的蛋怎么样了?有动静吗?"褐翅带着兔子飞了回来,对他的伴侣——金爪说道。

这只雌性苍鹰倒也配得上这个名字,她金色的爪子上的鳞片就像纯金打造一般,在阳光下闪闪发光。

金爪咬了一口肥肥嫩嫩的兔肉,小心翼翼地跳出了鹰巢,褐翅看到了窝里的蛋。

只见三枚带着小小斑点的蛋安安静静地躺在巢里,最大的那枚还时不时地颤动两下。

"估计还有一两天就会孵出来了。"金爪站在另一根树枝上,满嘴兔肉,含糊不清地说道。说完,就又去吃兔肉了,看得出,在抱窝的时候,她真的饿坏了。

就在这对苍鹰夫妇吃午饭时,一条居心叵测、不知死活的灰鼠蛇悄悄地、小心地、无声地滑进了鹰巢,"咕噜"一声吞下了那只最大的蛋。正当它蠕动着爬向另一只蛋时,它被金爪发现了。

如果说有什么最可怕,那就是痛失爱子的母亲。金爪愤怒了,她赶忙飞到巢边,她那通红的眼睛里射出的目光像无数尖利的刀锋,足以破开山岩。这只灰鼠蛇打了一个冷战,要知道,鹰有时也是会吃蛇的,特别是一只愤怒的鹰,那可是谁也惹不起的呀。灰鼠蛇只好咬紧了牙关,心说:看来,今天我必须为生存而战了。

金爪以迅雷不及掩耳之势飞蹿到灰鼠蛇的身边,锋利的鹰爪直取蛇的"七寸"。这时,褐翅也飞到了巢里,紧紧抱住剩下的两个蛋。不过,这条灰鼠蛇敢只身勇闯鹰巢,也自然不是等闲之辈。它把头往左一躲,想借势咬金爪一口。不过金爪可不傻,左一闪,右一闪,让灰鼠蛇咬不到自己,她有的是耐心。长时间的消耗战让这条狡猾的蛇失去了耐心和体力。它把蛇头向前一伸虚晃一招,想借机逃跑。可是,它忘了一件事:鹰的喙和爪子一样锋利。金爪见灰鼠蛇把头向前伸,心想:想唬我?你还嫩了点儿!吃了我的蛋,休想逃跑。于是,她尖叫一声:"拿命来!!!"灰鼠蛇愣了一下,然而,就这一秒,也足够金爪杀它十次了。

只听"啪嗒"一声,金爪把头骨碎裂的灰鼠蛇扔到巢中。此时的灰鼠蛇像一条烂草绳一样,软绵绵地瘫在那里。

一场以入侵者头骨碎裂为结果的激战结束了,一次孵化开始了!

二 孵 化

这是一棵高大的橡树,枝叶十分茂盛,形成了一把巨大的绿伞。站在这棵橡树盘龙似的树根上抬头仰望,有一个黑黑的球体卡在两个树枝之间。

这就是鹰巢。

褐翅和金爪正站在巢里,注视着他们的两枚蛋。褐翅不耐烦地跺跺爪子,小声抱怨道:"金爪,你不是说今天就会孵出来的吗?你看,太阳都快下山了,怎么还没有动静啊?"

"嘘!"金爪做了一个"不要说话"的姿势,让褐翅再等一等。因为,作为母亲的她,早在今天早上,就隐约地感受到了两个可爱的小家伙在蛋液的海洋里寻找出口的动静。

"咔、咔咔"在大约三十分钟后,金爪和褐翅听到了三十多天来,日日夜夜所期待的声音。

一个蛋上出现了一个小小的洞。接着,以这个小洞为中心,一条条裂缝开始出

现。金爪强行把心中的激动之情压住,静声等待。

又一声"咔"! 蛋壳碎成了两半。一个长着大脑袋的粉红色小雏鸟从蛋里钻了出来。

"叽、叽!"小雏鸟一钻出蛋壳就摔了个四仰八叉,接着又摇摇晃晃挣扎着站起来,又摔了一跤。

"啊!是个女孩!"褐翅叫了起来,"我一直想要个女儿!"说着,他开心地笑了。他一边笑一边俯下身子,几乎是趴在巢里。他黄色的喙正好停在小雏鸟的大脑袋之前。这时,这只刚破壳的小雏鸟睁开了双眼,她几乎是一睁眼就深深地爱上了这个美丽而又奇妙的世界。

这时,金爪用她的爪子拨开了碎蛋壳,仔细地看着这个小家伙。小家伙浑身湿嗒嗒、黏糊糊的,可金爪仍然忍不住想抚摸她。她长得那么奇怪、甚至有一点儿恶心,可我却想亲吻她,没错,我、我……爱她! 金爪心中想道。一种从未有过的感情灌入了她的心田。

就在他们仔细打量着自己第一个孩子的时候,第二枚蛋也孵化成功了。这只小雏鸟和上一只没什么不同,同样也是粉红色的,细小的绒毛也湿嗒嗒地黏在皮肤上,他是一个男孩。

这下,整个鹰巢可热闹开了——金爪忙着给孩子们吃第一条小虫,褐翅忙着不让这两个"冒失鬼"掉出鹰巢。

时间慢慢过去了,两只小雏鸟身上的绒毛也已经慢慢干了。姐弟俩看上去就像是两个灰色的小绒球,让人情不自禁地想摸一摸,抱一抱。

"咳! 咳!"褐翅干咳了几声,开始了自己的演讲:"欢迎小家伙们,欢迎来到这无奇不有的大千世界!"

"什么是无奇不有的大千世界呀,爸比?"姐姐瞪着一双乌黑的眼睛问道。

金爪慈爱地说:"哎呀! 这不重要啦,重要的是以后不要打断别人说话。继续,褐翅。"

褐翅点点头继续说:"从现在起,你们不能叫'第一只'和'第二只'了。"

"不嘛! 不嘛!"弟弟哭着说,"我不要叫'第二只'! 不要!"

褐翅笑了,笑得那么厉害,他的褐色

插图:杨晗菲

身子在不停地抖动着,几个绒毛都被抖了下来。

金爪接过话头说:"你,第一只,你身上的白色斑点长得那么密、那么白,为了赞扬你身上的斑纹,你就叫'斑点'!"

"噢!斑点、斑点!我就叫斑点!"斑点开心地又蹦又跳,扑扇着自己光秃秃的小翅膀,差点儿把鹰巢给拆散了。

"那我呢?"第二只眼巴巴地望着自己的母亲,"我也要有一个新名字!"

"别急,我的宝贝。你腹部的条纹不比你姐姐的斑点差。"说到这里,金爪盯着第二只的胸脯,"所以,你叫条纹。"

"条纹、条纹、条纹、条纹……"条纹"哧溜"一声钻到了自己父亲的双爪之间,他太喜欢这个名字了。

三 学 飞(一)

六十多天过去了,两只小鹰已羽毛初丰,是时候学飞了。

在学飞前的傍晚,金爪正在给小家伙们讲一个动听的睡前故事。她幽幽地说道:"我们苍鹰家族因为有坚忍不拔的品性而一直被人们喜爱着。今天,我就要讲一个关于一只勇敢的苍鹰的故事……"一听到可以听睡前故事了,小家伙们就兴奋不已,条纹和斑点像在争夺食物那样,推着、挤着,都想钻到妈妈的身边。金爪微笑着分开了他们俩,说道:"好了,好了。都别吵。这只苍鹰叫疾风,他可是一个很勇敢、很聪明的人物呦。他很爱冒险,有一天,他无意中发现了乌鸦的阴谋。于是,疾风带着他的朋友四处招兵买马、反抗乌鸦。后来,乌鸦首领知道了,就设计谋害疾风和他的朋友。聪明的疾风发现了,将计就计,反而把乌鸦给耍了。乌鸦首领恼羞成怒,派兵攻打疾风,但斗不过疾风的迂回战术。后来,疾风和乌鸦首领在一个海湾边展开了死战。当然,疾风胜利了,而那个海湾也被命名为疾风湾。"

半小时的快乐时光不知不觉偷偷溜走了,鸭蛋黄似的太阳倚在山尖尖上,把周围的云彩染成了一块美丽的画布,似乎是天空那害羞脸蛋上的红晕。

"好了,孩子们,"金爪打了个哈欠,睡眼蒙眬地说:"故事就到这里了,上床吧,小家伙们,明天还要学飞呢!"说完,她就走到褐翅身边,把脖子一缩,沉沉地睡去了。

学飞!明天就要学飞了!这几句话就像一句歌声久久回荡在斑点的心中,她早就期待着这一天的到来了,她对条纹说:"噢,晚安,老弟,明天天上见。"

"晚安,老姐。晚安,太阳。"条纹痴痴地看着太阳,眨了眨眼,似乎以为那是为了他会飞而给他的奖品。

"一颗星、两颗星、三颗星……"斑点百无聊赖地躺在自己的绒毛小床上，看着满天星斗，一个个地数着。没错，她失眠了！她正在用褐翅教她的"入睡大法"——数星星。她太兴奋了，太向往天空和自然了，她心中有什么在蠢蠢欲动，让她的心猫抓似的痒。斑点以为是要吐小食团，鹰是通过砂囊把食物的骨头和皮毛什么的挤成团，然后吐出来。她走到巢的角落，只吐出一个小得可怜的食团，她又回到了床上，可还是无法入睡。

斑点不知道，在巢的另一边，她的弟弟——条纹也失眠了。条纹在床上辗转反侧，一会把头插在左翅下，一会儿把头插入右翅下，一会儿又把头低下来，他的心里也有着太多的期待。

终于，在午夜时分，两个小家伙睡着了。

"喂！起床！起床！"褐翅一边喊，一边用爪子轻轻地摇晃着姐弟俩。

"唔。"条纹睡眼蒙胧地站了起来，然后疯狂地甩着头，似乎想把困意甩掉。

斑点却一骨碌爬了起来，来到了他们的早餐——野鼠边，开始狼吞虎咽地吃起来。

"现在，站在这根树枝上，展开你们的翅膀，感受风的气息。"吃完饭以后，他们开始了学习，从基础开始，褐翅正在叽叽咕咕地说着关于风和翅膀，"静止的空气没有推动力，所以要通过拍打翅膀来弥补，就像这样。"

褐翅边说边拍打着翅膀，慢慢地飞了起来。

"你们也来试试。"

斑点在爸爸"一、二，一、二……"的口令下有节奏地拍打着翅膀，一下、两下、三下，可是她丝毫没有感到那所谓的推动力，她还纹丝不动地站在原地。

"不对！这样不对，再用力点儿，幅度再大一点儿。"褐翅说道。

斑点纠正着自己的动作，继续拍打着翅膀，可还是没能离开树枝，她不禁有些气馁。

"对、对，就这样，坚持、坚持。"金爪在一旁大声地鼓励。

时间一分一秒地过去了，就在斑点快要对自己彻底失望的时候，她突然感到有一阵微弱的气流在翅膀下流动，双爪也慢慢地离开了粗糙的树枝。斑点不敢松懈，更加卖力地拍打着翅膀。一厘米、两厘米、三厘米……她离树枝越来越远，终于，她飞了起来！

"成功了！成功了！我会飞了！"斑点兴奋地叫道。

"对、对，就这样。注意，保持平衡。"褐翅说道。

斑点初丰的双翅上上下下拍打着，但她还没有完全掌握飞行的要领，身体不能保持平衡,时不时地跟跟跄跄撞向一边的树枝,卷起了几片树叶,看的褐翅胆战心惊。他赶忙飞到斑点身边,护送着她回到了树枝上。

看到姐姐终于飞起来了,条纹不禁跃跃欲试。他学着斑点的样子"扑棱、扑棱"力拍打着翅膀,可除了扬起了一场小型的沙尘暴,其他没有任何变化。

褐翅安顿好斑点后走了过来,为条纹掸去了头上的灰尘,说道:"飞行不能使蛮劲,要懂得驾驭气流。更重要的是每次扇动翅膀都要有节奏,来,跟着我的口令。"

"一、二、一、二……"

条纹扇动起了翅膀,可是他不是慢了半拍,就是快了半拍,没有一次拍到了拍点上。

褐翅喊得嗓子都快冒烟了,可条纹依然"沉醉"在自己的节奏中,近乎崩溃的褐翅大声嘶叫道:"听口令,听口令,听我的口令!你耳朵带出来了吗?你这是在干吗?麻烦你给我认真点儿。"

条纹一听到老爸的嘶叫声,更加慌了神,他急得满头大汗,节奏更加慌乱了。他胡乱地挥动着翅膀,身上的绒毛四处飞扬,嘴里还时不时地发出"嘿嘿哈哈!"奇怪的声音。

"停!停下!"褐翅看着如此狂躁的条纹,意识到这样下去不是办法,看来要换一种教学方法了。

条纹喘着粗气停了下来,褐翅叹了口气说道:"你先休息一下,一会儿我们再重新开始。"

过了一会儿,训练又开始了。这次,褐翅放慢了口令的速度,几乎是一字一顿地喊着"一——二——一……"一下、两下、三下、四下,条纹慢慢的拍打着自己的双翅,终于找到了节拍,他心里一阵窃喜。褐翅也发现了他找到了节拍,于是加快了口令的速度。谁知速度一快条纹又慌乱了起来。

就这样,他们慢一会儿,又快一会儿;快一会儿,又慢一会儿。折腾了半天也没有一点儿进展。太阳从头顶挪到西边,此时已是黄昏时刻了。

褐翅抹了一把脸上的汗水,说道:"先回家吃饭吧!"

四　学　飞(二)

在夕阳的余晖下,一家四口吃了有生以来最沉默的一顿饭。他们都低着头,一言不发,吃着属于自己的那份晚餐。

饭后,累了一天的斑点摇摇晃晃地走向自己的小床,一头扎到了绒毛里。条纹拖着疲惫的身子也走向了自己的小床。褐翅拦在了床前说道:"嘿!小伙子,你今天的任务还没完成呢!你姐姐已经会飞了,而你呢?"

条纹苦着一张脸带着哭腔说道:"不是吧!我累了一整天呢!我要睡觉,我立刻就要睡觉!"但他立刻住口了,因为他看到了老爸的眼睛似乎要喷出火来,他低下了头小声说道:"好吧,我去还不行吗?"

条纹走到巢外的树枝上,疲软无力地拍打着翅膀。他凝望着不被月光洒落的树下,心想:也许我跳下去就能飞起来了吧。就在他打算付诸行动时,斑点不知从哪儿冒了出来,一把抓住了他的翅膀:"嗨,老弟,你不会这么想不开吧!"

"想不开?"条纹挠挠脑袋不明白斑点指的是什么,过了一会儿,他才恍然大悟:"你,你不会以为我想寻死吧?呵呵!我只是想等着奇迹发生。"

斑点毫不留情地啄了条纹一下,训斥道:"哪有什么奇迹发生,练习才是硬道理。"

"老姐,麻烦你脑子清楚一点,我都已经练习一整天了,一点儿用也没有。"

"废话少说,我和你一起练。"

斑点陪着条纹练了起来。

如水的月光洒在林间,宁静的世界里只听见两只小鹰拍打翅膀的扑棱声。

在树的另一个枝丫上,金爪和褐翅不安地看着姐弟俩。

"孩子他爹,他们这样能行吗?你还是过去教他们吧!"金爪担忧地对褐翅说道。

"别担心,亲爱的,该说的我都说过了,剩下的就要靠他们自己领悟了。"

时间一分一秒地过去了,斑点已经累得只有吐舌头的份了,她趴在树枝上,双翅耷拉着,喘着粗气说道:"老弟……我、我实在没劲了,最后一招……"她喘了一口气继续说道:"你闭上眼睛,默念口令,静心感受气流,只能靠你自己了。"

条纹稍事休息了一会儿,开始独自练习。他闭上双眼,只听见树叶在风中沙沙作响,周围是那么的宁静,他突然感觉自己的心也跟着安静了下来。此刻,他心如止水,口中默默念着"一、二、一、二……",翅膀也跟着煽动起来。不知过了多久,他感到有一股气流在缓缓地、轻轻地将自己托了起来。还没等他明白怎么回事,就听到斑点发出爆炸似的欢呼声:"YES,老弟!你终于成功了,感谢老天、感谢上帝、感谢我自己,耶!"

条纹睁开双眼,发现自己正悬浮在斑点的上空,再往下是一片黑糊糊,他不禁一阵眩晕,叫道:"哦,NO!"

"嘭!"

条纹四仰八叉地摔在了斑点的旁边,不一会儿,树枝上爆发出"哈哈哈哈哈"欢快的笑声。

五 练 习

又是一个风和日丽的好天气。天空蓝的像一块干净的蓝色油画布,几朵棉花似的白云仿佛是达·芬奇大师用白色颜料亲手画上去的,洁白而又有层次。而太阳这个大光球则像一个装饰灯笼一样,明亮又不张扬,默默地为这片宁静的山林加上一抹生机。

斑点和条纹此时正站在巢边的一根树枝上,目光随着天上的一个小黑点移动着,那是他们的爸爸在打猎。黑点时而盘旋,时而拔升,斑点和条纹也随着爸爸的身影左右摇动着小脑袋。

突然,褐翅发现了猎物,他展开双翼,让自己以风一般的速度向地面俯冲。好叻!成功!褐翅刚才冲到树下的身影又出现在天空,只是大了一圈,没错,一只猎物正在他的爪上做着无用的挣扎。黑点越来越大,开始有了轮廓和颜色,只见他的爪子上抓着一只松鼠,双爪正好插入猎物的肚子里,条纹盯着松鼠,在脑海中回忆着爸爸打猎时的动作,快、准、狠!条纹想,下午我也要试一试。

每天下午都是斑点和条纹练习飞行的时间,姐弟俩草草地吃完午饭就开始练习了。

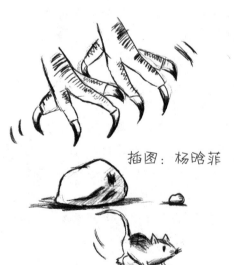

插图:杨晗菲

突然,斑点用喙在条纹的脑袋上敲了一下,挑衅道:"来呀,有本事来追我呀!"说完第二个"呀"这个字时,她已如离弦的箭一样飞出了很远。姐弟俩在空中追逐着,时而滑翔,时而盘旋,时而俯冲,现在飞翔对他们来说已经没有一点儿难度了。

"唉,"飞了很久,斑点落在了一根树枝上,叹了一口气,"饿死了,真是饿死了!"

这时,条纹发现一只小灰鼠正从林子下穿过,他想到了中午老爸打猎时潇洒的

身影,不禁心中一动。

"看我的!"条纹只说了一句,就开始起飞、拔高、盘旋、俯冲,整个飞行过程如同流水一般流畅。他张开脚爪,"嗖"的一声从地上掠过。他感到自己的爪子里有一个重物,心想:哈!我真是个天才,第一次打猎就成功了,老姐一定会佩服我的!我一定要好好嘲笑她一下!

"啪"的一声,条纹把爪中的"小灰鼠"甩在斑点面前,拽拽地说道:"怎么样?老姐,我厉害吧?嗯?"

"噗嗤……"斑点见了那"小灰鼠",捂着肚子笑喷了,"老弟,我和我的小伙伴们都惊呆了!说吧,老弟,你是眼睛坏了,还是脑子坏了?或者是翅膀坏了?没事儿,说,姐罩着你"。

条纹定睛一看,地上哪儿有什么小灰鼠?不过是块小灰鼠大小的石头,怪不得斑点如此嘲笑他呢。条纹害羞极了,羽毛全都贴在了身上,让本来就瘦小的他看上去就更小了。

这时,斑点骄傲地拍了拍翅膀说:"看我的!"

只见她做了一个华丽的盘旋,继而俯冲,向一只在树杈间快速跳跃的松鼠飞去……

六 飞吧!飞吧!

"啊!!!"一声尖叫像一把尖刀划破了夏末宁静的午后。接着,"嘭"的一声,一颗被"不明飞行物"撞击的树干落下了几片叶子,发出了"沙沙"地呻吟。然后,一切又归于平静,蝉儿依旧唱着那支炫耀自己的歌,鸟儿依旧在枝头叽叽喳喳绕着舌。

那个"不明飞行物"正是斑点。

此刻,斑点正在条纹的搀扶下,跌跌撞撞地飞回了鹰巢。斑点的样子十分狼狈,只见她头上撞了个大包,身上的羽毛凌乱,左翼的飞羽倾倒了,右翼的飞羽还断了两根,只有尾羽还算完好。

"天哪!你怎么搞成这个样子?"金爪心疼地看着斑点问,"怎么回事?"

斑点只好把事情的原委说了一遍。她原本想抓住那只树上的松鼠,眼看就要得手了,但不料自己的飞行速度太快,根本停不下来,于是就硬生生地撞在树上。

接下来的一个星期,对斑点和条纹来说,是暗无天日的,斑点的双翅上被金爪

敷上了疗伤用的苔藓,让她无法飞行,最可怕的是,她和条纹要蹲在巢里,听褐翅那无聊极了的飞行理论课。

终于,这个星期过去了,斑点也康复了。在很长一段时间里,只要一回忆到这段经历,斑点都会认为这个星期和一个世纪一样长。

褐翅说:"出于安全考虑,以后你们练习时要有我或妈妈在你们身边。另外,我们今天要去——"说到这里,褐翅顿了顿,看着两只小鹰迫不及待的样子,接着说:"今天我要带你们去——极光崖!"

"极光崖!"条纹激动的一下子喊了起来。要知道,他和斑点最想去的地方就是极光崖呀。那里的树木可不是一般的树,都是高大挺拔,有百年以上树龄的松树。它们的叶子是针形的,又尖又细。那些松树,从未有叶子变黄,那儿是鸟类世界最大的"针叶林"之一。而极光崖最有名的不是松树,而是极光。在每年夏天的最后十天的时光里,每当到了夜晚,都会出现美丽的极光。那些极光,像仙女的彩带在夜空飘动。当极光照在流经极光崖的河水上时,那河就成一条"宝石"河,是那么的流光溢彩。虽说这河水对鹰没有用,但想到那么美丽的、闪闪发光的河水从极光崖上流泻下来,形成瀑布时,还是会让他们的心"怦怦"直跳。

七 极光崖

"啊!终于到了!"条纹边说边扑扇着翅膀降落在一棵松树上,接着,褐翅和斑点也降落了。

"哇哦!天哪!"斑点刚一降落就惊得目瞪口呆。条纹听了也扭过头看去,他一下子也愣在那里,傻傻地看着,听着,他的下巴因为吃惊快要掉在了地上。

只见对面的极光崖上一条大河从远方的森林里冲出来,奋不顾身地从山崖上跳了下去,把自己摔得粉身碎骨,然后在悬崖下得以重生,一条崭新的大河以势不可挡的力量冲开了面前的一切,飞奔向远方……然而,这水,这瀑布,这陡峭的山崖都是斑点和条纹在故事中无数次听说过的。今天终于亲眼目睹了!能不让他们惊喜吗?不仅如此,还有最让他们震撼的,是那"轰轰"的水声。那水声喧闹极了,就算是有一大群发怒的野象咆哮着冲过来也不足它的千分之一响。如果说河水是力量的话,那水声就是绝对力量。它是大自然的声音,是一首乐曲,足以让任何生灵在它面前跪下。

就这样,三只鹰在树上朝拜了足有十分钟。褐翅第一个回过神来,他大声地喊道,好让自己的声音盖过水声,让小鹰们听见:"我们马上去瀑布上空飞一次。"

一下,两下,三下,斑点拍打着翅膀,飞了起来,她一米、一米地向瀑布靠近,本来就喧嚣的水声更响了,斑点的心"怦怦"地跳着,不觉紧张起来。她心想:唔,这里好高、好可怕,如果我被吓坏了,没飞好,栽到河里,那……她不敢想了!但她看到了身下的河流,又想:河水无所畏惧,所以才可以冲开一切障碍,我也要向河水一样,不向困难屈服!加油!加油!想到这里,她加快速度冲入了瀑布上空的气流。

凉的!冰凉的!当斑点冲入气流,这是她的第一感觉。她轻轻地扇了一下翅膀,只感觉双翼下冰凉冰凉的,还有空气在有节奏地流动着,轻轻吹动着她的初级飞羽,她心想:太爽了!在这里飞比在自己飞过的任何地方都舒服多了!就算是盛夏里那缕温柔的风也比不过它。有那么一会儿,她感到这个世界里似乎只剩下自己和这瀑布了。

斑点完美地完成了她的瀑布飞行,现在轮到条纹了。

条纹轻叹了口气,好让自己看起来没有那么紧张。然后,箭一般地飞了出去。他一头扎入瀑布上空的气流,立刻就感到这气流带来的美妙感觉。他一会儿盘旋,享受这股凉爽的空气;一会儿滑翔,让水珠飞入羽毛的缝隙中;一会儿,他又冲入瀑布溅起的水花中……

八 瀑 布

太爽了!条纹想到,我现在飞得一定很酷!老爸一定会夸奖我的!想到这里,他不禁闭上双眼,让自己滑翔,滑翔,滑翔……

成年鹰们常说什么?"宁可让我捉一千只老鼠,也不闭着眼睛飞。"可见,对于一只鹰,哪怕是一只正处壮年的鹰,闭上眼睛飞也是很不明智的选择。

可条纹就是这么干了,在一个张着血盆大口的瀑布上这么干了。这是非常、非常危险的。

斑点和褐翅正站在树上观察着条纹。褐翅最先发现了条纹飞得很奇怪,只见条纹的身影在气流中忽上忽下,时快时慢,没有一点儿规律,就像一片轻盈的落叶在风中随风共舞。他一下子就猜到条纹被这瀑布的风、瀑布的水灌"醉"了,闭上了双眼。褐翅立刻飞向瀑布。斑点这时也看出了问题,也急忙跟着飞向了瀑布。

这时,条纹飞着飞着,突然觉得自己像被一把无形的大手牵制着,使他无法按自己的意志控制飞行了。他睁眼一看,天哪!我飞过头了!我离瀑布太近了!我得想办法赶快飞走。他用力拍打翅膀,想摆脱那股力,可刚才还十分听话的气流突然打起了旋儿。条纹眼睁睁地看着自己就要撞向了瀑布。

"哗"的一声,瀑布溅起的水花淋湿了条纹。条纹只觉得左翼一下子变沉了,他的身体危险地向左倾斜。而那边巨大的水流溅起的水珠,如同一颗颗坚硬的石子毫不留情地砸向条纹。条纹感到身上说不出的疼痛,更可怕的是,他的左翼变得越来越沉,而那只无形的大手正要把他向瀑布深处拽去。

就在这千钧一发之际,褐翅赶到了。他一个俯冲,用力飞到条纹左翼下面,这一冲撞产生了一股不小的上升气流,这让条纹一下子摆脱了那股力,清醒过来,他跌跌撞撞地在褐翅的护送下飞离了瀑布。

就这样,条纹被救了回来。变成"落汤鹰"的条纹十分的狼狈。他发疯似的抖着身子,似乎不止在抖落羽毛上的水渍,更是在抖落心中的恐惧。

"老弟,这下糗大了!"斑点有点儿幸灾乐祸。

条纹默默地转过头去,不知是因为惭愧还是因为浑身湿透了,整个身体变得更加瘦小。

褐翅查看了条纹,发现没有受伤后,拍了拍他说道:"孩子,你不要光顾着享受瀑布而忘了危险!对于我们鹰来说每一次飞行都是不能掉以轻心的。"

"更何况你还是只菜鸟!"斑点在一旁毫不留情的补了一刀。

褐翅瞪了斑点一眼,又继续说:"每只鹰在学飞的时候都会遇到挫折,别害怕,有时犯错也是一种体验,我相信你!等你晾干了,我们再练习几次。"

于是,斑点和条纹整个下午都在瀑布上空飞来飞去,练个不停。

终于,夜晚来临了。

三只鹰站在极光崖最高的树顶上,凝望着天空。

极光如约而至。一会儿是粉的,一会儿是蓝的,一会儿又是绿的……仿佛是一条条飘逸的丝绸,而天上的星斗都成了这美丽丝绸上点缀的宝钻。河水、树木和鹰都被染成了彩色。这一刻连瀑布似乎都沉默了。

九 捕 食

清晨,东方刚刚泛起鱼肚白,三只鹰并排站在瀑布对面的松树顶上,等待着日出。

鱼肚白渐渐地变深了,继而慢慢又变成了淡黄色。太阳缓缓露出了他们期待

已久的脸庞,它悄悄地探出半个脑门。顿时,一切都摆脱了灰蒙蒙的状态,大地伸了一个懒腰,一下子变得精神焕发。这时,太阳似乎沉下去一点,继而一跃而起,跳上了天空。小鸟唱起了歌,树林在风的抚摸下,沙沙作响。整个世界都充满了活力。此时的瀑布像镜子一样反射着光,让人不敢直视。它和夜里比起来,像换了个面孔似的,一个柔弱,一个刚强。

这时,褐翅看着对着太阳发呆的姐弟俩,不大高兴地嚷道:"喂!你们要看的日出都看过了,想要在天黑之前回家就得快一点!咱们出发吧!"

"那早饭呢?"条纹弱弱地问道,话才说完他的肚子就很捧场地,"咕咕咕……"叫了起来。

褐翅皱了皱眉:"早饭?来不及了,路上再说吧。"

斑点和条纹无奈地对视了一眼,叹了口气硬着头皮紧跟着褐翅飞了起来。

没飞多久,他们就发现褐翅叫他们早点出发是对的。才飞出极光崖的松林,风向就转成了逆风,这让他们的飞行速度大大减慢了。

不知飞了多久,褐翅发现了一只大野鼠。心想,孩子们都饿着呢,这个家伙做早餐正合适。但他转念一想,两个小家伙还不会猎食,不如让他们试试身手。

于是,褐翅调转头对无精打采的两个小家伙说道:"孩子们,那儿有只野鼠,它就是你们的早餐,抓不到,可就得饿肚子啦!"

斑点和条纹面面相觑,心里充满了矛盾。逆风飞了这么久,谁不饿呢?可是他们都失败过,都不敢再次轻易尝试了。

褐翅似乎看出了他们的犹豫,"不会吗?还是不敢?"他拍打着翅膀说道,"我演示一遍,可要注意我的动作哟。"说完,他振翅一跃在空中做了一个完美的猎食动作。"不学会猎食,你们就永远不能成为一只真正的鹰。"褐翅在空中激励着姐弟俩。

听了这话,条纹跃跃欲试,他张开翅膀首先冲了出去。斑点也不甘落后,紧紧跟上。

条纹飞在前面追赶着猎物,他一点点地靠近那只野鼠。野鼠感觉到了危险,慌乱地左右逃窜,想找一个藏身之处。这时,一块大石头挡住了它的去路。好!条纹觉得时机成熟了,他张开爪子抓向猎物,狡猾的野鼠哪是那么容易轻易就范,滋溜一下从大石头的缝隙中穿了过去,继续一路狂奔。

条纹的第一次抓捕没成功,褐翅在一旁大声说道:"你出爪太早了,要注意地形!"

斑点见条纹失手了,赶紧加快速度追了上去,此时条纹也调整好状态跟了上去。姐弟俩一前一后,一左一右把野鼠逼到了一个角落里。斑点一个俯冲,张开了利爪,野鼠转身想故技重施钻入一旁的石缝里,哪知条纹已经绕到了他的身后堵住了他的退路。野鼠慌了神,就在这一刹那,斑点的利爪撩向了它,"嘶"一阵刻骨的疼痛,野鼠昏死了过去。

"欧耶!"条纹和斑点异口同声地欢呼着,为他们第一次联手捉住了猎物欢呼着,他们爪子与爪子对击了一下,开怀地笑了。

两只小鹰狼吞虎咽的消灭了自己第一次捕到的猎物,跟随着褐翅继续向家的方向飞去。

十　归　途

飞行了一段时间,老天似乎有点儿不大高兴了,逆风刮得更大了,天也骤然黑了起来。怎么回事?原来,那逆风吹来了如同墨汁的乌云。看样子,要不了多久,一场大暴雨就要来临了。

三只鹰加足马力向家飞去。逆风越刮越大,越刮越嚣张,空中漫天飞舞着凌乱的树叶和断裂的树枝,此刻的天空犹如一口大铁锅,逆风似乎把天地间可以找到的东西一股脑儿全都丢进了锅中,准备一起乱炖。三只鹰也被吹得东倒西歪,就连褐翅也不得不承认,他也从没见过如此大的风。

褐翅努力使自己保持平衡,他回头紧张地对着两只小鹰嘶喊着:"稳住翅膀保持平衡,紧跟在我身后,不要被风吹散了。"

两只小鹰努力与狂风搏斗着,他们苦苦支撑着双翅,艰难地躲避着一个又一个气旋,撞击着一阵又一阵风浪。可是他们的力量实在太小了,就是这样半天也没能挪动几米。

褐翅觉得这样不是办法,他停了下来又一次大喊到:"你们俩分别到我的左翼和右翼来,我们组成一个三角形的队形。"

姐弟俩吃力地稳住自己的身体,飞到褐翅的左右两侧。

"坚持住,这只是一小片逆风区,我们只要冲出去就安全了。"褐翅给小鹰们加油鼓劲。

这时,风力稍稍有点儿减弱,褐翅觉得这是个大好机会。"冲啊!快!"他大声喊着,加快速度,带领着小鹰们向前努力飞行。

当他们筋疲力尽就快要撑不住的时候,终于冲出了这股逆风的包围圈,三只鹰不约而同的舒了一口气。稍事休息后,他们又踏上了回家的路。

十一　家

"我亲爱的孩子们！"金爪从窝里探出头来，欢快地说，"你们都没事吧？真是太好了！"说完，把斑点和条纹拥入左翅和右翅下，用勒死鹰的力气，紧紧地拥抱了他们一下。

"来，快点儿，我今天捉了一只大肥兔，一起来吃吧。"金爪招呼刚进窝的褐翅一起来吃饭。

哇！兔肉！条纹和斑点相视一笑，他们被那该死的逆风消耗完了所有的能量，早就饿坏了，一想到有口感细腻、味道微甜的肥兔肉可以吃，他们的肚子就开始"咕咕"的抗议了。

当金爪把兔肉端过来时，斑点和条纹扑了上去，和每次吃饭一样争抢了起来。不一会儿，这只兔子就只剩下头和尾了。而在这个过程中，他们的父母只吃了一点点，大多数时间在一旁凝视着他们。

吃完晚餐，两个小家伙又缠着金爪讲睡前故事。金爪让两只小鹰躺在柔软的绒毛小床上，自己找了个舒服的姿势靠在一边，她清了清嗓子开始讲起了孩子们百听不厌的《大海之战》："……后来，那只叫疾风的苍鹰和他的伙伴们把他们的敌人——乌鸦军团逼到了海边，与那些乌渣恶斗了三天三夜，最后把他们都歼灭了。后来的鸟族把这次战争叫做大海之战，那个海湾命名为疾风湾，每只苍鹰都会以到疾风湾接受成人礼而自豪。"看着迷瞪着双眼的两个小家伙，金爪低下头在他们的额头上轻轻地吻了一下，继续说，"故事到此结束。晚安，我的宝贝。"

两只小鹰把脸埋入厚厚的羽毛中。啊，回家的感觉真好！这是斑点入睡前最后的想法。

在确保孩子们都睡着了后，金爪飞到了巢外的一根树枝上，褐翅已经默默地在那里站了许久。

"你真的要这么干？让他们再住几天吧。"金爪轻声地恳求道。

"不行，我们已经推迟了一天，再推，就要错过最佳清巢年龄了。"褐翅坚定地说道，"只能这样了，我们也不都经历过吗？他们不会有事的。"

在雨后朦胧的月色中，一个计划定好了。

十二 告 别

第二天清晨,小雨淅淅沥沥地下着。

巢内,斑点一个翻身坐了起来,打了一个大哈欠,抬了抬翅膀,伸了一个大大的懒腰,走到了巢边坐了下来。她是来看雨的。

一滴、两滴、三滴……雨珠落在叶子上,形成一颗晶莹剔透的"宝石",又一滴雨水滴在叶子上,"宝石"越来越多,汇聚成一汪清水,变得越来越沉,把叶子压成了勺形。终于,叶子承受不住了,叶片向下弯去,水从叶子上流淌下来,落入了树下的小水坑里。

"真美啊,不是吗?"

"哇啊!"斑点吓了一大跳,扑闪着翅膀。她回头一看,是妈妈。斑点缓了缓神埋怨道:"真是吓死鹰了,下次不要太突然嘛。"

金爪冲斑点笑笑,把话题转移到雨上:"宝贝,雨是从天上落下来的,当它落到大地后,它们去了哪儿呢?"

"到土里去了。"斑点见金爪摇摇头,又说,"嗯……变成水气又上天成了云。"

金爪似乎对这个回答很满意,点了点头说道:"那有了厚厚的云之后呢?"

"又下雨了,就这样周而复始。"斑点说。

"对,周而复始。你会发现世上有很多事在一个轮子中转啊转。"金爪突然发现自己不知道到底该怎样表达,这样的话题对斑点来说是不是太深了?有那么一瞬间,她想把那古老的家训说出来,可话到嘴边她又有点儿不忍了,还是等褐翅来告诉他们吧。金爪低声说:"嗯……我去吃早餐了。"

斑点看着妈妈的背影,一头雾水。

下雨的日子,小鹰们窝在巢内数雨滴,不知不觉已经是下午了。

褐翅怀着忐忑的心情把家人都叫了过来,他和金爪都知道那一刻不可避免的就要来临了。

"咳、咳!"褐翅清清嗓子,开始了演讲,"今天,是一个特别的日子,一个吉祥的好日子……"

"嗷!"金爪踢了褐翅一脚,用眼神示意他长话短说,直奔主题。

"额,嗯。"褐翅重新起头,"今天,我恭喜我亲爱的宝贝们。"他指了指两个全神贯注听他演讲的小家伙:"斑点、条纹,你们就要成年啦!"

听到这句话,姐弟俩又自豪又骄傲,羽毛完全蓬开了,让他们看上去有平时的两倍大。

"等等!"姐姐斑点很快就发现了问题的关键,"什么叫就要成年了?"

褐翅看了看自己的女儿严肃地说:"成年,与之相伴的是能力与责任,你们从今天起,就代表着苍鹰,你们要发誓誓死捍卫苍鹰家族的名誉!"

"我……我发誓!""我也发誓"姐弟俩争着举起了右翅。

"好!那么在接下来的一年里,证明自己的能力,证明自己是一只真正的苍鹰。"褐翅说道。

"好的,爸爸。"想到了前不久和斑点共同捕获到猎物,又一起抵御了逆风,条纹信心满满的地说道,"我们会证明的。"

"苍鹰家族的家训:每只即将成年的苍鹰都要独自前往疾风湾带回一块月光石,才算真正成年。"褐翅郑重地宣布道,"这是每个苍鹰都必须经历的成年礼。"

"你会和我们一起去吧?"条纹终于听出了一些苗头,他看了一眼褐翅小心翼翼地说道,"对吧?老爸?"

"不,我说的是独自,只有你和斑点。"褐翅肯定地说。

"什么?不嘛,我还没长大,我不要独自离开,不嘛!"条纹在巢里打着圈儿,然后用一双明亮、清澈而又天真的红眼睛盯着老爸。好家伙,他竟然开始卖萌了。

褐翅把头扭开小声嘟囔道:"卖萌可耻!"

相比较弟弟条纹,斑点表面很平静,可是内心却如波涛汹涌一般,原来《大海之战》的故事并不是一个传说,而妈妈早上和她说的那番话也是有用意的。古老的家训,一代一代传承下去,每个苍鹰都必须经历,是证明自己能力的时候了。想到这里,她的心有一点点蠢蠢欲动。

第二天早晨,姐弟俩在褐翅、金爪期望而又依依不舍的目光中,一步三回头地离开了鹰巢,等待他们的将是怎样的挑战呢?

十三 一场说走就走的旅行

下了一夜的雨停了,山林里弥漫着青草、树木、野花和雨水的清新味道,在薄纱似的迷雾中,有一道耀眼的彩虹。

此刻,刚离开家的姐弟俩正站在一根树枝上。

"老姐,我们、我们该去哪里呀?"条纹还没从和父母离别的情绪中走出来,他无精打采地耷拉着翅膀说道。

条纹倒是很清醒:"完成任务,你忘了老爸说的家训了吗?"她坚定地看着远

处继续说道,"疾风湾!对,就是疾风湾!"

"疾风湾?在哪儿?前面?后面?左面?还是右面?"条纹四处摇晃着脑袋说道。

斑点一下子给条纹问蒙住了,是啊!疾风湾到底在哪里?

条纹看斑点也没了主意,乘机说道:"我们回去问问老爸。可不能飞错了方向,最好再制定一个严密的计划,这样怎么也要一个星期的时间,怎么能说走就走……"因为心虚,他的声音越说越低。

斑点看出了条纹的小心思,她接过话说:"是啊!制订计划一周哪够?最起码也要一个月时间,还要再花一个月准备行李,而后冬月就到了,不适宜远行。等明年春暖花开了,全家出动,你说好不好?"

条纹知道这是斑点在调侃他,小声地嘟囔道:"用……用不了……这长时间的。"

"你以为这是全家旅行吗?老弟!"

"我、我只是想问问老爸疾风湾在哪里?省得飞错了方向。"

斑点不屑地说:"你是吃毛虫的雏鸟吗?就知道找老爸,不能自己动脑筋想想?"她接着又说道,"你该不会想做逃兵吧!"

"谁,谁想做逃兵了,不问就不问。"接着他做了一个苦思冥想状,"让我想想……嘿!有了,疾风湾一定在海边。"

斑点狠狠地甩给他一个大白眼,心想:这还用说。不过这一下给了斑点一个提示,她想起了妈妈常给他们说的《大海之战》的故事,"那只叫疾风的苍鹰和他的伙伴们险些被乌鸦暗算,后来他们将计就计,把乌鸦狠狠地耍了一回,最后,他们采用迂回战术,把他们的敌人——乌鸦军团逼到了蔚蓝海边,与那些鸟渣恶斗了三天三夜,最后把他们都歼灭了。后来的鸟族把这次战争叫做大海之战,那个海湾命名为疾风湾……"妈妈那轻柔的声音仿佛还回荡在耳边。斑点甩甩头说道:"应该在蔚蓝海附近。"

"蔚蓝海?我记得老爸好像说过的。"条纹说完继续苦思冥想。

"在我们的东南边。"斑点指着一个方向,"那边,我们出发吧!"

十四　新伙伴(一)

接下来的几天里,他们白天赶路,晚上就找个空树洞睡觉。饿了,就打猎;渴了,就喝点儿泉水。一切都很平静,没有危险,也没有什么特别的事。只是条纹不

再那么想家了。

这天,他们来到了一片树林。这里的树木非常高大,藤萝摇曳,气候潮湿,天气炎热。没错,这里就是热带雨林。

斑点和条纹飞累了,降落在一棵大树上小憩。突然,条纹身边的叶子抖了一抖,他吓了一跳,一个黄绿色的小东西窜了出来。

这个小东西长着柠檬黄色的头,浅绿色的翅膀,脖子上还有一圈淡黑色的条纹,飞羽和尾羽又白又长,背部和腹部泛着荧光色的绿。最奇怪的是,他那双黑色双眼下面约一厘米处,长着几根紫色硬毛,这家伙身长不超过10厘米,就像一只才出生的小鸡那么大。

"嗨……嗯,你好!"条纹在思考着该怎样称呼他,"小——鸡?"

"小鸡?"小东西喳喳地大叫一声,便抬起他那细小的爪子踢了条纹一脚。

斑点见条纹被不到自己身高一半大的小东西欺负了,心里很不爽,喊道:"喂,你是什么东西?有话好好说!知不知道我们是伟大的苍鹰?"

小东西听了这话更不高兴了,他一下子飞了起来,停在和斑点脑袋一样的高度,睁大眼睛盯着斑点嘶叫道:"嘿!听着!我——不是——小鸡,也不叫'喂'。我是大名鼎鼎的格林·虎皮。是一只珍贵的蛋白石种虎皮鹦鹉!请叫我 Mr. 格林或者格林先生。"说完他在空中华丽的转了一圈向姐弟俩深深鞠了一躬。

这时,条纹说道:"格林先生?你——好吃吗?"

"咚"的一声,这位格林先生像泄了气的皮球,瞬间栽落在条纹和斑点之间的叶子上。然后,"咕咚"一声跪了下来,冲姐弟俩不停地磕着头,嘴里咕哝着:"二位好汉,不要吃我,老夫皮粗肉糙,不好吃啊……咳咳咳,呜呜呜……"

条纹看到吓唬他的目的达到了,捂着嘴偷笑。斑点哭笑不得,心想:这家伙一定是从软壳蛋里生出来的,一点儿骨气也没有。

条纹用爪子推了推在地上号啕大哭的格林先生,说道:"逗你玩呢,吃你?还不够我塞牙缝呢。"

"真的?说话算数!"格林立刻跳了起来,脸上露着一丝狡黠的笑容,一点儿也看

插图:杨晗菲

不出刚才哭泣过的痕迹。条纹张着嘴呆傻地看着快速变脸的格林。

格林先生扑棱着翅膀飞到斑点面前："你们是伟大的苍鹰？我们交个朋友吧！你们这是到哪儿去呀？你们是什么关系？姐妹？兄弟？姐弟？兄妹？朋友？情侣？你们是准备在这里筑巢？还是路过？你们准备在这里停留多久？一天？两天？三天？四天……"

"停！"斑点喊道。望着快速提了这么一大堆问题也不带喘气的格林先生，斑点要崩溃了，她指了指自己和条纹，说道："我们是苍鹰，我们是姐弟，我叫斑点，他叫条纹，我们是路过这里，我们要去疾风湾参加苍鹰家族的成人礼，我们只在这儿逗留一天。"斑点像被传染了一样一口气回答了格林的问题。她深深地吸了一口气，继续说："还有什么要问的吗？"

格林歪着脑袋思考了一下，问道："我们能成为朋友吗？"

朋友？斑点心想有这么一个话唠朋友，会不会有一天被他的口水淹死。

"我们能成为朋友吗？行？还是不行？还是你行他不行？他行你不行？要不……"格林看斑点在犹豫，又启动了他快速提问模式。

"噢，不，天哪！"斑点抱着脑袋想撞树。

"呵呵"条纹走过来拍拍格林的黄脑袋，说道："不打不相识嘛，我们现在已经是朋友啦！"条纹知道性格爽利的老姐就要快被逼疯了。

"欧耶！太好了，我们是朋友了，我能和你们一起去疾风湾吗？"

"不行！"这次斑点没有给格林继续的机会，说道："去疾风湾可不是闹着玩的，路上很危险，再说你也不是鹰。"

"为什么不行？我是鹰的朋友，危险？能有什么危险？你们小看我，我可是珍贵的蛋白石种，谁敢把我怎么样？再说疾风湾是你们家的吗？我为什么不能去？……"格林看出条纹比较好说话，他对着条纹嚷嚷着。

"额"条纹被问住了，他用求救的眼神看着斑点。斑点回瞪了他一眼，心想：这麻烦是你惹出来的，答应和他做朋友，这下甩不掉了吧。

看斑点没有帮自己的意思，条纹挠挠头想了一下，说道："也不是不行，你必须答应我们一个条件。"

"一个？就是一百个我也答应。"格林害怕条纹反悔赶紧答应道，"说吧，什么条件？"

"很简单，那就是每次只准提一个问题，你要违反，就自动离开。"条纹扬着眉毛说道。

"什么？这是什么破条件？你想憋死我吗？"格林炸毛了。

"两个问题了。"

"这、这就开始了?"

"第三个问题了。"

格林赶紧捂住自己的嘴。

斑点没想到一贯迷迷糊糊的条纹这次倒是出了一个好点子,她赞赏地对条纹竖起了大脚趾。

"我们现在就出发,你准备好了吗?"斑点扑棱着翅膀对格林说。

"等等!"格林先生大喊一声。

条纹回过头来问道:"你还有什么问题吗?"

"没有问题,这次不是问题,问题是……"格林语无伦次地说道。

姐弟俩两眼发晕的看着格林,异口同声地说:"到底是什么问题?"

格林缩了缩脖子心虚地说道:"我还有个朋友,我要和他一起走。"

"什么?"斑点和条纹不约而同地叫道,"你说什么?说清楚一点儿。"

"我还有个朋友在那边的鸟巢里,他生病刚刚好。"格林低声说道,"他救过我,我不能撇下他不管。"

条纹走过来拍拍格林说道:"是的,他有恩于你,你不能不管他,你留下来好好照顾他吧!"

"不行,我要带他一起和你们走。"格林急的脸都变成了橘黄色,喊道,"再说他也是一只鹰,说不定他还认识去疾风湾的路呢。"

"他是一只鹰?"斑点把头伸向格林先生,继续说:"他认识去疾风湾的路?"

"嗯!"格林肯定地点了点头。

斑点思索了片刻,说道:"好吧,他在哪里?你带路,我们去找他。"

十五 新伙伴(二)

在这片丛林里,正上演着奇怪的一幕:两只体型较大的苍鹰正跟着一只小不点儿——虎皮鹦鹉在林中穿梭,而这只虎皮鹦鹉还很是神奇的时不时尖叫道:"快点儿!你们给我快一点儿!"

"他非要这么咋咋呼呼吗?"条纹感到很没面子地问斑点。

斑点耸耸肩膀做出一副无可奈何状。

"到了没有啊?"条纹没有耐心地问。

格林高声说道:"快了!快了!马上就到。现在,张开拔风羽,拔高!"

突然,斑点一行人眼前一亮,他们冲出了浓密的树冠,飞到了雨林的上空。在这里,只要微微仰起头就可以看到碧蓝的天空,低头就可以看到绿茵场似的雨林树冠。只有个别几棵特别高的树从"绿茵场"中突兀出来,好像撑住天的柱子一样。

只见格林一个急转弯,把姐弟俩带到了一棵高耸入云的树前。只见这棵树大约有三人合抱粗,树干笔直,就好像是用尺子量出来的。

格林带领着他们继续拔高,终于,他们来到了树顶,并向树冠内部进发。最终,他们在树冠的最深处找到了一个大而圆的鸟巢。

格林先进入巢内大声说道:"老大,看!我给你带来了两个客人。"

只见鸟巢的一端站着一只全身灰蒙蒙的鸟,他的尾巴是奇怪的泥土色,与身上那身灰色极不协调。他听到声音,慢慢地转过身来。只见这只鸟的身形和格林先生十分相像,只不过是大了两、三号而已,简直就是一只放大版的格林。要说他们最大的差别那就是羽毛的颜色不同。

斑点和条纹疑惑地对视了一眼,心想:这是鹰吗?怎么都像只鹦鹉。

那只疑似鹦鹉的鸟面无表情冷冷地问道:"姓名?种类?"

"我——斑点,他——条纹。苍鹰。"斑点看着这只鸟的臭屁态度,多一个字都不想说。

"你们是鹰?哇哦,我们是亲戚呢。来,快请坐。"那只鸟听了斑点的话,态度突然来了个一百八十度大转变,他热情地给他们铺好栖木,满脸堆笑地说:"幸会、幸会,我叫强哥。"

条纹仔细看了他一眼说道:"我可不认为您是我们的亲戚,先生。您是只鹦鹉吧。"

"不不不,别看我没你们长的大,可我的确是鹰,我是雀鹰,是你们的远房亲戚。你们的父母没跟你们提过吗?"

条纹想了想,鹰的种类很多,老爸老妈并没有一一提起过,也许是自己想多了。

"哦,抱歉,雀鹰先生。"斑点看来和条纹的想法一致,她赶紧道歉道,"对于我们的亲戚,我们还不太熟悉。"

"哦,这没什么,以后慢慢你们就会知道的。"强哥挥挥翅膀说道,"还有,叫我强哥就好了,我不喜欢先生这个称呼,太古板了。"

"强——哥?!"斑点想起了他们跟随格林来这里的目的,忙问道,"格林说你认识去疾风湾的路?"

"疾风湾?"强哥有点儿摸不着头绪,他把目光投向了格林。格林那黄绿色的

小身影"嗖"的一声窜到了他的面前,压低了声音说道:"老大,这两只鹰要去疾风湾,我们困在这里无聊死了,不如和他们一起出去闯荡闯荡。"他突然提高了声音说道:"我记得你上次跟我说过你去过疾风湾的,不是吗?"

"嗯……"强哥心里掠过一丝不安,他用抱怨的眼神看了格林一眼,说道,"咳咳咳,是的,我曾经被邀请去疾风湾参加苍鹰家族的成人礼。"

听到这里,斑点和条纹对强哥的身份更加深信不疑了,异口同声地说:"你能和我们一起上路做我们的向导吗?"

"没问题,没问题。"在一边儿就等着这句话的格林一下子跳了起来,连声回答道。斑点用询问的眼神看向强哥,"没问题,愿意效劳。"强哥回答道,只是声音听起来略微有点儿低沉。

十六 旅途

东南方向的天空中,一片片乌云像白布上的污渍,那里,有一场暴风雨正在酝酿。

刚飞出亚热带丛林的四只鸟都疲倦极了,特别是强哥和格林。

斑点和条纹在空中又一次地停了下来,等着强哥和格林追上来。

"强哥,你为什么总是飞得歪歪扭扭的?"斑点以一只鹰的眼光挑剔道。

"嗯,什么?什么啊?"强哥一愣,继而恢复了正常:"哦,你说我吗?是这样的。我曾和一只白头海雕打了一架,从此飞羽就落下了毛病。"他顿了顿继续说道:"不过……那只海雕可惨了,被我挖走了一只眼睛,估计到现在还不能飞行呢。"

"呔,各位听好了。记得那天,强哥和那白头海雕恶斗了三天三夜。那雕的身法极快,不过咱强哥也不是吃素的。只听得'呵!''哈!''嘿!'的声音,两位的身影都看不清,斗得那叫个天昏地暗哟!大战了五百回合也不分胜负。说时迟那时快,只见强哥使出了看家爪法——四爪神功。他左爪飞速一扫,那雕急忙避开,可谁知这一爪乃是强哥虚晃一爪,只晃了一下,就收了回来,那雕叫道:不好。连忙收势。可就在这电闪雷鸣间强哥的右爪又飞速打来,那雕又连忙向左躲避,可谁知这一爪又是虚的。就这样,强哥虚虚实实,实实虚虚,把九九八十一路爪法用了八十路。这海雕哪是对手,身上伤痕累累,只有喘气的份了。最后,强哥用那第八十一爪挖去了海雕的一只眼睛,才算完事。"格林说得口水横飞,还卖力地边说边比划着。

条纹听了,吃惊地说:"你当时也在场啊!"

"NO,NO,NO!"格林说。

"切,不在场你说得像真的一样。"

"我可是忠实的'强哥粉'!"格林得意地说道,"这么威武的事一传十,十传百,还有一次……"

"打住!格林先生。"斑点说,"暴风雨就要来了,我们最好……"

"好吧,欲知后事如何,请听下回分解。"

"闭嘴!"条纹呵斥道。

自己的话被粗暴地打断了,格林气得要炸毛。斑点息事宁人道:"好了好了,别闹了!我和条纹去找点吃的,你和强哥去找个树洞,一会儿咱们在这里集合。"

一刻钟后,四只鸟又聚集在一起,他们都分别有不小的收获。格林他们找到了一个可以暂时栖身的大树洞,既干净又背风。斑点和条纹居然合力抓到了一只肥硕的野兔。

夜晚来临,暴雨如约而至,雷声轰隆隆地响着,时不时一道闪电如刀锋将黑夜撕裂。

树洞里,斑点和条纹对着肥硕的兔子准备美美的饱餐一顿,斑点抬头看见强哥正站在啃食野果的格林旁边,说道:"强哥,一起过来吃吧!"

"不了,你们吃吧,我是素食主义者。"强哥说着从洞外拽了几片还带着雨水的树叶咀嚼了起来。

"什么?""鹰吃素?你没病吧!"条纹和斑点不约而同地叫了起来,最后他们一致认为:强哥得了异食症。

十七 围 攻

这场暴雨下了一天一夜,终于有所减小。细小的水珠轻轻扫在斑点的脸上,凉丝丝的,舒服极了。

"出发咯!"斑点一声吆喝,领先飞入空中,条纹、强哥和格林也跟了上来。

没过多久,他们就飞入了一片四面环山的盆地。只见这个盆地四面的山高高低低,错落有致。有的山峰高耸入云,像戴着一顶雪帽子;有的山脉连绵起伏,好似波浪滔滔;有的山丘上怪石岭峋,如同妖魔鬼怪的化身……

突然,条纹说:"我觉得和斑点左舷第二根飞羽平行的地方有一个小黑点,强哥你的右边也有几个,他们好像在我们进入盆地后就跟在后面了。"

"是么?"强哥停下来转过头,向后面望去,那个黑影慢慢变大,终于可以看清轮廓了,强哥惊恐万状地睁大了眼睛,张开嘴倒吸了一口凉气,惊呼道:"是乌鸦。"

"乌鸦?有谁告诉我一只乌鸦有什么好大惊小怪的?"生活在热带的格林当然没有听过乌鸦的恶名。

强哥努力使自己镇定下来,但恐惧还是通过他的声音出卖了他:"我……我们惹不起,躲得起,赶……赶紧想办法把他们甩掉。"

格林不屑地哼了一声:"你不是只鹰吗?区区几只乌鸦有什么可怕的,我们合力把他们灭了。"

"没错!一只乌鸦没什么好怕的,可你不知道他们一般是成群出动的,一百只、两百只,甚至是上千只。"斑点做出一个狰狞的表情,继续说,"他们是坏到骨子里的强盗,会啄断你的羽毛,弄瞎你的双眼,你说可不可怕?"

四只鸟还没商量好逃跑的方案,瞬间就被二十几只乌鸦团团围住了,一场鏖战不可避免的即将发生。

条纹从来没见过这种架势,顿时凌乱了。他慌忙冲着强哥大喊道:"强哥,快上,亮出你的四爪神功。"

"那是格林编造的,哪有什么四爪神功?不过打跑海雕可是真的。"在这危难时刻强哥仍不忘炫耀自己。

"管他四爪神功呢,好歹你也是条汉子,上啊!"格林插嘴道。

强哥抹了一把额头上的汗,战战兢兢地说:"那是一对一的战争,这……这么多乌鸦,我们死定了。"

"好——吧……我们实行B计划"斑点说。

"B计划是什么?"条纹忙问道。

"逃跑呀!"斑点放低了声音说道,"我数到三,就迅速用弧线绕过他们。三!"

"额,老姐,不带这么坑人的!"条纹差点被这个突如其来的口令闪到腰。

这时,斑点已经头也不回地绕过乌鸦飞出了很远。另外三只鸟见势也赶紧划着弧线往外冲。

四只鸟像疯狂画家的疯狂画笔,在大自然这幅山水画中涂着、画着、抹着。

大约过了五分钟,条纹发现他们终于甩掉了乌鸦,等等!格林和强哥呢?条纹心中警铃大作。他焦急地对斑点说:"老姐,我们好像与格林和强哥失联了!"

"什么?我们得找到他们!"斑点说道。

不一会儿,姐弟俩就回到了他们遇到乌鸦的地方。只见地上有一些被血染红的羽毛,不难看出,这里刚刚有过一场恶战。

斑点和条纹顺着血迹找到了一棵大树,这棵树上有很多树洞,一个大树洞里渗出一些叽叽咕咕地低语。这应该是乌鸦的据点吧。

他们悄悄贴近树干,听到了一段断断续续的对话。

"你们这些无耻的……"

"闭嘴!"

"那两只苍鹰在哪里?"

"我不会告诉你们的!"

"快说,我手里的鞭子可不是吃素的,快说,要不……呵呵……"

"打死我都不会告诉你们他们是去疾风湾的。"格林先生的声音这时听起来格外刺耳。

树外,条纹捂着头小声嘀咕道:"不怕神一样的对手,就怕猪一样的队友。"斑点瞪了他一眼让他保持安静。

"哼,快给我老实交代,别以为随便找个地名来就能糊弄我!你当我傻呀!"

"格林,千万不要告诉他!"

"啊啊啊啊啊!"只听强哥一声惨叫。

条纹和斑点对视了一眼,心照不宣地同时冲向了树洞。

十八 突 围

"我们在这里!"条纹和斑点用苍鹰特有的洪亮声音大吼着冲入了树洞。

乌鸦们一下都愣住了,只见斑点一拍翅膀,跟着把爪子向左扫去,然后用喙四处的去啄乌鸦们。这一连串的动作威力可不小,拍飞了一只,打晕了两只,啄昏了一只,还把一只吓得栽下了大树。而条纹则紧跟在斑点的身后,用同样的招式把剩下的乌鸦解决掉了。就这样,斑点开路,条纹断后,配合默契的姐弟俩一时间所向披靡,在乌鸦的巢里杀出了一条血路。

他们越是向里走,乌鸦就越少。最后,只剩下十几只乌鸦了,其中,领头的那只叫道:"弟兄们,快跑!"

听声音,斑点感到他就是拷打强哥和格林的那只乌鸦。于是奋力追了上去,想要问清强哥和格林在哪里。还没追出多远,条纹就一把抓住了她的尾巴,气喘吁吁地说："老姐,我们不熟悉这里,如果,是个陷阱……"

"呦!小伙子很有头脑嘛。不错、不错。不过,你要是早点发现就好咯。"斑点夸奖道。不过这时突然从他们身后传出一声巨响。

条纹和斑点闻声望去,只见一只巨无霸乌鸦从一个阴暗的角落里走了出来。他比任何乌鸦都要黑,羽毛乌中泛紫,紫中泛青,青中泛亮,并且光滑的像是用油抹过一样。他那双眼睛小的几乎看不出来,但放射出的恶毒眼神却让人的脊髓都发凉。而他那金黄色的喙和爪子比尖刀还要锋利。最奇怪的是,他的脖子上戴着皮绳穿起来的骨片,看来他就是这群乌鸦的头儿了。

此刻,他正站在斑点和条纹面前,高高昂起头,试图让自己显得更加威武高大。

然而,他这样做并没有达到预想的效果。毕竟再大的乌鸦也只有一只正常鹰二分之一大,这样一来显得他像一个小丑一样说不出来的滑稽。

斑点毫不客气地用自己那炯炯有神的红眼睛瞪着乌鸦头儿,从上到下,又从下到上,似乎连一个微小的细胞都没有放过。最后,她的目光定格在了骨环上。

乌鸦头儿见斑点注视着自己胸前的骨环,得意地说道:"啊,这个骨环很酷吧,咦嘿嘿,它可是用我手下败将的头骨做成的。"

"对了,还没自我介绍呢?我是这里的头儿,请称呼我——夜枭大人。"

"哇嗷,夜枭?你居然叫夜宵,哈哈,我喜欢!我喜欢吃——夜宵!"条纹笑的差一点儿背过气去。

"什么?你、你胆敢侮辱我?!"夜枭怒不遏,"你要为此付出代价。"

"别废话了,有种你就放马过来!"斑点说道。

"嘿嘿,我看你们是不见棺材不落泪。"夜枭狞笑道,"王牌精英队,上!"

话音刚落,几十只,不,说不定有几百只乌鸦兵像是从阴影里钻出来的一样,突然出现在姐弟俩面前。他们的爪子中抓着骨头做成的匕首、剑和弯刀,向斑点和条纹冲了过来。乌鸦鸟多势众,斑点和条纹撂倒了一群,另一群又犹如潮水般扑了上来。最后,姐弟俩筋疲力尽,实在抵挡不了,他们被逼到了角落里。

"嘿嘿,这下知道我的厉害了吧!"夜枭啸叫道。

姐弟俩很快就被俘虏了,他们被押送到了大树的顶端——一个阴森森的监狱洞,乌鸦士兵把他们推入一个竹制的大笼子里。

"嗨,朋友们,你们好啊!"还没等斑点和条纹定眼观察周围的环境,一旁响起了格林那熟悉的声音。

十九 囚 徒

夜……

轻柔的鼾声……

"吱吱咯咯——吱——吱——咯吱吱——咯——"

寂静,像玻璃一样被打得支离破碎。

"嗯……嗯嗯……"一只乌鸦兵在梦境中哼了哼,"唔……嘘……"

咯吱声戛然而止。

寂静,又一次统治了夜。

"吱——咯咯咯——吱吱——咯——吱——"

寂静,又碎了。

"啪!"

"喂!我说,格林、强哥,你们在干吗呢?嗷!谁扎我!"斑点的声音骤然响起。

"嘘……小声点儿,小声!"

……

第二天早上。当天地间第一束金色的阳光洒入树洞,条纹一咕噜坐了起来。他习惯性地伸了一个懒腰。很明显,他忘了自己现在已经是一名囚犯了。他晃了晃脑袋,让自己变得清醒点儿,这才想起昨天的一场恶战,以及他们已经变成了乌鸦的囚犯这一事实。他伸展了一下翅膀,左翅碰到了一旁还在熟睡的斑点,而右翅……什么也没碰到,他又向右边伸了伸翅膀,还是什么也没碰到,他猛地转头向右边望去,哈!他的翅尖早已伸出了笼外了,原本固若金汤的竹笼,此刻已经破了一个有他身体三分之一大的洞。

条纹抑制不住地大叫起来:"笼子坏了!坏了!哈哈!"

"什么?"斑点被惊醒了,四处看了看,压低了声音说道,"嘘!老弟,我要是你,就赶紧把嘴闭上。"

条纹一下子反应过来,连忙捂住了嘴,可双眼还是没能藏住他兴奋的情绪。

"切,都没人感谢一下彻夜未眠,辛勤劳作的格林先生吗?"格林顶着一头乱糟糟的羽毛,耷拉着眼睛,无精打采地说道。

"谢了!"强哥给了格林一个熊抱,"能干的格林。"

原来,夜深人静的夜晚,伟大的格林先生用他那坚硬的喙硬是把这笼子咬出了一个超大号的窟窿,他不愧是号称"无敌破坏王"的虎皮鹦鹉。

"不好,乌鸦兵来了!"强哥听到一丝动静赶忙把格林推到一边,用自己的身体

妄图挡住那个"逃生出口",条纹和斑点也反应过来了,赶紧护在了强哥前面。

乌鸦兵打开牢门把一个装满烂菜叶的食盆扔在了地上,还怪声怪气地说道:"嘿嘿,伟大的夜枭大人为你们准备了丰盛的、富有营养的美味早餐,赶紧过来享用吧!"

四只鸟一动不动地蹲在原地。

"你们耳朵是聋掉了吗?还不快滚过来"乌鸦兵厉声喝道。

格林大叫道:"我不喜欢在陌生人面前吃饭。"

"我要吃肉。"斑点说。

乌鸦兵气恼道:"哪来的这么多破事,你以为你们在住宾馆呢!爱吃不吃。"说完用爪子踢了一下食盆,转身就要离去。

四只鸟看见就要蒙混过关了,心中都不禁一阵窃喜。

"等等!"乌鸦兵好像突然发现了什么,他再次转过身来,命令道:"你们都给我过来。"

"干吗!我们现在不想吃饭。"格林抗议道。

"来人,给我把他们拖开。"

几个乌鸦兵冲进了牢房,强行拖开了四只鸟,"逃生出口"暴露了。

"啊!!!不好!有囚犯要越狱了!"乌鸦兵声嘶力竭地大吼道。

五分钟后,"逃生出口"被用新的竹条补了起来。

格林气炸了。羽毛一根根地支棱了起来,整个身体比平时大了一倍,看上去就像一头绿色的狮子。

第三天,牢房又出现一个洞。十分钟后被补好。

第四天,牢房再次出现一个洞。二十分钟后被补好。

第五天,格林先生在啃洞时被当场捉住。四只鸟被转移到一个用木条订成的笼子里。

第六天,没有洞出现。

牢房洞的尽头,一只乌鸦兵正对这只夜枭耳语:"大人,您准备怎么处置那四个蠢家伙?"夜枭狞笑道:"哼哼,我要让他们对我俯首称臣,然后把他们带到疾风湾去。"

"疾风湾?"乌鸦兵没能明白夜枭的用意。

"那些臭鹰在疾风湾的成人礼对我们乌鸦家族来说是个极大地羞辱,我要让那些老家伙看看,他们的子孙是怎样舔着我的脚爪做奴隶的。"夜枭愤愤地说。

乌鸦兵竖起了脚趾奉承道:"大人,您真是太高明了。"

"嘿嘿嘿嘿……"

二十 逃 跑

已是被囚禁的第七天了。

早已放弃啃洞的格林深深地叹了一口气,凝视着洞外那一缕可望而不可即的蓝天和那轮刚刚升起的太阳,心想:唉,我还是蛮幸运的,起码还可以看见太阳,我姥姥是怎么说的?啊,有太阳就有希望。也不知道她现在好不好,离开家的时候都没来得及和她打声招呼。噢,还有我那美丽可爱的原始种的翠花小姐……

就在格林先生心底涌起无限乡愁的时候,一只乌鸦兵飞入了树洞。

"喂,你们知道谁要见你们吗?"这只乌鸦兵突然嘎嘎怪笑了起来,好像接下来的话是莫大的馈赠一样:"嘎嘎!是伟大、英勇、天下无敌的夜影军团的大将军夜枭元帅!这真是你们的荣幸,还不赶紧挪挪你们的臭爪子,跟我来。"

四只鸟互相对望了一眼,极不情愿地站了起来,跟着乌鸦兵走出了牢房。

不一会儿他们来到了一个更大的树洞。这个洞与监狱洞大不相同。

这里的装饰很是华丽,暗红色的地毯似乎是用血染成的,天花板上悬挂着白色骨片做成的风铃。每当有风吹过,骨片就会相互碰撞,但发出的不是悦耳动听的"叮叮咚咚"声,而是尖锐刺耳的"咯吱咯吱"声,就好像是亡灵发出的怪笑声,让人毛骨悚然,说不出的阴森恐怖。

这个大树洞里最惹眼的是一个栖息用的骨头。一般的栖息椅(鸟儿们习惯这么说)是加工过的树枝。有粗的,也有细的;有长的,也有短的;有光滑的,也有粗糙的……就像人类的沙发、椅子一样,每个鸟窝都一定会有几把,选择的标准当然是越舒服越好。

可是这把栖息椅却大不相同。这不仅是因为它是用骨头做成的,而是因为它的椅身上布满了精心打磨的尖刺,只有在它的末端尖刺分布的才比较少,但这也容不下两只鸟爪。所以,无论怎样,都会让使用者毫无下脚之地,不管用什么姿势站上去,都免不了脚爪被扎得鲜血淋漓、皮开肉绽。

就在四只鸟打量这个树洞时,夜枭走到了面前,说道:"呵呵,你们好啊!做囚犯的日子不好过吧?"

沉默。

四只鸟没一个搭腔的。

"嗯、嗯!"夜枭尴尬地清了清嗓子,"一定不好过。"他突然把声音提高了几个分贝,大声说道:"但是!听好了!但是!如果你们愿意为我效劳,效忠于我,你们就不是阶下囚了。我将把你们奉若上宾。"

条纹看着夜枭凑过来的脸,闻到了他身上散发出来的恶臭味,拼命忍住想要揍上一拳的冲动。

夜枭踱步到格林面前,笑眯眯地说:"这位是——格林先生吧!久仰大名!你的聪明大脑,正是我们所需要的。"

夜枭一转头,对着斑点和条纹说道:"你们的高贵血统注定着你们不会平庸。而我,伟大的夜枭大人,将给予你们最好的机会。"

"沉默是金!沉默是金!"条纹在心中不停地默念。

"而你!"夜枭又把臭脸对向了强哥,"不平凡的身份将会为你成就另一番辉煌。"说完他冲强哥挤了挤眼睛。

四只鸟不约而同地想:神啊!这只死鸟真欠揍!

"好吧!现在!就请你们做出正确的选择。"夜枭说道。

斑点心里琢磨着,是先当阶下囚以后再想办法逃出去呢?还是答应效忠于他?嗯,不如答应他,这样可以保住小命……等等!我怎么能冒出这样的想法?不、不、不!我就是死,也要死得壮烈!最好能找出一个既能干掉夜枭,又能保全自己的方法……可是,这两全其美的方法哪里去找呢?

夜枭等了一会儿,失去了耐心。他指了指那张栖息椅,低沉着声音说道:"这把栖息椅好久没有尝到鲜血的味道了,你们谁先请啊!"

这时,格林颤颤巍巍地走到了夜枭面前,他努力缩小身子,把头尽可能的缩起来,伏下身体,做出一副绝对谦卑的样子,就差伸出舌头去亲吻夜枭的爪子了。他献媚地说道:"我的主人,我的陛下!我的上帝!我一百个愿意加入您的军团,请您宽容地允许我来说服那些不识抬举的粗人吧。"

夜枭满意地点了点头,总算有一个识时务的了。

"谢陛下恩典!"

"格林!你这个叛徒!算我看错了你,以后不要再叫我老大了,我不认识你。"强哥涨红了脸说道。

"你这个没有义气的软骨头。"条纹点头附和着。

格林并没有被他俩的话给激怒,他背对着夜枭说道:"朋友们,如此强大的夜影军团,我们拿什么去跟他们抗衡。现在有这么好的——"格林顿了一下,抬高了声音,"机会,可不能放弃呀!难道你们想死在牢房里吗?"说完,他冲三只鸟眨了眨眼睛做了一个很古怪的表情。

"机会!"斑点心想:格林在暗示什么?对了,与其在牢房里困着,不如现在就拼死一搏。格林想表达的是这个意思吧。斑点微微点了点头说道:"好吧,胜者为王,我们答应效忠于夜影军团。"

"什么?""老姐!"强哥和条纹同时喊道。

"住嘴!格林说得对,这是个机会。"

"机会?!"条纹和强哥心中重复了一下这个词,似乎有点儿明白过来了。

格林拍了拍翅膀说道:"好了,好了,我的王,我的心,这些鸟已经决定效忠于您了。"

"那……"夜枭有点儿不敢相信这件事这么快就解决了。他迟疑了一会儿,似乎在思考其中是否有诈,说道:"为了表示你们的忠心,过来吻我的爪子吧!"

强哥、斑点、条纹、格林围拢着走向了夜枭。

"啊——啊,你们大胆!"没有一只乌鸦卫兵看清楚刚才究竟发生了什么,只见此刻,斑点和条纹用他们锋利的双爪紧紧地勒住夜枭的脑袋,夜枭吓得一动也不敢动。

"让他们全退下。"斑点说完爪子又加了一点力。

"你们赶紧放了我,不然我让你们死不见尸。"夜枭嘴硬道。

斑点不屑地哼了一声,凉凉地说道"放心,我死也会拉着你垫背。"说完把爪子又紧了紧。

此时,夜枭的脖子上已经渗出了斑斑血迹,他的呼吸也越来越困难了。他意识到小看了这几只鸟了,不甘心地挥了挥翅膀,艰难地说道:"退下!退下!"

有几只不知死活的乌鸦兵还妄图冲上前营救,条纹伸出翅膀用力拍了过去,乌鸦兵立刻应声倒下。

夜枭感到自己的脑袋快要被挤爆了,他恶狠狠地嘶喊着:"退下,退下!咳咳……统统退下!"

乌鸦兵退后几步,格林第一个冲出了树洞,条纹和斑点用力地把夜枭推到一边,说道:"算你走运,不要再让我们看见你。"

倒地的夜枭恼羞成怒,他一个翻身飞向栖息椅,用力一折,把栖息椅断成两半,他举起其中一半向快要飞出树洞的斑点冲了过去。

"不!"准备起飞的强哥刚好看到,眼看夜枭就要得逞了,强哥奋力将斑点推出树洞,向着冲过来的夜枭的脚狠狠咬了下去。

"咔嚓!"强哥听到一声微小的断裂声,心里一阵窃喜:我咬断了夜枭的骨头!太棒了!

可是,他这么一分神,完全没有注意到身后的危险,那半截"刑具"正砸向他的后背。

二十一 自由！自由

斑点被强哥推出了树洞,她连忙回头,正好这危险的一幕映入眼帘。"不!"斑点的声音因为极度恐惧而尖细了起来,她知道这一下砸下去的后果,强哥不是脊柱断为两段,就是脑浆飞溅,她不敢想下去了。她大吼道:"不,你不能杀了他,你要留个活口,让他成为你的俘虏!"

话一出口,斑点就意识到自己有多愚蠢。夜枭会听她的?就在刚刚他们差点儿要了他的命。

可正在这时,意想不到的情况发生了,夜枭竟然愣了一下。斑点不禁想到:这家伙真够蠢的。

就在夜枭愣神的 0.00001 秒时,强哥猛地转动尾羽,拍动双翅,一下子转了一百八十度。想要在这个布满暴力乌鸦乱哄哄的房间里完成这个动作可不太容易,可强哥就是做到了。

"哦!太棒了!"

夜枭在最后一刻回过神来,大棒沿着原来的轨迹砸了下来。万幸,只打到了强哥的尾羽。夜枭却因为收势不及撞到了一旁剩下的半根刑具上,"嗷"的一声,夜枭昏死了过去。

强哥咬牙忍着痛从树洞里跳了下去。他感到自己的身体飞速下沉,他奋力地扑打着翅膀,可身体依然不受控制的直线下降。强哥闭上眼睛心想:完了,这下没被乌鸦打死,也要摔死了。

突然,他感到身下有一股强大的气流,仿佛一双有力的双手把他缓缓地托了起来。他睁眼低头一看,条纹和斑点同时在他的下方扇动着翅膀,正是他们救了自己。

大树边的乌鸦兵们一时群龙无首,乱成一团。

斑点和条纹赶紧用爪子抓住强哥的双翅,趁乱加快马力头也不回地奋力冲了出去,格林也紧随其后。

飞行了一段时间后,摆脱了乌鸦军团的四只鸟高呼道:"自由了!自由了!"此刻,在他们眼里,蓝天变得格外湛蓝,白云仿佛也特别轻柔,随风而动的树枝似乎在向他们挥手致敬。一切是那么的美妙。

天空渐渐暗了下来,黑夜即将来临,四只鸟停在一棵树上稍事休息。

"嗷!老大,你的血滴到了我的羽毛上。"格林说道。

"你能不能安静点儿,我们得赶紧找个树洞让强哥休息。"斑点非常担心强哥的伤。

格林四处张望了一下,说道:"树洞?天这么黑,上哪儿找树洞,我看我们今天要在外面夜宿了。"

"树洞?清溪边上的大枞树上有一个很棒的树洞!"突然黑暗里传来了一个不属于他们任何一只鸟的声音。

"哎呀!是谁?"斑点的羽毛竖了起来,她惊恐地叫道,"谁在那里?出来!"

黑暗中闪出了一双明亮清澈的黄眼睛,那眼睛的主人说道:"我是猫头鹰小纯,是黑夜中最无声的飞行者。来吧,让我带你们去树洞。"

格林警惕的对斑点说道:"喂,这个家伙很可疑,十分可疑,实际上非常可疑。"

条纹认同地点了点头,斑点也很疑惑,才逃出乌鸦的魔爪,不要又中了别人的圈套。

小纯看出了他们的顾虑,说道:"你们要不跟着我,这方圆几里都没有适合休息的树洞。"她挥了挥爪中的一只断了气的田鼠,继续说,"我是出来猎食的,正巧碰上你们。"

斑点看了看一旁有点儿支撑不住的强哥,心想:这不像夜枭的作风,不管了,先跟过去瞧一瞧再说。

她像格林和条纹使了个眼神,四只鸟跟着小纯飞进了黑夜。

二十二 小 纯

他们在黑夜中飞了许久,来到了一个装饰奇特的树洞。树洞的洞口挂着藤蔓,这些藤蔓长势茂盛,远远望去好似一条绿色的瀑布,更像一块天然的窗帘,如果不仔细看,根本不能发现这里是一个树洞。

他们拨开藤蔓走入洞内,不禁吓了一跳。洞的四壁全是书架,上面放满了书,就连天花板上挂着的一张吊床上也放满了书。

斑点惊呼道:"哇啊,小纯,你有这么多书呀!"

小纯自豪地说:"是的,我很爱读书哦。"

斑点和条纹找了一个空地把强哥轻轻放下,格林还在十分不安的东张西望。

"好了,好了。现在你们都安全了,不要害怕。"小纯拍拍翅膀说道。

"不要害怕?"格林不满地大声嚷嚷道,"我们在那臭烘烘的乌鸦巢待了整整七天七夜,我的喙因为不停地啃笼子而痛的要命,最后还差点儿被那个大棒打得脑浆飞溅,你对我说不要害怕?我当初就不该来这次什么劳什子冒险!"

强哥微微抬起头,用虚弱的声音说道:"是我差点被打爆脑袋,受伤的也是我。"

"那不是重点!重点是我们稀里糊涂的被一只从天而降的猫头鹰带回了这么一个……"格林四处又张望一下接着说,"这么一个古怪的树洞,而我们除了知道她是母的,她叫小纯以外什么都不知道!万———她是乌鸦派来的间谍怎么办?"

洞里一片沉默。

格林意识到自己说错话了,尴尬地咳了两声。

斑点飞快地转着脑子,的确,这只猫头鹰是出现得有点儿可疑。我们才需要帮助,她就及时雨一样"嘭"地冒了出来,难道我们被跟踪了?现在,只能见机行事了。

"咳咳,"条纹打破了沉默,"对了,我们还没自我介绍呢。我叫条纹,那个和我长得一样的是我的老姐,她叫斑点。我们来自神鹰国的雄鹰林。"

格林接过话说道:"我是爱说废话的格林先生。"

小纯眨了眨眼睛,意识到这是格林先生正在为刚才的话向她道歉,她冲格林笑了笑。

格林收到小纯示好的笑容,赶忙指着强哥抢着说:"这是我老大——强哥,别看他和我长得有点儿像,可他是一只货真价实的雀鹰哦!"接着,格林又絮絮叨叨地把他们被乌鸦抓走,又从乌鸦巢逃出来的经过向小纯叙说了一遍。

"对了,小纯,这里离乌鸦巢这么近,你怎么会在这里安家?"斑点觉得有必要知道小纯为什么会这么巧的出现在这里。

小纯摇了摇头,眼里的黄光好像一下子黯淡下来。她抬起头仿佛在看向远方,开始了讲述:"你们知道吗?这里现在是乌鸦巢。但是,在不久前,这里可是一片乐土。乌鸦来了以后强行把这里变为了黑鸦国。也就是说,乌鸦把这片地方建成了除猫头鹰国、鹦鹉王国、神鹰国、绿森林王国和沙漠国以外的第六个鸟类国家。当然,传说中的碧海王国不算。后来,乌鸦开始向外扩散势力,除了武力强大的神鹰国和较远的鹦鹉王国没有被入侵以外,别的王国都被入侵了。特别是国土面积最大的绿森林王国,已被乌鸦完全占领了。然而这样还不够,乌鸦要求各个被入侵的国家派出大使入驻黑鸦国。"她停顿了一下,继续说道:"我就是猫头鹰国的大使之一,其实说是大使,还不如说是人质,每当别的王国不服从管制,乌鸦就用我们的性命来要挟他们。你们在这里不能久留,要是被乌鸦发现了,还不知道会有怎样的后果呢。"

突然,小纯停了下来,因为一只晕倒的鸟打断了她的话。

强哥,昏了过去。

二十三 治 疗

斑点此刻觉得自己就是一个大傻瓜。只顾着听小纯的故事,居然把强哥的伤势给忘了。强哥伤得不轻,如不能及时恢复,大伙就无法早点离开黑鸦国。现在首要任务是治疗强哥的伤口,要赶紧找到草药,而且还是在夜枭的眼皮底下,真是该死。斑点不禁又一次暗暗自责。

这时,格林蹦到了强哥身边,用爪子捏了捏强哥的腿,又拨开他的尾羽仔仔细细地看了看。最后,他很有把握地说道:"骨头没折,只是尾羽断了两根,血已流了不少,但现在已经止住了。你们看,这是血凝块,这是断了的羽管。再让我看看。"格林顿了顿接着说,"伤口没发炎。估计昏迷的原因是疲劳加惊吓过度,嗯……我想,只要给他喂些水,敷一点儿治疗跌打损伤的草药就行了。"格林先生的样子仿佛是只要给他一支笔就可以写出诊断报告。

"额……"条纹一副不敢相信的表情,"我……我能称呼你 Dr. Green 吗?"

格林满面自豪地说:"你别小看我,我可是上知天文下知地理的哟!别说医学知识了,天文学、数学、物理、化学、生物学、历史学还有文学,我都是样样精通,如果你们需要占卜和算命的话,我也会哦。来,让我看看你的爪纹……"

"打住,格林先生!先救强哥要紧。条纹,你一个人能出去采药吗?我和格林、小纯留下来看护强哥。"斑点对小纯的疑虑还没有完全消除。

"没问题,老姐。我可以的。"条纹说道。

"要小心乌鸦。"小纯叮嘱道。

"嗯,知道。"话音刚落条纹已飞出了树洞。

时间从凌晨变成了黎明,太阳已经冒了出来。担心了半宿的斑点终于盼来了条纹。条纹找到了一些草药。

格林把这些草药咀嚼成糊状,让小纯扒开了强哥的尾羽,他用喙用力地一拔。

"嗷!好痛!嘶!"强哥在格林拔出了第一根断羽时痛醒了,格林没有理会他的惨叫,继续"手术"。

"嗷!天啦!能轻一点吗?"强哥叫道。

"快了,你忍忍,马上就好了。"格林一边说,一边用清水清理强哥的伤口,接着他把草药敷了上去。

这时,小纯惊呼道:"看,他的尾巴变色了。"

大家一起看向了强哥的尾巴。只见强哥原本呈泥土色的尾巴在被冲洗过后变成了惹眼的大红色,有一大块棕色的物质"啪"的掉了下来。

"嗯？老大,你、你看上去就像我的远房亲戚——非洲灰鹦鹉。"格林不禁惊讶地说道。

"什么？"此时,强哥回头看了看自己的尾巴。他也被这突如其来的变故吓呆了。

"你、你——是——鹦鹉？"条纹虽然从看见强哥起就觉得他是只鹦鹉,可这会儿还是有点儿不敢相信。

格林也不敢接受这个事实,说道:"什么？不、不,你不要告诉我你也是鹦鹉,你是一只雀鹰哎！"

"哦！天啦！终于被揭穿了！"强哥绝望地闭上了眼睛。他羞愧地缩成了一团,羽毛也平塌下来,他现在最想干的事情就是:找个地洞躲起来。他心中哀嚎道:完了,完了,全完了！我骗了他们,现在,他们都知道我不是一只鹰了,我的后半生啊！我光明的前途啊！全毁了,他们一定会把我甩了的,谁会愿意和一只丑陋的非洲灰鹦鹉做朋友呢？

"你们到底在说什么？"小纯一头雾水,问道。

强哥心想:我豁出去了,死也要有个鸟样。

强哥缓缓地开始了讲述:"很久很久以前,其实也没多久啦,有一只灰灰的小鹦鹉想成为贵族。可这个天真又单纯的愿望却是无法实现的。因为鹦鹉王国的红宝石王朝是一个等级分明的国度。在那儿,只有神灵身体上才会有六种颜色,有五种颜色的被尊为皇室成员,四种颜色是贵族的标志,三种颜色的就是平民,而像我这样只有两种颜色的只能被当做贱民了。"他苦着脸仿佛想起了过去不堪的经历,"贱民是最低等的生物,吃不饱,穿不暖,还要被贵族奴役。后来,一个偶然机会我遇到了一只雀鹰。我发现我俩长得很像,于是我就把自己伪装成雀鹰的样子。果然,得到了大家的尊敬。"说完他看了格林一眼。

格林一下子跳了起来,叫道:"什么嘛！我不是因为你是一只鹰而尊敬你,而是因为你那英勇的经历。"

"那些都是我编的。"强哥低着头回答。

"什么？你、你……"格林气得不知道说什么好了。

树洞里顿时陷入了沉默,谁也不说话,就算一根绒毛掉在地上也会发出响雷一般的效果。

强哥羞愧地摇了摇头,走向了树洞的入口,低声说道:"对不起,我骗了你们。我想——我不配和你们做朋友,我不能和你们一起冒险了,再见。"说着他就拖着受伤的尾羽准备离开。

斑点走上前去，拖住强哥的翅膀，说道："不，你不要太自责了，不管你先前做了什么，至少你昨天表现得很英勇。你救了我，你是我的朋友。"

格林也一把拦住了他，说道："老大，嗯——以前的事就不要再说了，谁没有吹牛皮的时候呢？你永远是我的老大，不管你是鹦鹉还是鹰。"

听到这里，强哥心中涌起一阵异样的感觉，暖暖的、甜甜的。

条纹一直没有出声，他扭着头不去看强哥。

"老弟？"斑点希望条纹也能原谅强哥。可是条纹始终都不说话，一动不动地站在原地。斑点走到他面前拍了拍他的肩膀，说道："老弟，要学会宽容，强哥不畏危险救了我，还不值得原谅吗？"

条纹突然转过头，异常激动地说道："我可以原谅他，可他不是鹰，根本没去过疾风湾，他骗了我们！"

"不、不，这个我没骗你们，上次我遇到的那只雀鹰他告诉了我去疾风湾的路。"强哥赶忙说道。

一旁的小纯拍了拍翅膀，说道："好了、好了，误会解决了，还是讨论一下你们接下来的行程吧。"

就这样，四只鸟加上小纯又坐在了一起。

二十四　出谋划策

"是这样，我们首先要找到玻璃大河道，它会注入蔚蓝海。"强哥一边思考，一边说，他用爪子挠了挠脑袋，"我们附近的这条小溪就会汇入那里。所以，我们沿着河飞就可以了。"

这时，小纯很配合地递过来一张《鸟历999年联合国审批通过最新鸟类五大王国地图册——详解版》。她指着一条显眼的蓝色色带说："这就是玻璃大河道。"小纯的爪子沿着河向下游移动，停在了"绿森林王国首都——翠都"的字样上，"但是你们看，这条路线会经过绿森林王国的首都——翠都。现在那里已被乌鸦侵袭，太不安全了，但这是路途最短的一号路线。如果你们要避开乌鸦的话，就要绕道，避开翠都，改道画眉岭。画眉岭，那就是绿森林的西国界线，乌鸦的势力还没完全侵入，相对安全一些。但路程会大大增加，途中遇到的不可知危险也会增多，自然这一路也不会太平静，这是二号路线。"接着，她又指向地图上一片土黄色的区域，"你们还可以从沙漠王国走，但这也极为危险，因为这里的部分地区也被乌鸦占领了。再说,沙漠环境极为恶劣,缺水、炎热、还有沙尘暴,你们不被乌鸦抓走也会被困死在沙漠里的,这是环境恶劣的三号路线。"

斑点觉得自己的心在不断下沉。这三条路线里有两条有乌鸦,有一条环境恶劣。算起来第三条最不切实际。只能在一、二两条路线中选择了。可是,被乌鸦杀死和暴毙荒野都不是什么好选项。到底选哪一个呢?斑点不禁纠结起来。

在思考了良久后,斑点突然大吼道:"一和二,你们选哪个?"

"二!"条纹和格林很有默契,异口同声地说。

"不!第一条!我可不能生活在没有城市的地方!"强哥反驳道。

条纹用可以冻死鸟的目光瞪向了强哥。

强哥心虚地低下了头,说道:"好吧,听你们的。"

第二天,斑点一行人早早地起身了,他们向小纯道了别,头也不回地向着画眉岭的方向进发。

小纯站在洞外透过朦胧的曙光看着四个渐渐变小的黑点,喃喃地说道:"祝你们好运。"

二十五 地 洞

斑点一行离开小纯已经有一个星期之久了。他们一路上遭遇了几股乌鸦巡逻队,但都有惊无险地躲了过去,离画眉岭越来越近了。

"真是见鬼!"斑点一边咒骂一边降落在一块突起的岩石上。

"怎么了?"格林紧跟着也着陆了,"有什么情况?是乌鸦巡逻队吗?在哪儿?我怎么没看到?"

斑点看向了四周,沉吟了一会儿,说道"今晚我们恐怕要住地洞了。"

格林顺着斑点的目光看去,果然,放眼望去方圆几里地都是稀稀拉拉的灌木丛,偶尔几棵小树突兀出来,但枝干都细小的可怜,仿佛一阵微风都能把它们吹断。毫无疑问,这些树根本无法庇护他们四只鸟。

"什么?"强哥在岩石上晃了晃,几乎要跌倒,"我们是鸟哇!我们要睡到树洞里,再不行也要站在树枝上。"

"你是想被乌鸦抓走?"条纹不满地说道,"你站在那树枝上就是一个活靶子。"

强哥哼了一声,表示不满,说道:"地洞里就安全吗?地上还不知道有什么怪东西呢。"

"所以我们要轮流站岗,不能掉以轻心。这样吧,强哥你就站第一班;条纹和我分别值二、三班;格林值最后一班。"斑点分配道。

另外三只鸟均没有意见,他们在附近找了一个不知是什么动物遗留下来的地洞钻了进去。

夜晚就这样开始了。

强哥跳上一块凸起的岩石开始站岗。

"沙沙……沙沙沙……"一阵微风吹过,草叶互相摩擦。强哥的心跳猛地加速了,以前读过的鬼故事一下子涌上了心头:这……这……这是什么声音?是不是恶鬼?传说每一只恶鬼都要杀死一只活鸟才能安息。我是不是惊动了幽灵?哎呀……

大概过了"一个世纪"吧,声音渐止,强哥紧张的情绪才放松下来。

"沙沙……嘶嘶……"

"又来了,"强哥嘟囔道,"你可吓不了我。"

但他还是紧张了起来,每一根羽毛都紧紧地贴在了身上。月亮出来了,是一轮明亮的满月,它给天地间抹上了一层诡异的银灰色。它像一只邪恶的眼睛,强哥想,或许它在召唤恶狼。

"嗷——儿!"似乎是为了印证强哥的想法,远处传来了狼的啸叫。

清冷的月光此时就像是无数根银针插向了强哥的心里,他不禁打了一个寒战。突然,他看到一条似乎是蛇尾巴的东西在缓慢地滑行。"啊!"强哥大叫起来,"蛇!有蛇!快醒醒。"

这一声,在寂静的月夜中听起来分外惨烈,似乎强哥已经被蛇咬到了。

格林立刻从地上蹦了起来,叫道:"蛇!有蛇!"

斑点和条纹听到动静冲出地洞"腾"地飞了起来。条纹连声问道:"哪儿?在哪儿?蛇在哪儿?"

强哥用颤抖的爪子指向了灌木丛,条纹展开双翅给自己加速,接着收起翅膀来了个漂亮的俯冲,同时伸出双爪一下钳住了蛇尾,然后划了一道完美的弧线,飞上了天空,想把蛇扯出来。可条纹才飞出几十厘米就飞不动了,他意识到蛇死死地赖在了地上,于是,他更加用力地扇了几下翅膀。"啪!"的一声蛇被拽断了,条纹扑棱棱地落了地。

斑点走上前做"尸检","噗"地笑了起来。她看刚才条纹的架势,原本指望能看见一条又粗又大的蟒蛇或是一条长满花纹的眼镜蛇。可现在映入她眼帘的却是一条粗藤蔓。

　　这时大家都围拢过来,除了强哥,都忍不住哈哈大笑起来。格林笑得尤其厉害,他一边捧着肚子打滚,一边大声叫道:"强哥,强哥,我真是爱死你了,你是我心目中的小强。"

　　此时,强哥已羞愧地缩成一团,一言不发。接下来,条纹、斑点、格林轮流站岗,再也没有出现任何状况,夜晚就这样过去了。

二十六　出　走

　　"哎哟,累死我了!"条纹把一只刚捕获到的小羊羔摔在地上。斑点走出了地洞站在条纹身边说:"哟,老弟,收获不小嘛。"

　　"恐怕我带来的消息一点儿也不好。"条纹说道。

　　"什么?"格林听到了,赶忙把头伸了过来,"坏消息?我最恨坏消息了。"

　　条纹叹了口气,压低声音,用鹰眼机警地看了看四周,似乎在担心隔墙有耳,小声地说:"刚才在我打猎的时候,看到乌鸦了,这次好像有三个巡逻队。"

　　"哦,见鬼!"强哥也从地洞里钻了出来,"我们是不是被跟踪了?"

　　"一定是的,这些臭不可闻的死乌鸦!"格林愤怒地叫道。

　　"嘘!"强哥做了一个安静的手势,说道,"小声点儿,别被发现了。"

　　"一路上都遭遇了乌鸦,想要隐藏踪迹确实挺难的,"斑点狡黠地眨了眨眼睛,"不过,也不是不可能。"

　　"怎么?你有什么好办法?"强哥急声问道。

　　"我们要隐藏自己的踪迹,食物残渣、便便都要挖坑深埋。还要尽量在树冠下飞行,特别是在进入画眉岭之前。"斑点说道。

　　三只鸟都非常认同斑点的意见。

　　"我觉得……"强哥举起右爪,"我们还可以做些适当的伪装。"

　　"伪装?"格林歪着脑袋眨了眨眼睛,没能理解强哥的意思。

　　这时,强哥早已冲入了最近的灌木丛中。

　　"噗……嘶……噗……"灌木丛中发出一阵阵奇怪的声音,并疯狂地抖动着,三只鸟都有些摸不着头脑。

　　不一会儿,灌木丛中冲出来一只面目可怖的"怪物"。这只"怪物"头上长着一个类似小型鸟窝的头冠,身上的羽毛中长满了各色草叶,翅膀上还有两块青苔状的东西在微微颤动,尾羽还串着红色小浆果。这只"怪物"摇摇晃晃地走了过来,身上的东西"咕噜,咕噜"不停地向下滚,样子说不出的滑稽。

斑点定睛一看,这不是强哥又是谁,她努力忍住想要从胸腔里爆发出的笑声,身体因而止不住地颤抖,几片绒羽抖落了下来。条纹和格林在愣了几秒后没能忍住,迸发出了爆炸式的笑声。

"哈哈哈……你是谁?你是稻草人吗?"条纹调侃道。

格林围着强哥转了几圈,宣布道:"噔噔噔……噔,各位先生、各位女士,请容我隆重推出稻草人版——小强先生!"说完和条纹又抱成一团大笑了起来。

"我说你们笑够了没有?"强哥看着面前的两只鸟,努力克制住自己的情绪。

可条纹和格林就像是被启动了爆笑程序一样,怎么也停不下来。

强哥一个箭步窜了过去,这个动作又令几片树叶从他身上掉落了下来。他一爪拽住条纹,一爪按住格林,强行分开他俩。他的羽毛一根根地竖了起来,鸟窝状的羽冠歪在一边,好似一只炸毛的狮子:"不许笑!我这样很好笑吗?"

格林努力把头从强哥的爪缝中挤了出来,鼓着腮帮点了点头,说道:"是的先生,非常好笑,小强先生!"

"不许喊我小强,虎皮·格林,你给我道歉,马上!"强哥只有在愤怒到极点时才会直呼格林先生的全名。

"对不起,小强,我……我错了。"格林没有意识到问题的严重性,继续嬉皮笑脸地玩笑道。

"你……我……你……"强哥气得差点背过气,他有点儿语无伦次。接着,他把头上的鸟窝状羽冠狠狠地扯了下来,用力掼在地上,又一次大吼道:"我,我受够了,这场冒险我不去了,反正你们也不需要我这个拖后腿的!"说完,他头也不回地飞了出去。

二十七 阴 谋

强哥的离开并没有让格林清醒过来,"小强,Bye,慢走哟,不送!"格林对着强哥渐渐远去的背影挥动着翅膀。

"啪!"斑点毫不留情地给了格林一个"毛栗子",并给了条纹一个红色级别的眼神警告,厉声道:"玩笑开大了吧!赶紧把他追回来。"

"不用,不用,这个家伙只有三分钟的血性,他一会儿就会回来的。"说完格林搬着爪子慢声数道："1——2——3！"

空中没有出现他预计的强哥身影，格林声音有点儿发虚，说道："哎，这家伙的速度变慢了嘛，再来，1——2——3！"

这次，空中依然没有一只鸟的影子，"等等，他的尾巴刚受过伤，没这么快飞回来，再给他一点儿时间，1——2——3。"格林的声音更加发虚了，就这样在格林数了无数个"1——2——3！"后，强哥也没回来。

这时条纹心里暗暗自责，刚才只顾和格林玩笑，没能考虑强哥的感受，强哥一直为自己的身份而自卑，经过上次的尾巴事件，他变得更加敏感了。"小强"这个名字无疑是在他的伤口上撒盐，而刚才自己和格林的表现更是触碰了强哥的底线。

"老大，你这次不会真的生气了吧！我只是开个玩笑嘛！"格林心虚地嘟囔道。

"切，现在你知道错哪儿了吗？"斑点道。

格林低头看着自己的爪子低声说："我错了，我不是在嘲笑他，我只在和他开玩笑。"

"这个玩笑开得有点儿大，而且一点儿也不好笑，你们把自己的快乐建立在强哥的伤口上，有没有想过强哥的感受？"斑点毫不留情地指出了他们的错误，接着斑点又补充了一句，"朋友不是用来伤害的，而是要患难与共。"

"我们知道错了，现在怎么办？"格林低声说道。

"还不赶紧去找他。"斑点说完就拍打着翅膀率先飞了出去，条纹和格林也连忙紧紧跟上。

此时，强哥正站在几十里外的一个峭壁上，回头张望着刚刚飞来的路线，目力所及明净的蓝天上没有一丝杂质。其实，在他刚飞出三分钟的时候，就开始有一点点后悔了：我怎么如此冲动呢？只不过被嘲笑了一下，有什么关系吗？他想掉头，可一想到格林嘲笑他时那张变形的绿脸，还有他叽叽喳喳喊着"小强、小强"时难听的腔调，心中就像压着一块大石头一样，难受极了，就这样他毫无目的地一直向前飞去，直到来到了这片峭壁。他停在这里，希望他们三个把他追回去，可时间一分一秒地过去了，他始终没能看到他们三个的身影。

"扑棱，扑棱……"突然，头顶上传来了一阵阵拍打翅膀的声音，这似乎正是强哥期盼已久的声音。来了，来了，终于来了！强哥心里一阵窃喜。他甚至已经开始想象，格林低眉顺眼地向他道歉，他又是如何中气十足地把格林臭骂一顿的情景。

扑棱声越来越近，越来越大，强哥突然感到似乎有一阵密布的乌云正向他慢慢靠近，他闻到了危险的气息。强哥下意识地钻入了离他最近的一个岩缝里。

过了一会儿,他轻轻贴近岩缝的边缘,偷偷向外张望。一条白花花、阴森森的骨头项圈印入了他的眼帘。强哥头皮一阵发麻,立刻认出了骨环的佩戴者,他的噩梦——夜枭。

此刻,附近的山头上布满了黑漆漆的乌鸦兵。夜枭正和另一只脸上横着一条刀疤的乌鸦站在一块突起的岩石上,离强哥藏身的岩缝只有一步之遥。

强哥吓得一身冷汗,刚想发出的惊呼声默默地夭折在嗓子里。怎么办?怎么办?要是被发现了,我就死定了。他屏住呼吸,往岩缝的深处靠了靠,让自己淹没在一片阴影当中。

"英明神武的夜枭大人,我感到那四只雏鸟就在附近。"刀疤脸嗅嗅了四周的空气,嘶哑着嗓子说道。

夜枭冷冷地瞪了他一眼,厉声喝道:"你还有脸说,这点儿鼻屎大的小事到现在还搞不定。"

刀疤脸身子一阵颤抖,说道:"大人放心,这次一定不会让他们逃出我的爪子。"

"哼,要是再让他们逃了,你就提着脑袋来见我。"夜枭顿了顿继续说道,"疾风湾那边的事安排的怎么样呢?"

"我准备在抓到四只臭鸟之后,立刻派精英黑暗之师全力向疾风湾进发。"

"你这个蠢蛋!要是抓不到那四只鸟,你还不去疾风湾呢?错过了这次机会,杀你十次都不够。"夜枭一把掐住刀疤脸的脖子,恶狠狠地说道。

"咳咳……咳,大人,大人,您听小的把话说完。"

夜枭松开爪子,用力一推,刀疤脸重重地跌在了地上。

"大人,大人,我准备用那四只鸟做诱饵,他们的族人一定会去救他们的,到时我们从后面包围上去,只需一把火就可以把他们全部歼灭。"

夜枭踱着步子,深思了一会儿,满意地说道:"不错,这真个好主意。"他转过头看着自己强大的军队,仿佛看到了他们在烈火中大肆杀戮的情景,继续说,"那你还愣在这儿干吗?还不快把那四只雏鸟给我抓来。"

"是,是,大人英明!我这就去。"说完,刀疤脸一挥翅膀,山头上的乌鸦兵们都举起了左翅高呼道:"夜枭大人——必胜——必胜!"并呼呼啦啦地飞了出去。

黑暗中的强哥吓得瑟瑟发抖:天啦!我、我知道了一个惊天大秘密,怎么办?怎么办?赶紧离开这个是非之地,找个地方躲起来。等等,斑点有危险,条纹有危险,格林也有危险,我不能见死不救,我得告诉他们。此时的强哥似乎忘记了他和格林之间的不愉快,在确定了外面的乌鸦兵全都走光之后,他沿着刚才路途急速地飞了回去。

二十八　将计就计

强哥跌跌撞撞地没飞多远就和他们三个相遇了。格林冲上前去紧紧抱住强哥的腿,害的强哥差点儿从空中摔了下来。

"老大,老大,我错了,你大人不记小人过,你原谅我吧!俗话说:'宰相肚里能撑船',你一定会原谅我的,是吧!老大!"格林叫道。

"废话少说,这里很危险,赶紧找个地方躲起来。"强哥扑腾着翅膀气喘吁吁地说道。

在斑点和条纹看来,此刻的强哥就像尾巴着了火一样,他们不知道强哥在离开之后到底遭遇了什么,但还是被强哥这种不安的情绪感染了。姐弟俩拽着格林跟着强哥以最快的速度冲向了画眉岭。

画眉岭的山峰在四只鸟的眼里渐渐放大。与前面的荒原不同,这里群山耸立,郁郁葱葱的植被覆盖着山群。斑点他们越飞越近,树叶相互摩擦发出的沙沙声和画眉鸟的啾啾声汇成了一首优美的乐曲。一切是那么的静谧美好,以至条纹有一瞬间几乎忘记了身后的危险。

四只鸟在一棵高大的银杏树上停了下来。刚一落脚,斑点就急忙询问强哥到底发生了什么。强哥把夜枭的阴谋一字不落地告诉了他们。

听完了强哥的叙述,大树上一片静默,就连画眉鸟的歌唱也似乎变成了毫无意义的嗡嗡声。

终于,斑点打破了沉默,若有所思地说:"太惊人了!他们居然想毁灭整个鹰族。"

"我们决不能让他们的阴谋得逞!"条纹气愤地说道,"我们得赶紧到达疾风湾。"

"这不可能!我们已经绕了远路,怎么可能抢在乌鸦前面到达疾风湾呢?"格林有点儿泄气地说。

强哥补充了一句:"更何况我们还要躲避乌鸦的追捕。"

"一般小说写到这儿,都会有一张地图出现,上面标注着一条秘密通道,可以很快的到达目的地,我们就这样凭空消失,让乌鸦们在这里干着急。"格林天马行空地说道。

三只鸟齐齐地瞪向格林,条纹毫不留情地说:"做你个青天白日大美梦!这里没有地图,也没秘密通道!"

格林赶紧捂住了嘴,说道:"好吧!当我什么也没说。"

四只鸟又陷入了沉默。

突然,斑点的羽毛蓬了起来,条纹知道姐姐一定想到了好办法,询问道:"老姐,你有什么办法?"

斑点猛地给格林一个大大的熊抱,说道:"格林先生,我真是爱死你了。"她狡黠地转动着眼珠说道:"对,就是凭空消失,想要避开乌鸦就要隐藏踪迹,如果我们反过来思考呢?"

"老姐,你到底想要说什么?你不会和格林一样脑子也短路了吧!"条纹一头雾水,不知道斑点葫芦里卖的什么药。

"过来,过来!"斑点说道。三只鸟围拢在斑点身边,斑点继续说:"兵法有云:'兵不厌诈',我们将计就计……"

条纹、格林、强哥听完了斑点的计谋,脸上纷纷露出恍然大悟的神态。

"好!就这么办,我们分头行动吧!"斑点胸有成竹地指挥道。

"等等!"格林突然大叫一声。

三只鸟都吓了一跳!

"怎么了?有敌情吗?"条纹机警地看了看四周。

格林一步冲到强哥面前,紧紧抱住他,说道:"老大,你原谅我了吗?我没有嘲笑你的意思,你永远是我的老大。"

"切!"条纹发出了嘘声。

强哥脑袋一转,摆出一副生人勿近的模样。

"老大,俗话说患难见真情,你就原谅我一次嘛!"格林央求道。

"好吧!"强哥又摆出一副勉强到不行的样子,说道,"给你一次留队查看的机会。"

"耶!老大万岁!老大万岁!"格林激动地一蹦三尺高。

"但是——你——不——准——再——叫我——小强了!听到了吗?"强哥说道。

格林双翅合拢:"听到了,我保证,我发誓,一定会的!不,不,我是说,一定不会的!"

斑点和条纹在一旁看到他俩终于和解了,都露出了会心的笑容。

二十九　凭空消失

"报告长官,F小队发现目标踪迹。"一个乌鸦兵向刀疤脸报告。

刀疤脸心里涌起一阵狂喜,心想:不过四只雏鸟而已,怎敌得过我们乌鸦大军,等我抓到你们……乌鸦军团就可以消灭鹰族统治世界了。他振翅一挥,命令道:"行动!"

跟着乌鸦兵,大部队来到了一个草垛旁。刀疤脸四处嗅了嗅,空气中果然弥漫着那个绿毛小子的气味。

"草垛里面的家伙,给我乖乖出来!告诉你,你已经被包围了。"刀疤脸对着草垛气势汹汹地叫道。

"沙沙……"草垛里似乎有一点儿动静。

手持兵器的乌鸦兵们又上前一步,将草垛围得密不透风,他们个个精神百倍,就像一只只搭在弓上的箭,蓄势待发。

沙沙声再次响起,两只蚂蚱蹦了出来。他们还没落地就被砍成两段。

刀疤脸见状愤怒极了,说道:"绿毛小子,别耍花样了,大爷我的耐心是有限的,你最好在我发怒之前给我滚出来,要不然……哼哼……这两只蚂蚱的下场就是你的榜样。"

……

这次,草垛里连一丝声音也没有了。

"我倒数三声,你要再不滚出来,我就把这里夷为平地!3——2——1!给我搜!"

顿时,几十只乌鸦兵冲向草垛,挥舞着利剑,一时间干草漫天飞舞。没过多久,草垛里露出一摊白色夹杂着青黑色颗粒的物体,散发出阵阵怪味,刀疤脸捂住鼻子走上前,用树枝捅了捅,说道:"见鬼,这不过是那绿毛小子的嗯嗯而已。"他思考了一下,说道,"我们好像被耍了!"

过了几分钟,又一只乌鸦兵报告道:"长官,S小队发现可疑目标。"

这次他们来到了一棵松树上,只见松树针状的叶子里嵌满了浅褐色的羽毛,毫无疑问这是鹰的羽毛。刀疤脸做了一个禁声的动作,他们小心翼翼悬浮在目标上方。刀疤脸一挥翅膀,几十只乌鸦同时发力,松树枝立刻化为碎片。但除了四处飞扬的羽毛和木屑,哪里有半只鹰的影子。刀疤脸意识到自己又一次被耍了,他怒火冲天,对着树枝就是狠狠一脚,"嗷——",他忘记了这是一棵松树,此刻他的脚爪被松针戳破了皮。

接下来,一只又一只的乌鸦兵飞向了刀疤脸。

"报告,A小队发现目标踪迹。"

"长官,B小队发现可疑目标。"

"C小队有重大发现,长官。"

……

"报告长官，Z 小队发现重大敌情。"

就这样，刀疤脸带领着乌鸦兵，穿梭于画眉岭和荒原之间，他们搜寻了每一处可疑地点，疲于奔命，足足浪费了两天的时间。可四只鸟就像凭空消失了一样，怎么也找不着。

三十　黎明前的黑暗

就在乌鸦们奔命于那些"可疑地点"的时候，四只鸟正加足了马力全速向疾风湾进发。那天，斑点想出凭空消失的办法就是：四只鸟分别在四个不同的方向设置迷惑乌鸦的"烟幕弹"——沾染了他们气味的粪便、羽毛以及食物残渣。这为他们赢得了宝贵的时间，他们深知自己身上担负着鹰族乃至整个鸟族的命运。

而乌鸦这边，以刀疤脸为首的搜寻大队已经锐气大减。他们又一次两眼无神地面对着一堆粪便。

"有没有人可以告诉我这是怎么一回事啊？"刀疤脸望着天空大声嘶叫着。

"我来告诉你这个蠢货！"一声低沉而又让人毛骨悚然的声音响起，"嗖！"的一阵黑色旋风刮过，夜枭带着他那狰狞的面孔降落在刀疤脸身后。

"啊！夜枭大人，夜枭大人，这，这是怎么一回事？"刀疤脸疑惑地说。

夜枭一翅膀扇过去，刀疤脸躲闪不及被扇得向后跟跄了几步，夜枭呵斥道："笨蛋，你有没有脑子，你被这几个小子耍了。这么明显的金蝉脱壳之计你都看不出来？真是没救了。"

刀疤脸顿时恍然大悟，说道："大人英明，那，那我们现在怎么办？"

"能怎么办，还不赶紧直取疾风湾！"

"那，那四只鸟就不抓了吗？"

夜枭甩过一个冷冷的眼神，说道："你抓得到吗？哼，没有他们我们一样能让那些鹰族毁灭。"

"大人果然神机妙算！按您的计划我们一定能完成统一鸟族的大业。"刀疤脸不放过任何一个拍马屁的机会。

夜枭挥动着左翅，命令道："疾风湾，前进！"

乌鸦兵们浩浩荡荡地向着疾风湾方向进发。

五天以后，乌鸦兵们来到了疾风湾的入口。

这里的天是蓝色的,它散发出透亮的光,仿佛由一块巨大的蓝宝石打造而成,而那波浪似的白云层层叠叠,好像是这蓝宝石上精美的雕刻。一望无垠的大海也是蓝色的,但和天空不同,海水的蓝仿佛聚集了天地间所有的蓝色,变幻多端,神秘莫测。白云似的浪花有节奏地亲吻着金色的海岸,留下一道道湿润的吻痕。几只海鸥在天地间自由自在的翱翔,时不时一个猛子扎入海水,溅起朵朵水花。

一切是那么宁静而安详。

三十一 决 战

"夜枭大人,怎么没看到一只苍鹰?"面对这宁静的景象,刀疤脸不禁一阵疑惑。

"在疾风湾的西南边,有一个三面环海地势险峻的峭壁,号称观海台。那里正是我的伟大祖先与那恶鹰疾风的恶斗之处,要不是那只恶鹰使用奸计,那现在称霸鸟族的就是我们乌鸦了。"夜枭冰一样的眼神射向远处,他接着说道,"那些可耻的鹰族居然把这个地方作为他们举行成人礼的圣地,这对我们乌鸦来说简直是奇耻大辱。今天,我就要血染疾风湾,改写鸟族的历史!"

刀疤脸点头附和道:"大人英明,那……什么时候发动总攻?"

夜枭举起左翅,缓缓地说:"少安毋躁,先隐蔽,等到夜幕降临我们再行动。"

远处的观海台上,几只成年苍鹰似乎没有感到危险已慢慢逼近,他们有条不紊地布置着会场,准备着即将到来的苍鹰成人礼。

夕阳西下,大海被残阳映成了闪着光的橘红色。当这橘红色缓缓加深,变成血红色的时候,太阳潜入了水中。终于,白天结束,夜幕降临了。

在漆黑如墨的夜中,一小片树林无风自动,先是微弱地抖动,接着出现了树枝折断的声音。突然,一只影子升空。他挥挥翅膀,一大群影子也跟着飞了起来,爪中的骨制兵器微微闪着寒光,他们排成八个整齐的方阵,向疾风湾飞去。

"报告长官,点火者行动成功。"一只乌鸦兵向夜枭和刀疤脸汇报道。

"不错,不错。"刀疤脸的脸上浮出一个狰狞的笑容,他脸上的刀疤像一条虫子一样扭了起来,在火光下显得十分恐怖。

夜枭一挥左翅,命令道:"现在,冲!"

"冲到哪里去呀?发霉的夜宵小朋友?"

夜枭一抬头,看到条纹正带着一脸的嘲弄在他头顶上飞翔,他的身后跟着一队苍鹰。夜枭又把头转向右侧,看到了斑点,她的身后也跟着一队苍鹰。夜枭心中一愣,意识到自己正被两面夹击。

"弟兄们,别怕。他们只有两个小队,而我们有两个师!干掉他们!"刀疤脸不顾一切地嘶叫到,鼓励乌鸦兵加入战争。

"呀!"乌鸦兵们大吼着亮出了骨质武器,开始了冲锋。一波波骨质短矛被乌鸦兵们投掷出来,而苍鹰们则把着火的树枝投回去。这两种攻击方法都有失准头,半个小时过去了,双方只有少量战士受伤。

很快,乌鸦们开始了第二次冲锋。

这次,乌鸦兵们都放弃了短矛,开始用剑进行近身搏击。苍鹰在这种情况下只能被动应战,但在数量众多,又配有兵器的乌鸦围攻下,只能用爪子和嘴作战的苍鹰占不到任何便宜。很快,苍鹰的数目就锐减了六分之一。

"老姐,这样下去我们很快就会被杀光的!要不,要不我们撤退吧。"条纹躲过一块飞来的木炭对斑点喊道。

斑点喊了回去:"真是个好主意。条纹想逃跑了。"

"不,我的意思是咱们利用这片森林着火的特点,和他们打迂回战。"条纹解释道。

斑点眨眨眼睛,心想:是呀,迂回战术,疾风当时也用过。我怎么没想到呢,我方人少,灵活多变,敌方人多,不易转移和隐藏。我们只要……电光火石间,斑点有了决定,她对身后的战友们大吼道:"撤退!"

苍鹰们立刻撇下了乌鸦,向观海台的方向退去,他们在一块有两米高,三米宽的巨石后停了下来。他们把头聚在一起议论了一会儿,又飞上了天空。

"把他们全部干掉!"夜枭挥挥翅膀,喊着进攻的命令。

刀疤脸立刻带着军队向斑点的军队冲去。乌鸦军刚拔出剑,苍鹰们就害怕地逃向了着火的森林,他们一边飞,一边大叫道:"救命!help!"

"哈哈,逃不了吧。想不到你们也有今天。"刀疤脸一边嘲笑他们,一边追得更起劲了。

苍鹰们很快就被"赶"到了森林的中心地带,这里火势最为凶猛,树木不是被烧成了灰,就是倒在了地上。猩红色的火焰带着烧毁一切的欲望在狂舞,整片地方已没有一片可落脚之处。

刀疤脸拔剑出鞘,指向苍鹰们,恶狠狠地嘶叫道:"投降吧,这样我的夜枭大人还可以饶你们一命。"

"这句话本来应该是我说的哟。"斑点对刀疤脸嘻嘻一笑,"你抬头看看。"

"哼,这么烂的谎言我才不会相信呢。你不就想在我分神的时候攻击……"刀疤脸突然不说话了,因为他感到头上暗了下来,乌鸦兵们也不安起来。

刀疤脸一抬头,吓了一跳。在森林的上空,许多鸟儿在空中拍打着翅膀,斑点的援军到了。

这支援军是由神鹰国的精鹰军团、鹦鹉王国的彩虹军团、猫头鹰国的野猫军团、绿森林王国的绿叶军团和沙漠王国的风暴军团组成的,一共有五个师。而他们的领队,正是斑点和条纹的老朋友——强哥、格林先生和小纯。

原来,那天斑点想出"隐身计"的时候,他们就分成两组来行动。斑点、条纹一组,他们去到疾风湾报信;格林、强哥一组,去各国召集友军。

别看这支军队看上去颜色不一,有绿色的、有褐色的、有白色的、有灰色的……可他们都是长期被乌鸦压迫的国家。如今,他们心连心,手牵手,同仇敌忾,发誓在今晚灭了夜枭,灭了乌鸦军团。看来,夜枭给自己创造了一个个可怕的仇人。

"你……你……你们耍诈!"夜枭难以置信地看着花花绿绿的军队。

"是吗?发霉的臭宵夜?"格林先生叽叽喳喳地对夜枭嚷嚷道,"是谁打算在我们到达疾风湾之前抓走我们?是谁把树林点着,好让我们葬身火海的?又是谁想要灭了苍鹰族的?"

如果夜枭的脸上没有毛,也许这一刻可以看到他的脸刷地变红了。而刀疤脸上肉红色的刀疤也看不见一丝血色。

"所以,大家快把他们灭了!"强哥和小纯同时发出了开战的命令。

剩下的情况就没什么好讲的了。五个师的联军顿时把乌鸦军团冲散并逼向火海,不出一个小时,乌鸦们就被全部歼灭了。

三十二 成人礼

第二天清晨,明媚的阳光照耀着昨夜的战场,也照耀着熟睡的鸟儿们。斑点打了个哈欠,一个骨碌爬起来,她揉揉眼睛,又摇了摇身旁把脑袋塞到翅膀底下、打着呼噜的条纹,说道:"懒虫,起床啦。我们还要赶……"斑点突然不说了,因为她意识到一个错误——他们已经在疾风湾了,于是改口道,"还要参加成人礼呢。你不会想迟到吧?"

"来了,来了。"条纹嘟囔着爬了起来,撞到了一旁的格林。

不一会儿,四只鸟就来到了会场。这个会场布置得简单而不失庄严,没有一只鸟不被它所震撼。整个会场布置在观海台的大草坪上。

在会场靠近大海的那端,是一个镶金的树形栖息椅,它"枝叶"茂盛,高大挺拔,站上五十只苍鹰不成问题,毫无疑问,这是属于新一代苍鹰的宝座。在这个宝座的左右两侧,各放着一只鲜花围绕的黄铜火盆,里面的火焰在熊熊燃烧,时不时溅出两点火星。在这宝座的前方,放有宴会就餐用的五条方方正正的条石。第一张桌子是横放的,每隔几步就放有一束鲜花,每一个位置上都放着镶金的瓷盘,这也是给新一代苍鹰的。另外的四张桌子是竖向摆放的,它们是给应邀而来的贵宾和前来观看仪式的苍鹰们设置的,上面也放着瓷盘。一座包含赤橙黄绿青蓝紫,七种颜色的鲜花拱门被放在会场的入口处,它的两侧也有黄铜火盆。另外,整个会场被七十几个鲜花柱子和一百多个灌木盆栽包围着。整座会场看起来庄严又华丽。

上午九点整,成人礼开始了。

所有的鸟儿都按次序入场,在主桌前面排成四列。接着,苍鹰族的长老——一位长着粗眉毛的智慧老者开始宣读完成成人礼之前的冒险苍鹰的名字。他每报一个名字,条纹的心就紧张地颤动一下,一只苍鹰就飞到那个树形宝座上。眼看着宝座上的座位越来越少,条纹不禁害怕起来:呀,要是没有我怎么办?我怎么和父母交代?不会真没有我吧。想到这里,他的眼泪都要落下来了,心里像被猫狠狠地挠着。他低头看着草坪,爪子也不由自主的扭来扭去。他又看了看四周,似乎除了自己和斑点,所有年轻的苍鹰都被喊到了名字,飞上了树形宝座。终于,在大树上还剩下六个位置的时候,长老喊道:

"……斑点女士,条纹先生。以上是第999界苍鹰家族的成人礼名单。在这里,我要特别说明为什么要把斑点女士和条纹先生放在名单最后。那是因为,在昨夜的那场名为第二次大海之战的鏖战中,这两位用他们的智慧和勇敢,拯救了整个苍鹰族,甚至整个鸟类世界。"说到这里,长老顿了一下。条纹感到自己的心脏"扑通,扑通"快速跳动着,差一点就要跳出嗓子眼。神啊,斑点心想,爸爸和妈妈要是知道了,该多么为我们骄傲啊!这时,长老又说道:"另外,为了表彰格林先生、强哥先生和小纯女士,他们虽然不是苍鹰,但一样是勇敢的鸟儿,苍鹰理事会决定授予他们苍鹰家族荣誉成员的光荣称号。"

"太棒了!"小纯欢呼到。

"什么?是在说我们吗?"格林看着强哥有点儿不敢相信,强哥肯定地点了点头。

五位伙伴肩并肩地飞向了宝座,他们曾经一同度过危险;如今,也一同获得荣誉。当五只鸟站好后,长老也飞到了最后的那个位子上,发表了演讲:"在这一代苍鹰中,"他看了看斑点和条纹,"有聪明的,有勇敢的,也有强壮的,但他们都有一颗相信梦想的心!在此,我祝贺所有在座的各位,你们成功了。现在,来领取属于你们的月光石吧。"

接着,长老挨个给新一代苍鹰颁发象征成长和荣誉的月光石。斑点得到了一块圆形月光石。这块月光石并不是很大,摸起来却温润如玉。它的表面还有淡淡的银光在缓缓流淌。条纹得到的月光石偏椭圆一些,看上去发着淡淡的黄光。格林和强哥的月光石与斑点一样也是银色的,而小纯的月光石的侧面微微凹了下去,看上去像一颗爱心,颜色也偏黄。

"现在,"长老宣布道,"现在,请各位入座,宴会开始!"

三十三　尾　声

"我们马上去哪里呀?"强哥问道。

小纯挠挠脑袋,说:"我要回国了,第二次大海战才结束,猫头鹰国需要人手去做战后重建,所以我先走一步啦。以后一定要来看我哦。"

小纯和她的同伴们一一拥抱后,就一步三回头地离开了。

"好吧,你们还没回答强哥的问题呢。"格林提醒道,"我们现在去哪儿?是和你们一起去神鹰国?还是我们各回各的家?或者是我们游历整个鸟类王国?也许我们可以驻守疾风湾?"

"打住!我们一起回神鹰国吧。你们还没见过我和条纹的父母呢。"斑点插话道。

"太好啦!我们怎么走?是原路返回还是换条路?……"格林问道。

条纹在格林的上方向他喊道:"喂,记好了,以后你一次只能提一个问题。"

"哦。"格林愣了一下,又叫了起来,"干吗?现在我有月光石了,我怕谁?嗨,等等,你还没有回答我的问题呢!"

完……

丁丁历险记

朱星瑞

一 遭遇野人

丁丁,一个平凡的小学生。他相貌平平、成绩平平,就连说话的语调也是平平的,没什么起伏,也没什么变化。

一天,丁丁哈欠连天地写完了所有的作业,突然,地上出现了一个深不见底的大洞!啊……丁丁吓得大叫一声。就在这时,大洞旋转起来,带动周围所有的东西一起旋转,接着他被吸进洞里去了。丁丁吓得闭上了眼睛,感觉天旋地转,身旁发出巨大的声响,但却没有感到任何疼痛。过了很长时间,周围安静了下来,丁丁睁开眼睛,发现自己已经不在家了!四周是白茫茫的沙漠!虽然身处沙漠,但是他觉得异常的凉快。丁丁想站起来,却感觉身上很重,低头一看,自己身穿黄金铠甲,头戴烈焰头盔,手上还有一个手镯。丁丁心想,这简直就是我看的"杰克奥特曼"和"铠甲勇士"的合体版嘛!

天渐渐地变暗了,丁丁才稍微地缓过神来。但他还是很疑惑:这是什么地方?我怎么会在这儿?我是怎么来的?为什么我穿着这样的衣服……这突然的变化实在是让丁丁"丈二和尚摸不着头脑"。

但让丁丁更吃惊的还在后头——远处,一群手拿锋利大刀的"野人"朝他直冲了过来,嘴里咿咿呀呀叫个不停。丁丁吓坏了,心想,难道这群野人是冲着我来的?这该怎么办?怎么办?那群"野人"越来越近,丁丁感觉自己的心都快跳到嗓子眼儿了,他完全不知道自己该如何应对。

你说换作谁也紧张啊!自己在写作业时,莫名其妙地就来到了一个完全陌生的世界,还没来得及弄清楚是怎么回事,一群野人就手持大刀,龇牙咧嘴地冲过来了!谁能不害怕啊!

眼看野人首领的大刀就要砍过来了。说时迟那时快,丁丁情急之下从腰间拔下佩剑,顺手一挥!只听见"啴"的一声,火花四溅,更神奇的是,野人的大刀竟被硬生生的崩出了一个缺口!

野人惊得目瞪口呆,丁丁也被惊得目瞪口呆!

"我……我……我有了特异功能?天生神力?"但不容丁丁多想,一群野人全朝丁丁围了过来,几十把明晃晃的大刀朝丁丁砍过来。那明晃晃的光线刺得他睁不开眼睛。丁丁吓坏了,下意识地举起手中宝剑抵挡,并胡乱地砍来砍去,还大叫着:"啊……你们这群野人!以多欺少!以大欺小!我打,我打,我打!"

他这一通乱舞,掀起一阵狂风,刮得树枝乱颤,树叶满天飞。这群野人也被刮得站立不稳,刀也拿不稳,毫无招架之力,更别谈什么战斗了!再说,丁丁完全不知道身边发生了什么事,一时慌乱、气愤地挥剑乱舞竟然产生了如此大的威力,就好像这把剑也感染了他的心情和气势,削出的每一剑都能量十足,气场强大!

终于,丁丁停了下来,弯着腰不停得喘粗气,等他再抬头一看,呀!一群野人全都躺在地上哼哼呢!丁丁瞪大了双眼看着这一切,他简直不敢相信,也简直不敢想象他自己刚才到底做了什么。他低头瞧瞧手中的剑,它正发出融融的红光,好像火气还没有散尽……

"到底谁能来解释一下?"丁丁朝着天空大喊一声。

二 神奇的手镯

一群野人在丁丁的胡挥乱砍下全部倒地,躺在地上不停地呻吟。野人首领看到这个情形,气得七窍生烟,浑身发抖。接着,就看首领慢慢举起左手,手腕处冒出缕缕黑烟,像无数条细蛇缠绕着手腕!丁丁定睛一看,呀,首领的手上竟然也带着一个手镯,和丁丁手上的极为相似,只是颜色有所不同!

首领缓缓抬起右手,用掌心轻轻地在手镯上方来回揉动。渐渐地,那些黑烟聚集起来变成一股,随着首领手动的方向游走,而且越来越粗,越来越粗!而就在此刻,丁丁腕上的手镯也开始不停地颤动,并且随着首领手镯上的黑烟越来越浓而颤动得越来越快,以至于丁丁的手都无法控制了!

突然,首领大叫一声:"黑风,出来!"同时右手带着黑烟往天空一扬,那股黑烟顿时幻化成一条巨大的黑龙,盘旋着朝丁丁冲过来!丁丁整个呆住了,一动都不能动,他眼睁睁地看着黑龙龇着牙,卷起巨大的黑烟向他俯冲,想要将他吞噬!丁

丁几乎感觉到黑龙嘴边的胡须已经碰到了他的脸!说时迟那时快,丁丁左手上那不停颤动的手镯突然带动他的手臂往天空一挥,刹那间就听到"轰——"的一声巨响,紧接着又是"嗷——"的一声龙吟。丁丁顺着声音望去,天空中多了一条巨大的红龙,正和黑龙缠斗在一起。顿时黑龙头上出现了一个很大的伤口,让黑龙的脸都变形了。原来刚才红龙出来时狠狠地撞向黑龙,黑龙一时躲闪不及,头上被撞了一个大口子,刚才那巨大的响声就是它们撞击时发出的。

丁丁好像突然想起了什么,抬手看看手镯。手镯被一圈红色的烟雾缠绕着,仍在不停颤动。丁丁此时的思绪也像是被烟雾缠绕着,完全不能思考。这一波接一波的奇遇让他完全"失去"了思考的能力。他使劲甩了甩头,自言自语道:"哎……只能顺其自然了!"

红龙和黑龙在天上激战着。黑龙可能是因为刚才遭遇突袭受了伤,动作明显迟缓了些,攻击远不如红龙那样有力量,眼看就要败下阵来。

这时,只见首领又举起手,在手镯上方不停地划圈圈,嘴里还念念有词,一会儿"呛呛呛……"一会儿又"将将将……"并且速度越来越快,以至于嘴角都冒出白沫沫了!

受伤的黑龙好像感受到了首领对它的召唤,猛地抬起头,鼻孔里还不停地冒着气,"呼哧呼哧"地又朝红龙扑过去!这次黑龙的攻击明显比刚才更加迅

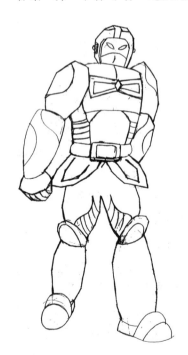

猛、有力。红龙似乎也感受到了,不愿正面应战,急忙躲开。但黑龙的速度实在太快了,一下子抓到了红龙的尾巴,一条血红的伤口顿时冒出了鲜血!

红龙"嗷"地大叫一声,转头撞了黑龙一下,正巧撞在黑龙刚才的伤口上,黑龙疼得立即往后缩了一大截,头上伤口周边的肌肉不停地抖动着。红龙也暂时退到一边,轻轻甩甩尾巴,似乎是想甩去从尾巴伤口处传来的疼痛,但它一点也不敢放松警惕,眼睛死死地盯着黑龙。

那野人首领瞪圆双眼,喘着粗气,嘴里一刻不停地念着乱七八糟的咒语,可这咒语明显没有刚才念的顺畅,听起来有点断断续续、甚至有点儿语无伦次了。他手镯上的黑气也明显散乱、黯淡了……

三 似梦非梦

黑龙被红龙死盯着都有点怕了,它身体往后缩,慢慢地,慢慢地,一步一步往后退。红龙瞧准了机会,一蹬脚,直冲到黑龙面前,将龙角死死地插进了黑龙的咽喉。黑龙都还没来得及叫一声,就"轰"的一声坠落在地,死了。

首领看到这个情形,大叫一声:"你等着!",调转马头逃跑了。

丁丁被刚才那一幕吓到了,直直地站着,无法动弹。红龙缓缓落地,慢慢蜷缩起来,呜咽的舔着自己尾巴上的伤口。这时,刚才倒地的黑龙那庞大的身体上聚集了一股黑烟,渐渐地包裹住黑龙的身体,越包越紧,越包越紧,直到只有乒乓球那么大,然后"叮"的一声,化成一颗黑宝石,"嗖"的飞到丁丁身边。

丁丁不由自主地用手接住,不可思议的是,宝石竟然渐渐融入到手镯中不见了。紧接着,手镯上有一块黑色的花纹闪动了一下,很快又恢复到原来的样子。丁丁这时才仔细的观察起自己手腕上的镯子。镯子上的花纹有七种,分别是红、黄、蓝、绿、黑、白、紫七种颜色,那块黑色的花纹明显的颜色深一些,而且纹路也更清晰,还略有点凸起。若是仔细盯着这块看,就会感觉它在一上一下地微微颤动,好像是在均匀的呼吸。

"呜——"红龙一声呻吟,拉回了丁丁的思绪。他缓缓走向红龙,抬起手轻轻抚摸红龙受伤的尾部。红龙一直盯着丁丁,眼神里流露出信赖和依恋,接着将头往丁丁怀里蹭了蹭,化作一阵红色烟雾,融进手镯不见了。

此时,丁丁忽然觉得胸中涌进一股暖流,让他充满力量!他知道,红龙一定是自己最忠实的伙伴,甚至亲人!

丁丁莫名其妙地来到了这个陌生的世界,莫名其妙地拥有了一套装备,接着,又莫名其妙的碰到了一群野人,还想要取他性命!

他不知道手镯到底隐藏了什么秘密,他也不知道自己现在是个什么身份,更不知道这是个什么时代、什么地方……太多的莫名其妙,让他的心头一片茫然。但是丁丁现在一点都不担心,因为他有一个忠实的伙伴——红龙,一直在陪伴着他,他相信总有一天会揭开所有的谜团,回到自己的世界!

"丁零零""丁零零"一阵急促的铃声响起。丁丁缓缓睁开眼睛,心想:怎么,怎么这么熟悉?突然,他猛地坐起来,望望四周——盔甲触摸台灯、飞行战靴笔筒、地上还散落着星际航天飞行棋……"哈哈,我回来啦!我回来啦!哈哈哈哈!"丁丁兴奋地在床上又蹦又跳地喊着。

"哎,丁丁,今天太阳打西边出来啦,自己起床啦!"妈妈的脸从门口探进来,继续说道,"你一大早兴奋什么啊?"丁丁看见了妈妈更是抑制不住的高兴,猛扑过去一把抱住妈妈,狠狠地亲了一口。

"哈哈,这孩子今天怎么了?"妈妈笑着说,这时妈妈拉着丁丁的手问道:"手上怎么有个这么奇怪的镯子,哪来的?"丁丁抬手一看,自己手上有一个手镯,和梦里的一模一样,幽幽地发着光。"这,这不是一个梦吗?难道是真的?哎呀,我的妈呀……"这下,丁丁笑不出来了,刚才以为那是梦,高兴了一下,转眼又像掉冰窟窿里一样,浑身发凉!

四 两位新同学

"不管了!"丁丁一拍脑袋,说道,"顺其自然吧,先去学校!"一看闹钟,现在已经是七点四十五分了,还有十五分钟就要上课了!!丁丁来不及吃早饭了,像风似的跑到了学校。那速度,去参加学校运动会的百米跑准能拿第一名。

到了班级交完作业,刚好八点整,丁丁长长地舒了一口气。这时候,老师走进了教室,他的身边还有两个小学生模样的孩子,身上穿着常见的校服,每人还背着一个双肩的书包,只不过这个书包比平时大家用的大一些。老师告诉大家,他们是新转来的同学。丁丁看到前面那个瘦瘦的同学忽然感觉背后寒气直冒,这个人的眼神里透出了一股邪恶的气息,嘴巴好像在念着什么似的一直不停地动……丁丁的心里有了一种不祥的预感,他知道这俩人的到来会使学校发生点什么。一时间,丁丁紧张得心揪了起来。

老师介绍完新同学后,就请他们坐到后面的空位置上。在经过丁丁身边时,他们俩一直盯着丁丁,似乎嘴角还有一丝冷笑。丁丁不由得打了个寒战。

下课了,两位新同学非常热情,和班上的每一位同学打招呼,竟然还给每位同学都准备了礼物!同学们一下子兴奋起来,全都围着他们问东问西的。这时,那位瘦瘦的同学来到丁丁面前,伸出手说:"你好,我叫龙黑。"丁丁心里猛地一咯噔,"这会是巧合?还是真的?"但他只能强作镇定,伸出手微笑着说:"你好,我叫丁丁。"

"这是送给你的礼物。"龙黑摊开手,他的手心里赫然立着一只黑色的玩具龙!"这是我最喜欢的玩具,因为它和我的名字很像,而且就像真的一样。"说完放下玩具就转身离开了。

丁丁拿起这只玩具龙仔细地看着,他感觉到这就是那只在他"梦中"被打败,

已经幻化到手镯里的那只黑龙！那龙黑又是怎么回事呢？如果那不是一个梦,而是真实发生的,那龙黑和黑龙……太多太多的疑问解不开,丁丁的头都快要炸了。他深吸一口气,努力让自己冷静一些,然后告诉自己:"时间会揭开一切的。现在什么都不要想了!"

整个上午,丁丁都心神不宁,他总觉得要发生些什么。下午课外活动,同学们都出去玩了,有的踢球、有的跳绳、有的玩沙子……整个校园沸腾起来了。丁丁一点玩的心情都没有,手里握着那个黑龙玩具,在校园里漫无目的地走着。

走着走着,丁丁来到教学楼后面的一块空地上,这里正准备新建综合楼,到处堆放着建筑材料,像小山一样。因为还没有开工,这里一个人都没有,也没有学生会到这里来。丁丁想:我在这坐会吧,让自己静一静。丁丁靠着一堆木料坐下,高高的木材堆好像把他包住,这让丁丁很有安全感。

"大哥,为什么还不动手,我们的时间不多啊!"突然,一边传来了一个声音,丁丁仔细一听,竟是龙黑身边的瘦同学发出的。他们来这做什么?什么动手?丁丁愣住了,接着又听到有脚步声传来,丁丁赶紧往材料堆后面缩了缩。

"急什么!"这是龙黑的声音,"龙霸又没有催我们,等找到好时机再说。"

"好时机?今天就是最好的时机!拖延了时间,我们俩都别想活!"瘦子明显着急了,声音提高了很多。

"活?哈哈哈哈哈哈……"龙黑突然大笑起来。

五 一席对话

"大哥、大哥,你……"瘦子有点被吓住了。

"你以为龙霸能让我们继续活着?就算能把黑龙带回去,你我仍是死路一条!他可以重新培养龙血人,只是多花点时间罢了。再说,我也早就看穿龙霸了,他只想着成就他的野心,从来不管我们的死活,在他那里,我们只是一粒棋子!"龙黑说道。

丁丁心中的疑云越积越多,已经让他混乱了。来了个龙黑,这下又冒出个龙霸!丁丁心里想:天啦,快告诉我一切吧!

"那又怎样?"瘦子声音里透着无奈,"龙霸太强大了。"

"是,但他再强大也逃不脱时间的禁锢,他来不了现在这个时代!"龙黑的声音激动起来,"所以,我不打算再回去了!"

"怎么可能!"瘦子叫起来,"时间一到,龙血会自动把我们召唤回去的!"

"哈哈,你忘了吗?黑龙在这个时代!只要我和黑龙结为一体,就再也不用受龙霸地控制了,龙血人和龙合为一体后,就只受它所寄宿的手镯主人的召唤了!"龙黑说道。

"大哥,你……你准备和丁丁……"瘦子的声音有些颤抖。

"是,今天看到丁丁,我知道他是一个心地善良、充满正义感的人。我也感觉到他会是我们的救世主,帮助我们龙族人恢复自由,不再受龙霸的欺压统治!"

"大哥……"

"二弟,你回去,你的黄龙还没有幻化成形。龙霸一定会将你召唤回去的。到时候你就说我与丁丁恶斗,最终不敌,死了。"

"可是大哥,那我……"

"最后怎么选择,那就看你自己了。"

丁丁躲在木材堆后面听得一身冷汗,但也大致听出了一些端倪。只是现在他还不能了解,为什么会是自己到了那个异空间,充当了什么救世主的角色。

"丁丁!"这一声把丁丁吓了一跳。他猛一抬头,龙黑已经站在他面前了。丁丁立即警觉地站起来,退到木材堆边,慢慢举起手。

龙黑笑了笑,没有说话,只是紧紧地盯着丁丁的手镯,嘴里叽里咕噜地念叨起来。丁丁这时明显感觉到手镯的颤动,那股黑气也快速地游走起来,忽然黑气从手镯上升起,直指龙黑。只见龙黑伸出手,抓住黑气,就看强光一闪,"嗖"的一下,什么都不见了!手镯也慢慢趋于平静,但那圈黑色花纹却更加粗大,慢慢与红色缠绕在一起。

这时的瘦子已经泪流满面,大叫一声:"大哥……"然后就消失不见了。

丁丁呆呆地看着轻轻颤动的手镯,上面红黑交织的花纹还缓缓地流动着。丁丁有些糊涂了,刚才龙黑那惊人的举动,以及之前和瘦子的一番对话,让他有了些头绪,但又理不清楚。他们是什么人?和龙霸有什么恩怨?自己又怎么会搅在这个事件中……一连串的问题,丁丁真想对着手镯大喊,让它给个答案!

那手镯好像感染了他的情绪,缓缓的颤动起来,那股黑气慢慢上升,形成一团黑雾,从黑雾里传出一个声音:"我来告诉你答案。"是龙黑!

六　准备战斗

"我们都是来自'龙之帝国'——龙族。龙族的人成年后都可以用自己的血到白絮森林驯化一头龙。被驯化的龙就是'龙血人'的战斗伙伴,它一生只服从于这

一个主人。但如果'龙血人'死亡,龙就会回到白絮森林,将会被其他人再次驯化。在'龙之帝国',只有皇族的人才可以驯化彩色的龙,并且拥有空间手镯,可供龙寄宿。"龙黑开始娓娓道来。

"那我……"丁丁懵了,"难道我是……"

"你不是我们龙族的人。"龙黑打断了他的话,"你来自异空间,是我们的救世主。因为你拥有黄金战袍、七色空间手镯,还有……"龙黑停了一下,"还有红龙!红龙是白絮森林最深处的灵兽,拥有超常的智慧及强大的战斗力,极难驯化。在我的记忆中,近百年来都没有出现过红龙。你的红龙是一直存在于七色空间手镯里的,与手镯的主人心灵相通。你拥有的这些都是灵物,它们选择了你作为我们龙族的救世主,帮助我们打败龙霸,恢复'龙之帝国'的自由繁华!只是现在你还没有开启'混沌之门',不知道如何运用自己的能力。我现在已经和黑龙融为一体,进入七色空间手镯里。待你降服另外五色龙,真正的战斗就开始了!"

"真正的战斗就开始了……"丁丁嘴里喃喃地说着,紧接着又问,"那么,现在我该做些什么呢?"

"不知道……唔……一切顺其自然吧!我们相信你,你也应该相信你自己!刚才我是用了最后一点'人'的能力,告诉了你我所知道的一切。现在我已经没有更多的力量再和你对话了。龙黑已经不存在了,只有黑龙!会和你并肩作战的黑龙!再见,丁丁!加油,丁丁!"龙黑的声音越来越微弱,越来越遥远……

"龙黑……"丁丁心里突然难过起来,对着手镯坚定地说,"龙黑,放心吧,我会尽我最大的努力!虽然我现在还不知道怎么办,但我不再害怕了,因为你们和我在一起!"

手镯忽然闪了一下,又渐渐黯淡了,好像是听到了丁丁的话,在回应他。丁丁慢慢往回走,紧紧握住手镯,他好像感觉到手镯传递给了他无穷的力量和坚定的信心。丁丁振奋极了,大喊道:"加油啊,丁丁!你能行!"

"是啊,丁丁!"身旁突然冒出一个声音,吓了丁丁一大跳。

"你一定行的,相信下星期毕业考你一定可以考个好成绩,加油吧!"原来是顾老师。他听到了丁丁的大叫,还以为丁丁是在为下周的毕业考自我打气呢,所以也这么鼓励他。丁丁笑着对顾老师说:"谢谢顾老师,我一定会努力的,利用这最后的几天,认真复习,争取考个好成绩!"顾老师微笑着点点头,拍了拍丁丁的肩膀,走了。

丁丁看着顾老师的背影,心里想:"是啊,龙黑不是也要我顺其自然吗,那就不要再想那摸不着的事了,做好现在、做好眼前的事吧!努力迎考!"

丁丁为自己制定了周密的复习计划,白天在学校依据老师的进度进行全面总体复习;回家后针对自己的弱项进行专项练习提高。丁丁感觉自己热血沸腾,"这是我的战斗!我要胜利!"丁丁暗自想。

七 生日快乐

考试很快来临了,考场上的丁丁自信满满,轻松地完成了所有科目。考完试的同学们约在一起,到公园整整疯了一个下午!

晚上回到家,家里黑咕隆咚,一点动静都没有。丁丁喊道:"爸——,妈——"没人理睬他。"咦,他们没有说今天不在家啊。老爸——,老妈——"丁丁有些疑惑,在每个房间大喊。

"你——害——怕——吗——"突然一个幽幽地、低沉地声音从客厅的拐角处传过来。

"你是谁?快出来!"丁丁忽然警觉起来,抄起身边的一个衣架对着声音的方向。

"哈哈哈哈哈——这家伙怕了!胆小鬼呀!"这会又是一个尖厉的女声,这个声音直往丁丁的耳膜里钻!

丁丁忽然觉得像有一阵热血冲进脑门,大叫一声:"我才不是胆小鬼,不管你们是谁,我要把你们揪出来!"接着挥舞着衣架,冲到拐角处,使劲敲打着墙壁大喊着:"快出来!快出来!"

窗帘动了一下,并且有火光!丁丁瞪大眼睛,紧握衣架,他感觉自己身体的每一个细胞都张开了,他决定,在窗帘掀开的一刹那冲过去,就打他们的脸!我准备好了!

窗帘掀开了,丁丁惊呆了——

老爸和老妈手捧蛋糕,微笑地看着他!

"宝贝,生日快乐!"

爸爸妈妈捧着蛋糕站在窗帘后面,笑眯眯地看着丁丁。

丁丁紧绷的神经一下子松懈下来,瘫坐在地上,苦着脸说:"您二位可真会闹啊……谢谢啦!给我这么大一个惊喜。"

"哎呀,儿子!"妈妈笑着走过来,拉起丁丁说道,"跟你开个玩笑嘛,你不是最喜欢钢铁侠,希望像他一样惩恶扬善吗?还成天在家里嚯嚯哈嘿的,给你个机会,就吓成这样!哈哈哈……"

丁丁斜眼看了一下老妈,撇着嘴说:"哦,谢谢老爸老妈给我机会。把我魂都

差点吓掉了!"

"哈哈哈……"爸爸妈妈一起大笑起来,但还不忘催促丁丁亲切地说,"快许愿吧!"

丁丁双手合十,闭上眼睛默念道:"希望爸妈幸福、健康;希望我考试考得好;还有,希望龙之帝国的事可以早日解决……"

丁丁"噗——"的一下就吹灭了十二支蜡烛,爸爸妈妈开心地说:"丁丁今年的愿望一定可以实现!宝贝生日快乐!"

房间里充满着欢乐的笑声,洋溢着满满的幸福。

回到房间,丁丁坐在书桌前,轻轻抚摸着手镯。他好像感觉手镯有点躁动不安,总会不时地跳一下,这是怎么回事呢?过了十二点,丁丁就正式十二岁了,爸爸妈妈特意为他庆祝十二岁的生日,也是告诉他现在即将告别小学时代,进入一片新天地,迎接全新生活!

"那么,龙之帝国这边的事会怎样呢?混沌之门何时会打开?我将会迎接怎样的挑战?"丁丁有点担心又有点期待。

丁丁迷迷糊糊地睡着了,梦中他还想着龙之帝国的事……

八　寻找黑曜石

十二点的钟声响起,手镯突然跳动了一下,放射出耀眼的光芒,丁丁一下子惊醒了。手镯渐渐上抬,接着从丁丁的手腕上轻轻的滑出去,停在空中!几秒钟后,手镯开始旋转,越转越快,越转越快,好像把要这块空间钻出一个洞!

这时,手镯的中间缓缓地冒出一阵烟雾,紧接着出现了一个龙头!它双目圆睁,盯着丁丁看了许久,然后竟然开口说话了:"我是龙之帝国的守护神,每到龙之帝国出现劫难时,手镯就会寻找救世主,拯救龙之帝国!现在混沌之门已经打开,我将赋予你新的力量!"

就看"咻"的一下,一道强光直射向丁丁眉心。丁丁打了个激灵,感觉身体里好像被注入了一股很强的力量,让他热血沸腾。他知道了龙霸如何霸占龙之帝国,又有怎样的野心;知道了自己的手镯若集齐了七龙的力量将所向披靡;知道若要出入"龙之帝国"就必须在人世间找到一块黑曜石,再进入混沌之门寻得一块紫电宝石,集合两块宝石的力量才可以做到;知道若没有在二十四小时之内寻得那两块宝石,混沌之门将会关闭,丁丁将会永远被困其中;同时还知道手镯力量的发挥和自己的精神意念息息相关……

梦想的翅膀

一时间,丁丁好像被开了天眼似的豁然开朗,知道了自己该怎么去做,也让他心中充满了信心!丁丁唯一感到疑惑的就是,为什么守护神选择了自己作为救世主?

缓缓的,手镯又回到了丁丁的手腕上。他轻轻抚摸着手镯,好像在抚慰最亲密的伙伴。

第二天一早五点多,妈妈还没有起床,丁丁就起来了。

丁丁这么早要做什么呢?原来他要赶紧寻找进入龙之帝国的第一把钥匙——黑曜石!他曾得到提示,黑曜石一直在自己身边。

不用说,丁丁一下就想到饭桌,那是一块黑得发亮的石块,它也一直在自己身边,会是那个吗?但转念一想又觉得不太对,因为饭桌的那块石头实在是太大了,难不成是埋在地下?不可能。那么,在哪呢?平时我没有什么收集石头的嗜好啊!丁丁在家里转来转去,东翻翻西翻翻,柜子、抽屉、壁橱、课桌……只要他走过的地方,都仔细地查看一番。

结果呢?一无所获!

怎么办?怎么办?时间不多了,如果不能够迅速找到,一切都完了。黑龙、红龙,还有"龙之帝国"的百姓们,都将会遭遇灭顶之灾!丁丁突然感到一种从未有过的压迫感,也许,这就叫肩头上的责任吧!他急得在房间里来回踱步。

突然,丁丁感觉后背一阵凉凉的,好像有什么东西在背后吸引着他。"莫非是黑曜石?"他跟随着感觉,来到衣柜前,打开柜门,手往里一探,摸出一块巴掌大的石头,黑乎乎的。他想到了,是去年夏天自己到叔叔的工厂玩时,在厂旁的小河边捡到的一块强力磁石。因为把它放在其他任何地方都不断的"吸引"其他物品,所以丁丁将它塞进了衣柜。就在这时,黑乎乎的磁石悄无声息地吸在了手镯上,慢慢变小,丁丁的眼前也开始慢慢模糊。

"啊……"随着一声"凄厉"的惨叫和"咚"的一声巨响,丁丁已经回到了地面。可是,这不是家里的地板,也不是什么石头铺成的路,而是在泥土地上,周围是一棵棵高大的树木,每一棵都散发着浓浓的杀气,好像会随时蹦出来一个恶魔一样。他突然想起了自己是否已经进入"混沌之门",开始了寻找紫电宝石的行程!丁丁有些担心,因为紫电宝石是由睡龙守护者守护的。

九　制服独角龙

一阵凉风吹过,让丁丁有种毛骨悚然的感觉,四周静得出奇,但丁丁浑身都已

经湿透了,那顺着皮肤往下流的汗水,就像无数只蚂蚁在身上爬行。突然,丁丁背后的汗毛全都树立起来,毛孔乍然张开,他立马回头,只听"嗖"的一声,却什么也没有看见。这时,丁丁几乎都能听到自己的心跳声,他调动了全身的感官,关注着周围的一切,手上的手镯也整个离开手腕,立在半空。"啪"的一声,丁丁的肩膀被人拍了一下。几乎同时,手镯就拽着丁丁的右手向后抓去,丁丁顺势侧转身体,但只抓到一把树叶,仍然什么都没有。

"不行!这样下去肯定不行!我的背后是空的!"丁丁想着,以最快的速度移动到一棵大树下倚靠着。"敌在暗我在明,我得想办法反击!"丁丁的思维以每秒三万五千转的速度迅速地转动着,"这个敌人是无形的,我看不见他,只有两种可能,一是他速度快,二是他会隐形!"丁丁突然想到他以前看过的电影,要想让隐形人现身,可以借助红外线眼镜,也可以借助水、土等物品。对了,在空气中洒满水或者土,不管敌人怎么隐形,我都可以看到他,并在一招之内制服他!

丁丁的这些办法几乎在一秒钟之内便形成了,又几乎一秒钟之后,丁丁周围的空气中就布满了细小的黄色的颗粒,它们全都静止在空中,周围只要有一点动静,它们就会像传感器一样在 0.000001 秒之内将外侵物体的方位传送给丁丁。丁丁就可以在 0.001 秒之内给予反击。除非,这个隐形人的速度比他还要快!

周围一片寂静,甚至连风都不吹了,好像一瞬间时间就停止了,一切都静止不动了。丁丁努力稳住心神,慢慢地让自己紧张的心情平复下来,并且慢慢地闭上眼睛。他的每一根汗毛都直立起来,好像千万个警觉的卫士,时刻感受着周围的变化。

"右侧!"丁丁的右臂明显地感受到了一阵风,身体的右侧麻酥酥的,攻击就来自这个方位!丁丁猛地睁开眼睛,一转头,抬手甩出激光剑,直刺向黄色颗粒物最混乱的中心。"哈哈,应该刺中心脏,看你还怎么嚣张!"这一瞬间,丁丁好像已经感觉到了胜利!

"咣当!"一声剑尖传来了非常强的阻碍,好像是碰到了什么非常坚硬的东西,溅起了一簇火花,然后就什么都不见了!丁丁立刻收回激光剑,用右手紧握并背在身后,左手横放在胸前,护住前心。一瞬间,丁丁又转换到了戒备的状态,刚才的反击落空了,看起来敌人的速度确实挺快。"我刚才攻击到他了,"丁丁心里想,"他可能是有一个盾牌样的东西护住面前,我的激光剑不能够穿透。怎么办,这样下去,就算知道他的位置,也没办法攻击啊。"丁丁一边全神贯注地戒备着周围,一边快速思考着。

"后面!"丁丁感觉到身后的异样,迅速转身向后,同时身体向下倾斜,右手拿剑往对方的下半身横劈过去!只听"啊——"的一声惨叫,紧接着"轰!"的一声传来重物倒地的声音。

丁丁低头一看，只见一只独角龙卧倒在地。丁丁紧握激光剑，绕到它的前面仔细看看，只见它双眼微睁，额头上镶嵌着一块紫色水晶钻石，发出幽幽的光。丁丁心想："这难道就是我苦苦寻找的紫电宝石吗！"正想着，手镯吸引他来到独角龙身边，慢慢发出炫光，将紫色水晶吸收掉了。手镯的光芒刚刚褪去，突然，丁丁感到一阵头晕眼花。

十　睡龙死了

丁丁醒来之后，发现自己躺在床上，周围一片寂静。过了一会儿，只听门"咚"的一声被撞开了。一个身穿黑色衬衫，胸前印着"FBI"字母的壮硕男人走了进来。他看着丁丁，掏出证件说："我是FBI的，抓捕一位叫丁丁的国际罪犯！"

丁丁一听，愣住了，整个人都懵了！什么？我什么时候成了国际罪犯？搞错了吧？同名同姓？丁丁扑哧一下笑了出来，大声说道："长官，您搞错了吧？"那个男人从口袋里掏出一张纸，对着丁丁的脸看来看去，然后点点头说："没错，就是你！"丁丁开始急速地搜索自己从生下来到现在做错的事，看看哪一件能够得上国际重罪。同时，丁丁也在寻找脱逃的机会……他望着这个男人的脸，突然浑身一颤，好像想到了什么！丁丁厉声说道："啊！你根本不是什么FBI！"那个男人吃了一惊，但立刻掏出证件，想证明自己。"制服！FBI的字母是印在背后的，而不是胸前！"丁丁接着说。男人狠狠地瞪着丁丁，咬牙切齿地说："既然被你看穿了，我也没有装下去的必要了！"紧接着伸出左手，一握拳，浑身一抖变成另外一副模样：狮脚、豹腿、变色龙的身体、龙爪、龙头，最突出的是头上有一只角，额头还有一块紫电宝石，发出耀眼的光芒！

"你，你是……"

"没错，我才是真正的睡龙守护者！"

丁丁大惊，顿时手足无措。

睡龙说道："真正的较量现在才开始，我用计让你吸收了紫色水晶，那块紫水晶是专门克制你手镯力量的，让你无法召唤手镯力量。我会在一招之内击倒你！哈哈哈……"

"你，你真够阴险！真够狡诈！"丁丁气愤极了。

"哈哈哈……在龙之帝国，只有够阴险、够狡诈才能活下来！"睡龙大叫道。

丁丁刚要说话，眼前突然闪过一道光。瞬间后，丁丁又置身于"混沌森林"，睡

龙不见了踪影。周围到处是参天古树,长得密密麻麻,遮天蔽日。丁丁心想这里应该是"混沌森林"的深处了吧!丁丁站立在原地,不敢有丝毫的懈怠,他又感觉到浑身的汗毛都竖了起来,要一起参与到这场战斗中来了。手镯静静地垂在手腕上,好像失去了生气。

太安静了,周围太安静了!这就是黎明前的黑暗吗?暴风雨前的宁静吗?丁丁手握激光剑,半蹲着身体,轻闭着眼睛,侧耳倾听,调动身体的每一个器官,每一寸肌肤,每一根汗毛,感受着周围的一切动静。丁丁坚信,此时就算是一只蚂蚁爬过,也休想逃脱!

突然,一阵强劲的风直往丁丁脸上刮过来,丁丁猛地一睁眼,一个巨大的东西已经逼近到他眼前!丁丁几乎没有思考地往后避开,同时举起激光剑挡住不明物的攻击,只听"当!"的一声,火花四溅,不明物体往后退开了。丁丁这时才瞧清楚,这"不明物体"就是一条龙尾!睡龙这次的攻击来势汹汹,力量强大。它本以为丁丁根本抵挡不了,但好像失算了。

睡龙满以为自己的这记猛攻绝对不会失手,它几乎用了全力,想在一招之内制住丁丁,并且想利用丁丁无法使用手镯力量的时间秒杀他。可是睡龙万万没想到,丁丁竟然如此迅速敏捷地做出反应并且实施了抵挡。它不知道,在之前的几场战斗中,丁丁提升了不少自身的战斗力,特别是防御技巧。

再说丁丁,他也是气喘吁吁,刚才那一挡,几乎要了他的命,因为睡龙的力量实在是太强大、太可怕了!如果不是他躲闪及时,硬拼的话,恐怕自己现在已经见不到晚上的月亮了。刚才那一击的感受还没有消失,那种整个胸腔好像要迸裂出来飞离地球、喘不上气,要窒息的感觉还存在。丁丁完全不知道下一击会不会立刻来到,如果睡龙再发动一击,哪怕是最弱的一击,恐怕自己也抵挡不了。

睡龙也发现了丁丁的异样,眼中闪出胜利的光芒。它得意极了,心想:"哈哈,看来这小子已经不行了,看我来要了你的命!"刹那间,周围碎石飞溅,树木剧烈晃动,一阵旋风在睡龙身边形成。旋风卷起碎石,甚至拔起大树,只听"啊!"的一声,这一阵旋风包裹着大量重物往丁丁身上砸去!一瞬间,丁丁就被旋风包裹不见踪影了!睡龙继续将自己的能量输入风暴中心,让旋风越刮越紧,越刮越快,它要万无一失,防止丁丁逃跑。

很长时间以后,睡龙终于停下来,收回能量,旋风顿时不见了,四周安静下来。睡龙趴坐在地上,大口喘息,但脸上却浮现着笑容,说道:"嘿嘿,丁丁,看你还不死!?"

"睡龙,你很想我死吗?但好像你的能量还不够啊!"

"谁?谁?谁在讲话!"

"除了我能跟你讲话,还会有谁?!"

"难道是你?可恶,你怎么还没死?"

"哈哈哈,主角是永远不会死的——"

说着,猛地闪出了一道金光,直通云霄,中心有一道道清晰可见的彩色光芒,慢慢旋转着,旋转着……等光芒消失之后,只见丁丁身穿黄金铠甲,头戴烈焰头盔,手上的手镯已经重新焕发了光彩。可是与之前不同的是,丁丁的手镯中有着黑色的雾气缠绕着,好像是等待着时机随时准备猛冲出来的恶龙一样。

"你,你……"睡龙这时几乎耗尽了力气,他知道自己现在已经没有对抗丁丁的能力了,但他不甘心,问道:"在我那么强的能量风暴下,你怎么没有死?你是怎么逃出来的?!"

"哈哈,这还要多亏你啊,你的能量风暴确实很厉害,当时的我是手无缚鸡之力,任你宰割。可是,当你加大能量时,反倒冲破了之前你让我吸入手镯的紫水晶的恶能量,这样,我的手镯能量就发挥出来了!所以,我还要谢谢你啊!"丁丁笑着说。

"什么?怎么会这样……"睡龙说完"嘭"的一声跪倒在地,双手抱头猛烈敲打,简直就有要把自己打死的节奏。

丁丁也看得醉了,心想:"难道这就不要我动手了吗?"

睡龙大叫道:"风萧萧兮易水寒,壮士一去兮不复还!丁丁,只能算有老天助你,今日我不能胜你,不代表别人不能胜你!你不会一直有老天相助,好自为之吧!"说完,吐血倒地而亡,眨眼间就化为一阵青烟消失了。

十一 来到龙之帝国

四周安静极了,好像什么事都没发生过,只有地上一颗紫水晶闪闪发光,提醒着丁丁睡龙的存在。丁丁走过去,用手镯吸收了紫水晶。

丁丁却不知道背后有人正准备袭击他……

随着"轰隆隆"的一声巨响,只见地上有一大摊血,暗红色的,好像在这里刚刚经历过一场激烈的战斗。血液上面横着已经断成了两截的木棒。其中一截木棒的周围散落着一些碎片,呀!是丁丁的头盔!难道,丁丁遭到什么意外呢?难道,丁丁就这样死去了吗?

然而,这种让人能感到空气瞬间凝结的气氛被打破了,"你为什么要袭击我?!"一个愤怒的声音从上空传来。

"呃……因为我们的大 boss——龙霸要抓你。"这个声音虽然小,却依然能够感到那种强硬,好像准备说,"来吧,要杀要剐随便你,我是绝对不会透露龙霸半点消息的!"

刚才发生了什么?原来那时,丁丁已经能说是由生到死的边界了,背后的袭击者趁着丁丁没有完全恢复元气的时候,狠狠地用木棒敲在丁丁的头上。还好丁丁眼疾手快,在一秒钟内拿下头盔来抵挡,"嘭"的一声后,只见木棒已经断成两截。那位袭击者也是够倒霉的,自己竟然被碎片击了个正着,让红色液体流的遍地都是。

让我们回到现在,丁丁想:这可真是得来全不费工夫,没想到这么快就找到霸占"龙之帝国"的罪魁祸首了。

之后,丁丁让袭击者带路去找龙霸,他早已下定决心要消灭龙霸,拯救"龙之帝国"的人民。

在路上,丁丁就和这个领路人聊了起来。

"你是谁?"丁丁问道。

"龙翔!"那人有点没好气的,但还是老实回答了。

丁丁一愣,心想:"我遇到的'龙之帝国'的人都姓龙?难道他们都具备驯化龙的能力?这个龙翔会不会是我手镯中七彩力量的一股呢?我是不是该试探试探他呢?"想到这,丁丁对龙翔说:"龙霸为什么要抓我?"

"你是他最主要的敌人,也是最强的敌人!而且,他太想得到你的手镯了!"龙翔眼睛望着远方,淡淡地回答,没有任何表情。

"哦,那么,我是你的敌人吗?"丁丁眼睛直视着龙翔,逼问道。

龙翔一下子好像愣住了,呆呆地看着丁丁,不知道该如何回答。丁丁毫不退缩,紧紧地盯着龙翔,眼神像刀子一样好像要看到龙翔的心里去。龙翔嘴唇哆嗦了几下,渐渐地眼神涣散了,轻轻地说:"你是我的敌人吗?你是我的敌人吗?丁丁是我的敌人吗?"

"你应该知道我为什么会在这里,为什么会拥有强大力量的手镯。"丁丁步步紧逼,继续说,"现在的'龙之帝国'人民生活幸福吗?龙霸为了自己的私心、贪欲利用你们,压榨你们。龙黑为了'龙之帝国'的未来牺牲了自己,可你却还在做龙霸的帮凶!"

"帮凶?帮凶……"龙翔有点崩溃了,他想到了自己的兄弟,想到了自己的家人,他们哪一个不是每天提心吊胆的生活,生怕一个不小心就掉了脑袋。可是谁敢反抗,谁有能力反抗?最初他们几兄弟联合起来对抗过龙霸一次。可是,只半天就被龙霸彻底打败了,力量悬殊太大了!

梦想的翅膀

见龙翔一直不说话,丁丁大喊道:"懦夫!我来了,我拥有超力量手镯!我不怕龙霸!你到底应该帮谁?你想清楚!"

龙翔低头不语,默默地在前面走着。过了一会,他停住脚步,说道:"前面就是龙之帝国了,龙霸在城池外设了一道结界,不允许人们随意出入。你能不能进得去,我就不知道了!"说完,他冷笑一声走入一团浓雾中消失不见了。

丁丁微微一愣,随即便想到黑曜石和紫电宝石,但该如何利用呢?他又想到——意念!对,守护神不是说过我的精神意念可以驱动手镯力量吗?立刻,丁丁轻轻触摸着手镯,暗自念道:"助我进入龙之帝国!"转瞬间,手镯散发出两色雾气,笼罩在丁丁身上,随即又归于平静。

丁丁微睁双眼,眼前是一座如童话城堡般的城池,而龙翔正呆立在通往城池的路上望着他。丁丁步履轻松地走过去,拍拍他的肩膀说:"走吧!"龙翔喃喃道:"你真的是救世主?你真的是……哈哈哈!"紧接着快跑几步赶上丁丁,说道,"快!我带你去见老族长!"

龙翔带着丁丁七拐八绕,走过一条小巷,经过一片垃圾场,又趟过一片沼泽,来到一座石头房子前。推开厚重的石门,穿过一条阴暗的长廊,来到一个圆形的房间。

房间中央摆着一张圆形石桌,石桌边围坐着几个人。其中一位老者特别引人注目,他头戴一顶灰色小布帽,花白的胡须一直垂到腹部,目光炯炯有神。此刻他也正注视着丁丁,慢慢地,目光又移到手腕,突然,像是被电击了一样浑身一哆嗦,立刻站了起来。

大家注意到了老者的变化,也都疑惑地转过头来。龙翔开心地叫道:"老族长,兄弟们,我带来了我们的救世主!丁丁!他是我们的救世主!""龙翔!别乱嚷嚷!"其中一个绿袍的大汉喝道。

"是的!"一个厚重的声音响起,原来是那位老者。大家都将头转向老者,疑惑地问:"是的?老族长,您凭什么认定这个干瘦的毛头小子是我们的救世主呢!?看他的样子,可能吗?"老者任他们叫嚷着,缓缓地摸着胡须,微微笑着沉默不语。龙翔忍不住说道:"我证明!我看到他可以使用手镯的力量!"

"哈哈,"老者的声音又响起,"我看到他的手镯就知道了!一个人的强大与否不能只看外表的!"说罢,他缓缓走过来,拉着丁丁在石桌边坐下。

老者颔首不语,只是盯着丁丁的手镯仔细研究。好长时间以后,他才缓缓开口:"你的手镯里已经有红、黑、紫三色力量,还有黑曜石以及紫电宝石的神石护体!小伙子,复兴龙之帝国就靠你了!请受老夫一拜!"说着起身就要跪下。丁丁吓得立即跳起来,赶紧扶住老族长,连声叫着:"不要,不要,千万不要这样!"刚把老族

长扶起来,就听身后一阵哗啦啦的声音,刚才那几个大汉齐刷刷地跪在地上,说道:"请受我们一拜!"接着"咚咚咚"地磕了几个响头。丁丁一下子被这架势怔住了,手足无措地呆立在原地,不知如何是好。老族长呵呵笑着拉着他,又在石桌边坐下。

老族长拉着丁丁的手,缓缓地说:"我们大家都等着你来了!我先给你介绍一下。"边说边指着刚才那位绿袍大汉说:"这是龙玺,驯化绿龙。"又指着龙翔说:"这位你认识了,他驯化蓝龙。还有一位不在这儿,但你也见过,他驯化黄龙。你们将是亲密无间的战友!"丁丁一听到黄龙,立马就猜到了,是那个和龙黑在一起的瘦子,便转头问道:"他叫什么?为什么不在这儿呢?"

"他叫龙傲,在龙霸身边,随时掌握那边的信息。而且他的黄龙刚刚驯化成功,需要开放的环境练习。"龙玺说道。

"你们几位兄弟联合起来不也是七色力量吗?为什么不能打败龙霸呢?"丁丁将脑中的疑惑提出来。

老族长微微笑着说:"虽是七色力量,但却是七色个体力量,七个个体怎么能打败龙霸,七百个也打不败他!"

"况且,白龙被龙霸驯化了!我们根本就没有赢的可能性!"龙翔插口道。

"啊——"丁丁心里咯噔一下,问道,"那怎么办,没有七色力量,能打败龙霸吗?"

大家都低头不语,没有人能回答这个问题,谁也没有必胜的把握。

十二　终极一战

"轰隆隆隆!"突然地动山摇起来,好像整个地面都要坍陷下去了。"地震!"丁丁的第一反应就是立即准备往外跑。可老族长却一把抓住他。其他人也都是一脸凝重,手握佩剑静立不动。

"没想到龙霸这么快就找来了!"老族长幽幽地说。

"什么!?"丁丁整个人都弹跳起来,叫道,"龙霸来了?!我,我,怎么办?!"丁丁有点语无伦次了,他感觉自己浑身的汗毛都竖起来了。

"冷静!"老族长用力握了握丁丁的手,顿时就让丁丁平静下来,接着继续说,"丁丁,你要带领我们战胜龙霸!"

"混账老东西,带着你的一帮鼠龙滚出来,还有那个什么救世主!让我龙霸来会会你们!也让我尝尝被打败的滋味儿!哈哈哈哈哈!"龙霸嚣张的声音在头顶响起,像炸雷一般。

龙翔忍不住了，第一个冲了出去，丁丁他们也跟着冲出石屋。

"龙翔！你竟敢背叛我！"龙霸一声暴喝。

龙翔丝毫不害怕，叫道："龙霸，你的死期到了！"说罢便冲上去，随着龙翔的身体飞向龙霸，一条蓝色的龙飞腾而出，直攻向龙霸的心脏。可龙霸不慌不忙，轻轻抬手，就有一股白色的雾气自指尖飞出，形成一道屏障挡住龙翔的攻击。紧接着，这团白雾不断变换形状，与蓝龙缠斗，有时像一块布，包裹住蓝龙；有时像一条绳子，捆扎住蓝龙；有时又像……龙翔的攻击轻而易举地就被龙霸化解了，还让自己落入了危险的境地！

"嗖"的一声，一道绿光又射向龙霸，紧接着又是一道黄光！龙玺、龙傲都加入了战斗！

"龙傲！你也背叛我！我待你不薄！"龙霸的声音气急败坏，叫道，"看我今天就要了你们的命！"只见龙霸怒目圆睁，大力挥动双袖，大团大团的白雾从他袖口散发出来，缓缓地飘向直冲过来的三道光线！而三道光线在碰到白雾后立即就像掉进了沼泽地，动作突然变得缓慢、迟钝起来。大团大团的白雾环绕着三色光，他们时而缠绕、时而包裹、时而拉扯，白雾就好像与他们游戏一般轻松，可另外三人就没这么幸运了，他们总是在应付，完全无法使出任何进攻的招数，丁丁感觉他们已经气喘吁吁、危在旦夕了！

"丁丁，快上！"老族长急迫地叫道。

丁丁这才回过神来，举起双手做出防守的姿势，心中默念："红、黑、紫龙，加入战斗吧！"立刻，手镯猛地一抖，三道光线"嗖嗖嗖"的射出，直刺向那团白雾，七色光线顿时缠绕在一起，组成一幅奇异、壮丽的画面。若不是丁丁知道此时正经历着这一场激烈的战斗，他可能会被这副景象所折服。

那边的龙霸额头渗出细密的汗珠，红、黑、紫龙的加入让他感受到了威胁，他不再像刚才那样轻松自如了！突然，龙霸嘴边扯出一丝冷笑，随即抬起右手，手指微弹，瞬时，就听黄龙一声惨叫从天空跌落下来，重重摔在地上，而一边的龙傲也口吐鲜血，晕倒在地。

"哈哈哈，龙傲，你才刚刚驯化黄龙，而且是我助你，我怎能不知道你的弱点！哼！都给我见鬼去吧！谁也不能阻挡我称霸地球的伟业！"说罢，龙霸深吸一口气，双掌猛地向外推出，顿时狂风大作，地动山摇，随着"嗷——"的一声嚎叫，一只巨大的白色龙头出现在空中，眼睛火红火红，似要喷出火来，张开的大嘴就像是无底的黑洞，随时要将周围的一切吞噬！

这一战况的突然转变，让丁丁顿时乱了手脚，他一下子不知道该如何应战了！"人龙合一！"龙翔的声音。"人龙合一！人龙合一！"接着又是两声，是龙傲和龙

丁丁历险记

玺!他们在干什么?丁丁怔住了,他们难道要像龙黑一样,与自己驯化的龙合二为一吗?若是这样,他们自己不就……容不得丁丁细想,六道光线齐齐收入丁丁手镯中。手镯上的六色花纹颜色更深,纹路清晰,略有凸起,并且像流水般慢慢流动着,颜色也开始慢慢融合,慢慢变化,越来越淡、越来越淡……最后竟变成了——白色!丁丁一下子明白了,他们都是"光",照耀龙之帝国的温暖之光,帝国子民的希望之光!七个色光融合在一起就是白色光,足以与龙霸的白色相抗衡的白光!

丁丁的心中顿时充满了光明,充满了力量!战斗不容丁丁有丝毫的犹豫与退缩,一阵疾风直扑丁丁面门,白龙的大嘴已经近在咫尺!丁丁闭上双眼,定气凝神,深吸一口气,猛地浑身一抖,立刻身披战袍,手持极光剑。在此同时,一道白色光线直射向白龙咽喉!但龙霸可不是等闲之辈,一抬手,龙尾就像一条巨鞭扫过来,将白色光线击中打向一边。丁丁下蹲马步,好不容易才稳住身形!

"战斗才刚刚开始!"丁丁给自己打气,喝道,"伙伴们,让我们享受这场战斗吧!攻击!"随着丁丁意念的闪动,白色光线又迎上前与白龙缠斗。可就在此时,龙霸已悄悄来到丁丁身后,正抬起双手准备偷袭,"丁丁小心!"一声暴喝,丁丁身后已经立住一人,挡住了龙霸的攻击。是老族长!老族长哪是龙霸的对手,已深受重伤,可他仍坚定地挡在丁丁面前,沉声说道:"白龙眉心!"说罢向龙霸扑去!此时丁丁的心像撕裂一般的痛苦,但他也深知老族长为他争取的时间不多,却万分宝贵。于是,他调转头,再次发动黑紫宝石神石护体,高举极光剑冲向战斗风暴中心!

"兄弟们助我!"丁丁心中默念。瞬间,白光出现在丁丁身边,托起他,冲向白龙,对准眉心,一剑刺下去。"抬!"龙霸一声大叫,白龙猛地一抬头,丁丁一剑刺在白龙鼻梁上!白龙剧痛,嗷叫一声往后退去。可此时丁丁的剑还来不及收回,便抓住剑柄跳到白龙鼻梁上。他心里想:"或许我能对付这个大块头!兄弟们先去缠住龙霸!"转念间,白光已经冲向龙霸。

丁丁站在白龙鼻子上,右手将剑深深刺入龙鳞,以便稳住身形。白龙痛不欲生,却又无法知道对手到底在哪里,只能不停地甩头,想把丁丁甩下去,当然这是不可能的。但丁丁想要移动也不容易,他只要一拔出剑,就没有支撑了,立即就会被甩出去!怎么办?此时的丁

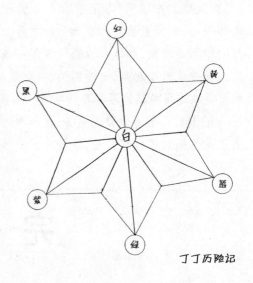

丁丁历险记

丁几乎已经能看到白龙的眉心,那是唯一一块没有龙鳞的地方,粉红粉红的,还微微跳动着。这应该是白龙最薄弱的地方,但小如黄豆,几乎无法看到,更是难以攻击!到底该怎么办?

"对了,黑紫宝石!"丁丁脑中灵光一现,"宝石有多个棱角,都尖锐无比,好了,就用他们了!"想着,便闪动心神将黑紫宝石遁入自己手中。此时的丁丁已经没有了神石护体,是很危险的事,但他丝毫没有犹豫,而且选择使用两颗宝石双击,以确保万无一失!

此时的白龙稍稍安静下来,可能是因为丁丁半天没什么动静,也可能是甩头太激烈有点晕了。看准时机,丁丁抓住极光剑借力往前猛跑两步,用力将两颗宝石弹入白龙眉心!一击!又一击!双击直中眉心!白龙还来不及发飙便重重倒地,而此时的丁丁也从高空摔落,因为没有神石护体,黄金铠甲也难敌巨大的撞击力,丁丁昏死过去。

另一边,几乎在同一时间,白光就如同绳索一般将龙霸紧紧捆住,令他动弹不得。可龙霸嘴巴还逞凶:"事情还没有结束!没人能阻挡我!终有一天我还会来成就我的霸业!!"

"不会让你有这个机会的!"一阵沉闷的声音从空中传来,接着,白龙幻化成一阵白雾,包裹住白光以及龙霸,慢慢被吸收到丁丁的手镯中。

四周又回归平静。

丁丁睁开眼,看到一片蔚蓝的天空,"这是哪里?"丁丁努力想让自己动一下,可他发现自己压根做不到,他浑身像散了架似的酸痛,肌肉无力,完全使不出一丁点儿力气。他只好静静躺着不动,渐渐的,所有一切像放电影一般在脑海中浮现。"龙霸是被打败了吧!"丁丁脸上浮现出笑容,他还记得自己用两颗宝石打中了白龙的眉心,老族长曾对他说过"白龙眉心",那儿肯定是命门,制胜的关键!丁丁越想心中越是愉悦,身体也慢慢恢复了一点力气。

他挣扎着坐起来,看看四周,自言自语道:"呀!这不是叔叔工厂旁的小河吗?我就是在这里捡到的黑曜石!难道——冥冥之中,就是这块黑曜石选中了我吗?"

丁丁坐在小河边望向远方,他似乎看到龙之帝国又恢复了往日的繁荣与昌盛,七色龙又回到了白絮森林,继续守护着他们的家园!

完……

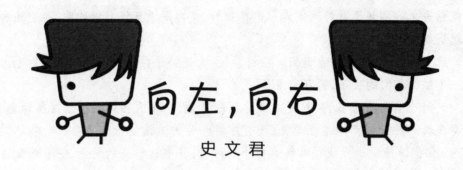

史文君

题记：
  楼下的那条街总是有很多狗在嬉戏玩耍，品种高贵的宠物犬，皮毛褴褛的流浪狗，都在这里奔跑、撒欢，简直是一个狗的天堂。同样是狗狗，但是，它们的身世却各不相同。宠物狗备受主人宠爱，衣食无忧，但失去了自由。流浪狗虽然缺衣少食，居无定所，还常常受到别人的欺负，却拥有自由的生活，无拘无束。在自由与安逸之间，狗狗会选择哪个呢？反观我们在生活中不也充满着无数的选择吗？它们时刻考验着我们，向左？向右？

一　高贵的柔柔

  一只小白狗从一个衣着华丽的妇人怀里欢叫着蹦了出来，刚落地，她便昂首挺胸地小步跑起来。"柔柔，别跑远了。妈妈在这儿呢！"主人轻声地呼唤着。
  这只白色长毛小狗叫柔柔，是一只贵宾犬。浑身是洁白的毛，蓬松油亮，显然是经常梳理的。小脑袋绒绒的，像一小团棉花。两只小眼睛水汪汪的，乌黑乌黑，总是充满好奇地盯着这个世界。她那两只垂着的大耳朵毛茸茸的，四条小短腿也是毛茸茸的，跑起来犹如一团棉絮在飘动，那种飘逸的感觉会感染每一个看到她的人，叫人忍不住就要摸一摸。
  柔柔从来都是高高在上的。她穿的是狗狗的时尚衣装，还有一双香槟色的小鞋子。晴天，她会穿着防晒透气的小外套；雨天，她还有专用的粉红色小雨衣；吃的，是排骨、上好的狗粮；喝的，是纯净水、牛奶；睡的，是温暖的床垫；盖的，是漂亮的被褥。有时，主人还把她抱上床一起睡觉呢。柔柔最喜欢趴在主人的腿上睡觉或钻进主人的怀里撒娇。主人也很喜欢她,常常用手抚摸着她的毛,有空还和她一起玩耍。

这天,主人带着柔柔去逛街。临行前,主人还特地在她头上绕成卷儿的毛上夹了一个红白相间的夹子,简直美呆了。

大街小巷里有很多狗,可爱的泰迪又蹦又跳,憨厚的香肠狗摇摇摆摆地走着,体型庞大的松狮威严地站在那儿,还有那脏兮兮的流浪狗低着头寻找食物。柔柔心想:你们哪能比得上我?瞧我这样小巧可爱,还有这漂亮的毛色,一看就知道是一只血统纯正的狗狗。这样想着,她挺起了胸脯,把头昂得更高了,哼着小曲儿走在前面,吸引了许多狗狗和狗狗主人的关注。

大概是遇到了朋友,主人停了下来,把怀里的柔柔放下,嘱咐了一句:"去玩吧,柔柔,记住不要去碰脏兮兮的流浪狗哦!"柔柔"汪"的一声就跑向了她的老朋友们。它们一会儿打闹,一会儿躲藏,一会儿追逐,玩得不亦乐乎。

在它们的身旁,走过一只脏兮兮的小黑狗,他毛发蓬乱,还沾着许多脏东西,叫他小黑太合适了。他低着头左右嗅着,快步向前,好像在搜寻着什么。柔柔叫了他两声,他也没答应,柔柔生气了,心想:"真是没礼貌的家伙!"不过,紧接着,她又好奇起来:"他到底在找什么啊?这么认真!"于是她跟了上去。

渐渐地,柔柔不知不觉地越走越远。

插图:史文君

二 圈 套

小黑向前,柔柔向前;小黑钻草丛,柔柔也钻草丛。柔柔像小黑的尾巴一样,一直紧紧地跟着他。

小黑不耐烦地向柔柔低吼几声。柔柔停下来,但是并没有后退。

"别跑远了,快到妈妈这来,宝贝儿!"柔柔的主人轻声叫道。

"宝贝快回去吧!"小黑的口吻带着嘲笑。

柔柔转身向主人轻快地叫了两声并没离开。

"你怎么还不走,别跟着我,你可是只宠物狗,和我不是一路的。"小黑看都不看柔柔,边说边低头找寻着。

"它究竟在找什么宝贝?为什么躲着不让我知道?这小黑虽然有点脏,但毛色还是挺纯的,长相也俊美,身材也不错哟。虽然不是宠物,可一点也不比那些装腔作势的家伙们差。说不定还是贵族后代呢。"柔柔望着小黑,眼里透着疑惑和一丝温柔。

小黑轻松地跳过栅栏,跃过路坎,向一条小巷走去。(写出小黑的动作:竖起的尾巴左右轻摆,强劲的脚步却行走缓慢,走几步就停下,转身对着柔柔吠叫,原本竖起的耳朵也伏了下去。)柔柔有点犹豫,要不要继续跟着呢?主人正在不远处谈笑风生,"这附近我经常来玩,比较熟,玩一会再回去吧。"于是柔柔想着迅速地跟了上去。

小黑呢?似乎看穿了柔柔的想法,走走停停,东嗅西找,引着柔柔向僻静的地方走去。还不时地向后瞟几眼。柔柔的好奇心越来越重。

僻静的小巷,没有一个人,两旁的大树阴森森的。小黑在前面走着,柔柔呢,感到心惊肉跳。转角处,小黑的身影不见了。柔柔叫了两声,无以应答,只有自己的回声。她想回去,可是两条腿有些哆嗦,她多想主人走过来将她抱在怀里。

小黑,你在哪儿?

突然,柔柔眼前一黑,似乎有什么东西罩住了她。她下意识地"汪汪"大叫,又抓又挠。可是,她已经被装在了一个黑袋子里。一丝光亮透了进来,袋口打开了,柔柔看见了一个人,满脸坏笑,满眼贪婪。柔柔狂叫不止,那人伸出手,拿出一块布捂住了柔柔的鼻子。布上的药水味非常刺鼻,顿时,柔柔感觉一阵眩晕,四肢无力,身体慢慢地软了下去,意识也渐渐模糊了。

口袋一颠一颠地向前移动,柔柔隐约听见几个人的对话:

"今天运气真好啊,咱们小黑居然引来了一只贵宾犬!"

"是啊,这条贵宾犬看起来不错呢,一定能卖个好价钱。"

柔柔恍然大悟,原来神秘的小黑给她下了一个圈套!柔柔想喊,想跳,可却喊不出一声,可恶的小黑!这是要把我带到哪去?妈妈快来救我啊……

"柔柔你在哪?柔柔你在哪?"主人的呼唤声似乎就在耳旁,可是很快就被卡车启动的轰鸣声淹没了。

妈妈的呼唤声越来越小,越来越远。

柔柔的心越来越悲伤,眼睛越来越沉重……

三 冰冷的铁笼

卡车渐渐开出了柔柔熟悉的大街,开出了柔柔生活的城市,开向偏远的地方。

随着卡车的颠簸,柔柔渐渐苏醒,头还是晕乎乎的,但毕竟还活着。柔柔眨眨眼睛,舔了舔爪子,啊?自己居然被关在了铁笼里。柔柔猛地起身狂吠起来,疯狂地咬、撞铁笼,起先,小黑还朝着柔柔叫几声,接下来就不理不睬。铁笼太坚硬了,任凭柔柔怎么折腾,都无济于事。柔柔松开了爪子,瘫软在铁笼里,晶莹的泪珠从她那美丽的大眸子里滑落!她后悔不听妈妈的话,后悔自己太贪玩,后悔对小黑情有独钟!

柔柔无精打采地趴着,哎呀!这儿还有!原来在柔柔身旁还有一只昏迷未醒的狗儿,全身灰色的毛发,躺在那里一动不动。

它是谁?难道和我一样,也是中了小黑的圈套?

驾驶室里,小黑正和他的主人在一起,他时不时转过头来,扒着玻璃窗子向后看,对柔柔"汪汪"地叫几声。他的主人就会伸出手,微笑着抚摸他的脑袋。

柔柔趴在笼边,盯着车厢里那小小的透气孔发呆。望着望着,柔柔绝望了:原本绿油油的草地不见了,清清的小河也像蒸发了一样,碧蓝的天空像一个没有洗脸的顽皮孩子,灰蒙蒙的,大地寸草不生,烈阳都快把光溜溜的土地烤焦了。这个地方一户人家都没有,我在哪儿生存呢?哎,都怪我不乖,被带到这样的地方了。柔柔一翻身,懊恼地躺在了笼子里。

卡车开到了目的地,"哐当,哐当。"车厢里的笼子一个个地放到了地上,然后又抬进了一个大房间,紧接着柔柔被换进了一个干净的大笼子里。

这个房间里的笼子真多呀,每个笼子里都有一些狗。大的小的,各种品种。小黑就趴在这些笼子的旁边,盯着狗们的一举一动。

"哎,这个家伙真可恶,把我们引到这样荒凉的地方。"

"帮坏人骗我们,真是个坏家伙!"

笼子里,大家你一言我一语地诉着苦,柔柔好奇地凑了过去,说道:"你们是在讲小黑吗?"

"那当然,要不是那个家伙把我们引到僻静的小巷,我们也不会待在这里,等我出去一定要让他瞧瞧我的厉害!"一只金毛犬气呼呼地说,并狠狠地瞪了小黑一眼。

笼子里的狗儿们愤愤不平,"汪汪汪"地议论着可恶的小黑。小黑也不时地向他们这边望一望,叫几声。小黑望着笼子里的柔柔,柔柔长得真漂亮,长长的毛光亮洁白,经过一番折腾,显得有些凌乱,由于害怕身体似乎还在发抖。不知怎的小黑心里不由得对柔柔可怜起来。

这样漂亮的狗被抓到这儿,似乎有点可惜了。

四 小黑的身世

趴在笼子里的柔柔,无精打采,呆呆地望着笼外,四肢无力地耷拉着。此时的柔柔,多想看一眼满面笑容的主人,多想听主人叫一声"宝贝"啊!

"咿呀——"一声门开了,外面走进几个人,抬着一只大笼子放在墙角,然后从另一只笼子里抓出一只金毛犬。金毛挣扎着狂吠,但无奈被卡着脖子还是被装进了笼子里。其中一个膀子上纹着一条龙的家伙瞄了一眼柔柔,点点头说道:"这只小狗真不错,卖到宠物店能赚一大笔钱了,可惜今天宠物店只要金毛犬。"

"大哥,先养着吧,等下次再卖也不迟。"另一个家伙答道。

那个大哥又指着刚抬进来的大笼子说:"那几只老吴的饭店订了,明天就送去吧。"

"好嘞,大哥!"说完这群人便提着笼子走了。

等那伙人走后,柔柔注意到那只大笼子里居然躺着好几只大狗,他们一动不动,柔柔叫了几声也没回应。"别费劲了,他们都是死狗。"小黑在旁边插了一句。

"啊?!"大家又尖叫起来。

"小黑真坏,帮着坏人做坏事。"

"为了混一口饭吃,就背叛同类!叛徒!"

狗狗们从刚才的惊恐中缓过神来,又开始责骂起来。柔柔也大声地责备小黑:"你为什么要残害同类?就为了讨口饭吃抛弃了多少生命?你还是不是狗啊!这么没良心。"

狗狗们的声音以及柔柔的责备深深刺痛了小黑的心,勾起了小黑心底的小秘

密,让小黑又回忆起来……

小黑记得自己原是一只英俊的、整天过着无忧无虑日子的小狗。一直忠心耿耿地跟着主人,从小主人就对自己很好,有好吃的总想着小黑,所以小黑发誓要跟主人过一辈子。可贪财的主人渐渐地爱上了赌博,经常和朋友去外面赌。起先还赢了些钱,但十赌九输,输了以后还想翻本。结果越陷越深,最终倾家荡产,还欠了一屁股债,被债主们整天逼债。慢慢的,主人便开始动起了歪脑筋,想着如何快速赚钱还债。

主人看到了围着自己转的小黑,眼珠一转,想到了一个主意:现在宠物店、饭店里收购狗的价格很高,大街上到处是宠物狗、流浪狗,偷几只狗去卖不就来钱了吗?轻松赚钱、遍地是黄金啊!主人为自己想到的这个主意还洋洋得意了一阵子。于是主人开始秘密行动,准备笼子、铁杆,准备捕狗。

接下来的时间里主人天天到街上抓狗,一开始是趁狗的主人不注意,一把抱走。后来还把小黑训练成了一只"圈套",让他帮着主人引诱其他狗到僻静的地方再逮,导致许许多多的同伴被抓。一开始小黑想阻止主人,但那时主人已经被金钱冲昏了头脑,狠狠地打了小黑一顿。小黑想到了离开主人,可从小就待在主人身边的小黑一想到那些流浪街头的流浪狗,没吃没喝,没有澡洗,甚至连住的地方都没有,日晒雨淋,怎么活下去啊?结果,他实在是下不了决心。

现在为了抓更多的狗,主人甚至用高价雇了许多人来帮着抓狗、卖狗。今天抓几只,明天抓几只,隔三差五高价出售,有时运气好,一天能抓十几只。直到目前,主人已经抓了几百只狗,不仅抓流浪狗卖到饭店,还抓漂亮的狗卖到宠物店。现在已经还清了赌债,但主人已经把这个当做自己发财的捷径,欲罢不能了。

小黑闭上了眼睛,主人的"疯狂行为"使小黑非常忧愁。他不想做一辈子的恶魔,跟着这样的主人混日子。我一定要改过自新,帮助柔柔和大伙离开这里!

五　左还是右

小黑趴在阳台上,闭着眼睛,思索着怎样帮助柔柔逃跑。柔柔静静地趴在铁笼边,水汪汪的大眼睛盯着小黑。刚才金毛被带走的那一幕使柔柔记忆犹新,真不知道等待她的将是什么?

小黑心里非常矛盾,救吧,要背叛我的主人,还会连累自己,免不了主人的一顿教训,现在的主人已经被金钱冲昏了头脑。不救吧,柔柔实在是太可怜了,是我把

她骗来的，我可不愿意看见这么漂亮的狗狗遭受厄运啊。说不定她的主人还在等她回家呢，当时我把她骗走时，她的主人还亲切地呼唤她"宝贝"，如果主人失去了柔柔，一定会很伤心，我还是把她送出这里吧。

这时，抬走金毛的那几个人又走了进来，其中一个被称作大哥的人用手轻轻地摸了摸小黑的脑袋，然后打开了一个装着一些流浪狗的笼子。"老吴的饭店生意挺好，上次的几只狗没两天都卖完了，这次他说了有多少要多少。"那人指着笼子说。"大哥，这些狗能赚不少钱呢。"另一个人一边打开笼子一边说。一只可怜的流浪狗被带铁爪的工具拽出了笼子，不停地挣扎、狂吠。

另一个人拔出一把刀，在狗脖子那儿划了一刀，鲜红的血从伤口里涌了出来，洒落到地上。那只狗拼命地乱蹬四肢，仰着脖子却叫不出声。渐渐地，他的身体软了下去，再也不动了。杀狗的那个人将死狗丢进一个笼子里，又开始从笼子里抓下一只狗。

笼子里的狗一只只的被送上了断头台，鲜血染红了地面。其他笼子里的狗儿们被这个惨景吓得目瞪口呆，一个个蜷缩在笼子的角落里，瑟瑟发抖。柔柔紧闭双眼，吓得几乎昏死过去。那个大哥望着空笼子说："我们需要再捕些肉狗了，饭店订购量太大。""嗯，快去吧！"几个人便走出了屋。

小黑曾经亲眼目睹了无数流浪狗们的悲惨经历，望着那一摊血迹，小黑早已麻木了。也许柔柔的下场不是这样，但也不能再见到她最最亲爱的主人了。她早晚会被送进宠物店，卖到别的人家。

小黑的心软了，我为什么要帮助主人抓狗呢？他们都是无辜的，我们都是同类，我们是朋友。可我为了讨主人的宠，就帮着人类做坏事，我对不起他们。我一定要快点想出一个好办法，让柔柔脱身，让所有伙伴重获自由！

小黑转过身，望了一眼柔柔，脑中闪出了一个逃跑的计划……

六　恶魔变英雄

一天清晨，柔柔打着哈欠，揉着眼睛，一翻身站了起来。这时，门"吱呀呀"开了，小黑的主人——龙哥带领着几个人拿着抹布、刷子、水桶等清洁用具走了进来。龙哥轻轻地打开了笼门，把柔柔从笼中抱了出来，微笑地抚摸着柔柔洁白的毛。虽然，他的动作也很轻柔，可是，柔柔却觉得非常恶心！

"这小家伙长得真漂亮，明天卖到宠物店能赚一大笔钱。"龙哥说着，便把柔柔装进旁边的一个干净的大笼子里。

当所有的狗都被放在大笼子里后,几个人把大笼子搬到屋外,让狗儿们晒晒太阳。随后他们进了屋,把笼子里的物品都取了出来又擦又洗,更换成干净的,又用抹布、刷子、水刷洗笼子,忙得不可开交。

小黑趁几个人在清理笼子,迅速地跑向柔柔的笼子,小声对狗儿们说:"不要出声,我救你们出来。"狗儿们一愣,小黑可是坏狗,这不会又是他设下的一个陷阱吧?所以谁也没动,都警惕地望着小黑。

小黑瞄了一眼窗口,龙哥和其他人都在认真地清洗着笼子呢。小黑用牙咬住笼子上的锁,那锁只是挂着的并没有锁。小黑用牙一挑,锁打开来了,撞在门把手上,发出了"咣当"一声。狗儿们都被吓得心一紧。好在那些人都正忙得热火朝天,没有人注意到这里。小黑用爪子轻轻一推笼门,门就开了。柔柔与其他狗却一个都不敢动。小黑急了,恳切地说:"再不出来,一会儿主人来了,你们就全都没命了!"一听这话,狗儿们一下子炸了窝,全都争先恐后地挤向笼外。一只小黄狗不小心撞到了挂在笼子上的锁,悬空的锁又撞到铁笼子上,这下用力太猛,那锁在门上"哐当哐当"地响了起来。小黑大惊,喊道:"快跑!"狗儿们一震,随即像被电击了一般,撒开四蹄跑向大门。

龙哥正在里面清理着笼子,忽然听见外面的动静,还有狗叫声,他回头一看,大吃一惊——狗全从笼子里跑了出来。龙哥大叫一声:"快拦住它们,快关大门!"便冲了出去,但已经来不及了,狗儿们已经跑向大门了。

小黑见到主人跑了出来,对柔柔喊道:"柔柔,快跟着我跑!"柔柔此时紧张地已经不知道要往哪里跑了,一听此言像遇到了救星紧随其后。龙哥左手抓着棒子,右手拎着袋子,大吼着"该死的畜生!"冲向狗群,抓住了落在后面的几只狗,装进了麻袋。

人与狗之间的距离越来越近,小黑心里盘算着:要按照这样的速度,我们肯定是逃不出去了。小黑猛地往旁边一跳,然后迅速转身向龙哥冲去。小黑龇牙咧嘴的吼叫着。龙哥见小黑突然叛变,愣了一下,随即反应过来,大喝道:"畜生,你居然敢背叛我!"就挥舞着棒子冲了上去。

"汪汪,汪汪!"小黑毫不畏惧。在两人接触的一刹那间,小黑扑到龙哥的腿上,狠狠地咬了下去。龙哥一甩腿,将小黑摔在了地上,趁机挥棒打向小黑。小黑一翻身,躲过了落下的棒子,再次扑。龙哥躲避着,挥棒乱打,一棒打中了小黑的右前爪。小黑疼得滚到了一旁,"嘶嘶"地倒吸着凉气,但随即又扑了上去。

在小黑与龙哥争斗的时候,狗群冲出了大门,四处散开,龙哥的手下再也追不上了,狗儿们不一会儿就跑得无影无踪了,唯有柔柔还站在门前的一丛灌木后望着

小黑,盼着他快回来。

小黑眼见大伙都走了,便赶紧拖着受伤的前腿向灌木丛跑去。龙哥气得把棒子扔了出去,却打了个空。

小黑跑到灌木丛后,舔着受伤的腿,"呜呜"地叫着。"小黑,谢谢你!你的伤怎么样了?"柔柔在他身边趴下,关切地问。小黑说道:"这里不安全,我们还是快点离开吧。"

七　萌萌相助

柔柔向着前面的一座小山头小跑去,小黑跟在后面。小黑的右前爪受了伤,抬着右前爪蹦跳着,跑着,三条腿站得摇摇晃晃,有几次差点跌倒,幸亏柔柔发现了,回头扶着小黑,他才没有摔倒在地。

"小黑,我们歇歇吧,你的主人追不上来了。"柔柔停下了,小黑顿时瘫倒在草地上,"呼呼"地喘着气,望着远处的曾经是家的大院子,他叹了口气。

这时已经是傍晚了,他俩依靠着坐在山腰上的草地上,望着夕阳一点一点地落下去。天边起了火烧云,红的一条,橙的一块,黄的一片,有时像马儿在尽情奔跑,有时像绵羊在低头吃草,有时像鲤鱼在游上游下,漂亮极了!

柔柔望着这些,想起了自己的主人,那一点一点的红云彩多像主人脸上的红晕啊。"小黑,我们去找我的主人吧,她很好,会善待你的,你也不用流浪了。"柔柔说道。

"你还想找你的主人?"小黑似乎看出了柔柔的心思,"人类都很贪婪,我再也不想被他们约束了,做一只自由自在的流浪狗多好!虽然吃不好穿不暖,日晒雨淋,但都比不过自由的重要啊。"

"可我的主人还在等我呢。"柔柔摸摸头上那个粉红色的小夹子,"我的主人可好了,送了我好多玩的东西,你看这个小夹子就是主人送的呢。你还是和我一起回家吧。"

小黑摇着头,还想说什么,可是欲言又止。这时远处传来了"喵喵"几声,小黑竖起了耳朵,柔柔甚至站了起来,警惕地望着四周。突然从草丛间跳出一个白色的雪球。小黑被吓了一跳,紧张得大叫起来,正准备扑过去,这时小白猫也被吓得一蹦老高,急忙说:"喵,不要怕,不要怕,我叫萌萌,不会伤害你们的。"柔柔急忙对小黑说:"等等,不要伤害她。"小黑这才镇静下来,和柔柔仔细打量着这个白色雪球。原来是一只小猫咪,满身的白毛,眼睛一蓝一绿,四只小爪子肉肉的,尾巴细长,白毛光亮柔软,可漂亮了。柔柔也打了个招呼:"你好,我叫柔柔,他是我的朋友叫小黑。"萌萌歪着头上上下下打量了柔柔一番,随后托着脑袋自言自语:"哎呀,好像在哪里见过你,现在却想不起来了。"

柔柔听到了疑惑不解:"我不认识你呀,你怎么会认识我呢?"

"我肯定在哪里见过你,让我想想……"萌萌忽闪着两只大眼睛,又把柔柔上上下下地打量了一番,"喵,对了,前几天我在南京孝顺里一个垃圾桶旁的电线杆上看见了一张破烂的寻狗启示,说是有一只白色的贵宾犬走失了,上面还有一张照片,挺漂亮的一只狗,我印象很深。"

"哦,对对。我的家就那附近!主人一定很挂念我。"柔柔眼里散发出喜悦的光芒,"你肯定能告诉我如何回家,是吗?"

萌萌叹了一口气:"哎,昨天我和同伴们走丢了,跳上了一辆汽车,把我带到了这里,现在我也不知道怎么回去了。"

"啊?"柔柔心中刚刚升起的希望又破灭了。

萌萌说:"你们能带上我一起找我的同伴吗?如果找到我的同伴就可以带你回家了。"

柔柔对小黑说:"只能这样了,小黑,我们还是带上萌萌吧。"小黑点点头,于是他们三个趁着月色朝着远处灯火通明的城市走去。

八 归 途

一想到要和主人见面了,柔柔就很兴奋,她一口气跑上了一个小山头。后面的萌萌和小黑都追不上她,不一会儿就累得东倒西歪了。

"我们休息一会儿吧。"柔柔在山头上停下了,她仰面朝天,用爪子垫着头,舒服地跷起了二郎腿继续说,"你们瞧,今晚的夜空真的好美啊!"确实,在黑夜的衬托下,星星显得格外明亮,就像碎金一样,忽明忽暗,镶嵌在这乌黑的粗布上,隐隐约约还能看见星座的轮廓。北面那颗星星,闪烁着耀眼的光芒,多像主人水灵灵的大眼睛啊。生活在城市里的柔柔从未见过这么美的情景,城市里的灯火通明,遮住了美妙的星空。柔柔陶醉了,不知不觉闭上了眼睛,美美地睡着了。

清晨阳光渐渐地从云彩后面露出了笑脸,撒落在地上。柔柔用爪子揉着眼睛,一翻身站了起来,萌萌和小黑也相继醒来。"肚子好饿啊,我们到哪里找吃的呢?"柔柔摸着自己咕咕叫的肚子问。一旁的小黑也东张西望,一晚都没吃什么东西,想

向左，向右

必他也饿了。

一旁的萌萌看出了柔柔和小黑的心思，说："我们要快点进城，到了城里就有好吃的了，我带你去吃大餐。"于是他们飞快地向山下的城里跑去，饥肠辘辘的他们想着丰盛的大餐，都忘记了劳累。快到中午的时候，他们终于到了城市。萌萌说："跟我来。"她带领着柔柔和小黑来到一家快餐店，柔柔认识门口的白胡子老爷爷标志，这不是肯德基嘛，以前主人经常给她带回一些鸡块，装的纸袋子上就是这个老爷爷。柔柔刚准备拉着小黑进店，萌萌大叫："不行，不行，这里不给小动物进去，跟我来。"她带着他们转到了店的后面，后面有几个大的垃圾桶，"大餐来了，随便吃吧，我请客！"

"啊？"柔柔和小黑面面相觑。只见萌萌用爪子在垃圾箱的底下的出口处翻找着，将一些肮脏的东西翻到两边。"不吃，这些脏的东西哪能吃啊？"柔柔一看萌萌要翻垃圾，急忙摆手说道。"等一下，一会儿就有大餐了。"萌萌说着不一会儿就将几个盒子推到柔柔和小黑面前。柔柔打开一看，盒子里果真有一些吃剩下的鸡块和骨头，柔柔和小黑这时也管不了什么啦，狼吞虎咽起来，不一会儿就吃的肚皮滚圆。

天逐渐暗了下来，乌云遮住了太阳。"天快要下雨了，赶快找个地方躲躲。"萌萌边说边带着他们跑到了一个大屋檐下，刚到，大雨就哗啦啦地下起来。望着倾盆大雨，柔柔问萌萌："我怎么样才能找到我的主人？"

"别急，等我找到了法师，你就得到答案了。"萌萌说。

"法师？"柔柔疑惑的问。

"是的，法师是我们猫族一位德高望重的长者，他对这个城市里的每条大街都了如指掌，找到他，就等于你找到了你的主人。"

"是嘛，快，我们快去找他吧。"

"别急，等雨停了我就带你去找法师"。

雨渐渐停了下来，萌萌带着柔柔、小黑出发了。他们走进了一条小巷。突然一群猫围了过来，他们都警惕地望着柔柔和小黑，有的猫甚至做好了战斗的准备，小黑见状也"呜呜"地叫了起来。

"别误会，我们是来找法师的。"萌萌急忙大叫。

"他们是谁？"一只为首的大猫问道。

"他们是我的朋友，我是帮他们来找法师的。"

"找法师有什么事？法师不见任何猫以外的动物！"

"我们来找法师，我的朋友迷失了家的方向，就是那张寻狗启示上的地址，你们可以帮她找到回家的路吗？"

"嗯……你们在这等一下，我去问一下法师。"说完大猫扭头就往一栋房子跑去。

九 重 逢

过了好一会儿,柔柔才看见大猫不急不忙慢慢悠悠地从房子里走出来,对他们说:"太不容易了,我好说歹说,法师才同意见你们。嘿嘿,你看你们是不是……"柔柔刚想问什么意思啊?旁边的萌萌抢先一步说:"多谢大哥,这里有一些礼物送给你。"说完不知道从哪里变出来一块鸡肉递给了大猫。大猫毫不客气地接了过去,对柔柔他们说道:"快去吧,法师还等着你们呢!"萌萌赶紧拉着柔柔跑向了大房子,靠近了才发现这是一栋很破旧的房子,外表脏兮兮的,墙上还有些裂缝,裂缝中的砖头摇摇欲坠,看起来好久没有人居住了。

萌萌走到房子前推开了门。"吱呀"一声,门开了,里面黑洞洞的,只有从房顶破了的几个洞里撒下了几缕阳光。

"谁啊?"远远传来一声,大家一惊,顺着声音望去,房间的最里面放着一把椅子,上面隐约坐着一位老者。"这是我的朋友,她叫柔柔,她想寻求您的帮助,帮她回家。"萌萌说道。"进来吧。"老者说了一声,大家这才都走进屋子里。

走近了,大家才发现这位老法师头上戴着一顶破烂的魔法师帽,身着褴褛的长袍,长袍上的补丁一个叠一个。他挂着一根拐杖,腰弯得很厉害。法师那饱经风霜的脸庞上布满皱纹,胡子很长很长,都快拖到地上了,原本乌黑的毛发中掺杂着一些白色,一副老态龙钟的样子。法师打量了柔柔一番,皱了皱眉头,说道:"找我帮忙?天下哪有免费的午餐?不给我报酬我怎么能帮你?"柔柔一听这话,连忙掏出一个盒子,那是上次吃剩下的"大餐"——几根还带着点鸡肉的鸡腿骨。法师瞅了瞅,摇摇头,说道:"打发要饭的啊?再说这东西我都快吃腻了,不要,不要。"柔柔连忙收起盒子,又从口袋里掏出一个路上捡到的小玩偶,法师瞄了瞄,摆摆手,又说道:"这个东西太幼稚了,不要,不要。我看你们还是回去吧。"这时法师扭头又打量了柔柔一番,看见了柔柔头上的小夹子,便问:"你头上的小夹子好漂亮,可以送给我吗?"柔柔用手摸摸头上的小夹子,这可是主人送给她的礼物啊。一下子丢了这样的心仪礼物,柔柔实在不舍。法师似乎看出了柔柔的心思,便说:"我不勉强你,你考虑考虑,你们先回去吧。"

一听到法师不帮自己了,柔柔马上着急起来,没有法师的帮助,我怎么回家呢?柔柔只好忍痛割爱,从头上取下小夹子,交给了法师。法师高兴地接了过去,拿在手心左看右看。

"法师,我们想请你帮忙找到孝顺里这个地方,能帮帮我们吗?"柔柔问。

"孝顺里?怎么这么熟悉?让我想想……啊,想起来了,离这里还有点距离,我们出发吧。"法师说完一挥手,守在门外的大猫就跑了过来,法师接着说,"你跟着

我一起去。"

"是,法师!"大猫说完保护着法师,一行人向大街进发。萌萌陪着柔柔走了好长一段路,才依依不舍地向柔柔挥手告别:"再见了,柔柔。我们以后再见吧。祝你好运!"柔柔挥了挥手,跟着法师去寻找孝顺里了。

一路上还算顺利,经过一条小巷时,突然大猫兴奋地"喵呜"了一声,撒腿向一棵大树跑去。法师、柔柔和小黑都吓了一跳。小黑望了一眼,猛地反应过来,树下有一条鱼,树上有一张网。这是主人常用的抓狗抓猫的方式!柔柔也反应过来了,和小黑一起"汪汪"狂吠,企图让大猫停下来。可怜的大猫来不及停下,冲到了树下。大网瞬间落下,盖住了大猫。大猫挣扎着,挥舞着猫爪,"喵喵"大叫,可是越挣扎网缠得越紧。这时旁边闪出两个人,一边笑着一边伸出手收网。那不正是龙哥嘛!小黑猛地冲上去,龙哥这一看原来是小黑,气不打一处来,大骂道:"原来是你这畜生,背叛主人,滚!"小黑管不了这些了,张开大嘴准备撕咬,龙哥想:赤手空拳哪打得过小黑,快闪!于是嘴里骂骂咧咧匆匆忙忙逃走了,留下了被网死死缠住的大猫。

法师跑上前,与柔柔一起拨开了网,救出了大猫。"没事了,安全了!"柔柔安慰着惊魂未定的大猫。法师连忙道谢:"谢谢,谢谢你们救了我的儿子。"原来大猫是法师的儿子,怪不得他们长得这么像。这时法师把柔柔送给自己作为报酬的小夹子还给了柔柔,说道:"这个还给你,我不能夺人所爱,放心,我一定帮你找到那个地方。"柔柔感激地接过了小夹子。

于是他们又上路了,后面总算没遇到什么危险,他们终于到了孝顺里。"我只能把你们送到这里了,下面的路就要靠你们自己了。"法师和大猫向柔柔、小黑挥手告别,他们的身影渐渐消失在小巷的另一头。

十　流浪人间

柔柔东闻闻,西嗅嗅,凭着灵敏的嗅觉,找回了自己原来住的小区。

"太好了,终于到家了。"柔柔喜笑颜开,开心地跑进小区,跑向自己住的大楼。

由于心情太激动,柔柔连电梯也不乘坐,一口气跑上了10楼。跟在后面的小黑本来腿就受伤了,又加上突然爬那么多层的楼梯,早已累得气喘吁吁。

熟悉的绿门又出现在柔柔的眼前,柔柔开心地用爪子拍着绿色的门,发出"嘭嘭"的声响。"谁呀?"门开了,一个年轻漂亮的脸庞从里面探了出来,朝外面望了望。柔柔立刻"汪汪"叫了几声。当她看到柔柔时,先是一愣,上下打量着柔柔,小

夹子,小衣服,小靴子。"这不是柔柔吗!"女主人失声叫起来,尽管柔柔身上很脏,她依旧一把将柔柔搂得紧紧的。"宝贝,你跑哪里去了,这两天急死我了,你还记得回家呀。看你脏成这样,快去洗洗。"主人说着就把柔柔往屋里抱。

主人后脚刚进屋,小黑前脚就迈了进来。主人一回头,见身后跟着的是一只脏兮兮的小黑狗。女主人大惊失色,嘴大得能塞下一个鸡蛋,喊起来:"哪里来的野狗!快出去,别弄脏了地板。"说着一脚踢向小黑。小黑连忙转身逃跑。女主人"啪"的一声关上了门,带柔柔洗澡去了。

小黑委屈地蜷缩在墙角,望着那扇绿色的门,心想:柔柔啊,我千辛万苦把你送回了家,你的主人却对我这样,把我关在门外,哎……

柔柔正在澡盆里享受着主人给自己的按摩,轻柔的水波和主人的手使她感到无比的惬意。"柔柔,刚才你回来时还跟进来一只脏兮兮的黑狗,他可是一只流浪狗啊。"主人一句话让柔柔突然想起小黑,柔柔立刻身子一挺在澡盆里站了起来,瞪大了眼睛看着主人。主人与柔柔相处的时间长,知道这是个很通人性的小家伙,知道她这样肯定是在问:"他在哪里?"

"被我撵出去了。"主人摸了摸她的头说。

"啊,他可是我的救命恩狗啊!"柔柔使劲摆了摆头,头上的水甩出了老远。可是,主人并没有明白她的这个意思,又接着说:"我可不喜欢这种野狗,可不要让他进家门哦。"

见主人这么坚决,柔柔也没有办法。柔柔在主人怀中扭动着,不停呼唤着小黑。起先,小黑的回应很强烈,震耳欲聋,洪亮的吠声引来邻居的责骂,渐渐地声响越来越弱,难道小黑离开了!柔柔趁机从主人怀中跳下,跑向紧闭的那扇绿门,站立着,用前腿不停扒着,发出"呜呜"声。此时,门外也传来"呜呜"声,是小黑,他还在!就在柔柔想跳上门旁的鞋柜时,被主人一把搂住了,朝卫生间走去……

吃完晚饭,主人给柔柔换上了一套新衣服,然后摸了摸柔柔的头说:"宝贝,咱们逛街去。"刚出门,柔柔就看见了缩在墙角的小黑,她慢慢地向小黑走去。谁知主人一把抱起柔柔,用脚撵了撵小黑,转身走向电梯,对柔柔说:"柔柔你怎么这么不听话,瞧瞧,它多脏啊,我可不希望你和这样的狗在一起玩。走,快点走!"柔柔很不情愿,但只能顺从。逛街时,柔柔心不在焉,当别人看到她回归时都摸摸她,抱抱她,可她理都不理,把头偏向一边,远远望着尾随而来的小黑,就连以往的好伙伴来找她玩,她都跑开了。

她心里想着小黑。回到家时天已黑了,小黑早已趴在角落守候着。柔柔看了小黑一眼,"汪汪"叫了几声,主人抱着柔柔走进了家门,大门"咣当"一声在身后

关上,柔柔心里五味杂陈:想到小黑被主人关在了门外;想到小黑为了帮自己出牢笼,被打伤了右前爪;想到在寻找回家的路上,小黑的照顾与保护;想到在危急关头,小黑总是挺身而出。自己怎么能这样对待一个好朋友呢?必须做出决定了。

夜深了,主人早已进入梦乡,柔柔望了望大门。突然,柔柔跳上门旁的鞋柜,用牙拉开门锁打开门,她转身深情地望了望主人的房间,随后用爪子推开门,走了出去。小黑还在门外等待,一见柔柔出来了,开心地低声叫了几下。柔柔连忙示意他不要发出声音。

大街小巷非常寂静,看不见一个人。明亮的路灯似乎在为他们指路,指引着他们向远方走去……

十一 世界只有你和我

也不知走了多久,慢慢地太阳在他们俩面前升起,微笑着望着他们。柳树光秃秃的枝条上抽出了嫩绿的新芽,像一位长发姑娘。停在电线上的小鸟快活地叫着,蹦来蹦去,呼朋唤友,快乐嬉戏。草丛中闪过几个彩色苗条的身影,那是几只蝴蝶在上下翻飞,她们正寻找甜甜的花蜜呢。柔柔和小黑在草丛间追逐蝴蝶,看她们漂亮的衣裳,看她们优美的舞姿;在柳树下眺望湖上风光,讲许多幽默生动的故事;仰望电线上的小鸟,看他们呼朋唤友,玩耍嬉戏,好快乐!

天气渐渐热了,白天越来越长了,柔柔和小黑依偎在树下休息的时间也越来越多了。万里无云的蓝天上挂着一个火球似的太阳,似乎要把大地烤化,强烈的光线使他们睁不开眼睛。没有一丝风,闷热的空气常常使他们伸长了舌头喘着粗气。只要看见一片绿荫,柔柔就拉着小黑去避暑,尾巴不停地摇,原本很长的舌头伸得更长了。花儿蔫了,草儿也有些黄了,树叶也卷了边,唯有湖里的荷花亭亭玉立,婀娜多姿。小黑突然想起,这条小路上有一个小池塘,就推着懒洋洋的柔柔说:"柔柔,前面有一个小池塘,我们去洗洗澡吧。"可柔柔一点精神都没有,小黑便用舌头舔柔柔,柔柔懒洋洋地拖着步子往前走。小黑用鼻子拱柔柔,柔柔扭了扭身子,继续慢慢地往前走。小黑好不容易把柔柔拉到了小池塘边。小黑开心地"噗通"一声跳进水里,快活地叫起来:"柔柔快下来,这水多清凉啊。"柔柔顿时来了精神,也"噗通"一声跳下水,白色的长毛飘浮在水上,像穿了一条蓬蓬裙。水波荡漾,两只狗儿在水里快乐嬉戏,一会儿翻个跟头,一会儿到水下捉条鱼。玩够了,他们跳上岸,抖动身上的毛,水珠四溅,在炎热阳光的照射下,一串串水汽飘上了天。经过水

的抚摸,柔柔的毛再次变得洁白纯净,小黑身上则乌黑发亮,像抹了油一样顺滑。

整个夏天很快过去了,太阳的光芒弱了很多,他像个顽皮的孩子,闹了整整一个夏天,疲倦了想要睡觉似的。枯黄的草儿无力地耷拉下了脑袋,花瓣撒落在芬芳的泥土上。风一阵阵的吹过,树叶跳着华尔兹轻盈地落在了地上。柔柔和小黑爬上了屋顶,眺望着远处五颜六色的落叶,像花花绿绿的"地毯",像一座通往梦幻世界的桥梁,还像一条只有童话世界才拥有的童话大道。

候鸟迁移了,留鸟也做好了舒适的窝。秋去冬来,天气越来越冷,人们都穿上了厚厚的棉袄,在家中取暖。北风呼呼地吹,雪花从天而降,整个世界就像被冰封了一样,到处都是白茫茫的一片。这么冷的天到哪儿去找吃的呢?柔柔不仅被风吹得瑟瑟发抖,肚子也开始叫了。

"怎么办啊,小黑。没有食物了,我们会饿死在这冰天雪地里的。"柔柔对小黑说。

"别担心,柔柔。我们继续往前走,看看有没有人家。"他们行进在风雪中,两行脚印一深一浅。

小黑和柔柔正吃力地走在厚厚的雪地上,突然,小黑大叫起来:"柔柔,柔柔快看,远处有灯火在闪烁!"果然,远处有一户人家,门紧锁着。门外有一只看门的大黄狗,他的脚边放了满满一碗食物。柔柔和小黑的眼睛看得都直了,口水不由自主地流了下来。小黑给柔柔找了一间破烂的小屋子,说道:"大黄狗看起来不太好对付。你先在这里等,我去把食物弄来。"柔柔点了点头,小黑一瘸一拐地向大黄狗跑去。

小黑冲向大黄狗,低头去抢食物。大黄狗怒不可遏,"汪汪"地叫着去追小黑,小黑掉头逃跑。柔柔见小黑一瘸一拐,很快就要被大黄狗追上了,便飞快地跑向大黄狗,做出要抢食物的样子。大黄狗一回头,看见柔柔也来抢,大吼一声,转身追柔柔。柔柔引诱着大黄狗飞快逃跑,快得像一团雪球快速滚动。小黑会意,跑过去叼着碗向破旧的房子跑去。柔柔带着大黄狗绕了一圈又一圈,突然加快了速度,猛地奔向房子,把大黄狗甩在了身后。大黄狗跑得筋疲力尽,唉声叹气地回到了家发现碗不见了,才知道中了他俩的计策。

柔柔和小黑开心得分享了这顿美餐,在风雪中行路实在太累了,望着屋外漫天大雪,他们依偎着美美地睡去。

十二 再见,小黑

快乐的日子总是过得很快,几年时间一晃而过,这期间他们曾经回到过城市,

那里车水马龙,热闹非凡,到处都有"大餐",想吃什么就吃什么。可是那里坏人多,一不留神就会惨遭厄运。想起上次的被抓的经历,柔柔就心有余悸,她可不愿意再被抓一次。于是他们俩又回到了乡村。

乡村里恬静美好,这里的天蓝湛湛的,到处都散发着青草的芳香,花儿尽情地开放。刚下过雨,空中弥漫着一层朦胧的水汽,青石板小路是潮湿的,田里的禾苗更加绿了,大树郁郁葱葱,充满生机。蝴蝶蜜蜂在花丛中飞舞着,小鸟飞来飞去,一会儿在树上唱支歌儿,一会儿跳到电线杆上玩耍,好不快乐!乡村里还有许多城市里见不到的农具,样子也很古怪,吊起了柔柔和小黑的好奇心,看一看、闻一闻、摸一摸,十分开心。

可是乡村毕竟贫穷,不像城市那样到处都有吃的,就算找到吃的,也不是那么可口。一天中午,小黑和柔柔决定去城市里找些好吃的。

"你在这里等等,我去去就来。"小黑和柔柔一起走到城门边,小黑对柔柔说:"城里有许多坏人,我先去找食物,你在这儿等我回来。"说着小黑摇了摇爪子,走进了城门。

小黑走啊走,远处飘来一股香味,小黑顺着香味找到了路边放着的一小盘香喷喷的红烧肉骨头,还冒着热气,显然是刚烧的。"这是谁丢在这里的呢?等等,我先看看是不是圈套。"小黑在周围转了一圈没发现任何可疑的地方,"呵呵,这个可是柔柔最爱吃的,带回去柔柔一定爱吃。"小黑跑过去,但还是害怕有陷阱,特地自己咬了一小块肉试试,嗯,好像没问题哦,这红烧排骨鲜嫩美味,柔柔一定喜欢。于是小黑用嘴叼起地上的小盘子,跑向城门。

可是没跑几步,一阵头晕目眩,使小黑摇晃了几下,他努力站稳,但最终跌倒在地。他试着再站起来,可是身体麻麻的,软软的,连抬起爪子的力气都快没有了。小黑半闭着眼睛,"呜呜"叫了几声,大口地喘着气,在闭上眼睛之前迷迷糊糊地看见两个拎着麻袋的人正向他走来……

柔柔此时正趴在城门边等候,时间一点点过去了,小黑还是没有回来。"城市很大,好吃的东西太多,小黑一定在帮我寻找最好吃的。"柔柔自我安慰道。又过了一个时辰,小黑还是没有回来。小黑去哪儿了呢?

柔柔跳起来,嗅着空中的气味寻找小黑。小黑的气味带领着柔柔来到了放肉骨头的地方。柔柔努力地寻找空中小黑的气味,可是怎么也找不到,却闻到了红烧排骨的香味。难道小黑找到排骨后,回去找我呢?柔柔高兴得跳起来,急忙往城门跑。刚跑了几步,柔柔就站住了,心想:这段路很近,小黑熟悉道路,应该很快就回来了。想到这,柔柔浑身的毛抖了抖。小黑到底去哪儿呢?也许,他在找我呢。柔柔相信小黑还在,只是暂时走丢了而已,于是满怀希望地去寻找小黑了。

十三　小黑，你在哪儿？

可能那几根排骨并不能满足小黑的欲望吧，小黑一定是去寻找更多美味的食物了。自从上次萌萌带来了美味"大餐"，柔柔就一直惦记着那个味儿，小黑是不是去寻找更多美味的"大餐"呢。柔柔满心欢喜地跑向城市的餐厅，餐厅不远处有一堆垃圾，而美味"大餐"就在那。

这么多的"大餐"就在眼前，小黑怎么可能视而不见呢？柔柔围着垃圾堆转上好几圈，仔仔细细地搜寻着小黑的踪迹，可一点小黑的气味都没有，完全消失了！柔柔不甘心，从南到北，从东到西，从大街到小巷，从满天星辰到旭日东升，几乎跑遍了城市的每个角落，那原本柔顺的毛发在几日狂奔下早已卷成了小团，那原本发亮的眼睛也变得暗淡了，那原本洪亮的叫声也变得沙哑了。"小黑，你在哪儿？"柔柔内心呼喊了千遍、万遍，可小黑，连个影儿都没出现。

伤心与疲惫席卷而来，心力交瘁的柔柔腿一软趴了下来，脑海里仍努力思索着小黑可能去的地方。望着星空，听着蛙鸣，与小黑在一起快乐的时光似乎又回来了：三月，漫步在花的海洋，追逐蜂蝶；六月，仰望漫天繁星，寻找牛郎织女；九月，徜徉在金色麦田，同庆丰收的喜悦；十二月，相互依偎取暖，欣赏雪花飞舞。可如今，小黑，你在哪儿？一行泪水从柔柔的眼角涌出……

黄梅时节雨纷纷，细雨打湿了柔柔的毛发，迷糊了她的双眼。柔柔抖了抖水珠儿，来了精神，眼里闪出一丝希望。"也许，小黑受伤了，正躺在哪个山洞里呢。"随即，柔柔向城市的外围一路狂奔。

十四　跛脚的狼

天阴沉沉的，淅淅沥沥的小雨下个不停，闷热的天气，起伏的蝉鸣让人有些烦躁。柔柔马不停蹄地穿街过巷，飞一样地奔跑着，引来无数疑惑的目光：这狗，怎么了？

城市的北边有一片丛林，丛林深处连着群山，那儿离城市偏远，时常有野狗、野猪，甚至狼出没。初夏，绿树成荫，半人高的杂草长势可人，绿油油一片，足以淹没了柔柔。这一朵，那一簇的野花竞相开放，经细雨的冲刷，显得格外艳丽。袅袅雾气弥漫着整个丛林。"蝉噪林愈静，鸟鸣山更幽。"偶尔响起几声鸟儿的歌唱，更显得这片山林如此寂静。

"但愿连日来的雨水还能留下点蛛丝马迹。"柔柔一个个坡,一个个洞进行地毯式搜寻,毛发由白变灰,又由灰变黑,还黏上了大大小小的泥丁。翻过小山头,在隐蔽的山石后,柔柔惊喜地发现了一个能遮风挡雨的地方,这个洞不大,散落着一些杂草和一些食物的残渣,明显有住过的痕迹,柔柔兴奋得吠叫起来,但随之又阴沉下来,这里没有小黑的气味,反而有股骚味,这儿不属于小黑!失望的柔柔将杂草踹得到处乱飞。

夜幕降临,丛林犹如中了魔咒一般,阴森恐怖,月儿躲藏在云层后,时隐时现,连绵的群山在夜的包裹中格外冰冷,萤火虫穿梭在黑夜中,一闪一闪像幽灵在游动;猫头鹰的双眼如星星般闪亮,急速窜出树梢开始了猎杀。一天没进食的柔柔蜷缩在洞口,尽管草丛传来悠扬的歌曲,可柔柔无心欣赏,时不时发出哀叹。夜,还是那样黑;月,还是那样美;思念,还是那样疯狂。

天渐渐破晓,淡青色的天空镶嵌着几颗残星,大地朦朦胧胧的,如同笼罩着银灰色的轻纱。弥朦中闪出一个黑影,阴森森的气息向柔柔袭来,半梦半醒的柔柔不觉一惊,骨碌起身,有不速之客!柔柔狂吠,吠声响彻丛林,定睛望向来者,是一只外形比狗大的动物。柔柔借着泛亮的天色瞧了瞧:尖尖的耳朵,张着嘴吐着一条红舌,一双吊眼闪着绿光,四肢健壮,夹着的尾巴左右摇着。是狼!柔柔从未见过真正的狼,对狼的认知都来自小黑的描述:"狗一般都是翘着尾巴的,而狼的尾巴是向下夹着。狼凶残,专食肉,速度又快,遇上他十有八九成为腹中之物。"柔柔浑身一惊,后退了几步,心想:"完了!赶紧逃。小黑,保佑我吧。"

再说狼,与柔柔对视一会儿,仰头嚎了一嗓,似乎向全世界宣告:踏破铁鞋无觅处,得来全不费工夫。"辛苦了一晚,还饿着肚子,真没想到有只傻狗送上门,虽小了点,但不用挨饿了。"狼张开嘴露出锋利的尖牙,一步一步向前逼近。咦,这狼走路怎么一跛一跛的?

十五 冤家路窄

银灰色的轻纱渐渐褪去,天边出现橙色的彩霞。柔柔看清了狼的模样,一只棕色的成年狼,垂直竖立的右耳残缺了一块,龇牙咧嘴,面目狰狞,左后腿下方还有未干的血迹,难怪走路一跛一跛的。柔柔心中暗暗庆幸:"狼受伤了,就有逃跑的机会,速度我比不上狼快,但可以智取。"

"小黑,快跑!"柔柔向狼的身后大喊一声,趁狼疏于防范,四脚生风冲出了洞。

狼上了当,生气极了,转身一跃而起,发起进攻,尽管受了伤,可奔跑的速度仍然很快,迈出一步相当于柔柔的三步,他可不想到嘴的早餐飞了。

再说柔柔,虽暂时逃离魔爪,可性命攸关,荒凉的丛林里谁能救自己呢?只有靠自己了,撒开腿没命地向前冲,只见毛发飘起,不见四脚落地。一小一大,一前一后,一个逃命一个追捕,穿草丛、绕树林、过山坡,又穿回草丛,绕过树林……柔柔迷失了方向,急速逃命,一路惊动了树梢栖息的鸟儿,呼啦飞起一片。

柔柔因饥饿与连日的焦虑,体力明显不支,有几次差点被狼咬住。"像这样跑下去,肯定没命!"柔柔边跑边察看有利地势,发现草丛边有一片荆棘,于是柔柔调转路线狂奔而去。荆棘,又尖又刺,错综交错,踏上的一刹那,柔柔疼得跳了起来,细腻的皮肤刺得满是伤痕,可她没有停下,心中充满希望,只要能躲过狼的追杀,怎么都行。

荆棘刺痛了狼,原本渐渐愈合的伤口被荆棘又一次刺伤,鲜红的血又流了出来。狼火冒三丈,大吼道:"我一定要吃了你,可恶的小家伙。"狼伸长了脖子,眼看就要咬住柔柔了,突然一个黑影一闪,斜刺里窜出一个大怪物。柔柔个头小,身子一低,从那个怪物的身下钻了过去。狼就不行了,一个躲闪不及,被撞了个趔趄,翻滚在地。

"是你!"翻身而起的狼认出了大怪物,吼道,"臭野猪,别挡道。"

"亏你还记得,总算逮着你了!"野猪回答道。

插图:史文君

柔柔缓住脚步绕到一旁,顺着野猪的咆哮声看去,眼前这只黑色的野猪足有两三百斤重,昂着头,躬着背,竖着耳,鼻子抽动,嘴巴尖长,不时发出"哼哼"声,全身黑而亮的鬃毛竖了起来,两根獠牙尖锐得像两把匕首,野猪的眼睁得圆圆的,恨不得将狼撕成碎片,狼的眼也睁得圆圆的,恨不得一口将野猪吞下,真是仇人相见分外眼红。

狼连连叫苦,心想:"真是冤家路窄,怎么就遇上他了。"野猪不由分说向狼发起进攻。狼左右避让野猪的獠牙,时跳时窜,时咬时扑,相持几个来回,野猪见伤不了狼,眼都杀红了,用尽全力撞去,几百斤的体重肯定压扁了狼。狼呢,眼看野猪袭来,想腾空跳起闪到野猪身后使出绝招——掏肛门,无奈后腿受了伤,动作迟缓一步,被野猪重重撞倒几米之外,发出悲惨的哀嚎,那条受伤的腿估计撞断了。三十六计走为上计,狼顾不上疼痛,拖着残腿连蹦带跳地逃向丛林深处。搏命的一撞,野猪体力消耗殆尽,真要追上去,也未必能将狼置于死地,再说了,要不是狼受了伤,是很难得手的。野猪哼了哼愤愤离去,留下一旁还傻傻张着嘴的柔柔。

十六 谢谢你,救了我!

待柔柔回过神来,野猪已走出数米之外,柔柔赶紧跟上,感激地说:"谢谢你救了我。"野猪瞧也没瞧她,继续走自己的路。

"你的力气真大,今天若没遇上你,我肯定被狼吃了,谢谢你。"柔柔心怀感恩地再次向野猪致谢。看野猪仍未答理,柔柔又说:"我找不到出去的路了,你能告诉我怎样才能走出丛林吗?"

"别跟着我,我不是帮你,我是帮我自己。"低沉的声音有些厌烦,有些伤感,又有些内疚。

"帮自己?难道你认识那只跛脚狼?你们之间发生过什么?"柔柔好奇地问。

"你怎么这么啰唆,不关你的事,赶紧走!"柔柔一连串的好奇反而激怒了野猪。

"我叫柔柔,和朋友走散了,我是来找我朋友的。"柔柔想到狼仍心有余悸,声音都带着颤,"遇上狼又迷了路。"

"可恨的狼,我不会放过他的!"野猪愤愤地向前走。柔柔乖乖地跟着,一前一后静静地走着,静得只听见"沙沙"的草动声和"哼哼"的气喘声。柔柔很想与野猪攀谈,但不敢再激怒野猪,刚刚发生的一切历历在目,更何况野猪是走出丛林唯一的希望。

他俩在丛林里走啊,绕啊,也不知到了哪,野猪不走了,在一片杂草前停了下来。柔柔看了看四周,绿油油的,草连着草,树连着树,像迷宫一样,不远处散落些叫不出名字的野果。柔柔看见野果才意识到自己饿了,忙跑了出去。

"别去,前面有陷阱!"野猪大喊一声,疾速冲到柔柔面前。柔柔惊呆了,抬起的前爪一时举在半空不知如何是好,喃喃地说:"陷阱,这儿怎么会有陷阱。"

"你这个小白痴,光听名字就知道什么都不懂。"野猪冷冷地瞥了柔柔一眼。

"是的,我是什么都不懂。以前有小黑在,他什么都懂,他会照顾我,教我。可如今,他不知在哪,我找不到他,我一个人……"想到小黑,柔柔的眼泪扑簌簌落下。

"噢,你失去了亲人。好了,别哭了。"此刻,野猪变得温柔、伤感,声音略显沙哑,"我也失去了安妮——我的太太,还有我的孩子们。"柔柔愣了愣,泪眼婆娑地望着野猪,眼前的野猪与刚刚判若两人,"究竟发生了什么,让他失去了最亲的人,他一定痛到心碎,泪咽无声。"柔柔欲语泪先流,此刻的眼泪不是为自己,而是为野猪。

同病相怜,两颗心不觉走到了一起。

十七 陷 阱

天晴了,连绵的细雨终于要收场了,整个丛林艳嫩翠绿,草丛浑身挂满了露珠,在点点阳光下,好似铺上一层晶莹剔透、流光溢彩的水晶。柔柔静静地看着野猪,野猪静静地看着陷阱,眼神空洞且忧伤,陷入沉思与回忆。

约半年前,野猪先生和太太安妮像平日一样外出觅食,在寒冷的冬季食物相当匮乏,野猪夫妇将丛林中深埋的野果等几乎挖掘一空,实在没什么可以填肚子的。这可急坏了野猪先生,他可以饿上三四天,可他的太太怀了宝宝,必须得弄点吃的,于是他想到附近的村庄碰碰运气。

野猪夫妇披星戴月,偷偷摸摸进入村庄,胆战心惊地偷吃了村民们晾晒的玉米棒,还好,没被发现。时隔几日又来到村庄,找了几圈也没找到玉米棒。或许村民们对丢失了玉米棒有所防范,既然来了也不能白跑一趟。天色微明,破晓的晨光慢慢唤醒沉睡的生灵,早起的村民取出谷物喂牲口,瞅见有吃的,躲在杂物后的野猪太太一个箭步冲上前顶翻了食盆,村民们吓得措手不及,野猪先生甚至闯进屋搜寻食物,这还了得!顿时引起惊慌与骚动,一呼百应:"不得了,野猪进村了!"村民们操起身边的锄头、棍子什么的抡起就打,野猪夫妇见来者气势汹汹,一溜烟逃回

丛林,十天半月再没踏入村庄半步。

野猪暂时没了动静,村民们却动静大了,忙着部署捉拿野猪,在田地周围放置铁蒺藜,在方圆几里的丛林里挖了陷阱,陷阱口纵横架着数根枝条,再铺上一些藤条与枯叶,把整个陷阱遮掩着,叶面撒上一层泥土和杂草,为避免引起野猪起疑而避开陷阱,转移方向,布置完后还丢了些番薯或野果在周围,更有聪明的村民在陷阱四周用削尖的竹筒仿制猪蹄足迹,使野猪误信是自己曾经走过的地方。野猪没上当,倒是逮着几只野兔和一只黄鼠狼。

冬雪飘然而至,如柳絮一般,如芦花一般,如蒲公英一般随风飞舞,一阵密一阵疏,渐渐地丛林换上了银装,成了粉妆玉砌的世界。雪景自然美丽,可是对野猪夫妇来说,是令之烦恼、忧愁的事——饥饿。饿,实在是饿!野猪先生决定再次冒险进村。

"亲爱的,天气这么恶劣,要是再出现上次的情形,你的肚子越来越大,跑不快,很危险,依我看,这次你就不要去了。"野猪先生关切地说。

"不,我要和你一起,我们一起生一起死。"野猪太太执意同去。

"不行,我不能让你冒险,再有一个月宝宝就出生了,不能让宝宝冒险。放心,我一定会回来的。"

"可是……"

"别说了,多为宝宝想想吧,趁着雪停,明日我就进村弄吃的去,好让宝宝长得壮壮的。"野猪先生温柔地看着太太。

野猪夫妇幸福地聊着即将出世的宝宝,丝毫没有觉察到洞口闪过的黑影。那黑影停留了一会儿便消失在黑夜之中。

天边露出鱼肚白的曙光,林间路上留下一串深浅不一的脚印,野猪太太目送野猪先生的背影,心中有些惶惶不安。

十八 痛苦的回忆

"你知道吗?在我离开后,是库斯,就是那只跛脚狼。他……他竟趁我外出,伤害安妮!"野猪先生停止了回忆,开始对柔柔讲述事情的经过。

柔柔惊得张大了嘴,杏目圆瞪,说道:"什么,是他!是刚才的那只狼!"

"是的,就是他!烧成灰我也认得!肯定是做了坏事被打跛了腿,怎么不打死算了,省得再去害人。"野猪先生咬牙切齿,怒目横眉。

"那天,我刚进村就被发现了,村民似乎早有准备,非要置我于死地,我没命地

跑。家是肯定不能回,不能牵连安妮。"野猪先生缓了缓情绪接着说,"我左拐右绕进了丛林,暂时甩掉了追捕的村民,隐隐听见人声:快追,别让野猪跑了。心急如焚的我,无意中看见一前一后两个身影闪过白茫茫的林间。这么糟糕的天气,谁会出来呢?我向前跑了一段,隔着几排树看见一个身材浑圆,一个身材瘦长,一前一后速度如飞,不停溅起的积雪飞舞着,仔细一瞅,不由地惊起一身冷汗!我的天,前面是安妮!身后是那只声名狼藉的狼——库斯——那只被狼王咬了右耳驱逐出狼群的狼。"

柔柔听着,心中断定:说者无意,听者有心,那晚在野猪家闪过的黑影一定就是库斯!要不然,怎么这么巧,这个可恶的家伙!

"当时我发疯了,大叫一声,树枝上的雪都震下来了。我想库斯和安妮是听见的,那一刹那他俩的速度明显慢了许多,可隔着数十米,心有余而力不足,我只能紧紧跟着。"野猪先生继续说。

"那后来呢?"柔柔的心提到了嗓子眼。

"库斯知道我回来了,自然是加紧猎杀,虎视眈眈。而安妮,为保住孩子不落狼口,奋力地跑。她只顾着躲避库斯,却忽略了丛林中隐藏的危机。"

"那发生了什么?"柔柔紧张地问。

"在我们进村找食不久,村民们在农庄周围布置陷阱,甚至方圆几里的丛林都不放过,这儿就有好几处,好些动物跌落陷阱被村民们逮了去。我们野猪嗅觉很灵敏,才免于灾难。出事的那会儿刚下过雪,雪将所有的痕迹和气味都掩盖了。安妮急于躲避库斯的追杀,慌乱之下坠入陷阱,我远远地听见她悲惨的叫声,而狡猾的库斯及时收住脚步免于一死,在陷阱边停留了一会儿,回头望了望离开了。"

"那你太太呢?"

"就是落入了这个陷阱。"

"等我赶到,安妮躺在那儿不能动弹,发出微弱的呻吟。陷阱又深又滑,掉下去不是死就是伤,况且安妮还怀有宝宝。"说到这儿的时候,野猪先生只觉得一阵天旋地转,心如刀绞,一声声呼唤着,"她听见了,也只是微微动一动嘴,她太累了……"野猪先生拼命忍住,紧闭着双唇,把呜咽哽咽下去,可是眼泪还是涌上来,亮晶晶地挤在眼圈边上,一会儿工夫两颗大泪珠离开眼睛,慢慢地顺着两颊流了下来。

"就在我准备跳下陷阱去陪安妮时,追赶我的那些村民也赶到了。我怒视着他们,急喘着,就是他们挖的陷阱,就是他们夺去了我的安妮和我的宝宝!我恨透了他们,于是发了疯似地朝这些人冲过去。我要把他们也顶进他们自己挖的陷阱,我在这些人中间横冲直撞。陷阱里奄奄一息的安妮觉察到地面上的危机,用尽全身的力气,向我发出示警:'快跑,千万别做傻事,为了我,你要继续活下去,快跑!快

跑!'一声一声,越来越小。慌乱中我冲出人群,冲进了丛林。"野猪先生难过地低下了头,"我是不是很懦弱,是不是很自私。"

那一瞬间,似乎有什么堵住了柔柔的喉咙,情不自禁泪流满面,换作自己会怎样呢?

"那些村民并没有再追我,他们发现了安妮。有人下了陷阱,不一会儿安妮被捆绑着拉了上来,她发出最后一声吼叫:'为了我,好好活下去!'安妮被抬走了,再也没回来,而村民们却边走边笑。我眼巴巴地看着,泪如泉涌,肝肠寸断,恨由心生。"

孤独的夜,寒冷的风,飘零的雪,彻夜无眠的野猪先生在风中呼唤,在雪中低吼,在黑夜中痴痴凝望那曾经的梦。

十九　一辆卡车

"我恨那些村民,为什么要带走安妮。我到村里捣乱过,到田里破坏庄稼,让他们鸡犬不宁。最可恨的是库斯,不是他这一切会发生吗?一直以来,在这片丛林里,我们与库斯都是井水不犯河水。可万万没想到,他会伤害我们。是他,让我失去了孩子,让我失去了美满的家,让我孤独一生,我与他势不两立!虽说狼是我们的天敌,可这个仇一定要报!"野猪先生语气有些激动,浑身的毛抖动着,"谢谢你,听我说话,自从我太太离开,我从未和别人这样说过话,只想找那只该死的狼拼命,最好别再让我遇着。噢,对了,我叫汉克,就住在丛林中,希望你找到朋友后再回来。"野猪汉克向柔柔缓缓道出心语,心中那道悲痛的枷锁慢慢打开,他低头用獠牙撅起一捧土撒入陷阱,默默悼念太太安妮和没出世的孩子们。

柔柔哭得梨花带雨,无法想象野猪汉克失去太太和未出世的孩子那种心痛,那种悲伤,那种难以弥合的伤痕。柔柔同情野猪汉克的遭遇,惋惜野猪太太和她的孩子们,憎恨那只跛脚的狼……她望向一脸茫然与哀伤的野猪汉克,估计只有库斯的出现才能激起他的斗志。柔柔默默地低头,默默地祈祷,默默地思念,小黑的身影何尝不是占据她的脑海,赶也赶不走……

过了几日,野猪汉克为柔柔找来些食物充饥,并护送她出丛林。"我不能离开丛林,库斯的腿受了伤肯定没离开,躲得了初一躲不了十五,总有一天我会找到他的。"野猪汉克看着远方,继续说,"沿着这条长长的路,前面有一个村庄,说不定在那儿会找到你的朋友,不过一定要小心那里的村民。"柔柔点了点头,告别了汉克踏上征途。

太阳如火球般炙烤着大地,云朵好似被烤化一般消失得无影无踪。一路没有任何遮挡物,几簇杂草软绵绵地低着头,路面泛起了刺眼的热浪,踩在上面就像无数的针刺一样疼。柔柔无精打采,头皮发胀,口发干,舌头伸得长长的,"呼哧呼哧"地喘着粗气,远远见路面有一摊水,而走近却什么都没有。水,水,水!

路上来往的车辆大大小小,长长短短,有运沙的、运菜的,运车的,还有运狗的,什么?!柔柔眼前一亮,一辆大卡车慢慢地从身旁驶过,车上有许许多多的身影在挤动,传出一阵阵嘈杂的犬吠声及呻吟声。是幻觉吗?柔柔揉了揉眼生怕看错了,的确是狗,满满一车!

二十 狗儿的命运

卡车慢慢驶进不远的一个加油站,柔柔尾随跟上。卡车司机下了车,走向旁边的厕所,坐在副驾驶位上的人跷着二郎腿,闭着眼休息。柔柔巧妙地避开了副驾驶员的视线,悄悄地靠近卡车,上下三层铁笼里黑的、白的、黄的、杂毛的,挨挨挤挤全是狗,他们伸着舌头喘着气,毛发又脏又乱,散发出的气味相当难闻,"汪汪汪"的叫声显得有气无力,趴着不停扭动着身体,好让自己舒服些。

柔柔很奇怪:哪来的一车狗?他们这是去哪?突然,柔柔想起了什么:当初她被抓关进笼子时,那个可恶的龙哥和他的助手也曾抓过许多狗贩卖给大大小小的饭店。难道这群狗儿们也是同样的命运?

柔柔向卡车靠近,轻轻呼唤着。无精打采的小狗们见到了同类,有些惊喜又有些害怕,小狗们大喊:"快走,别让他们发现你!""是呀,给他们看见你就完了!"

"小黑,小黑,你在吗?有没有听到我的声音?"柔柔继续呼唤着。

"快走,如果这里面有你要找的狗,他听到你的呼唤一定会回音的,可好像没有啊!"小狗们回答道。

柔柔在车的四周认真仔细地嗅着,一点小黑的踪影都没发现,刚刚升起的希望完全破灭了,就像霜打的茄子——蔫了。

"你呀,还不快走,被那两个人发现就走不掉了。"车上的狗儿们不停地催促柔柔快点离开。

"那些人抓你们做什么?要把你们送到哪儿?我能帮你们什么?"柔柔问道。

"你帮不了的,这个笼子硬着呢,我们几个轮着咬,都白费劲,况且这么高的货车,你如何上得来?"车上的狗儿们回答。

"'夏至狗,荔枝酒'的风俗你听说过吗?我们大大小小几十只狗,都是被这两

个人捉来的,说是要送到什么狗肉节,那里已屠宰了几百只狗,场面惨不忍睹,等待我们的将是血淋淋的屠刀。"狗儿们悲伤的继续说。

"为什么要吃我们,就因为我们是流浪狗,没有人保护和疼爱,还是人性如此。"笼子里的狗你一句我一句,愤愤不平,"呜呜呜"几只弱小的狗儿情不自禁地哭了。

当初有小黑的帮助才逃离魔窟,可如今,小黑却不知身在何方,他也是流浪狗,会不会也……柔柔似乎看到了小黑凄惨的遭遇,她的心好冷,冷得不禁颤抖。不,小黑那么机灵,不会的!不会的!柔柔心中忐忑不安,怎么也不相信小黑就这样一声不响地离开。

"想自由,一定要逃。"柔柔向伙伴们讲述自己逃脱的经历,"等笼门打开时,找准机会,大家齐心协力……"正说着,司机从厕所出来了,手中拖着一根长水管,接在水龙头上,慢慢拉向卡车。"快跑,再不跑就来不及了!"柔柔说道。

"可是,我还没说完,你们要……"柔柔想告诉伙伴们,小黑是多么勇敢,而且大家一定要团结,伺机而动。另外,如果伙伴们在途中遇上小黑,一定要告诉他,有只叫柔柔的狗儿会等着他。可情形迫在眉睫,柔柔只能迅速躲到别的车后,想说的话怕是再也没机会说了。

水如喷泉一般从管中涌出,晶莹透亮,司机从上至下喷洒着,他可不想让费尽心思得来的钞票损失了,这白花花的水在他眼里就是白花花的银子。车上的狗儿相互拥挤,早已热到不行了,触到水的一刹那,无比的欢畅快意,短暂的清凉并不能解除口渴与燥热,在这炎炎夏日,有什么比洗澡来得更痛快呢!可这对他们来说是多么的奢望,他们只能趴着甩甩脑袋,无法自如活动。水顺着笼子往下流,泪顺着水往下流……

望着远去的车影,柔柔心中五味杂陈,难以平静,还有多少狗儿会成为人们餐桌上的美食,没有买卖就没有杀戮,希望人类口下积德。狗是人类的朋友,人类为什么不善待自己的朋友,难道这就是弱肉强食的生存之道。若有一天,由我们主宰世界,一定让那些为了私利贩狗的人自食其果。柔柔冷冷地望了望漫天的尘土与刺眼的热浪,喝了点水,稍稍休息又出发了,她要去前面的村庄碰碰运气。

二十一 一定要活下去

夏天的雨豪爽奔放,不像春天那般细腻缠绵。几小时前还是烈日当空,火辣辣的太阳照在大地上,叫人喘不过气来。几小时后就乌云密布,虽不是狂风大作,但

也是风起云涌,紧接着电闪雷鸣,大雨滂沱。突如其来的雨让柔柔措手不及,前不着村,后不挨店,一时也找不到合适的落脚地,只能在路边的草丛里暂躲一时,活生生的淋成了落水狗。在外流浪的日子,柔柔一身洁白的毛发早已黑灰相杂,此时正好被大雨冲刷干净,一根根,一缕缕贴在身上,有点狼狈,原本漂亮的衣裙也变得东扯西挂,柔柔左一口右一口将衣物扯下,少了束缚,现在反而觉得舒服极了!动物原本就不用穿衣的,不是吗?

雨,来得快停得也快,傍晚时分由大到小渐渐停了下来,天边出现了一道美丽的彩虹,赤、橙、黄、绿、青、蓝、紫,把雨后初晴的天空装扮得五彩斑斓。柔柔抖了抖身子,水珠飞扬,迎着彩虹与霞光反射出五彩的光芒,如晶莹玛瑙般轻盈落下。

经风雨洗礼后的夜空格外明朗,特别是郊外的夜空,少了城市的喧哗与灯光,又静又亮,银闪闪的小星星一颗比一颗耀眼,像一个个小精灵,顽皮地眨着眼,稚气地注视着柔柔。趁着夜色柔柔找到一间草屋,这里除了一堆沾有水珠的杂草,什么也没有,估计是给那些庄稼人提供的临时避雨场所。雨后的夏夜,褪去了燥热,多了一份清凉、一份宁静、一份思念。柔柔趴在杂草上,望着星空,思念之情油然而生,当初与小黑一起看星星、捉萤火虫是多么快乐,以后,这样快乐的日子还会有吗?柔柔不由自主地发出几声狂吠,响彻夜空,飘得很远、很远,小黑,能听见吗?

萤火虫们欢快地飞舞,好似天上的星星一闪一闪,四周的蛙鸣此起彼伏,柔柔无心聆听,只觉得声音忽高忽低,光亮忽暗忽明,听不清,看不清,渐渐地模糊一片⋯⋯

"醒醒,柔柔。这么多的萤火虫,好漂亮!我们去捉吧。"朦胧中,柔柔看见小黑回来了,正站在一旁微笑着唤醒自己。柔柔本想质问小黑去哪儿了,为什么不告而别,让她担心!可柔柔全身无力,动弹不了,只是抬头望着小黑。"怎么了,柔柔?"小黑缓缓走向柔柔,用爪子碰了碰柔柔的头,动作轻盈而温柔,柔柔懒懒地趴着,微笑着,回来就好,还问什么呢?

"快来,柔柔,快呀!"小黑向前方的萤火虫扑去。突然,闪出个黑影,是龙哥,他为什么总是阴魂不散!柔柔见势不妙冲着小黑狂叫:"小黑,快跑!"小黑一愣,转身诧异地望着柔柔,全然不知危险已经降临,龙哥趁势将手中的布袋抛了出去,小黑被布袋罩住,拼命挣扎、狂吠不止,龙哥冷笑着收紧布袋,瞟了眼柔柔,一闪就不见了踪迹。"小黑,小黑!"刚刚团圆,现在又分离,心中的那份喜悦转为焦虑、恐惧,柔柔全身抽动似在哭泣,不时发出低吟。

"柔柔,柔柔。"

"小黑!你怎么离我这么远,你怎么会飞了!你要去哪?"

"我要去另一个世界了,那里没有杀戮,大家和平共处。虽然,我不能再回到你身边,但我会时刻为你祈福。今后,你要学会照顾自己,外面的世界很精彩,但时刻存在着危机,你一定要机灵、谨慎,辨别真假,用心去选择。我要走了,记住,一定要坚强地活下去,快乐的生活。"

"快乐!失去你,能快乐起来吗?"柔柔想起了野猪汉克,无奈地摇摇头……

小黑的身影越飘越远,"不要走,不要走,小黑!"柔柔追跑着想抓住小黑,猛地惊醒,意识也渐渐恢复,原来是一场梦,一场可怕的梦而已。只是自己的四肢的确无力,头晕乎乎。小黑,难道小黑真的被抓走了,真的遇害呢?不会的,不会的,柔柔在心里不断地安慰自己,是梦,不是真的,别自己吓自己。小黑一定也在四处找我,只不过彼此走错了方向,一时无法团聚。小黑,你到底在哪儿?

连日高温,加上思念过度,又淋了一场雨,柔柔病了,胃里一阵翻江倒海,吐了出来,自从与小黑分开,一直风餐露宿,连着几口吐得黄胆水都冒出来,全身虚脱了。"我是不是快死了,难道今生真无法与小黑相见了吗?以前生病时主人会带我去宠物医院,吃药打针,虽然疼但见效快,后来生病时有小黑照顾,找来一些草药,虽然草汁苦疗效慢,可也康复了,如今……这样吐下去肯定会没命的,怎么办?"柔柔虚弱地躺着,太累了!就这样睡下去吧。

鸡鸣时分,又下起了雨,田间雾蒙蒙的,这样的天气没有庄稼人来做活,柔柔倒是可以放心地睡一会儿。"柔柔,不能这样睡下去,来,把这草吃下去,你会好起来的。不要放弃,你的生活才刚刚开始。"柔柔微微睁开眼,哪有小黑的身影,又做梦了。不过,柔柔相信小黑一定在某个地方等着自己,就算今生再也找不到小黑,也要为了小黑好好活下去,活得更好。

柔柔用前肢撑着,缓缓站起,她记得那草药的样子,幸好现处郊外,寻找起来相对容易。柔柔来到附近的草丛,找到草药咀嚼着,吃了几口,又吐了几口,吐完了继续吃,一口接一口,尽管苦涩,但可以活下去。

泥土和青草混合的清新味道,那么愉悦,那么舒心,抛开所有的烦恼,清空所有的琐碎,深深地呼吸雨后新鲜的空气,风雨后,总会出现灿烂的彩虹。

二十二 "小 黑"

穿过田野就到达野猪汉克指引的村庄,大病初愈的柔柔,放慢脚步,连着数日,不是寻找食物就是找个隐蔽的地方休息,她可不想让小黑看到自己病怏怏的模样。

梦想的翅膀

这天傍晚,柔柔在村子附近填饱肚子正欲离开,不经意间看见草垛后面隐约有个身影在探头探脑,接着匆忙向田野方向溜跑,天哪!不知何时他的嘴里多了一只鸡,边跑边不时地四下张望,大概还没发现柔柔。柔柔很奇怪,这家伙一身油亮的棕黄毛,头小而扁平,颈长而柔韧,四肢短且窜得挺快。狗不像狗,猫不像猫,究竟是什么?为什么要捉鸡呢?柔柔冲着不知名的家伙吠叫,好奇心驱使柔柔跟了上去。

"我的妈呀,叫什么叫!真是冤家路窄,怎么没发现她呢。"黄鼠狼大惊,不敢答话,脚步加快了。

"你是谁?这是要去哪?"柔柔问道。

这是一只黄鼠狼,他一听柔柔这话,立刻明白了。"嘿,这蠢狗,竟不知道我是谁,那好办多了。"黄鼠狼计上心来,转身停下,将鸡踩在脚下,昂头挺胸冲着柔柔大声说:"我是黄鼠狼,天晚了,我护送这贪玩的小东西回家。"那只可怜的鸡听黄鼠狼这么说,气得咕咕直叫:"别听他的,这家伙可坏了,是……""别吵!"偷鸡贼三个字还未说出口,就被黄鼠狼一掌打昏了。柔柔听到狼这个字眼就比较反感,眼前这贼眉鼠眼的家伙肯定也不是什么好东西,"看,你把她打昏了,她的家人会责怪你,我陪你去送吧。"柔柔有些不放心地对黄鼠狼说。黄鼠狼一听,心里骂道:这蠢狗真是多管闲事,得想个法子让她离开才行。

"以前在村里没见过你嘛,从哪儿来呀?"黄鼠狼假惺惺的与柔柔拉起家常。"我和朋友失散了,是来找他的。对了,你有没有见过一只叫小黑的狗?"提及小黑,柔柔便滔滔不绝地描述起来,对黄鼠狼也少了一份警觉。

"小黑,噢,是小黑呀!"黄鼠狼边说边转动眼珠想鬼主意,猛然眼光扫过村口的方向,心想:不好!又来一个,此时不跑等待何时!黄鼠狼转身离开。"唉,你别走啊,你还没告诉我小黑在哪?"柔柔上前一步挡住黄鼠狼,她可不想错失任何寻找小黑的机会。

"你的小黑在那。"黄鼠狼叼起鸡指着着村口,说道,"就是他。"与此同时,村口的那只狗发现了黄鼠狼,追了过来,边跑边叫:"嘿,朋友,捉住那只黄鼠狼,他偷了鸡,别让他跑了!"

顺声望去,一只黑狗向他们飞奔而来,柔柔睁大了眼,满心欢喜,是小黑吗?黑狗近了,气味不对,身材也不同,只是毛发全黑而已,不是日思夜想、苦苦找寻的小黑!柔柔上扬的嘴角沉了下去,惊喜的心沉了下去,呆呆望着奔跑的黑狗。

二十三 勇斗黄鼠狼

狡猾的黄鼠狼趁机开溜,"喂!黄鼠狼跑了,快捉住他!"黑狗大嚷,但柔柔呆呆地站在原地,动也不动,柔柔的举动不免让黑狗心生怀疑:难道他俩是一伙的?

柔柔从恍惚中惊醒,看了看不远处的黄鼠狼,望了望渐近的黑狗,猛然跃起追赶黄鼠狼,大喝道:"站住,把鸡留下。"黄鼠狼此时恨不得遁地而逃,怎可能把到嘴的美味拱手相让。柔柔足下生风,张嘴露出尖锐的犬牙,准备伺机咬住黄鼠狼。黄鼠狼左拐右弯窜得挺快,柔柔紧追不舍,一前一后,飞奔着,周旋着,这可是她第一次独自与对手交战,相当的勇猛。柔柔猛地窜到黄鼠狼右侧,原想来个猛虎下山一次治服黄鼠狼,可没咬住要害,却扯掉黄鼠狼脖子上的一撮毛,痛得黄鼠狼不停的惨叫,鸡从口中滑落。怒火冲天的黄鼠狼发出"吱吱"嘶喊声:"多管闲事的家伙,看我怎么收拾你。"说完锋利的爪子恶狠狠地扑向柔柔。

说时迟,那时快,黑狗在柔柔与黄鼠狼周旋之际追赶至此,听了黄鼠狼发出的狠话,不由得为柔柔担心,之前是自己多虑了,这小白狗挺勇敢。"小心,这家伙狡猾的很。"黑狗边说边与柔柔左右夹攻,黄鼠狼则东窜西逃,尘土飞扬,吠声起伏,渐渐地,黄鼠狼只有招架之势,没有还手之力。"留得青山在,不怕没柴烧,不能这样耗下去,好汉不吃眼前亏,还是想办法跑吧。"黄鼠狼心中盘算着,眼看黑狗要扑上来了,黄鼠狼稍作停顿,竖起尾巴射出像雾气一般的臭液,随即四处漫延。"当心臭屁!"黑狗曾与黄鼠狼交过手,知道这家伙会使阴招,来不及提醒柔柔,中招了。黑狗急速摇晃脑袋,摆脱沾在脸上的迷雾,柔柔只觉得头晕目眩,眼睛又辣又疼、泪流不止,说了声:"好臭!"

黄鼠狼趁着停顿的空隙,冷笑几声说道:"知道厉害了吧,我还会回来的!"

柔柔缓过神来,疼痛也逐渐减轻了,从黑狗口中得知,黄鼠狼独有本领就是放臭屁,是臭名昭著的臭屁王。"这只黄鼠狼隔三岔五偷鸡吃,村里每户人家的鸡都遭偷袭过,大伙都恨死他了。我们组织起来保家护院,每日都有负责巡逻的,今日我当值,听闻阿黄家有只鸡迟迟未回笼,就怀疑是黄鼠狼干的,于是向这边寻来。可是……我曾与黄鼠狼交手过,那次差点儿被他的臭屁熏瞎双眼,所以对付黄鼠狼动作要快,要狠,不能给他放屁的机会。"黑狗揉了揉眼睛接着说,"对不起,我原以为你和黄鼠狼是一伙的,为什么你不捉他反而闲聊呢?虽然黄鼠狼跑了,可救回了鸡,谢谢你!"柔柔听黑狗这番话,对黄鼠狼有了认识,幸好自己做出正确的判断,不然跳进黄河也洗不清了。

回村的路上,柔柔将自己与小黑的经历告之黑狗,黑狗对柔柔说:"呵呵,我也叫小黑,难怪先前你看我的眼神怪怪的,原来如此。我看你挺勇敢的,不如就留在

这儿吧,我们帮你找小黑。"

柔柔考虑到自己的身体还没完全恢复,故而答应了黑狗的邀请,留了下来。

二十四 明天会更好

夜幕中两个身影缓缓进入村庄,家家户户灯火通明,柔柔陪黑狗把鸡送回阿黄家,吃饱后便睡了,一夜无话,柔柔睡得很踏实,或许是身边多了同伴,多了一份依偎。

清脆的鸡鸣伴着洪亮的犬吠打破了静谧的清晨。柔柔翻身而起却不见身旁的"小黑",出门伸了个懒腰,四处环顾,这儿没有城市繁华,没有城市喧闹,也没有城市的高楼大厦。这儿的房屋矮小,千篇一律黑瓦白墙,间间相隔不远。东方出现瑰丽的朝霞,屋顶上升起缕缕炊烟,空气中弥漫着轻纱似的薄雾,温馨而恬静。小院墙上挂着几根长长的丝瓜,四周篱笆上的小喇叭正吹得欢呢,几只鸟儿正忙着院中觅食,见柔柔走近,忽地一下飞开了。乡间路上,推车出门的,扛着农具的,挎着篮子的人们,见了面笑呵呵地问声"早上好",开始一天忙碌的生活。

柔柔向外走,迎面遇见"小黑",他身后跟着几只相貌平平的狗。大家听闻"小黑"家来了客人,说是这位客人与众不同,都想来认识认识。

的确,柔柔的相貌是顶好的,是一只纯种的贵宾犬,而村中的这些狗则是常见的中华田园犬,怎能相比。换作以前,柔柔都不会正眼瞧,可如今的柔柔不同往日,经历了生死,知道朋友的重要,况且寻找小黑也需要他们的帮助。

"你从哪儿来?"

"听说昨晚你咬了黄鼠狼?"

"我是阿黄,谢谢你救了我家的鸡。"

狗儿们七嘴八舌地说着,大多数是欢迎柔柔的,当然也有对柔柔看不顺眼的,说这种狗只配给城里人当宠物,根本不能适应这里的生活。

"人不可貌相,海水不可斗量。昨晚,我亲眼见柔柔与黄鼠狼搏斗,它可不是你们想象的那样。柔柔会在我们这住一阵,今后大家就是朋友了。她与伙伴走散了,我们也帮着四处打听,好让他们早早团聚。"看来"小黑"在这儿有一定的领导力,他的话好似没有谁反驳。

"这下好了,我们又多了一个伙伴,大家一起看家护院,不让黄鼠狼有机可乘!"

"谢谢大家收留我,我会和大家一起守护村子,让这里变得安宁祥和。"

接下来的日子,柔柔在村中过得悠闲自在。日出,柔柔跟着"小黑"四处溜达,看母鸡孵蛋,看小鸭游泳,最喜欢跟着一摇一摆的大白鹅,有趣滑稽;或是结伴到田埂撒野;或是趴在河岸看村里的孩童捉鱼摸虾;最让柔柔期待的是那些跟随主人外出的狗儿是否能带回有关小黑的信息,可音讯全无。起先,柔柔有些失落,日子久了,也就麻木了,但每次柔柔都不忘提醒大家,出门在外一定要提高警惕,免得成为那些狗贩们的囊中物。日落,柔柔就参与到巡逻队伍中,与"小黑"一行挨家挨户核实家禽数量,从村头到村尾,从村尾到村头,确保它们安全回家。

残云收夏暑,新雨带秋岚。乡村的秋季,稻谷笑弯了腰,高粱涨红了脸,玉米乐开了怀。金子般的黄,玛瑙般的红,翡翠般的绿,宛如画家精心绘制的画卷。萧萧寒风,枯黄的树叶纷纷投身于大地母亲的怀抱。远处的山清瘦了许多,近处的小草枯萎了,树枝好像赤裸的木偶,机械地扭动着自己的身躯,好似在和昨天告别。

柔柔趴在草垛上,仰望天空,满眼忧伤,就连"小黑"来到她身边也没挪动,"小黑"知道柔柔又思念那个小黑了,细语道:"这么久没有小黑的音讯,你也不要太忧伤了。人生难免有悲欢离合,不如意的事十有八九,有好多事情是改变不了的,我们只能想办法去调节一下,生活还要继续,面对现实,别让思念占据了你的人生,要相信明天会更好。"

柔柔侧身望着"小黑",心想:"他说的对,没有小黑,我一样可以照顾自己;没有小黑,我一样可以搏斗;没有小黑,我一样可以追寻想要的生活……过了这么久,都没有小黑的音讯,也许他是故意避开我,让我学会独立;也许他已有了美满的家庭;也许他早已遭遇不测,也许……今后,我要把对小黑的思念永远藏在心底,有了这份思念,无论多么寒冷的日子,都会感到一份温暖,一份力量,一份动力。小黑,我会活着,快乐的活着!"柔柔站起来仰天长吠,片刻间,整个村里的狗就像得了号令似的吠声起伏,热闹而坚定。

二十五 鸡蛋去哪儿了

春有百花秋有月,夏有凉风冬有雪,四季交替,万物轮回。柔柔在村里停留了数年,与朋友和村民友好相处,渐渐喜欢上了这里,她的心中燃起了新的希望。

记得刚到村里的那会儿,柔柔的身体较瘦弱,"小黑"及同伴们不约而同的会为她备一份爱心餐点,村民们同样喜欢柔柔,时不时会送些肉骨头给她,有几户人家争着想领养柔柔呢。现在的柔柔对村里情况相当熟悉,陌生人进村,她很快就能

辨别,就连那只黄鼠狼见了柔柔都远远地绕路而走,减少不必要的麻烦。

乡村的冬天,田地蒙着一层薄薄的霜,透过那层薄薄的霜,可以看到下面僵化的土地,硬冻而干裂。田里刚刚出土的麦苗是那样怯弱,原本绿嫩的叶子,冻得萎缩,发黑发黄。由于没有了绿树如荫的点缀,整个村庄显得有点破败,出行的村民也相对减少,显得格外冷清。只是到了午后,村民们才陆陆续续地走出,在阳光好的墙垛下、屋檐下织着毛衣,缝着衣裤,拉拉家常,说说闲话,有的甚至把帽檐往下一拉,遮住整个脸,不一会就发出了熟睡的鼾声。柔柔和伙伴们闲来无事,有时也会蹲趴在他们身边,享受一下午后的阳光。

"你们听说了吗,大家都在谈论村头李奶奶家的鸡蛋莫名其妙的失踪了,有时听到'咯咯咯'声,但不是拾不到鸡蛋,就是数量极少,也没发现什么异常情况,很是疑惑。这些天茶余饭后全是这个话题。"

"谁这么缺德偷了李奶奶家的鸡蛋。"

"是呀,这么坏!别让我抓住!"

"这些鸡蛋对李奶奶来说多么宝贵,究竟是谁?"

"会不会是哪家小孩搞的恶作剧?"伙伴们你一言我一语,话语间显得有些气愤。

"这李奶奶挺可怜的。她的老伴生病早早离开她了,好不容易把唯一的儿子拉扯大,前几年她儿子外出打工出了事故也撒手而去。孤苦伶仃的李奶奶身体每况愈下,可生活还要继续,左邻右舍的村民时常会帮着她弄这搞那,送食送衣什么的,这位李奶奶心里清楚得很,哪家有急事或照看孩子,她都热心帮忙,在她心里,别人对自己的好总不能只受不报。李奶奶因思念亲人精神恍惚跌了一跤,从此右腿落下了毛病,走起路来有点跛。李奶奶没有收入来源,不能下地干活,靠着种点菜,养几只鸡,攒下点鸡蛋要么送给帮助过自己的邻居,要么到小商店换取一些日用品什么的。可鸡蛋丢了,她的日子更苦了。"

伙伴们的一席话,触碰了柔柔敏感的神经,"自从我来到村里,受到大家的关心与爱护,也从未真正为大家做些什么,我也不能只接受别人的恩惠,而不付出。若能帮李奶奶解除疑团,也算是回报大家吧。"想到这,柔柔自告奋勇地站出来说:"不如我去李奶奶家转转,总会查到些什么的。"村里的狗群中只有柔柔是自由来去的,况且上次柔柔勇敌黄鼠狼,应该是有些胆识的,因此大家一致同意。

李奶奶住在村头,是一位华发苍颜的老人,两间简陋的瓦屋空荡荡的,只住着她一个人,几样简单的家具有些破旧,却收拾得井井有条。老奶奶一身褐色的衣服虽日久泛白但干净而整洁,灰暗的皮肤像涂了铅似的,长年累积下的风霜在她

脸上留下了深刻的痕迹,一双眼睛满是经历风霜后的沧桑和无奈、孤独与悲凉,花白的头发用一根簪子盘起,梳理得一丝不乱。小院里养着几只鸡,这几只小生灵似乎特别招人喜爱,善解人意,常常结队而行,跟在老人后"咕咕"作声,使小院里增添了几分的生气。

平日里常有串门的狗进出,柔柔的到来李奶奶并不惊奇。柔柔观察了两天,母鸡上午溜达寻食后回窝生蛋,李奶奶下午才去拾蛋,鸡蛋一定是在这段时间丢失的,去哪儿了呢?午后李奶奶一般会睡儿,偶尔也外出串个门,正好给偷蛋贼创造了机会。柔柔在母鸡生完蛋离窝后,都会上前数一数。想当初,柔柔还是宠物狗时,女主人可是花了心思让柔柔学数数的,没想到此时能用上。两天下来,没有任何动静,鸡蛋一只也没少。往往看似平静的表象背后,却隐藏着惊人的真相。

二十六 狗拿耗子——多管闲事

第三天,柔柔见母鸡离开了窝,上前数了数鸡蛋的数量,一共是四枚。正准备离开的时候,"吱吱,吱吱……"陌生的声音引起柔柔的警觉,她连忙踮起脚,藏到柜子后,想看个究竟。

不一会儿,顺着墙角冒出两个鬼鬼祟祟的家伙,一前一后,一大一小,灰不灰黑不黑,尖嘴猴腮,两颗豆大的眼珠贼溜溜的,一条又细又长的尾巴高高翘着。

"兄弟,你看清楚了,那狗不在吗?"

"放心吧,我观察多时了,鸡生完蛋,那狗看了一下,不多会儿就走开了,我看着他走的。"

"他来了几日,把我们整惨了,这天寒地冻的去哪找食,赶紧去搬鸡蛋,我都饿晕了!"

原来是两只小老鼠!柔柔以前见过猫朋友捉过,对老鼠的劣行早有耳闻。在伙伴面前我可承诺过,一定要捉住可恶的偷蛋贼。柔柔要狗拿耗子——多管闲事了。柔柔心想:再等等,捉贼要捉赃,到时一网打尽也不迟。

"快,你快推一个鸡蛋出来!"小老鼠敏捷地爬进鸡窝,用短小的前腿将一枚鸡蛋推到鸡窝边,小声说,"接好了!"

大老鼠见了,忙上前躺下,身子一滚,来了个四脚朝天。当鸡蛋落下时,这家伙就用四条腿把鸡蛋稳稳地抱住,就像妈妈抱着自己的孩子一样,生怕鸡蛋摔破了。站在鸡窝上的小老鼠见得了手,"嗖"的一声跳下来,飞身跑到大老鼠身旁仰卧躺

下，大老鼠轻巧地将鸡蛋移挪给小老鼠，一跃而起，转身张嘴咬住小老鼠的尾巴，小老鼠被咬了尾巴有点疼，但看着怀中的鸡蛋却乐呵呵地笑了，大老鼠拖着小老鼠和鸡蛋吃力地向前……原来鸡蛋是这样被偷的，他俩真是最佳搭档。第一次见到这么有趣滑稽的情景，柔柔乐了。

不能眼看着老鼠把鸡蛋偷走了，赶紧行动。敏感、机灵的老鼠们听到了脚步声，抬头一瞧，一只大狗挡在前方，"吱——"小老鼠吓得叫出了声，抱着鸡蛋愣在那里，一动不动。大老鼠却很镇定，两颗贼溜溜的小眼睛散发出凶狠的光芒，直逼柔柔。"快点，你快把鸡蛋推走！"大老鼠紧盯着柔柔仍不忘鸡蛋。"吱！吱吱！"小老鼠这才反应过来，可他，四脚一蹬连鸡蛋都不要了，惶惶地逃跑了……

"真是个废物！"大老鼠望着小老鼠逃之夭夭的背影，又气又恨，面对扑来的柔柔，大老鼠眉头一皱，四处逃窜，说道，"来啊，你这只笨狗，来抓我呀！"

狡猾的老鼠上蹿下跳，每一次都用自己灵活的身手化险为夷。柔柔的体型比猫大，行动没有猫灵活，围着老鼠转了好几圈，追着追着来到里屋，李奶奶正在睡觉。可恶的大老鼠迅速窜入床底下，朝柔柔坏笑，床较矮，柔柔的身躯无法进入，只能干瞪眼等待时机。柔柔急了，"汪汪"大叫，这一叫不得了，把正在熟睡的李奶奶吵醒了。

"叫什么？"李奶奶揉揉眼睛，见柔柔趴着向床下张望，时不时将前腿伸入床下，"做什么呢？"李奶奶心中纳闷，"平日里很乖巧的狗儿，今天是怎么了？"下床趴下看了看。"老鼠！"李奶奶忙操起一只鞋扔了去。大老鼠慌了，窜了出来，恰巧碰上了守株待兔的柔柔。柔柔扑上去咬住老鼠，但并没有马上把他咬死，也没吃了他，而是将老鼠来回的甩，过了会儿，柔柔松开嘴，晕头转向的大老鼠落了地，以为柔柔放了他，跌跌撞撞地拔腿就跑，谁知才跑出几步，又被柔柔截住了。捉了放，放了捉，柔柔把偷蛋的老鼠玩弄于掌间，踩、踢、抛，不亦乐乎，小老鼠跑了，你就多承受一份吧……

可怜的大老鼠拼命挣扎，四条腿飞速地乱划，"吱！吱！吱！"不停地向同伴求助，一切都徒劳无益，那只小老鼠在大难来临时早已窜得无影无踪，说不定正躲在什么地方瑟瑟发抖。"你们这些可恶的家伙，不是什么人都好欺负的！"柔柔将奄奄一息的大老鼠叼到鸡蛋旁，李奶奶一看便知前些日子丢失的鸡蛋去了哪儿，高兴得合不拢嘴，拿出一截肉肠给柔柔。柔柔呢，身子靠着李奶奶，脑袋不停地在李奶奶腿上蹭，一副撒娇耍宝的模样……

好事不说也能传千里。现在，这么惊人的好事想瞒也瞒不住，李奶奶逢人就夸柔柔，一只外表柔弱的小白狗片刻成了村中的捕鼠能手！

二十七 相伴一生

　　会捉老鼠的狗成了全村的焦点,那些想收养柔柔的人家恨不得将柔柔一把抱了去,可柔柔身边有"小黑"啊,只要是柔柔无心理睬的,"小黑"都时刻护着她,拒他们于千里之外。其实,柔柔心中早已选定了人家。

　　当柔柔把想法告诉"小黑",原以为柔柔会选自己,万万没想到她竟然选了村中最贫穷的一户人家。"小黑"明白,柔滑、蓬松的毛发渐渐暗淡、枯糙,水灵的眼睛变得干瘪、凹陷的柔柔,渐渐找回了微笑,找到了温暖,变得对生活充满憧憬和希望!她想要用自己的余生去陪伴李奶奶。"去吧,李奶奶会很高兴,一定会很喜欢你的。""小黑"心中有些失落,但打心底为柔柔高兴。

　　白天,柔柔不停地摇摆着尾巴像小跟班似的跟着李奶奶,时不时地歪着脑袋在李奶奶身上来回蹭着,叫声中都透着撒娇的味儿。傍晚,李奶奶催促柔柔说:"快回去吧,'小黑'要着急了哟。"李奶奶关了门,可柔柔哪也不去就静静地守在门外,一直到天明。这样过了几天,左邻右舍都看出了端倪。

　　温暖的午后,老人们围坐在一起拉家常,"李奶奶,这只小白狗在你家门口待了好几日,看样子是要跟着您喽。"

　　"肯定是这样的,这几天都不见去'小黑'家了。"

　　"李奶奶好福气哟,这小白狗聪明着呢,我想要,可她看不上我哟。"

　　趴在李奶奶身旁的柔柔竖着耳朵听着,虽然听不懂大家说什么,但知道他们一定在说自己,李奶奶说:"这狗是招人喜欢,我不能独占呀。"

　　"李奶奶,要是这狗真想跟着您,多好啊,您老也多个伴。"

　　"就是,就是。"大伙不约而同地应和。

　　"这么漂亮的狗儿一定是有名字的,让我猜猜,是甜甜、欢欢、小乐、小白、雪儿……"李奶奶低声念出一串名儿,柔柔好奇地望着李奶奶,当李奶奶念到"柔柔"时,柔柔兴奋地跳起来,两眼放光,欢快地叫着,尾巴摇得像拨浪鼓似的,一个劲往李奶奶怀里钻,"噢,原来你叫柔柔啊!好!好!"李奶奶伸出那双满是裂纹的手抚摸着柔柔。柔柔在那双粗糙的双手下感觉到温暖,从额头一直暖到心间。

　　柔柔与李奶奶对视的一瞬间,李奶奶似乎明白了什么,把柔柔往怀里搂了搂,不再赶走她。从此,人们常常看到:老人拄着拐杖缓缓走,柔柔伴着一旁慢慢行;老人提着空篮出门,柔柔陪着满载的篮子回;老人得了好吃的,笑眯眯地掰点儿给柔柔尝尝;老人生病躺在床上,柔柔会去找邻里帮忙,然后安静地趴在床边;矮屋前,暖阳下,老人与柔柔相依的身影,呈现一副安详、温馨、动人的画面。

梦想的翅膀

  雪,总是在黑夜时分送上惊喜,白色成了这个早晨的主色调。草垛、篱笆和房顶上全都换上了新装,给萧条寂寞的村庄增添了几分神秘。几只早起的鸟儿无意撞落了枝头的雪花,纷纷扬扬,俨然激活了沉睡的古堡。这样的天气李奶奶是不出门的,柔柔趴在窗前向外张望,倾听鸟儿的歌唱及孩童们的欢笑。李奶奶在屋里生起了火盆,红红的炭火驱赶着冬日的严寒,李奶奶在盆中放入几个土豆,随手将一把苞米粒子放进火盆。不大一会儿,"嘭嘭嘭",一颗颗苞米粒子变成张嘴大笑的爆米花,四处乱窜,满屋飘香。柔柔像顽皮的孩童,一蹦一跳追逐着,叼起一颗又一颗送到李奶奶手中,望着忽闪忽闪的炭火,望着来回蹦跶的柔柔,李奶奶呢喃细语:感谢老天爷把她赐给我!柔柔呢,透过火盆瞅见李奶奶正看着自己,满眼的笑意,顿感幸福满满,缓步走到李奶奶身旁趴下,温暖的炭火勾起了一幕幕往事,如果没有那次的走失,没有碰上善良的小黑,没有遇到野猪汉克,自己怎么可能……小黑,如果你看见现在的我,你一定会很高兴的,一定会……

  柔柔蹲坐起,轻轻地将自己的手放入李奶奶的手中。手暖了,心暖了,空荡的小屋也暖了,香气扑鼻、其乐融融……

完……

流浪汉弗吉尔的故事

柳沛阳

（说明：本小说包括《逃亡》《流浪》《归来》三部，这里是第一部《逃亡》。）

一 引 子

圣诞夜的纽约，大雪纷纷，下个不停。整个城市都是白花花的一片。

家家户户灯火通明，一阵阵欢笑从一扇扇窗户里飞出来，人们都沉浸在新年的喜悦里。

夜已经深了，大街上几乎没有了人，也就是偶尔走过几个边走边谈笑的清洁工。

街边一个不起眼的角落里，正燃烧着一堆火。随着火焰的跳动，那里不时传来几声嘶哑的笑声。在火光的映衬下，流浪汉弗吉尔的脸显得格外红，他正快乐又专注地与身边几只大大小小的土狗玩耍。

弗吉尔长着一脸长长的黑胡子，此刻胡子上沾着不少菜叶、肉屑、水果、番茄酱……看上去有那么点儿恶心。身上是一件淡蓝色的破棉袄，似乎刚好合身，这可是他刚刚从垃圾桶里找来的。身边的七只小狗也各自穿着小棉袄，这是弗吉尔用捡到的布料自己做的，看上去十分粗糙。他背靠着的，是一辆木头做的小推车，里面睡着一只黄白相间的猫，猫的身旁是不少空饮料瓶。这些，都是弗吉尔捡的。

这位"标准型"流浪汉，除了他的

一堆"宠物"外,好像也没有什么特别之处。但他背后的故事却惊心动魄又鲜为人知——不仅是因为弗吉尔很少讲给别人听,更多的是因为几乎没人会相信……

二 烟 花

弗吉尔年轻时,父亲开了一家公司,神奇地一夜暴富。他们一家搬进了曼哈顿上东区——纽约最著名的富人区——杰斐逊大街88号。这是一座面积约888平方米的别墅。房子的前主人是个中国人,在出售房子的时候还特地得意地向弗吉尔一家介绍,这一串阿拉伯数字"8"是如何给他带来了好运。弗吉尔的父亲当时听了只是笑笑,觉得东方人的迷信真让人不可理喻。但是必须承认,他还是乐于希望这份好运也能随着房子一块儿跟过来,所以家里的豪车不管如何更换,始终保持8辆,不多不少。银行账户里的存款数字也尽量留一串的"8"。据说最少的时候也是8888888.88美元。

作为富家公子,弗吉尔尽情享受着生活。他差不多每周都要办一次聚会,喊上认识或不认识的人,在家里吃大餐、喝好酒,挥霍家里的钱财……他的父母当然不会同意他这样做,但是弗吉尔根本不听,像是入了魔。

好景不长,时隔两年,一场大灾难降临了。当年发生了前所未有的金融危机。很快,弗吉尔父亲的公司宣布破产,世人逐渐忘记了暴发户弗吉尔一家。弗吉尔却毫不在乎,仍然大手大脚挥金如土——直到他们家彻彻底底地没钱了。

"88,还好运呢,见鬼去吧!"弗吉尔一家搬出上东区杰斐逊大街别墅的那天,父亲望着88号门牌,恨恨地骂着。

离开上东区后,弗吉尔很不适应这种手头没钱紧巴巴的日子。

"房子换得这么破,车子也卖了,账户里的钱都没了!老爸,你是怎么搞的!怎么这么失败!"一天晚上,弗吉尔生气地埋怨父亲。

父亲一下子火冒三丈,咆哮着将弗吉尔赶出家门,大声骂道:"你这个败家子!还有脸说,这都不是因为你挥霍无度!现在倒怪起我来了!我不要你这个儿子,滚出这个家!我们从此不再相见!"

弗吉尔只好硬着头皮走出了家门。外面,风呼呼地吹着,月亮被浓云封锁着。

弗吉尔坐在房前草坪上,看着父母房间的灯灭了,很是不屑。他的眼睛正好瞄到屋檐下的一桶烟花,心里愤恨地想:"你们不让我回去睡觉,我也不让你们睡觉,吵死你们!"

他将落满灰尘的烟花抱到草坪上,点燃了导火索。"砰"的一声,一枚烟花射了出去,随即在空中炸出一朵金闪闪的礼花,弗吉尔得意起来。就在这时,烟花桶突然重心不稳,朝着自己家歪倒下去。"砰砰"数声,几枚烟花射穿了厨房的玻璃。瞬间,火花四溅,厨房一下子燃烧起来。

弗吉尔见状,赶紧冲到烟花桶旁,想把它扶正。结果,"轰"的一声,他的眼前一黑,一股热浪像一双无形的大手,将自己狠狠地推了出去,他重重地摔在了地上……

"快报警,有人纵火!"弗吉尔隐隐约约听见有人在惊恐地大喊,周围越来越嘈杂。

他知道自己闯下大祸了。来不及多想,顾不上手臂的刺痛,弗吉尔爬起来,赶紧逃走。不知跑了多久,弗吉尔一个跟头摔倒在地,晕了过去。

三 吉米书屋

不知过了多久,弗吉尔渐渐苏醒,他刚一睁眼,白茫茫的一片刺得他赶紧又把眼睛闭上。过了一会儿,直到他看清眼前天花板上的灯,弗吉尔才意识到自己正躺在床上。

弗吉尔想起之前的事,赶紧起身。他想借助手臂撑着自己坐起来,但似乎感觉不到手的存在。一阵刺痛袭来,弗吉尔想起什么,惊恐地举起自己的手臂——还好,都完好无缺,只是裹上了一层层纱布。

"爷爷!"一个小女孩稚嫩的声音传到弗吉尔的耳朵里,"他醒了!"

随着"嗒嗒嗒"的脚步声,一位满头白发,留着羊角胡子的老人出现在弗吉尔的视线里。"你醒啦?现在感觉怎么样?"老人问道。

"我…我……"弗吉尔想说话,想问这个看上去十分慈祥的老人自己在哪儿,想问他自己的父母怎样了。但是,无论他怎样地努力,都发不出声音来。

老人似乎明白了弗吉尔的意图,他将弗吉尔扶了起来,并笑着给弗吉尔端来一碗棕褐色的药,说道:"唐人街的神秘魔药,喝了吧。"药很苦,但弗吉尔已经没有精力去计较了。

弗吉尔艰难地转动着脑袋,他发现自己的左腿和左手都被纱布裹着,身上穿着一件很不合身的衬衫。自己是在一个十多平方米见方的小屋里,里面全是泛黄的书籍。一个八岁左右的小女孩正趴在地上,晃动着双腿,看着一本厚厚的、没有图画的书。那位老人重新坐到弗吉尔身旁,戴上眼镜翻看起报纸。

也许是因为那碗药吧,弗吉尔终于能发出声音了,可仍然十分沙哑。

"我……我为什……什么在这儿?"弗吉尔问老人。

"艾达在一个小树林里发现了你。哦,对了!艾达是我孙女儿。你当时浑身是血,可把她吓坏了。她是哭着跑回来的,哈哈!"老人回答道。

弗吉尔注意到艾达对爷爷做了个鬼脸。

"对了,忘了介绍了,我叫吉米•布里克斯埃内尔•斯塔挪克尔里奇。你也可以叫我老吉米,不过我更喜欢你叫我的全名,可以锻炼你的舌头。哈哈哈!"老吉米说道。

"呃,呵呵。"弗吉尔尽量表现出很欢乐,但老吉米的这个笑话太冷了。

弗吉尔也开始介绍自己:"我叫弗吉尔,我住在……哦,不!我得赶紧回去,我爸妈……"

"你得要在这儿休养几天,你太虚弱了!"老吉米语调有点提高。

弗吉尔一想,那晚的烟花只是射到了厨房,后来也有人报警了,自己的父母应该没事儿吧,或许在什么地方为找不着自己的儿子而着急呢!

让他们着急,这可是弗吉尔的拿手好戏。

三天后的一个早晨,弗吉尔换好老吉米送给他的衣服——尽管不是很合身,他打开了大门,看见街上人来人往,他感到一种说不出的喜悦。弗吉尔告别了老吉米和艾达,出了大门。临走前他回头看了看这间屋子,门牌上写着——吉米书屋:皇后街33号。他用力地将这个地址记在了心里。

离开了吉米书屋,弗吉尔吹着口哨在大街上走着。突然,一个报亭跳进了他的视线里。他走到报亭前,瞄了一排排报纸——"纽约前富翁房屋失火,夫妻两人火中丧生,其子有重大嫌疑""富翁房屋被焚毁,两人死亡,据说是其儿子所为""纽约一房屋失火,富翁夫妻丧生,儿子失踪"……

弗吉尔瞪大了眼睛。他似乎想到什么了,发了疯似地奔向自己的家。

四 警察开枪

一片狼藉。

可以用这个词来形容弗吉尔眼前的家。

周围被拉上了警戒线。房子被烧得焦黑,所有的窗户都是碎的。一堵墙被炸

流浪汉弗吉尔的故事

了个大洞，里面露出烧焦的灶台，可以看出那是厨房。阳台完全塌了下来，砸在一辆小货车上，货车早已面目全非。草坪上布满了水泥渣子以及一些家具的残骸。不远处是一个横倒着的烟花筒，上面的商标也被烧得难以辨认。

弗吉尔一下子崩溃了，他腿一软，跪在了地上。

弗吉尔脑子一片空白，他什么也没想，什么也没做。弗吉尔突然感到自己失去了一切，他有一种从未有过的空虚感。他只能长时间地跪在那里。

天空阴沉沉的。

终于，弗吉尔被一个声音惊醒。"你！别动！"一个身穿制服的警察向弗吉尔走来，"趴在地上！把手放在头上！"

弗吉尔愣在了那儿，他的脑子一下子运转不过来。

"我说了！趴下！把手放在头上！"警察在离弗吉尔十米远的地方停下了脚步。他一只手放在腰带边——随时准备着拔枪射击——另一只手拿着对讲机喊道："在2区发现嫌犯弗吉尔！请求支援……"

弗吉尔本能地站了起来，惊恐地望着警察。

警察立即拔出枪，瞄准弗吉尔的小腿，大喊："双手抱头趴下！否则我要开枪了！"

弗吉尔心里只有一个字——跑！他立即转身向一个公园跑去。

"砰！"的一声。

……

弗吉尔一直跑，一直跑，直到没了力气。他背倚着一块石头，大口地喘气，他能感觉到自己心跳得异常快。弗吉尔看了一下自己的脚，除了鞋跟被子弹打烂外，他毫发未损，这使他长吁了一口气。

"哗哗"下雨了，脚下的草地开始沙沙地响。

他脱掉鞋子，向远处有灯火的地方走去，这样总比躲在树林里让蚊虫叮咬好些。

走着走着，弗吉尔来到了一条商业街，此时天也黑了。街两边的霓虹灯在雨雾里闪烁着，散发出迷蒙的光。一家店铺里正展示着他一直想买的鞋子。刚想进店，透过玻璃门，弗吉尔发现里面的人正盯着自己，目光里满是厌恶。弗吉尔低头看了看自己，衣服早已破破烂烂。他只能不好意思地走开了。

一个标牌吸引了弗吉尔的注意力——KFC。他走到店铺玻璃前，眼睛直直地盯着餐桌上新鲜出炉的汉堡、炸鸡……弗吉尔午饭和晚饭都没吃，现在他饿坏了。

不知不觉中，雨停了。

突然，绵长又尖利的警笛声传入了弗吉尔的耳朵中。他赶紧跳到一个垃圾堆

后面的树丛边躲起来。低头一瞥,一只脏兮兮的野猫正在垃圾堆中挑选着食物,过了一会儿,野猫似乎吃饱了,高雅地舔了舔自己的爪子,窜走了。

弗吉尔的肚子再次"咕咕"叫了起来。他心中闪过一个念头,但随即被放弃了,心想:我又不是流浪汉,我才不去翻垃圾桶呢!但饥饿一次次痛苦地折磨着弗吉尔,使他犹豫不决。

他突然想到自己的父母,想到自己的所作所为,他觉得自己已经没有依靠了,眼泪一下子扑簌簌地流了下来。弗吉尔模糊着双眼,慢慢向垃圾桶挪步……

五　火车票

突然,弗吉尔在离垃圾桶一米的地方站住了。他发现地上有一张皱巴巴的红色纸片,上面写着"纽约开往拉斯维加斯,2月29日下午3时发车"。这是一张火车票,2月29日发车也就是明天发车。

弗吉尔刚准备弯腰捡起它,但又想了想:这张车票和自己有什么关系呢?对他有什么用呢?好像也没法换钱买吃的。

但弗吉尔很快想起自己已经成了"通缉犯",纽约的警察到处在找他,他在纽约已经无处可逃,只有逃往外地了。于是他马上捡起车票,用手将它整整平,放进裤子口袋……

那天晚上,弗吉尔就是在垃圾箱旁睡觉的。他什么梦也没做,直到清晨被垃圾车的引擎轰鸣声吵醒。弗吉尔伸了个懒腰,他习惯性地大喊:"妈!早上吃什么?"

这下可把正在处理垃圾的清洁工吓住了,他惊恐地看着弗吉尔,然后迅速处理完垃圾,开车而去。

弗吉尔立即反应过来,自己早已不在家里,母亲也已经去了天堂,他的心里顿时生出浓郁的忧伤。他象征性地抖了抖身上的灰,向大街走去。

下午就要去火车站了,弗吉尔觉得自己应该准备些什么,但似乎又没有什么好准备的。弗吉尔看了看自己的衣服——破破烂烂,猛地又想起这件衣服还是老吉米送的呢。弗吉尔决定再次去找老吉米,幸好还记得老吉米的住址。

到了"吉米书屋"门口,弗吉尔深吸一口气,按下了门铃。"马上就来!"屋内传来老吉米的声音。

一开门,老吉米吓了一跳,说道:"你是……哦,弗吉尔!才两天不见……"

"你好,老吉米。"弗吉尔一边打招呼,一边进了屋。

艾达去上学了,弗吉尔向老吉米讲述了他离开书屋后的一切。当然,关于他的父母,弗吉尔只字未提。

"看来,你又把我给你的衣服弄烂了?"

"没错啊,话是这么说,但是……"

"哈哈,没关系的,衣服有的是!"老吉米笑着说道。

弗吉尔换好新衣服后,老吉米坚持要请他吃饭,并说要开上自己心爱的"宝马"载他一程,送弗吉尔去火车站。

"看不出老吉米开的竟然是BMW,原来他是个深藏不露的有钱人。"弗吉尔一边想着一边生出醋意,这是一种他以前从未有过的情绪。但是,直到看见老吉米开的那辆"宝马",弗吉尔差点笑出声来。不是BMW,而是PMW,而且是三轮摩托车,一辆PMW牌子的三轮摩托车。弗吉尔戴上头盔,无奈地坐上了后座。

到了火车站,老吉米笑着叮嘱弗吉尔:"不要忘了给艾达带些纪念品啊,你还欠我两件衣服呢!哈哈……希望以后还能再见!"说完,老吉米便沿着马路骑车离去。阳光下,他的背影显得格外地长……

弗吉尔没有行李,他很快就走到月台,登上了前往拉斯维加斯的火车。

弗吉尔透过车窗,看见快落山的太阳红彤彤的,将周边的云染成了一片橙红。太阳缓缓下降,金灿灿的田野间,一个个小水潭在夕阳的映照下显得波光粼粼。

火车渐渐进入隧道,车厢里的灯亮了起来。弗吉尔对面的乘客正呼呼大睡,旁边的一个穿着西装的上班族正焦急地看着笔记本电脑,乘务员推着小车来回售卖着零食饮料,有个顽皮的小孩在走道里窜来窜去。

"轰"的一声巨响,灯全灭了。弗吉尔感到车厢在翻滚,车厢里立即布满了尖叫声和哭泣声,一个黑影砸向自己……

六 医 院

早春二月的阳光照在冰雪上,使得白花花的一片格外耀眼。

弗吉尔根本没有注意到这幅美丽的景色,他奇怪的是,为什么他会出现在这荒无人烟的地方。刚刚火车不是……

弗吉尔看见不远处有一栋他很熟悉的楼房。他忽然感到一丝寒意,不知是生理上的还是心理上的。他刚想往那儿走,却怎么也挪动不了自己的脚。"轰"的一声,那栋房子突然燃烧起来,一堵墙不知被什么东西炸飞了,几段碎裂的煤气管重重地砸落在雪地上。突然,地上的白雪变成了阴森的黑色,蓝蓝的天空变成了暴力的红色。

弗吉尔似乎想起了什么,他疯狂地想奔向那座屋子,但腿却不听使唤,像是被焊在了原地。他低头望向自己的腿,小腿开始一点点地消失。渐渐地,他仿佛悬浮在了空中。弗吉尔惊恐万分,但他并没有感觉到疼痛。火越来越大,以至于那座屋子整个烧了起来,浓烟像成千上万只常年没有进食的蝗虫一般,迫不及待地从窗口涌出来。

弗吉尔的身体也在慢慢地"被"消失,一直到下巴,他的下面全消失了。仿佛火越大,他的身子消失得越快。终于,他完完全全地消失了,地上只留下了一滴眼泪……

"啊!"弗吉尔猛地坐了起来,他满头是汗,脸通红,大口喘着粗气。

幸好,这一切只是个梦。

他惊恐地打量着四周。白床单、白枕头、白衣服、白纱布——他在医院。弗吉尔感觉自己头上裹了不少纱布,应该是因为头在火车上被什么东西砸了吧。他刚要下床搞清前因后果,一个声音从门外传来。"这里就是弗吉尔的病房,但是,请不要影响病人休息。"

弗吉尔赶紧闭上眼睛,重新钻进被窝。他听见不止一个人的脚步声走进自己的病房。

"这就是弗吉尔?"一个有力的声音传来。

好像是一位护士回答:"是的,他就是。凡是无身份证件伤员,你们之前有人来比对过他们的指纹,发现他就是弗吉尔。"

"现在能不能把他带到警局?"

弗吉尔一下子紧张起来。这个人是警察!

"恐怕不能,他已经昏迷两天了,虽然病情得到了控制,但还是需要一个多星期的看护。"

弗吉尔不知是该哭还是该笑,他昏迷了两天呢,而现在警察又要把他带走。

那个声音似乎犹豫了一下,然后说道:"如果他的病情一有好转就打我电话,我来接他。"

又是一连串脚步声,不过声音越来越小,离他越来越远。

弗吉尔睁开眼睛,长呼一口气。

现在警察找到他了,护士说他还要观察几天。如果乖乖待着,身体可以治好,但很快就会没了自由。如果马上逃跑,有了自由,但身体的康复就无法保证。他处于两难之中。

一周过去了,头上的纱布已经去除,但每天他都要挂着点滴。

弗吉尔决定是时候行动了。就在去掉纱布的第三天深夜里,一个黑影从医院二楼顺着雨水管子爬了下来,一切悄无声息。

弗吉尔离开医院,在路上晃悠着,他正在辨别方向。突然,一辆在路灯下闪闪发亮的跑车停在了身边,从车上走下一个穿着西装、打着领带的年轻男人。弗吉尔觉得和他似曾相识。正当他疑惑不定的时候,那个男人笑着望着他,喊道:"嘿!弗吉尔……"

七 克里斯

弗吉尔奇怪地望着这个男人,皱了下眉头,他默默地想:这个人好像在哪儿见过,会不会是警察?不,警察不会这么有钱。会不会是爸爸以前的朋友?更不太可能,他太年轻了,看起来和自己一样年纪。会不会是自己的大学同学?不应该,他们多半在学校里待着呢!会不会是……

"你是——"弗吉尔歪着脑袋问。

"啊?你忘记我啦!我是……"他还没说完,便张开双臂向弗吉尔走来。

弗吉尔见了,赶紧警惕地往后退了几步。

陌生人停下了脚步,惊讶地望着弗吉尔,说道:"你不会真忘了吧?我是克里斯啊!"

克里斯?好熟悉的名字啊,他应该不会是什么"坏人"吧,或许是一个朋友?弗吉尔想着,不再后退。

"我参加过你的新年聚会啊!"克里斯喊道,"我,你,打牌…你赢了我好多钱的!"

哦!弗吉尔一下子想了起来,那次新年聚会上的确有这么一个叫克里斯的人,不过对于打牌赢钱他倒实在没多少印象了。

弗吉尔脸上洋溢起笑容:"克里斯!是你。我想起来了。还有一次你喝得很醉,来到我家,还说要再来一杯,把我吓死了!"

"有吗?"克里斯愣了一下,心想似乎没这事儿啊,自己是从来不饮酒的。

其实确实没有这茬儿,这只不过是弗吉尔为了套近乎,临时编的一个说辞而已,但没想到有点儿弄巧成拙。

正当弗吉尔支支吾吾之时,克里斯接过了话:"来,先到车里面吧!"

弗吉尔暗自庆幸,幸好逃出医院前换了一件衣服,不然就要被问"十万个为什么"了。

他钻进车内,一股富人的气息扑面而来,那一瞬间他不禁想起了自己以前的生活。

"你最好系上安全带。"克里斯做了个鬼脸。

弗吉尔系上了安全带,他感到哪儿有一丝不对劲儿,但还没等他思考完毕,他的思路便被引擎轰鸣声给打乱了。

跑车刚起步,屁股还没坐稳的弗吉尔瞬间就倒在了真皮座椅上,仿佛有一只大手按住了他,把他抵在了椅背上。码表上的指针不断在上升。在一个十字路口处,克里斯没有慢慢减速过弯,而是直接拉上了手刹,猛打方向盘!弗吉尔重重地撞在了车门上,此时的安全带早已进入"紧急状态",绷得紧紧的。随着一声刺耳的啸叫和车后生起的白烟,弗吉尔才反应过来,克里斯这家伙在玩漂移!

"咔嚓",弗吉尔透过天窗,感觉头顶上有什么光闪了一下,是拍违章的摄像头!弗吉尔望了一眼克里斯。他也注意到了,笑着说:"没事儿!这么快,摄像头不一定拍得到。"

弗吉尔以前一直喜欢赛车跑车,对"速度与激情""极品飞车""狂野飙车"之类的电玩,那是无比的热爱。但现在,他亲身着实体验了一回在真实赛车中的感觉。相信他再也不会喜欢这玩意儿了。

克里斯的车开得越来越快,有一次居然飙到了180迈。想必,弗吉尔的心跳次数比这还多吧。

八 一只受伤的小狗

前方一路无阻,克里斯爽快地把油门踩到底,不断变挡。就在这时,一个黑影出现在不远处。克里斯立即猛踩刹车,向一边打方向盘。安全带起了很大的作用,以至于他俩没被惯性甩飞。

弗吉尔打开车门,一下子倒在马路上,好不容易站起来后开始疯狂地呕吐。

克里斯也下了车,一脸迷茫地甩了甩头。

不一会儿,弗吉尔停止了呕吐,脸色苍白。克里斯虽然如此疯狂,但也被吓得不轻。

他们定了定神,来到了车子前——还好,车子没有损坏。接着,克里斯突然喊道:"人!那个黑影!他呢!?"

这时,一个细嫩的声音传来,"汪、汪——"。

弗吉尔和克里斯同时往一边的路牙上望去。那是一只可爱的小狗,不过它的右前腿受了伤,不停地流血,走近前一看,这不是刚刚车撞的,而似乎是一排牙印,狗的牙印吧。弗吉尔注意到一条血迹从一旁的树林里延伸过来。

"这小家伙伤得不轻啊。"克里斯说道。

弗吉尔点点头。他不知该怎么接话,想说几句"幸好,这只狗身上的伤不是车撞的,要不然汽车就要被撞坏了"之类的话,他觉得要是这样,他自己也太没有爱心了,不仅对不起小狗,甚至感到对不起自己。但是如果让他说"唉,克里斯,你差点就撞到它了!小心点,别开那么快……",他更说不出口,他觉得以自己目前的处境,也不太好责备"好朋友"克里斯了,总归自己还是小心点为好。此时无声胜有声。

"好吧,看它可怜巴巴的样子,将它带回去吧!"克里斯故作轻松地说。

"这……这不太好吧,它的血,车……"弗吉尔不敢相信自己的耳朵,结结巴巴地说。

"没关系,不用管车,大不了再洗一次车呗。"克里斯豪迈地说。

后面的路程,克里斯把车开得异常得慢,弗吉尔差点在车上睡着了。

来到了克里斯的家——居然就是一栋普普通通的房子,一共两层,带一层阁楼,这是美国家庭中最常见不过的房子了。但用家庭这个词来形容可不太对,因为这栋房子只住着克里斯一个人。

在这栋房子里,三分之二的地方堆满了修车工具、汽车杂志、各种瓶瓶罐罐。客厅里还停着几辆哈雷摩托。克里斯还真是个飞车党啊,弗吉尔心想。

"弗吉尔!快快快!过来帮忙!"克里斯的声音从厕所传来。

弗吉尔赶到厕所门口,发现克里斯正一手拿纱布,一手按着小狗,他准备给它包扎伤口呢!

弗吉尔走过去,叫克里斯松手,然后接过纱布,拿来消毒水和棉签,开始娴熟地为小狗处理伤口。

毕竟弗吉尔从前有钱的时候也学过一点急救方法。

处理完伤口,窗外发白,已经快天亮了。弗吉尔一头倒在沙发上,昏昏欲睡。小狗艰难地爬上沙发,依偎在弗吉尔身旁。

克里斯却没有睡意,他打开电视新闻,把声音调低,望着弗吉尔,一个疑问在心中产生了……

九　克里斯举起枪

"紧急插播一条消息:日前,纽约杀人嫌疑犯弗吉尔凌晨一点左右从盐湖城的一家医院逃离。警方表示,正在努力追捕嫌犯。请民众不要紧张,如有线索,请报告警方……"新闻频道主持人说着,荧屏上同时跳出了弗吉尔的照片。

"嗡……"克里斯的脑子里一下弹出这个奇怪的声音,而且一直在回响。

"什么?!弗吉尔是个逃犯!"克里斯差点喊出声来,"还是个杀人犯!"

他下意识地站了起来,后退着,远离熟睡的弗吉尔。

杀人犯!

克里斯感到惊讶、恐惧、不可思议……自己竟然把一个杀人犯当成了好哥们儿,而且半夜三更把他带回了家!克里斯掏出手机想拨911,但是当拨到第二个数字时他犹豫了:弗吉尔看上去蛮老实的,以前也不坏,不可能是杀人犯啊,但是,如果这一切都是伪装的呢?那么他又为什么毫无戒备,现在居然就光明正大地安睡在我的沙发上!

克里斯放下电话,关掉电视。他望了望熟睡的弗吉尔,从一个柜子里掏出一把左轮手枪,关上客厅的灯,拿着枪轻轻走进自己的卧室,立即将门反锁。

克里斯彻夜未眠。透过窗户,他看见远处天边泛起了鱼肚白,虽然看不到太阳,地平线上却早已有了光亮。街上的人多了起来,多半是那些得起早的蓝领,偶尔有几辆货车呼啸而过。

克里斯掏出手机,上网查询关于弗吉尔的资讯……

弗吉尔刚刚醒来,克里斯就直奔主题。

"弗吉尔,你为什么会到盐湖城来了?"克里斯装作不经意地问。

弗吉尔先是一愣,然后编造了一个谎言:"我……我来这儿旅游,结果迷了路……"

克里斯望着弗吉尔,犹豫了一会儿说:"哦,是这样,那是我多疑了……"

"什么！克里斯开始怀疑我了！完蛋了,我得尽快离开这儿。"弗吉尔想。

"那个,克里斯,我马上要走了,我还要回纽约呢,谢谢你昨晚留我一夜。"

"你到底是谁?"克里斯突然大吼,他举起了枪,对着弗吉尔。

一旁的小狗似乎明白了什么,不安地冲着两人狂吠起来。

弗吉尔的脸"刷"地一下白了,他又惊又怕,开始支支吾吾:"我……我……我没……"

克里斯将手机递给弗吉尔,弗吉尔颤抖着手接了过来。看完上面的内容后,他一下子跪倒在地,哭着说:"举报我吧,把我送到警察局去。上帝呀,不管我有没有做过什么,这么多天了,这种日子我受不了了……"弗吉尔绝望了。

然而,事情从来就不会像弗吉尔想要的一样。

克里斯收起枪,将弗吉尔扶到沙发上,平静地说:"到底怎么了,告诉我!"

弗吉尔望了一眼克里斯,他一脸严肃。克里斯前面还显得和自己那么要好、那么亲密呢,现在却非要搞成这样,让自己痛哭流涕了,才开始给机会诉说委屈,想到这里,弗吉尔心中更是酸楚。

于是,弗吉尔将事情的经过,从那晚放烟花开始一直到他逃出医院,都一五一十地吐了出来。在当前状态下,这也许是别无选择的最好选择了。

克里斯听完点点头,若有所思,他说道:"也就是说,你打算逃到拉斯维加斯?"

"嗯,算是吧……"

"好吧,当我昏了！到时候我会把你送过去。"

"什么?!"弗吉尔不敢相信自己的耳朵,立即抬起头望着刚刚还拿着枪指着他的克里斯。

"但是,你到那儿之后,我们将互不相识,以后就不要再找我了！"

弗吉尔点点头,不知道自己是该谢克里斯还是该恨克里斯。

"叮咚,叮咚……"正在这时,门铃响了。

克里斯透过猫眼,看见两个穿着警服的男人站在门口……

十　两个警察

"打扰一下。据说您凌晨回家,周边居民听到了引擎的轰鸣,影响到了他们的休息,向我们投诉。"一个又高又瘦的警察说道。

"呃,好像是的。"克里斯一时答不上话来。

另一个警察向屋子里望了望,还提了提裤子,也许他太胖了,警服无法容下他的身躯。也许这只是个习惯动作吧。

"请您今后注意下好吗,不然就要走法律程序处理。"

克里斯满脸堆笑地说:"好……好……好……"

咚!

克里斯和两个警察都愣住了。

咚!

"什么声音?"胖一点的警察问道。

"没……没……什么……"克里斯赶紧回答。他刚刚把弗吉尔藏到阁楼上,避免被警察发现。现在不知道弗吉尔在上面搞什么名堂。

瘦一点的警察立即抢着说:"我们可以进去吗?"

克里斯惊恐地望了望楼梯口,但还没等他表示同意或不同意,两个警察就走了进来。

到楼梯口了,克里斯心想:完蛋了,弗吉尔要被发现了,我也要遭殃了……

"汪!汪!汪汪……"一串清脆的狗叫声传了出来,是那只小白狗。

两个警察吓了一跳,连连退后。

克里斯一下子拦在他俩前面:"是我养的小狗……小狗。它有点认生,抱歉啊。"

胖警察清了一下嗓子,虽然现在是一副一本正经的样子,但他刚刚却吓得脸色苍白。

"原来啊……那么,填一下这个表格吧。"瘦警察说着,将一张表格和一支笔递给了克里斯。

克里斯看都没看,将警员评分栏全打成"满意"。胖警察将调查表拿去,签了个字,然后恭恭敬敬地和瘦警察离开了。

克里斯长呼一口气,小心翼翼地走上楼,把弗吉尔喊了下来。

"好险!"弗吉尔长舒一口气。

克里斯心不在焉地答:"嗯。"

沉默一阵子后,弗吉尔突然说:"还没给这只狗起名字呢!就叫……"

"小白吧。"克里斯抢着说。

"不不,叫白血怎样?"

"不行!白血这个名字太血腥了。就叫小白,或者大白……"

"太土气了,干脆叫大白小血怎样?"

……

午饭后,他们买了一大包逃离的必备用品。对于好几天没过上好日子的弗吉尔来说,这简直就是"幸福的回归"。但这,只是暂时的。

克里斯将行李塞进后备箱,淡淡地说道:"出发吧。"这回,他可没有开跑车,只开了辆普普通通的红色 SUV,他们还带上了小白。

夕阳西下,克里斯将车子开到了一个高速公路服务区。弗吉尔买了几瓶饮料,随手抛给克里斯。

克里斯接过饮料,望着夕阳喝了几口,突然停住了,望着弗吉尔说道:"那两个人不是警察!"

弗吉尔没有说话,困惑地望着克里斯,脸上写了一个大大的问号。

"胖一点的提裤子用的是左手,接过调查表时也是左手,写字时还是用的左手,他一定是个左撇子。然而他的枪却别在皮带的右边,真正的左撇子警察应该会把枪别在左边的,这样方便紧急时拔枪。而且最根本的原因,他们身上的警服不是犹他州的,而是加利福尼亚州的!他们根本不是什么警察!"

十一 枪 声

深夜,天上布满了云,但唯独月亮周围没有,使月亮显得格外醒目。街上没有几个人,要有的话,就只能是匆匆往家赶的加班族了。

一辆黑色的奔驰豪华轿车缓缓地在马路上行驶着。它开进一个废弃的工地里,停在了一栋烂尾楼前。

过了好一阵子,副驾驶车门打开了,下来一个穿西装打领带的人。他匆匆忙忙走到后座门前,轻轻打开车门,然后侧身站在一边弯下了腰,对着车内鞠躬。一个体态肥胖的男人从后座下来。

他的身后跟着两个身材魁梧的壮汉,壮汉穿着战术背心,背着自动步枪,耳朵上还挂着一个便携式对讲机。他们几个一同走进了烂尾楼。一进去,胖男人第一眼就看见了两个跪着的人,一胖一瘦,都穿着加利福尼亚州的警服。

"克里斯在哪儿?"胖男人接过旁边人递来的水,喝了一口,向穿着警服的人问道。

胖子和瘦子对视了一眼,随即摇了摇头。

"没抓到?!"胖男人语气听起来十分愤怒,但外表却异常平静,甚至慢吞吞地抿了口水。"这家伙的心真是难以摸透。""胖警察"心想。

"嗯。""瘦警察"轻轻地回答。

"嗯?"胖男人以同样的字,不同的音调反问。

"胖警察"赶紧解释:"我……我们找到了克里斯,但没法下手,他家里好像……应该还有别人。我们听到了,那人叫………叫……付克尔。"

"不是付克尔,是弗吉尔。""瘦警察"用胳膊肘轻轻捅了"胖警察"一下。

胖男人闭上眼睛点点头说:"原来是这样啊,还真是要小心谨慎。那么,辛苦你们了啊……"话说到一半,他扬起手挥了挥。随即就是火龙的喷射和两声枪响。窗外树上的几只乌鸦从睡梦中惊醒,呀呀地叫着飞走了……

……

"昨日,警方发现两具男子尸体,均身着加利福尼亚州警服,初步认定为枪杀。经过核实,两人并不是警员,警方已经着手展开调查。"加油站的电视里正播着新闻。

"什么?!是他们!"弗吉尔喊道。

克里斯也闻声望去。新闻频道的主持人身旁显示着一幅图片,上面正是那两个一胖一瘦去过他家的"警察"。

克里斯立即招呼弗吉尔上车,车子匆匆驶离加油站。

"怎么会这样?"弗吉尔喃喃自语。

"犹他州黑帮比较厉害,说不定哪个黑帮的看警察不爽,就开了几枪。"克里斯边开车边搭腔。

"他们两个又为什么穿警服呢,还来吓我们。终于惹上了杀身之祸了。真是那啥,最近有个中国人发明的时髦新词儿,叫什么'nozuonodie',好像是形容人没事儿找事儿吧。"弗吉尔说道。

"呵呵……"克里斯笑了起来。

弗吉尔摸了摸下巴上的胡子,望了望窗外。他俩并没有走高速公路直奔拉斯维加斯,而是故意在乡村公路上迂回着往拉斯维加斯行进。晚上就睡在车里——他们不敢投宿旅店,怕被警察发现行踪。已经三天没有刮胡子了,弗吉尔觉得很不舒服。窗外太阳高照,阳光透过玻璃射在他的脸上,刺得他睁不开眼,于是他本能地打了个喷嚏。

……

"到——了!拉——斯——维——加——斯!"克里斯将车停在路边,伸了个懒腰,一个音节一个音节地"吐"着,仿佛舍不得一口气把它说完。

弗吉尔也走了下来,跺了跺脚,说道:"终于到了啊。"经历两天两夜,走走停停,躲躲藏藏,他们终于到达了拉斯维加斯。

小白跟着跳下车,前腿向前绷直,屁股撅得老高,似乎也伸了个懒腰。

"那么,下面你要去哪儿?弗吉尔。"克里斯严肃起来。

弗吉尔摇摇头,他并没有想过在这儿作何种打算。

克里斯望了望他,无奈地也摇了摇头,他将弗吉尔的行李放了下来,重新坐回SUV。

车子重新点火发动,克里斯从驾驶位置探出脑袋,望了一眼弗吉尔,说了句"再见",然后摇上车窗,向前驶去。

小白狗拔腿急着去追SUV,弗吉尔一把抓住了它。

就这么走了?弗吉尔甚至还没来得及说声"感谢"或"再见",甚至还没来得及问他小狗怎么办。

"砰"的一声巨响从远处传来。

有过打靶经验的弗吉尔立即明白:这是枪声。他赶忙抱起小狗,躲到一旁的花坛后面。路上的行人一下子乱了,有的尖叫起来,有的吓傻了愣在那儿,有的疯狂地奔跑,有的赶紧找地方躲藏,有的掏出了手机打911……

人听见枪声时往往就已经被射中了,子弹的速度可比声音快得多。弗吉尔立即检查自己身体有没有异常,没有。

小白?也没有,只是被吓得不轻。

他不禁暗自庆幸。但随即,弗吉尔想起了克里斯,他立刻向远处张望。

那辆SUV斜停在马路中间,地上是一条长长的刹车痕迹。

十二　小赌档

弗吉尔不顾一切地冲到那辆停着的SUV前,透过车窗向里面望去——前挡风玻璃、速度表、方向盘、驾驶座上溅满了鲜红色的液体,那个熟悉的面孔侧倒在车门上,眼睛睁着,直直地盯着前方,瞳孔异常的大,仿佛要将任何事物吞入其中。

克里斯!

弗吉尔的心重重地摔在了插满钢针的地上,他心如刀绞。克里斯或许是弗吉尔离开纽约后最信得过的人,也是逃亡期间对他最好的人,然而现在,他却……这真是对弗吉尔最残酷的折磨。

"呜……呜……"远处有警笛声传来。弗吉尔觉得狙击手应该撤离了,自己是时候也该走了。他默默地背上行李,抱起小白离开了。

天空中阴云密布,微弱的阳光从云间缝隙中透出,但随即又被吞噬。空气中弥漫着浓浓的腥味儿,不知是不是因为即将要下雨。风,冷漠无情地吹着,在弗吉尔耳边呼呼作响,以至于他听不见身边的任何声音。小白在弗吉尔怀里微微地哀号着,瑟瑟发抖。

弗吉尔不知道自己走了多少路。他来到一条灯火炫丽的大街上,街两边布满了赌厅。行人、游客来来往往,多数人身上散发着浓浓的阔佬气息,这使弗吉尔的鼻子一阵发酸。

他慢慢地来到一根电线杆旁,背倚着它,茫然四顾。小白已经睡着了,它的身体也暖和起来了。过了许久,正当弗吉尔目光游离地发着呆时,一句蹩脚的英文从他身后传来:"可怜的美国佬!你也去玩一趟吧!"随即,一叠美元被丢在了弗吉尔脚边,大约半米远的地方。

弗吉尔回过头。这是一个亚洲男人的面孔,红扑扑的,大约喝酒了。他身旁的另一个人对亚洲男人用中文说道:"彪哥,不用理他,咱们走……"

弗吉尔家境富裕的时候曾学过四门外语,其中最好的就是中文,所以他马上明白扔钱的是个中国人。

弗吉尔一开始并没有搞懂那个"彪哥"为什么要给他钱,喊他去到底做什么,但不一会儿他就明白了,是让他这个"穷人"也进赌场去"玩玩"。玩玩就玩玩吧,弗吉尔从地上捡起那叠钞票。

他知道,如果穿着身上这套行头是无法进入豪华赌厅的,所以他只挑选了一家看似破破烂烂的小赌档。

一进屋,扑面而来的就是潮湿木头独有的霉味儿。房子不大,一个柜台后面坐着一个满面胡子的男人,他有气无力地说道:"欢迎光临。"

弗吉尔懒得理他,换了点筹码后直接向一个简陋的跑马机走去。这个年代这里居然还有这种跑马机?这正是弗吉尔会选择它的原因。

柜台后面的男人暗自窃喜,因为弗吉尔正在玩的机器他动过手脚,无论怎样,赔率都比胜率高出很多。

弗吉尔试了一次,投进几个筹码,很快就输了,这让他不禁感到沮丧。第二次,弗吉尔投下了更多的筹码,随着屏幕的不断闪动,他下赌注的马竟然第一个冲过了终点线。

"YES!"弗吉尔忘了之前的伤悲,高兴地大喊起来。不一会儿,他面前的筹码

越堆越高。

那个男人愣住了,觉得这实在是不可思议。看着弗吉尔抱着筹码来换钱,他的脸痛苦地扭曲了。

弗吉尔将钱放进口袋,大摇大摆地走出赌场,小白欢蹦着跟着。刚一出门,一道强光突然射来,刺得他条件反射一般用手挡住眼睛。

"双手抱头,趴在地上……"

又是警察!

十三 审 讯

弗吉尔的眼前一阵白。当视线逐渐清晰之时,他早已被几双有力的手压倒在地,动弹不得。他本能地反抗,但一个胳膊肘仿佛顶到了什么东西,紧接着感到脖子一冰、浑身一麻,随即便没有了力气。

弗吉尔被戴上手铐,接着眼前一黑,被戴上了头套,押进了警车。警车里弥漫着冲鼻的汗骚味。弗吉尔听着车厢里的对话,感觉自己的对面坐着三个警察。

过了将近二十分钟,汽车停止了颠簸,弗吉尔被带下车子。头套拽下来后,他发现自己被押送到了一个弥漫着烟味的地方。烟味太浓太重,他很不适应,禁不住连连咳嗽。一名警察让弗吉尔换了一身衣服,把他带进一个房间,让他坐在一张椅子上。弗吉尔打量着这间屋子,看摆设,是一间审讯室。

弗吉尔在里面坐着,墙上挂钟的分针滴答地走着,将近一个小时了,也没有人来搭理他。在这种地方,一个人独处,真是令人惴惴不安。

审讯室的门没有关好,终于门外隐隐约约有了对话:

"这家伙是在赌档被发现的,是赌档老板举报的……"

"我们从他的衣服上提取到了尼克尔·科林的DNA和衣服纤维。"

"看来他真的扯上了不少命案……"

……

"尼克尔是谁?他的DNA怎么会在我身上?不少命案?难道……不止一个?!"弗吉尔想着,又疑惑又害怕。

"砰"的一声,弗吉尔吓了一跳,是一个穿着西装富有肌肉感的黑人,他进了屋子将门重重关上。

那个黑人坐在了弗吉尔对面的椅子上,翻开文件夹对他说道:"弗吉尔·盖茨,男,21岁,持有美国本土ID,住在纽约市。半个月前,被纽约市警局通缉,以嫌疑人身份卷入有关'盖茨夫妇身亡案'。逃离纽约后来到……"

弗吉尔一时半会儿没有反应过来,只是急着打断那个黑人,问道:"请问……这里……我……"

那个黑人望了他一眼,没有理他,继续边看着文件边说:"你来到拉斯维加斯,之前跟一个名为巴尔的黑帮头目合谋,今天下午谋杀了尼克尔·科林,然后去了一家名为'金钱山'的赌档,赚取了72.5美元,离开赌档时在门口被逮捕。我们有充分的证据,将会把你移送到纽约市警局。你是否承认杀害了盖茨夫妇以及合谋杀害了尼克尔·科林?"

弗吉尔听完他的话,注意力全集中在一个问题上了,问道:"尼克尔·科林?他是谁?'巴尔'又是什么?"

黑人警察望了望弗吉尔,皱了下眉头,说道:"听你的意思,你只承认杀害了盖茨夫妇喽?"

弗吉尔没有说话。

"在这里,沉默是你的权利,但是我们有证据证明你的罪行。你不要心存侥幸!"黑人警察说道。

弗吉尔还是没有说话。

"尼克尔呢?你是不是杀了他?"黑人警察意识到弗吉尔对这个问题一定会开口。

"尼克尔是谁?我不认识他。"弗吉尔反问道。

"那这怎么解释?"黑人警察将一张图片拿了出来,显然这是监控录像的截图。图片里是那辆弗吉尔熟悉的红色SUV,车内坐着的正是弗吉尔和克里斯,图片很清晰。

"那不是克里斯吗?"弗吉尔说道,但说完就感觉鼻子酸酸的。

"克里斯?"黑人警察问道。

弗吉尔一五一十地将与克里斯相遇直至他中枪死去的过程说了出来。

"也就是说,他跟你说他叫克里斯?"黑人警察继续问。

弗吉尔点点头。

黑人警察又问:"你说你没有杀害所谓的克里斯,也就是尼克尔?"

"是的。"弗吉尔理直气壮、口气坚定地回答。

"那么这些证据怎么解释?盐湖城的监控显示,就在你去了尼克尔家的那天,巴尔的两个手下也去了,你们没有过接触?真如你所说的,当时你真躲在楼上吗?"

弗吉尔肯定地点着头,他记得阁楼天花板的角落里有个蜘蛛网,上面没有蜘蛛。

"我听见他们的对话,但我没有和那两个家伙直接交流。"弗吉尔说道。

警察望着弗吉尔足足有五秒,然后掉头准备离开。这时,审讯室的门开了,一个年轻人喘着粗气大喊道:"鲍威尔警长,不好了,巴尔死了!"

十四　大块头卡梅隆

"死了?怎么回事?"黑人警长鲍威尔皱了皱眉头。

"是这样的,昨天深夜有不少市民反映在烟花禁止区听见了爆竹声,几个巡逻的警察得知后过去一看,最后锁定了一栋公寓,结果在楼顶发现了一具被枪击的尸体,明显是不久前才死亡的,后经核实,这是黑帮头目巴尔的遗体。"那个年轻人回答道。

"明白了,我去看看。先将弗吉尔暂时送州立监狱羁押,等着之后审讯。"鲍威尔警长命令道。

弗吉尔不满了:"什么?还没有开庭,你就要把我送到监狱?什么意思?"

鲍威尔警长冷漠地望了他一眼,离开了。只剩下那个小警察在那儿。

"哪一个警局会让好不容易抓到的嫌疑犯逃跑呢?你以前不是跑过好几次吗?当然先要把你关起来喽,不过不用干活的。"小警察说得轻松,但无异于给了弗吉尔的心头一击上勾拳。这将是他人生中第一次进监狱,监狱必定阴森可怖,令人望而生畏。

就这样,弗吉尔被押解上了一辆由巴士改造的警车,上面坐满了等待着送往监狱的犯人。

车上虽然有五六个全副武装的警员,但还是混乱不堪。这辆汽车居然严重超载,每排原本坐三个人的座位早已挤满了五六个人。也许真是如传说的那样,拉斯维加斯是罪犯的天堂。奇怪的是,唯独一个穿着背心、剃着光头、满身刺青、布满肌肉的大块头男人,一个人占着一排座,似乎没有人敢和他坐。

弗吉尔上车时早已没有了空座位,除了大块头那排。弗吉尔停在那儿,身后的一个警察喊道:"向前走!坐那儿,第六排!"

"一、二、三、四、五……"弗吉尔在心里数着,数到六时,瞬间愣住了。这正是那个大块头的那一排座位。

"什么?! 你确定?"弗吉尔从头到脚一阵麻,回过头对着那个警察说。

警察大吼道:"废话什么!叫你去你就去!车子要开了,一个急刹车摔你个脑震荡,你就舒服了!"

弗吉尔心中嘀咕:"如果我坐过去的话,恐怕就不仅仅会是脑震荡了!"看见司机不耐烦的眼神,他只好硬着头皮向第六排走去,感觉耳朵像被针戳的一样疼。

弗吉尔坐了下来,大块头目光直直地盯了弗吉尔近五分钟,吓得弗吉尔低下头,不敢乱动。

"你好,见到你很高兴!"一个粗厚的声音传来,差点把弗吉尔吓死。是谁?跟谁说?弗吉尔偷偷看了看四周,声音再次传来,"你好!"

弗吉尔立即明白了,僵硬地扭过脖子,望向大块头。他正微笑着看着弗吉尔,一脸温情和蔼的样子,还伸出了一只手,示意握手。

弗吉尔慢慢地将手向大块头伸去,大块头立即捉住他的手,摇了半天才松开。

"我叫卡梅隆,你好啊!"大块头说道。

弗吉尔赶紧应答,生怕激怒了这头公牛:"好啊,我…我叫弗吉尔……"

"啊!终于要去监狱了!"卡梅隆望了望窗外,一脸幸福。

"啊?你巴不得去监狱?"弗吉尔万分惊讶。

"那当然,只要干干活就可以有吃有穿、无忧无虑,冬天还有暖气咧!"卡梅隆笑着说。

"呃…这,是挺诱人的……"弗吉尔想到这一个月来的颠沛流离,听了也竟然有些心动。

卡梅隆愉快地问弗吉尔:"你是怎么进来的?"

"我呀,我……"弗吉尔说不出口了。

卡梅隆接过话来说:"算了,说不出口没关系的。说说我吧。上个星期,我一帮兄弟跟我说,可以给我找个好地方住,吃的穿的都不要钱。这么好的待遇谁不要啊。晚上他们就带我来到了一家宝石店,叫我把玻璃门打碎,说是为了让我更快地到那个好地方。虽然没懂什么意思,但我还是照着做了,我一拳就把门打碎了。"说到这儿,大块头脸上露出得意又害羞的表情,弗吉尔倒更加害怕了,"之后,警报声响了,他们两个进去拿了什么东西,叫我留下,说等会儿过来喊我。结果我等了好长时间,直到警察来了,然后我就被带到了这儿,终于可以去享受天堂般的生活了……"

"我去!就这样……这头'公牛'不会是个四肢发达、头脑简单的家伙吧?"弗吉尔心中想笑,又有点半信半疑。

弗吉尔一边应付着卡梅隆,一边望着窗外。公路边的田野金灿灿的,一阵阵风吹过,麦田如同波浪一般摇摆。远处,蓝蓝的天上飘着朵朵白云……

白云、白……等等!弗吉尔似乎想到了什么。"小白!"弗吉尔心里一下子大喊起来。

十五 小白的故事

虽然还是秋季,但风早已不再使人感到凉爽了,而是有点刺骨的寒凉,吹得小白瑟瑟发抖。它低着头,孤独地走在马路的人行道上,两边的一切事物似乎与它无关,它心里只想着自己的主人——弗吉尔。

小白原本就是一只流浪犬,所以在这种孤独的状态下生存完全没有问题。但是,它一直认为自己的出生就是世界的一大错误。

那是一个酷夏,小白和它的四个兄弟出生了。不出三天,炎热就夺走了小白的一个兄弟。小白的母亲悲痛欲绝,只能眼睁睁地看着自己的孩子死去。小白的父亲是个好丈夫,但它没有当成爸爸。就在妻子临产前一周,为了保护自己怀孕的妻子免受恶犬袭击,它义无反顾地冲上去与恶犬厮杀,但不久便被活活咬死。小白的母亲当时能做的,只有跑。

因为长期没有进食,小白的母亲已经无法产奶。为了防止有更多的孩子因为中暑而死去,小白的母亲挣扎着爬起来,去寻找水源和食物给自己的孩子。一分钟过去了,一刻钟过去了,一小时过去了,一上午过去了……等待中的小白和兄弟们几乎虚脱。它们怎知道,自己的母亲早已被一辆飞驰而过的卡车……

就这样,小白和它的兄弟一起昏厥了。待到醒来时,它们发现自己身处一间舒适的屋子里——它们被好心人发现和收养了。从此,小白和它的兄弟开始幸福地生活在这个人类家庭里。然而,幸福来得快,走得也快。不久,由于那家人经济困难,他们不得不遗弃一只小狗。自然地,这个"彩头"落到了最瘦、最弱、最小的小白身上。

那天晚上,小白被遗弃在了中央公园的长椅边。它无助地望着自己毫不熟悉的四周,小心翼翼地迈出一步,向远处有亮光的地方走去。从此,它就成了一只流浪犬,随意在城市里漂泊游荡。饿了,随便找个垃圾堆翻一翻便算填饱肚子;渴了,来到公园的小池塘前随意喝几口水;累了,除了车来车往的马路,随时趴下休息,吐吐舌头喘喘气;困了,随处找个垃圾堆靠着便呼呼大睡……

有一次,它与一只大流浪犬为了一根火腿争抢起来。你撕我咬,最后腿上被咬了个大口子。小白拖着受伤的腿来到一条公路上,无助地望着车来车往。它瞅了一个空当,正准备跑过马路,一辆跑车呼啸而来……那天,它遇上了弗吉尔与克里斯。

主人弗吉尔被抓走后,小白便一直游荡着,任风雨摧残。它不停地奔波,到最后双眼通红,筋疲力尽。它实在是饿极了,难耐之中灵敏的鼻子闻到了食物的香气,于是循香而去,它来到一间屋子前。屋子门开了,一个胖胖的小男孩手上拿着一个汉堡走了出来。小白使出身上所剩无几的力气,箭一般冲向汉堡。胖男孩吓得丢下汉堡,向后退去,一个跟头重重仰摔在地上,大哭起来。当男孩的妈妈出来查看时,小白早已狼吞虎咽地将汉堡吃个精光。那个女人看到一只双眼通红、嘴上沾着红色液体(其实那是汉堡里的番茄酱)的白狗和倒在地上号啕大哭的儿子时,差点吓傻了。她立即连拖带拽将儿子拉进了屋,把门重重关上,反锁起来,然后拿出手机,拨打了一个电话。

电话那头响起了声音:"您好!这里是流浪动物收留中心……"

十六 越 狱

鲍威尔警长驾着警车行驶在前往州立监狱的公路上。他的宠物狗比利安静地蹲在副驾驶位子上。鲍威尔一边开着车一边和比利说话:"小伙子,今天我们去监狱。别紧张,不是送你进去,而是接一个朋友出来。"

鲍威尔要接的这个人,正是弗吉尔。他涉嫌在纽约市纵火杀人,就在两天前恰巧被鲍威尔逮住了,临时送到监狱看押。可是没想到,今天纽约警方一大早来电说,嫌犯罪名洗脱了,请拉斯维加斯警局把人放了,最好安排人陪送回纽约,办个结案手续。因为人是鲍威尔抓的,所以最好由他去监狱放人。他出门的时候,顺便到宠物医院把自己家的比利接了出来。

"纽约警局这帮混蛋真有点儿戏!"鲍威尔心里一边暗骂,一边想着如何向弗吉尔开口说第一句话。

车子快到监狱大门了,鲍威尔突然觉得气氛有点不对劲。好几辆警车聚集在大门口,一拨拨警察进进出出,监狱门头上方的报警灯闪烁不停。

有人越狱跑掉了!

居然是弗吉尔!

太不可思议了!

"这个叫弗吉尔的家伙,看上去弱弱的,又是外地人,又不是重刑犯,而且只是临时看押几天,所以我们大意了。"监狱长哭丧着脸向鲍威尔解释,"不知道他用了什么手段居然把大块头卡梅隆说动了,卡梅隆帮了他。"

原来,就在鲍威尔到达之前一小时,监狱对刚送进来的犯人例行体检。大块头卡梅隆突然生事,和狱警大吵大闹,要动手打架。这是州监狱近几十年来从未发生过的事儿,所有狱警的注意力全被吸引过去了,弗吉尔不知怎么就趁乱溜了出去。监狱长叙述的时候,连称丢脸,同时表示正在安排人把他追捕回来。

"老兄,别紧张,你运气真好。这家伙本来就是要释放的,只是提前了一个小时和漏办了一个手续。"鲍威尔笑着安慰监狱长。

出于好奇,鲍威尔还是见了卡梅隆,问他弗吉尔到底做了什么,就让才认识两天不到的卡梅隆心甘情愿地帮他越狱。

"他一定是个好人,他本来就不应该待在这里。"

"你怎么知道的呢?"

"他说他把小白弄丢了,一定要找到小白。哪怕找到之后再回来。"

"谁是小白?"

"他的小狗,他捡到的小狗。这时候还能一直想着自己小狗的人,肯定是个好人。"

"大块头,你说得很对。善待小狗的都是好人,确实不应该待在这里。所以,我也得走了。"

鲍威尔离开监狱,发动了汽车。他知道,通缉令被撤销了,再也不会有警察去追捕弗吉尔了。但转念一想,毕竟弗吉尔自己还不知道这个消息,他肯定还是像惊弓之鸟一样东躲西藏,更何况现在又背上了一个越狱的"罪名",所以一定要再找到他。想到这里,鲍威尔转头看了看身边的比利,说道:"猜猜看,我们的朋友会不会在那里?"但是,比利吐着舌头看着窗外,一脸漠然。

鲍威尔知道应该去哪里找弗吉尔。

汽车直奔小琼斯大街,那里有全市唯一的一家流浪动物收留中心。

鲍威尔的车刚刚停稳,就见有人推开流浪动物收留中心的门出来,他手里抱着一只小白狗。"嗨,那位爱狗的先生,弗吉尔,小白,请留步。"鲍威尔立即冲出车子,快步走上去。比利跟在后面吠叫起来,因为它看见了小白。

弗吉尔站在了那里,脸上并没有太多的惊慌,似乎早有准备,淡淡地说:"我就是来接小白的,我会回监狱的。"

十七　要回纽约

那天弗吉尔离开监狱,只是抱着试试看的心理,左打听、右打听,才来到流浪动物收留中心。他估计小白最大的可能就是被人送到了这里,事实果然如此。

一见到小白,弗吉尔的眼泪就立刻流了下来。小白见到弗吉尔更是激动,在笼子里直跳,即使头撞到了笼子顶,它也不停下来。

收留中心的工作人员见状,立刻明白了,没有做什么询问就让弗吉尔领回了小白,只是提醒弗吉尔以后不能再大意了,不能再把小白弄丢。"不会的,我们再也不会分开,再也不会。"弗吉尔说着紧紧搂起小白。

弗吉尔确实做好了准备,要带小白回监狱。他不想让小白和自己一起天天担惊受怕着逃亡,而且他答应过大块头要回去。

"一切都结束了,弗吉尔。"鲍威尔告诉他警方为什么不会再追捕他,只是要送他回纽约,请他去纽约警局办个手续。

听着鲍威尔的话,弗吉尔默不作声。他觉得眼前的这个场景来得太不真实,甚至来得快了点儿。他忍不住哭了,先是无声流泪,后来哭的声音很响,肩膀直打战。

"哦,实在抱歉。我,还有纽约警局的人都要向你道歉。"鲍威尔一下子不知所措。

……

第二天,鲍威尔提出送弗吉尔回纽约。由于纽约和拉斯维加斯之间相距太远,几乎横跨美国东西两头,所以建议乘飞机,实在不行坐火车。但出人意料的是,弗吉尔提出要驾车回去,而且希望自己一个人回去,警局不用派人陪送。

鲍威尔说自己正巧要休假,而且也没有去过纽约,更没有驾车横穿过美国,所以愿意来个自驾游,给弗吉尔搭个顺风车。弗吉尔不好再拒绝,只是提出路上一定要走盐湖城绕一下。

还是那栋白色的两层小楼,大门紧闭着。虽然离开才八九天,但是墙角的小草却一下子长得很高了。

弗吉尔让鲍威尔把车停在马路对面,他坐在车里静静地看着房子,想起那天凌晨他和克里斯来到这里,自己都来不及观察这栋房子的外观,而那天下午和克里斯离开时,他也没有回头去看这栋房子。克里斯的那辆跑车应该还在车库里,那几辆哈雷摩托也应该还在客厅里……可是克里斯,已经不在了。

小白在车里开始明显不安起来,似乎闹着要下车。

弗吉尔抱紧小白,把脸埋进小白的绒毛里,轻声对鲍威尔说:"走吧。"

十八　父母的信

汽车在路上一共开了七天,几乎是横跨美国。鲍威尔一路上直说这是他人生中的一次壮举,但弗吉尔丝毫不为所动。汽车终于从高速公路下来了,转向纽约市区,远远可见帝国大厦高耸入云。弗吉尔一下子心潮涌动。

"要不要先回家休整一下?或者明天早上再去?"鲍威尔问。显然他对弗吉尔的家庭境遇掌握得并不清楚,或者他只是一时脱口而出。

"没必要了,直接去警局吧。"弗吉尔并不想告诉鲍威尔自己其实无家可归。

"纽约真是超级大城市呀,下午三点,车子也这么多,真是拥挤。"鲍威尔只好尴尬地岔开话题。其实他内心里早就厌烦了,早就想尽快甩掉这个包袱了。他出发前没想到弗吉尔一路上竟会如此沉闷,七天里除了逗小白,弗吉尔几乎没有什么话。想着,鲍威尔提高车速,很快到达了纽约警局。办了交接手续后,鲍威尔立即离开了弗吉尔。

接待弗吉尔的是默克警官,看上去五十多岁。

"孩子,你一切还好吧。我们真的十分抱歉,让你担惊受怕了这么长时间。但愿你的父母在天堂能原谅我们。"

"不过,那晚烟花确实是我放的,我,我只是没料到会……"弗吉尔没法回避那一个夜晚,他的心又开始痛了起来,"也就是……还是我杀死了他们,我爱他们!"

房间里一下子沉寂了,静得只有弗吉尔微弱的抽泣声。小白真的很通人性,也跟着发出几声呜咽。

"不,孩子,你不要自责。我们正要告诉你真相。"默克警官摇摇头,叹了口气,接着打开一个文件夹递给弗吉尔,"你看,其实你的父母是自杀。"

自杀?爸爸妈妈是自杀?弗吉尔感到难以置信。

文件夹里放着的是几页法医尸检报告,还有一封信。

默克警官指给弗吉尔看,"法医尸检报告表明他们是死于过量的安眠药,剂量很大。另外我们走访过霍克先生,你父亲的同事,他说出事前几天,你父亲向他说过无意于再留在世上。霍克以为他只是在破产后发泄情绪,没想到是真的。"默克警官停了停,接着说,"并且,另一个证据,就是你的父母给你留下了遗嘱,就是这封信。我们不久前在你家信箱里发现的。"

弗吉尔颤抖着手展开信。

"亲爱的儿子:

当你看到这封信时,我们已经不在人世了。我们本来想把这封信直接放在我们的床头,但想了想还是邮寄给你,就算是我们从天堂给你寄出的信吧。

我们之所以以这样的方式离开你,离开这个世界,实在是没有办法。我们欠了太多的债,原来那么多的一切一下子都没有了,我们的生活就像一个泡沫碎掉了,我们就像是从高空中坠到了地上。财富来得快,没想到去得也快,甚至更快。我们原来以为可以一直供你富足的生活,所以容忍了你的挥霍,即便你从大学退学,我们也没有太多的反对,以为反正今后你要继承公司的。但我们错了,我们并没有能力一直给你富贵。你21岁了,应该要学会独立生存,就像其他许许多多的美国孩子一样。我们最大的错误,恰恰就是没有让你意识到这一点。你这几天不断地在向我们索要,不断抱怨我们。更让我们觉得我们的错误不可原谅。我们痛苦极了。所以我们决定结束这种无尽的痛苦。

没有更多的话留给你了。

再见了,孩子。"

一滴滴泪水落在信纸上,信纸很快被打湿了。

"是我的错,还是我的错……"弗吉尔哭喊着,简直痛不欲生。小白被吓着了,紧紧地贴在弗吉尔腿上。

……

从警局出来时,天已经变黑。街上的车灯亮了,路灯亮了,像一只只醒来的眼睛。广告橱窗里五光十色的霓虹灯开始闪烁。一道道光影就像一个个永远说不完的故事,在变幻着、流淌着。

一个瘦弱的人拖着长长的影子在街头慢慢地走,一只白色的小狗在他脚边跟着跑。人和狗来到皇后街33号门前停了下来,这里是吉米书屋。里面的灯亮着,散射出暖暖的光。

(《流浪汉弗吉尔的故事》第一部《逃亡》结束了,第二部《流浪》、第三部《回归》将会陆续展开。结束逃亡之后的弗吉尔会经历哪些故事呢?创作中,敬请期待……)

完……

青春枫舞

姚凌曦

一 雅梦和她的朋友们

1999年出生于上海的雅梦,十二岁那年随父母移民枫叶之国——加拿大,定居于魁北克,就读于亚历山大英文学校。

在西方人眼中雅梦是个非常漂亮的东方女孩,乌溜溜的小眼睛,黑亮亮的披肩发。雅梦喜爱跳芭蕾,喜欢足尖舞动时散发出的优雅。她也喜欢说英语,喜欢纯正的发音带来的自信。没有繁重的学习压力,可以尽情地学习自己的爱好——这是雅梦出国前对国外生活向往的原因。可是,初到加拿大,面对着完全陌生的环境,那个时而文静、时而嬉嬉闹闹的小姑娘,把自己活泼的一面深深地藏了起来,就像一只活泼的小兔被关进了笼子里。

因为来到加拿大的时间不长,雅梦只有两个最要好的朋友。一个是班长苏克,魁北克人,既会说英语又会说法语。他很热情,总爱帮助别人。他最爱做的事情就是努力发现别人的困难,并竭力把这个人从困境中解脱出来。虽然,有时热情过了头,但是每个人都很喜欢他。

另一个是安丽,一个漂亮的女生。别人总以为她是混血儿,其实她是个百分百中国人。五岁时,安丽全家移民魁北克,当与加拿大本土同学在一起时,她就像一个真正的加拿大女孩,开朗外向。但她却喜欢和雅梦待在一起,那时她又会变成一个非常文静的女孩。

雅梦最喜欢的老师是多拉斯加。她那金色丝绸般的长发轻柔地依附着白皙的脸颊,宝石般湛蓝的眼珠,闪烁着智慧与热情,让雅梦总是觉得多拉斯加是世界上最漂亮的老师。其实,多拉斯加已经三十四岁了,还有一个品学兼优个子一米七零左右的儿子,就读于魁北克一所名叫卡尔斯学院的贵族中学。多拉斯加的父亲是

亚历山大市的市长,他对儿时的多拉斯加管教甚严,让她上最好的学校享受最好的教育,直到多拉斯加圆满地完成了美国麻省理工学院的学业,他才松了一口气,并且时常为自己的成就沾沾自喜。多拉斯加本可以去当一名教授,享受很高的待遇,但她却选择了任教于亚历山大学校,为孩子们付出自己的爱。她教的学生个个出类拔萃,孩子们很喜欢这位美丽智慧的老师,把她当做自己的亲人。

二 万圣节的欢笑

这是2014年的万圣节,雅梦和她的伙伴们早已做好了在学校过节的准备。学校院子里到处都挂着各式各样可爱的南瓜灯,就连庄严的国旗杆上也缀上了小南瓜。

雅梦和安丽的任务是布置着万圣节狂欢夜的舞台和会场。雅梦左手拎着一大桶颜料,右手拿着画笔和粉刷,缓慢而吃力地走进了富丽堂皇的会场。雅梦来到舞台上拿起粉刷蘸了些粉色的颜料,微微下蹲,然后一跃而起,粉刷在白色单调的墙上画了一道优美的粉色弧线,紧接着,又是一道。安丽看着雅梦卖力的样子,也情不自禁地一同挥动起粉刷,在一次又一次地挥舞之后,白墙渐渐地变成了可爱亮丽的粉红色,宛如一块粉色的美丽手绢。这时从门外传来了高跟鞋清脆的当当声。

"雅梦,这真是一幅不错的画卷!边上画些小花小草,会更丰富漂亮的哦!"银铃般响亮又清脆的声音从雅梦背后传来,不用回头,雅梦也知道是多拉斯加老师。雅梦和安丽惊讶地看着老师,她如同从童话世界里走出来的仙女,金银两色蕾丝边的黑色连衣裙,戴着一串玫瑰花钻石项链,闪闪发光。她笑嘻嘻地对着雅梦和安丽做了个鬼脸,然后走到一边开始察看会场的布置情况。

雅梦姐妹俩立刻拿出画笔,她们要精心打扮一下这块粉色手绢。紫色的薰衣草,淡绿色的绣球花,黄色的郁金香,还有花丛中飞舞的彩蝶……画面一下子就充满了活力。雅梦和安丽踮起脚来靠近这些姿态万千的花朵,微微闭着眼睛,她们似乎可以闻到沁人心脾的花香,不知不觉已沉醉其中。

……

狂欢夜开始了,会场里挤满了的学生,他们的服饰十分可爱:这一个穿着乳白色的蓬蓬裙,洁白的足尖鞋上别着一根粉色的羽毛,眼角画着泪珠,像一个忧郁的天使;那一个头戴黑色礼帽,身穿黑色小西装,一双黑色油光发亮的皮鞋,如同一

名政客；还有的装扮成明星、魔鬼、水果……

此时的会场成了一个鱼龙混杂的世界，成了一个喧闹疯狂的世界。

"当当当！"随着开场曲的响起，男主持人拉开了红色的幕布，精神十足地出现在大家面前。

雅梦换下了工作装，穿上了那件紫色兰花的连衣裙。这是十岁时好朋友们送给她的礼物，到现在都还是她的最爱。

"哇哦！"闪烁着的彩色灯光在礼堂里来回扫射，似乎在找寻着下一位幸运儿，腼腆的男生女生被那灯光瞄准后略显害羞，大部分学生则会得意地转上一圈，脸上丝毫没有忸怩之态，反倒是用尖叫宣泄着自己的兴奋。雅梦身边一个小男孩兴奋地原地蹦跳着，展示着古灵精怪的万圣夜礼服。远处一个高年级男孩冷冷地摆了个POSE，接着，又摆弄两下乌黑发亮的格纹西服。

"哈哈！"从人头攒动的会场里蹦出一个身披碎布制成的花布披风，戴着纸糊面具的小男孩，原来是个小魔术师登场了。只见他三步两步跳上了舞台，从他那件独特的花布披风里变出了白兔、彩球，还有一把把的枫糖。他把枫糖抛撒向台下的观众，那枫糖撒向哪里，哪里便出现疯狂的人潮。

一场场表演轮番上场，所有的人都完全沉醉在了欢乐的海洋里。

"现在向舞台上看，亲爱的朋友们！下面上演的是压轴戏，多拉斯加老师和她的学生们的爵士舞！"随着浑厚、低沉、有节奏感的音乐在会场回荡，滑动于舞台之上的脚步，在摩擦的"柒柒"声中完成了近乎完美的表演。

台下一阵雷鸣般的掌声。

"下面将揭晓今晚最受欢迎的演出，他们将获得前往巴黎享受一周免费旅游的机会。"主持人响亮的嗓音把晚会气氛推向了高潮，紧张的音乐，闪射的灯光，瞬间安静的气氛，所有人都在迫切地等待着答案揭晓。

"恭喜多拉斯加老师和她的孩子们，她们用精彩的演出获得了前往法国旅行的机会！恭喜他们！"主持人向全场宣布道。

三　梦幻之都的快乐旅行

巴黎——法国的首都，曾经是世界上最大的城市。这里有蒙娜丽莎，这里能见到维纳斯，这里有敲钟人卡西莫多，这里有优雅的左岸文化，这里是著名的浪漫之都。

梦想的翅膀

  他们计划每天只去一个地方,悠悠闲闲地享受着这次旅行,为期一周的游玩足够让这群师生们把自己变成半个巴黎人。

  最先去的地方自然是位于法国巴黎战神广场的世界著名建筑——埃菲尔铁塔,这座世博会的著名建筑物一直是雅梦最向往的地方。这座象征着法国文化的巴黎最高建筑物得名于其设计师居斯塔夫·埃菲尔,属于世界建筑史上的技术杰作。那高耸、浪漫的风韵成了法国的化身,散发着巴黎无穷的文化魅力。

  雅梦想不管怎么样,既然到了巴黎,当然要去登埃菲尔铁塔。不登埃菲尔铁塔,简直就是白来一趟巴黎。雅梦和安丽随着来自世界各地不同肤色的游人,从混凝土基座拱形门乘斜线电梯,缓缓登上铁塔57米高的第二层宽大的观光台。法国人说,埃菲尔铁塔是"首都的瞭望台",事实的确如此。站在塔上,整个巴黎都在脚下。北面的夏洛宫及其水花飞溅的喷水池、塔脚下静静流过的塞纳河水、南面战神广场上的大草坪和法兰西军校的古老建筑,构成了一幅令人难忘的风景画。夕阳

照在这位"云中牧女"的身上,也映红了雅梦和安丽的脸,眼前的景色令她们痴迷,她们久久地站在塔上,不忍离去……

接下来三天里,师生们游览了宏大奢华的巴洛克风格建筑——凡尔赛宫,世界上最大、最古老、最著名的博物馆——卢浮宫,快乐地行走于巴黎的大街小巷,感受时尚之都的多姿多彩。

第五天,傍晚时分,他们坐着游轮畅游塞纳河,四周风景如画,岸上的座座建筑色彩分明,卢浮宫、奥赛博物馆、巴黎圣母院、埃菲尔铁塔等名胜都可以一一尽收眼底,各具特色的桥梁也一座座迎面扑来,使人目不暇接。师生们高声地与桥上和岸上悠闲而热情的法国人打着招呼,那一瞬间,雅梦觉得生活在这座梦幻之都是如此美好。

四 凯旋门下的意外

第六天,他们游玩的地点是凯旋门和香榭丽舍大街。凯旋门地处宽阔的戴高乐广场之上,位于香榭丽舍大街的尽头。从戴高乐广场向四面八方延伸有十二条大道。宏伟壮丽的凯旋门就耸立在广场中央的环岛之上。1806年,拿破仑命令动工建筑这座拱门,用来纪念法国大军的战无不胜。它只有一个拱洞,上为桶形穹窿,其规模超过了罗马的康斯坦丁凯旋门。

因为凯旋门在马路中间在环岛之上,环岛四周只允许车辆通行,行人想要走到门下,必须通过一段连接着香榭丽舍大街和凯旋门的地下通道。与雅梦、安丽一道的,是班级中最耀眼的三个女孩:姬娜、莉丽丝和萨德。姬娜是个金发碧眼的加拿大女孩,高高的个子微微有些胖,给人结实健康的感觉。她有个性、有主见、有脾气,所以是班上的大姐大。莉丽丝和萨德是姬娜忠实的粉丝。无论姬娜高兴还是生气,她俩都会像口香糖一样黏着姬娜。安丽和这三个女生一路走一路大声地说笑,巴黎的一切都让她们激动不已,雅梦则安静地跟随在一边。

这是一段长约一百米左右的极其简单的地道,没有象征法兰西浪漫奢华的精美雕刻,也没有富有现代感的炫彩灯光,只有带着沧桑感的泛黄的大理石地面和墙壁,以及隐隐透着法兰西古典建筑风格的拱顶,但在这干净简约之中散发出一种令人舒适的低调优雅。走着走着,雅梦发现地道里有一些人有点儿古怪,他们似乎并不是奔向地道的两头,而是慢慢地晃悠,像散步却又没有那么轻松。他们的长相有些粗犷,穿着随便甚至有些邋遢,不太像衣着考究、气质优雅的法国人。雅梦想提

醒她们注意这些奇怪的人,可是,看看四个同伴正有说有笑,她又想也许是自己过度警惕了吧。巴黎这样的时尚之都怎么会有那么多坏人!这样想着,她不禁自己也有点儿觉得好笑了。

凯旋门下,雅梦和安丽开心地相互拍照,她们尽情感受着凯旋门的高大庄严,惊讶于门上浮雕的精致逼真,以及那首气势磅礴的不朽之作《马赛曲》。

"天哪,我的钱包不见了!"突然,远处传来姬娜高亢的声音。大家全都围了过去。只见姬娜的脸涨得通红,紧张地里外翻找,而她的两个同伴也表现得异常紧张,甚至把查找的范围扩大到自己身上,从口袋里找到包里,再从包里找到口袋里。这两个粉丝似乎在极力地证明自己的清白。虽然姬娜不可能怀疑是她们拿的,但这样也许可以安慰一下姬娜紧张的心情吧。

大家都在七嘴八舌地提醒姬娜会不会是装包包的哪个角落里了,或是哪个不起眼的口袋里了,雅梦立即想起了地道里的那些有点儿怪怪的人。但是,又有什么证据证明是那些人偷的呢?没有证据的事情可不能随便怀疑,更不能随便跟别人说。

好在,也只是钱包丢了,毕竟是孩子,多拉斯加老师没让大家带太多的钱,损失也就不算大,所以,过了一会,大家似乎已经忘掉了这个愉快旅程中的小插曲。

走在香榭丽舍大街上,看着大道中央车水马龙的繁华和大道两旁被浓密法国梧桐树遮盖下的悠闲,体会着巴黎人的生活和浪漫……名店、时装、电影院穿插其中,显得华丽、优雅。美丽,俨然成了它的代名词。人流中有的衣着光鲜,有的整洁素雅,有的青春热烈,有的简单随意,却都没有丝毫的矫情与做作。雅梦和安丽一边欣赏着,一边吃着冰激凌,一边想象着自己长大后如何在这条街上购物,如何把自己装扮成穿着高跟鞋的优雅的法国女郎。

雅梦左挑右选,为妈妈买了一条丝巾,因为妈妈是个丝巾控。

不知不觉中,已是法国之行的最后一天,雅梦不断地回想着自己在法国看到的每样东西:高大威严又不失时尚感的埃菲尔铁塔;珍藏着不计其数精美作品的卢浮宫;浪漫美妙使人眼花缭乱的香榭丽舍大街;金碧辉煌的凡尔赛宫……雅梦痴迷于这座浪漫之都的温馨和舒适,她感到空气中到处都弥散着一股淡淡的香水味。

"拉你回家了,孩子们,上车吧!曼特、艾丽莎,跟紧点!马克把东西还给琳达!好了,我们该上车了,是时候回去了。"多拉斯加总是微笑着,一边给孩子们收拾行李,一边招呼着孩子们上车。

多拉斯加老师看出了孩子们对巴黎的不舍。哎,那又有什么办法呢?她自己也恨不得能在这梦境一般的城市里再待上一两年。可是她现在唯一能做的也只是给孩子们不停地描述着加拿大的枫叶是多么美,希望能激起孩子们回家的渴望。

雅梦跟着同伴顺着车里的走道缓慢地挪动着，找到空位后，雅梦独自坐在双人座靠窗户的位置上，用手支起下巴向窗外看着。车上叽叽呱呱的讲话声时近时远。当她回过神来，转过头去看时，发现多拉斯加老师就坐在她前排的座位上。她正对着小镜子看自己那张精致而略显憔悴的脸。座位上的同学三三两两挤在一块，有的依旧神采飞扬、嬉闹不停；有的已经变成了疲惫的小猪相互依偎着说着悄悄话。忽然，她感觉到右前方有人在看她，是姬娜和她的两个朋友，她们交头接耳，嘀嘀咕咕，时而用不太友善的眼神瞟向雅梦。当雅梦用眼神迎接她们时，她们又立即将目光收了回去。雅梦有种不祥的预感，她立刻想到了昨天姬娜丢钱包的事情。雅梦明白她们正在怀疑自己，因为丢钱包之前，她们是在一块的。

我是不是应该向她们澄清一下？雅梦暗暗地想。可是，她们并没有指出自己就是怀疑的对象啊！如果那样说，岂不是更让人怀疑了吗？那就告诉她们昨天出现的那群可疑的人？但是，昨天没说，此时再说，她们是不是也会更加怀疑自己了呢？雅梦的心情跌入了谷底。

雅梦倚靠在车窗边向窗外望去，她一直默默地看着路人和在马路上井然有序行驶的车辆，心里想着如何弄清楚她们是不是在怀疑自己，如果直接去质问，显得唐突而神经质，怎么办？似乎没有办法，雅梦感到孤独和失落。

突然，有人从背后拍了拍她的肩膀，然后传来低柔的声音："雅梦！"

雅梦转过身来，原来是安丽。雅梦"嗯"了一声，安丽便抱着一个黑色帆布包坐了下来。车开了，两人肩并肩坐着，有十分钟雅梦一直看着窗外没有说话。这样的气氛使安丽感到了压力，她想去问一问雅梦到底发生什么事令她这么不开心，却又怕自己的冒失使雅梦更加不快。安丽继续安静地坐在雅梦身边，汽车快速地向前驶去。安丽掀起已经磨旧了的黑色帆布包，从里面拿出了一块白巧克力小心翼翼地塞进了雅梦的口袋。她知道那是雅梦最爱吃的，也许能给雅梦一丝惊喜，好让她开心一点。

汽车一直在公路上飞驰，空气中交汇着气流和马达的轰轰声，大部分孩子已经进入了甜甜的梦乡。雅梦也感到昏昏欲睡，她转过身子，双手插进口袋，想换一个舒适的坐姿好睡上一会。突然，她摸到了口袋里有一个硬硬的东西，拿出来一看，是一小块白巧克力。雅梦知道这一定是安丽悄悄放在她口袋里的，她望着已经熟睡的安丽，瞬间感觉自己的心里尝到了这白巧克力一般甜甜的味道。

汽车穿过林荫大道来到机场，多拉斯加带着孩子们下车走进机场。

从巴黎飞回魁北克，她们乘坐的空客飞机将要经过长达十个小时的飞行。雅梦一直盯着机场外的硕大的如山丘般的云朵，她想让自己开心些，于是在心里安静

地翻阅着心灵的相册,回忆法国的风土人情、美丽景物,怀恋热情的法国人对自己的帮助。而这些又勾起了她对故乡的思恋。她想起了在上海时的同伴、邻居、教导她的老师。她又想起了在上海读小学时,有一个"富二代"的同桌,名叫阳光。阳光讨厌学习,但他有个特殊的爱好,就是每天为自己的同学画上一幅极富个性的肖像画,然后再给每幅画画上漂亮的相框,写上祝福。为了画出一幅令自己满意、让别人一看就知道画中人是谁的漫画肖像,他常常用上半个多月的时间!自从雅梦跟这位"富二代"画家成了同桌后,雅梦变成了他的模特,他经常在雅梦写作业时,突然要求雅梦不许动,让他画了再擦,擦了再画。雅梦也时常在他的作文上进行批注和修改,就这样,他的作文从流水账变成精彩的文章。六年级毕业时,大家问他有什么想说的,他说能与同学一同学习六年是缘分,他会记住大家,而雅梦给他的帮助让他的学习得到提高,使他很感激。这个同桌在毕业时将自己画的最好的一幅画送给了雅梦……

回想着在国内度过的纯真童年,雅梦的视线模糊了,她极力地克制着自己的泪水溢出眼眶。

十个小时的枯燥的飞行早已让同学们安静下来,大伙都在迫切地等待着飞机的降落……

下了飞机,多拉斯加老师拿出在巴黎买的纪念章送给了每一个同学,"你们要永远记住这次旅行哦。"多拉斯加一边发着纪念章一边说着。

与别人不同,多拉斯加老师特地将纪念章别在了雅梦的衣服上,并且说:"雅梦,你是个好孩子!你会喜欢这里的!"

雅梦看到了多拉斯加老师温暖和饱含鼓励的微笑,心里像挂上了一个暖暖的太阳,赶走了所有的阴霾。雅梦甚至感到自己将会永远记住这张笑脸,但是雅梦心里想着:"亲爱的托拉斯加老师,你哪里知道我所受到的委屈!"雅梦回家后将这枚纪念章珍藏了起来。

五 寻找快乐

一个月后。

那件事情再也没有被提起,只是雅梦感觉到姬娜三人对自己的隔阂。

"Letitbe!"每当想起这事或是看到那三人时,雅梦就反复在心里对自己说这句话。

雅梦越来越喜欢看到多拉斯加老师,有时,她甚至觉得多拉斯加不是普通人,她是圣母玛利亚,否则,自己为什么看到她时会那样的喜悦呢?雅梦想让自己变成多拉斯加老师那样能带给人温暖的人。

班级中只有一人有着近似于多拉斯加老师的能量,那就是班长苏克。苏克乐于助人,雅梦就跟着苏克去帮助需要帮助的人。放学后,他们会到蒙特利尔的街上去帮助路边的乞讨者,给他们送食物,乞讨者们会满心喜悦地与这两个可爱的孩子打招呼。

冬天,城里的积雪有半人多高,苏克和雅梦决定要扫除人行道上的积雪,尽快地方便行人通行。他俩召集了很多同学,形成了一支十多人组成的志愿者队伍,孩子们穿着防滑的雪靴,戴着防滑的手套,奋力地挥舞着雪铲,汗水和欢笑使他们忘记了严寒,每个人都感受着劳动的酣畅和满足。马路中间,铲雪车轰轰作响,马路旁,同学们的热情正在消融着冰雪……

苏克和雅梦的志愿者队伍越来越庞大,从小学生到退休老人;从大学教授到自由职业者;从印第安人的后裔到来自不同国家的移民、留学生。他们组成了一支浩大的队伍,在医院、农场、学校、图书馆、老人福利院、社区中心,经常可以见到他们忙碌的身影。

苏克和雅梦用爱心和热忱换来了善良的朋友,真挚的友谊,他们感受到了其他事情都无法带给他们的快乐和满足。对志愿者们来说,助人为乐已经成为他们的需要和习惯,成为流淌在血液里的真诚和善良。

渐渐地,雅梦变了,她又变成了那个阳光般可爱大方的女孩,她感到自己已经慢慢融入这个曾经令她感到不安的新环境里,并爱上了这块土地。

六 向蓝莓园出发

初秋的清晨,雅梦斜背着她的亚麻布兰花图案的挎包,手里拿着一个镶着小玉块的竹篮,乘坐着校车在金色的秋风与秋叶中穿梭着欢快地来到了学校。

大家知道今天将会举行采摘蓝莓的活动,每个人都把兴奋写在了脸上。

前一天放学时,多拉斯加老师嘱咐同学们:"明天一定要带篮子来盛蓝莓哟!"现在,多拉斯加老师提着一个编织精细的金色竹篮优雅地走进了教室。花篮的把手由蓝色的横条纹竹篾编成,虽然细细观察时有些粗糙,但也就是这个看似粗糙的外表给竹篮增添了一种层次感与立体美。篮子上编出了一朵朵绽放的绿色小花,与金色搭配起来，散发着一种古典优雅的气息，与此时深秋的红枫融合在一起，更有大自然的味道！孩子们忍不住去看多拉斯加老师的小提篮，他们不断地想象着提着这样的竹篮去摘蓝莓时的样子：晶莹剔透的蓝莓一颗颗或是一簇簇地挂在树上，在微风中随着树枝摇摆，摘下一颗放在嘴里，香甜的果汁流入口中，滋润着干燥的喉咙……

雅梦的同桌——出了名的不务正业的苏雷特，一边做着摘蓝莓的白日梦，一边趴在桌子上流着口水。多拉斯加老师轻轻地按了一下他的脑袋，问他有没有准备好盛蓝莓的篮子。他却嘴里莫名其妙的嘟囔了一句："蓝莓老师，准备好蓝莓了，好好吃的蓝莓……"多拉斯加老师笑着又按了一下他的脑袋，无可奈何地摇摇头，转身回到了讲台上。大家被苏雷特逗得更加兴奋。

雅梦的竹篮有着中国古风，而"大姐大"姬娜有着一只编织着蝴蝶图案的白色欧式竹篮，说实话，这竹篮和她的金色长发倒是很相配。可爱的克莱恩竟然提着一只贴满了他儿时照片的婴儿篮，就像是篮子中的大块头。克莱恩说他一定要把这个大篮子装满带回家做蓝莓果酱，能吃上好几年。

"大家都已经准备好了吗？"多拉斯加老师问。

"好了！"回答整齐而洪亮。

"我们的大巴已经在外面等着呢，大家就跟着我上车吧！"多拉斯加老师发出了指令。

雅梦和同学们早已迫不及待。他们奔跑着，蹦跳着，像一群小鸭子一样一个接着一个跳上了车。

七　破冰之行

在去果园的路上，微风徐徐，天空蓝得发亮，像一块色彩饱满的贝壳。孩子们的心情也同天气一般晴朗。他们不时交头接耳地谈论着如何分组，又是如何用最快的速度摘下最多的蓝莓。"长成什么样的蓝莓最甜？"大伙儿争先恐后，争论不休，都想尽力表现出自己就是一个蓝莓专家。

到了果园，多拉斯加老师举起了一面黄色小旗引导着孩子们紧跟着她。这时正处在加拿大的初秋时节，成片的枫叶林变成红色，远远近近，层层叠叠，十分红火，就像一团团红色的火焰在跳跃，在摇动，在不停地燃烧。

蓝莓林就紧挨在枫叶林西边，比高大的枫叶林低矮许多。

在加拿大，由于水果都很便宜，所以比较而言蓝莓的价格并不算很低。要知

道,在北美洲,特别是在加拿大这样地广人稀的国家里,往往商品贵就贵在人工费上。所以,自己采摘蓝莓的价格会比超市的便宜许多。采摘完,到农场主那称重缴费,便可以心满意足地带着蓝莓回家了。

摘蓝莓是无人看管的,农场主十分慷慨,大家可以一边摘一边品尝蓝莓,谁也不会追究你吃了多少蓝莓,所以肚子里的蓝莓是免费的。你吃不吃,吃多少,都在于自己。农场主们通常会笑着把这当做是对远道而来客人的款待了。

蓝莓树交错有致,树木普遍不是很高,但都枝繁叶茂展现出蓬勃的生命力。这些树林整齐地种成一列一列。每两列之间,被踏出了天然走道。蓝莓的个头不大,颜色是深深的蓝紫色,因此,你乍一看,是根本看不到果子的。这时,你再定睛一瞧,便发现了这一簇簇的小精灵了,在阳光的沐浴下,这一个个调皮可爱的蓝色小果子,蓝中透着一丝丝新鲜欲滴的光亮。雅梦用手指夹住一颗小蓝莓,轻轻地向上一提,再灵巧地一掐,一个蓝色的小圆球便顺手滚落在篮子里。

这是一片很大的蓝莓林,一排排的蓝莓树,吸引着人们向它的深处探寻更多更大的蓝莓。但是,就像是走在一片原始森林里一样,越往里走你就会越感到自己即将远离尘世,越走越觉得自己是渺小的,所以越走越怕,也就越不敢走下去。

多拉斯加老师跟大家约定的结束时间即将到了,在这短短的三十分钟里,无论

是在两棵树间的空隙里,还是在那长势蓬勃的蓝莓树冠下,或是两三棵树的树干搭成的小空间里,还是在许久没有人经过的蜘蛛网旁,雅梦一刻不停地跑着摘着,寻找着没有被发现的蓝莓树。雅梦早已忘记了吃上一些免费的蓝莓,她只想着要采到更多的蓝莓,并在脑海里想象着爸爸妈妈吃蓝莓时的喜悦神情。

不一会儿,雅梦提着足足有四五磅重的竹篮来到园林中央的空地上,在这儿,她碰到了姬娜。

从巴黎回来后姬娜一直对雅梦心存芥蒂,她们会私下用"中国小乌鸦"的外号来称呼雅梦,后来

她们竟用这个私下的称呼直接喊雅梦,尤其是当雅梦一个人时,这三个人便会学着乌鸦的样子在雅梦身边飞来飞去。但,雅梦越来越坚强,她已经不再是从巴黎回来路上那个流着眼泪满脸忧郁的小姑娘。面对着姬娜的挑衅,雅梦会头也不回地走开,心情好时还会对着她们展现一下自己的微笑,而这恰是姬娜最讨厌的,这让她失去了挑战的乐趣,甚至于有一种挫败感。

此时,姬娜正坐在一块光滑的大圆石上对着镜面,摆弄着自己的头发。一会儿将它绕成一个圈固定在头上,一会儿又将头发分成三五股缠绕起来扎成麻花儿辫,紧紧贴在脖子上。她身旁放着那个欧式精美竹篮,里面只装了一磅左右的蓝莓果儿。雅梦有些尴尬,她不想惊动姬娜,从她的身后悄悄走掉。

"雅梦,过来,让姐姐瞧瞧你的篮子!"姬娜用镜子看到了走在她身后的雅梦,头也不回地说道。

虽然雅梦是西方人眼中的漂亮女孩,但她总能感到姬娜身上那股贵族公主般的强大气场。这位傲气的大小姐习惯性的对谁都用一种居高临下的语气说话。

但,此刻,雅梦站住了,她呆呆地望着仍在对着镜子拨弄头发的姬娜,她感到姬娜今天有些异常,她喊自己"雅梦",而不是"中国小乌鸦"。雅梦似乎感觉到姬娜传递过来的那一丝丝友善。

"好的,姬娜,瞧我摘了好多蓝莓,回去也吃不完,看你摘得不多,分给你一些吧。"雅梦说着准备向姬娜的篮子里倒蓝莓。

"不用!"姬娜用一种厌恶的神情挥手将雅梦推向一边,蓝莓撒在了地上,雅梦也站立不稳,她脚下一滑,跌到了地上。雅梦本能地用另一只手向地上一撑,恰巧,手腕一阵刺痛。雅梦抬起右手一看,手腕已经被划出一道血淋淋的一寸长的口子。雅梦用左手紧紧地按压在右手腕的上方,以减轻自己的疼痛,同时不让更多的血液从伤口流出。

"你自己留着好了,为什么要强迫别人?"姬娜有些慌张,她站在雅梦的面前,并没有去搀扶她,而是不停地为自己开脱,"你不觉得这样很不礼貌吗?中国人都是像你这样没有教养吗?"

这一句句咄咄逼人的话语深深刺痛了雅梦的心。雅梦感到眼前一片模糊,对一个女孩子来说,没有什么比那种被欺凌的感觉更可怕的了。那是一种难过,一种悲伤,一种对自尊心的严重伤害,更是一种人格被侵犯后的绝望和愤怒。雅梦捂住红肿的手腕,站起身,在自己低头的瞬间,眼泪不自觉地流了下来。

有人发现了这里的异常,喊来了多拉斯加老师,她的身边还跟随着一群同学。

"你怎么啦,雅梦?"多拉斯加老师问。

"是谁欺负你了？我来收拾她！"班长苏克显得有些激动。

"别难过了，雅梦，说说，怎么了？"多拉斯加老师关切的又问。

原本只是想与姬娜化敌为友，没想到遭此打击，这些关怀的声音使雅梦更有了一种想号啕大哭的欲望，但她忍住了。善良和理智在告诉她要收起眼泪，她明白告诉大家实情只会夺去姬娜对自己态度改变的机会，为此她编造了一个谎言：

"是我，嗯……刚刚和姬娜说话时太兴奋了，正好从这石头旁跌了下来，右手腕扭到了，有些疼，不过现在没事儿了。多亏了姬娜的帮忙，谢谢你，姬娜！"雅梦向姬娜投出友善的笑容。

姬娜低头不语，接着，她抬起头望着眼前的这位善良的中国女孩，顷刻间，她在自己的心中向曾经那个骄横跋扈的公主重重地击上了一拳，此刻，她只想尽自己的全力为雅梦做些什么。雅梦那纯洁的眼睛里透着一股坚强与宽容，她坚信一切不快都可以改变，但需要一颗可以容纳百川的心。

"雅梦，让我看看你的手。我马上回家拿妈妈的冰袋帮你敷一下，就不会变紫了！"姬娜关心地说。

雅梦惊讶地抬起头，看着几分钟前还将她推倒在地的公主，有些不敢相信自己的双眼。雅梦没想到原来在姬娜高傲的外表下有着一颗热腾腾的心。

"原谅我，雅梦！"姬娜不再是那骄傲的公主，而变成了一位善良朴实的女孩。

雅梦激动地抱住姬娜，姬娜也紧紧地抱住了雅梦，所有的恩恩怨怨顷刻间变作一缕青烟，再幻化为一道亮丽的彩虹。

八　结　局

此后，雅梦在亚历山大学校顺利地读完了初中，姬娜成了雅梦的好友之一，她们又进了同一所高中继续她们的友谊。

多年过去了，雅梦还是时常会想起多拉斯加老师那句看似平常的话——"雅梦，你是个好孩子，你会喜欢这里的！"

善良和坚强就像一双鞋，它们可以陪伴你跋山涉水，走向光明的未来……

完……

龙游寻梦

陈贝贝

关于茉夕

在人们居住的星球上,有一个世外空间,它就是"桃源仙境"。

"桃园仙境"有三个主要的大国,它们分别是仙之国、梦之国和灵之国。仙之国主管天,梦之国主管大地与江河湖海,而灵之国则管理地下的冥界。这三个大国还有许多附属小国,均匀地散布在这片世外大陆上。

三个国家有几位公主,她们分别是:仙之公主漠沁、梦之公主茉夕和姐姐莫瑶、灵之公主墨祺。茉夕的家族是最大的,有陆地直系与海洋支系。茉夕是主管海洋的公主,姐姐莫瑶主管大地。莫瑶的身份是长主——在梦之国,最大的公主就叫长主。

这个长主可不是省油的灯。早在国王和王后还没有死的时候,莫瑶就一直妄想统治整个王国。就在去年,国王和王后突然离奇死亡,死因至今仍是个谜。茉夕本可以依靠海洋的力量战胜姐姐,以免让王国在姐姐的手里毁灭。可就在前年,国王和王后突然将陆地的面积扩大到只比海洋小一点儿,这下可惨了。茉夕虽然有微弱的优势,但她没有姐姐老练,也没有姐姐的帮手多,只能和她平分秋色,共同管理梦之国。事实上,姐姐莫瑶一直在想方设法除掉茉夕,一手掌管整个王国。现在茉夕最缺的,就是两个帮手了。

仙之公主漠沁的守护兽是仙狐,她有一双巨大的翅膀,而且能随意变形,可以是蝙蝠翅膀,也可以是天鹅翅膀,还可以是蝴蝶翅膀,怎么变都行,可以随心所欲地在空中飞翔。梦之公主,就是我们的女主角茉夕,守护兽是梦凰,可以在水里呼吸睁眼并尽情玩耍,还能进入别人的梦境。而灵之公主墨祺,灵貂是她的守护兽,虽然不会飞翔和潜水,但它能够让人起死回生,并预测别人的未来。她们各有所长,又独一无二。

故事,将从这里开始……

一　开学啦

在仙之国、梦之国和灵之国交界的地方,有一所魔法学校——"桃园仙境兰虞羽皇家魔法学校"。学校面积广阔,占据了整个卢梭米达海湾。三个国家的公主们都就读于这所学校。

"兰虞羽"是传说中最早开发桃源仙境的一位女神,她的全名是兰虞羽·莫格桑。她划分了国家板块,开垦了农田,创造了山河,建造了梦棚。梦棚是梦之国的人们住的地方,一个部落就是一个巨大的圆形,周围搭上架子,用一种非常结实的藤蔓——月满藤紧紧地缠起来。一个梦棚里大概会划分五十个左右的宽敞明亮的房间,一个房间大概可以容纳三至五个人,而且一点儿也不拥挤。公主们的房子叫皇家梦篮,每位公主都会有单独的一座皇家梦篮以及一个花园。

开学啦!

茉夕怀着快乐的心情,拿着"茉莉花香"魔法棒,揣着"茉莉"魔法词典,一蹦一跳地上学去。漠沁、墨祺和她在一个班,不过她最要好的朋友,还是馥羽霖和馥羽霁。她们是灵之国的一对小姐妹,墨祺的远房亲戚。馥羽霁漂亮可爱,馥羽霖聪明温柔。来自仙之国的是晓风和晓雷兄弟。兄弟俩有一副热心肠,但平时对女生却不怎么友好。梦之国除了茉夕以外,还有舞冰和舞雪。舞冰对大家都很大方,而舞雪很内向,不怎么爱说话。梦之国的规矩是,未成年的小孩只能起两个字的名字,而成年人可以用个长点儿的名字。当然,馥羽霖和馥羽霁是个例外。

"茉夕!"馥羽霖惊喜地跑了过来,亲热地挽着茉夕的手往教室跑去。

"馥羽霁呢?"茉夕问道。

"她呀,总是喜欢没事儿乱窜。我们等会再去找她吧,先去认识一下我们的新老师。"馥羽霖说道。

茉夕点点头,向教室走去。

新老师站在讲台前,面带微笑地看着大家。新老师穿着蓝紫色的长裙,一头红色的长发烫了卷儿盘在脑后,漂亮的孔雀绿眼睛炯炯有神,显得非常美丽。看大家都到的差不多了,她开始向大家介绍自己:"同学们好!我是你们的新老师,婉媛·玛丽莎,大家可以叫我婉媛老师。我希望能和大家融洽相处,好吗?"

"好!"同学们欢呼了起来。晓风举手,调皮地问道:"婉媛老师,您今年多少

岁啊?"

婉嫒老师笑了笑,说:"我今年三十五岁了!"

"啊?这怎么可能?老师你最多二十六七岁!"茉夕惊叫道。

婉嫒老师不回答,脸上挂着善意的笑容,用温柔的目光看着同学们。

"报——告!"馥羽霏脸上挂着汗珠,一头扎进教室,金蓝色的头发乱蓬蓬地散着,大口大口地喘着气,扶着门艰难地喊出这两个字。大家看到羽霏这个样子,"轰"的一声笑了出来。晓风和晓雷笑得前仰后合;茉夕、墨祺笑出了眼泪;漠沁表情冷淡,眼角却挂着笑意;馥羽霖皱着眉,戴上眼镜打量她乱七八糟的妹妹,看了几眼也笑出声来;舞冰捂着嘴偷笑,舞雪低着头,看不见她有没有笑,但身子却笑得发抖……婉嫒老师也慈祥地笑着,看着不知所措的馥羽霏,说道:"进来吧!"馥羽霏慌慌张张地坐到姐姐旁边,想想也觉得好笑,便也笑了起来……

开学第一天,真开心啊!茉夕想,以后又会经历什么有趣的事儿呢?

二　漠　沁

漠沁是仙之国的公主,是可以召唤千年九尾狐的白狐仙。她美丽高雅,性格冷傲,有一头乌黑亮丽的长发,瓜子脸,柳叶眉,一双水灵灵的丹凤眼和美艳的嘴唇,是个古典美女,但表情冷若冰霜,从来没见过她笑,和茉夕的风格完全不同。茉夕碎碎的金紫色短发,斜斜的刘海,活泼的银灰色大眼睛,脸上始终带着甜甜的笑容,是个活泼可爱的女孩儿。可就是这个清高的女孩漠沁,开学两个星期,她就成了茉夕的朋友。

这天,茉夕和馥羽霏正有说有笑地走过学校的小花园,谈论着感兴趣的话题。突然,一个留着青色鸡冠头,戴着三个耳钉流里流气的男生迎面走过来,不怀好意地盯着茉夕和馥羽霏。呀!真是倒霉,怎么碰上了学校高年级"青龙帮"的头头——青龙魔王涅兹啊!这个家伙总是带着一帮不良少年在校园里到处滋事,还把原先一个不良少年帮派——"白虎帮"给收编了进去,并降伏了一条万年青色蛟龙,因此得了个"青龙魔王"的绰号。哎呀,他肯定会找茉夕和羽霏的麻烦!茉夕勉强挤出了一个笑容,一步步退着走。

可是青龙魔王对她俩视而不见,目光直直地越过她们的头顶,落到后面表情冷淡,一身黑色旗袍的漠沁身上,盯着她那根价值连城的金丝鎏玫瑰簪,发出了阴森森的怪笑:"呵呵……哈哈哈!"这坏蛋,见到人家发簪都想要!他撞开茉夕,走向

漠沁。而漠沁，依旧表情冷淡，只是暗中攥紧她的"沁冷月魂"魔法棒，以防那个坏蛋抢走她的祖传发簪。

"嗯哼，小丫头，这发簪不错嘛，啊？哈哈！"涅兹眯着眼，用不屑的口吻对漠沁说。漠沁依旧是那副表情，一动不动。涅兹伸出恶心的手，勾勾指头，奸笑着说道："把头上的东西给我，不然，我带人来教训你！嗯？"漠沁的表情终于开始变化了，说道："你这个强盗，神经病！召唤守护兽——千年白狐！"一转身的一瞬，漠沁召唤出了一只仙气飘飘的巨大白狐，一身冰雪般的皮毛闪着银光，火红的尾巴在空中舞动。漠沁咬着牙说道："妙影，上！"

涅兹根本不怕，他冲着尖牙利爪的白狐冷笑，"哼，就这只小东西，看我的青龙，一招秒杀！蛟龙出海！"一条青龙立刻腾空而起，在空中盘旋，一头扎下去，向白狐攻去。白狐敏捷地一跳，避开攻击，运起狐仙家族独有的"魅狐之舞"，瞬间成为九尾白狐，九条尾巴向青龙的龙角缠去。但终究是青龙修炼的时间更长一些，涅兹修炼了五千年，而漠沁仅一千年。青龙再次发动龙珠，避开九尾，转身一个尾巴狠狠向白狐劈去。"啪"的一声，白狐被抽了个正着，从半空中狠狠地向后跌去，一串殷红的白狐血珠抛洒而下，大伤了元气。随着白狐的跌落，漠沁也捂着胸口，"哇"地吐出一口血来。涅兹得意地笑着，再次对漠沁用不屑的口吻说道："发簪给我！"

"快，我们得去救漠沁！"茉夕焦急地对馥羽霁说。一向爽朗的羽霁却犹豫了起来，说道："茉夕姐，我们现在再去，就等于是送死啊！再说，惹上了'青龙魔王'可不是好事儿，可有的是好果子吃呢……""凤舞九天！"没等馥羽霁的话说完，茉夕就召唤出了一只火红的凤凰，七彩的尾羽，金红的凤冠，宽大的凤翅扇起一阵阵旋风，在空中盘旋着，发出悠长的凤鸣。漠沁抬起秀美的脸庞，惊讶地看着这一切。青龙见到凤凰，立刻放弃了对白狐的攻击，转而用龙珠与火凤纠缠。本来嘛，白狐就不是青龙的对手。现在，形势开始发生转变了……

白狐暂时得到了休息，茉夕指挥馥羽霁跑过去为白狐和漠沁疗伤。天上龙飞凤舞，一龙一凤相斗在九天苍穹。虽然只有一千年道行的凤不是万年蛟龙的对手，但凤有翅，可以飞翔躲避，青龙发射龙珠时，凤一挥凤翅躲开，再喷几个火球到龙身上，一时倒也分不出胜负。那边，羽霁正在紧张地为白狐恢复元魄，手忙脚乱地为漠沁疗伤，再使唤着猪猪小助手为她找出灵药，真是忙死了，总算先把白狐的精血恢复到了满格。她冲天上的火凤凰挥挥手，喊道："火女加油！"火女是火凤凰的名字。白狐抖抖毛站起来，一声地动山摇的狐啸震动了整个兰虞羽皇家魔法学校。凤凰快要坚持不住了，白狐展开九条白尾，"呼啦"一下升上九霄，九条白尾在苍穹中舞动。白狐冲向青龙,九条白茸茸的狐尾紧紧地缠住了青龙的脖子!青龙一声愤怒的龙吟,激活了一颗龙珠向未曾防备的火凤凰击过去。"咿儿——"火凤凰一声痛苦的啸叫,直接从空中向下栽去,像流星般陨落。涅兹在下面看着,冷笑一声说:"去死吧!九尾妖狐!"青龙扭过身子,咬住白狐的肩胛。白狐感到疼痛,把青龙勒得更紧了,而青龙被勒得眼球暴突,仍然死咬着不松口,白狐与青龙就在九天之上挣扎着,打斗着……

突然,一道耀眼的金红色光芒缓缓升上天空,刺得青龙和白狐睁不开眼来。啊,是火女!几千年才在凤凰身上出现一次的涅槃,火凤凰浴火重生了!火女通身发着金红色荧光,在空中猛然睁开那细长的眼睛,对准青龙喷出熊熊凤焰之火,青龙的龙鳞发出烧焦的"滋滋"响声,惨叫一声从天空中跌落下来。浴火重生的凤凰,青龙修炼万年的功力也不能挡住她重生前的怒火!

"好,好一只勇敢护主的火凤凰!"一个好听的声音传来,婉媛老师拍着巴掌,骑着她的坐骑——烈焰金龙快速赶了过来。

"婉媛老师!"羽霁惊喜地叫了一声,给了她一个大大的拥抱。涅兹的脸色非常难看,因为,婉媛老师不仅是学校一流的讲师兼魔法师,而且还是他的姑姑。婉媛老师转头狠狠地剜了"青龙魔王"一眼,厉声说:"趁我不在,你又胡闹!"涅兹不服气的"哼"了一声,转身悻悻地走掉了,丢下一句话:"敢惹我,你们等着吧!"

羽霁害怕了起来,眼泪顺着脸颊流下来,抹着眼睛抽泣道:"婉媛老师,涅兹,他,他还是会找我麻烦的,怎么办,呜——"婉媛老师拍拍她的肩膀,安慰她:"没事的,有我在呢。再说,经过一段时间的学习,你们的法力也会进步的!"大家纷纷点头,回到教室。一向独来独往的漠沁,在回教室的途中,悄悄地拉起了茉夕的手。漠沁的手指修长而冰冷,而茉夕的手,总是暖暖的。

三 去"大朋友"家做客

早上,茉夕刚放下魔法包,墨祺便兴奋地从走廊一路飞蹿到教室,大声叫道:"告诉大家一个好消息,今天婉媛老师请我们去她家做客!而且她还会做三色沙拉给我们吃的哦!我们还能自己做面包呢!"

"啊?"

"真的?"

"太好了,我最喜欢吃沙拉了!"

"这是第一次有老师邀请我做客耶!"

教室里顿时炸开了锅,大家七嘴八舌地讨论了起来。只有平时活泼的馥羽霁,现在却恹恹地缩在一旁不太高兴。刚才墨祺一进来宣布这个消息,大家都把注意力转向了墨祺,再没人注意她新扎的单边卷麻花辫了。这本无可厚非,但羽霁是个虚荣心强、喜欢斤斤计较又爱臭美的女生,所以她的心里像是被一块石头堵住了似的,极不舒服。

一阵甜橙般的清新果香从教室外飘了进来,扎着马尾辫、穿着牛仔休闲装的婉媛老师从教室外笑吟吟地走了进来。她拍拍桌子,示意同学们安静,清清嗓子说道:"为了让同学们有良好的运动和实践,我决定,今天给咱们班停一天课,去我家动手做面包,成功之后我会做三色沙拉给你们吃的哟!"

同学们欢呼雀跃:"婉媛老师万岁!婉媛老师英明!"婉媛老师接着温和地说道:"同学们带上魔法棒,尤其是你,粗心大意的墨祺,虽然你很可爱,但我还是要提醒你,要是不带通灵的魔法棒,我们这一路上就看不见隐藏的鬼魂和妖精了,千万要记得带哦!"墨祺咧开嘴,不好意思地挠挠头笑了。

这时,许多同学纷纷围上来问这问那,唯独羽霁坐在座位上,冷眼旁观。她"哼"了一声,板着脸对她身边的姐姐馥羽霖说道:"哼,不就是长得可爱一点儿嘛,有什么可稀罕的!"馥羽霖奇怪地推了推眼镜,问道:"我说妹妹,你在说谁呐?还有,你平时不是挺开朗的嘛,今天是怎么回事,小心眼儿的毛病又犯了?当心我告诉妈妈。她呀,不骂你死丫头才怪呢!"

奇怪的是,平时馥羽霁若听到这话早就蹦跶跳起来了,可今天她却一反常态,坐在座位上,充耳不闻,脸拉得长长的。羽霖虽然也感到今天的妹妹不太对劲,但没太在意,继续收拾物品,并转过头去与后面的舞冰交谈,没有再跟妹妹说话。姐姐这么一数落,馥羽霁心里更堵了,好像有一团黑色的火焰在她的胸臆间燃烧。现在她看见墨祺就觉得很不舒服,老觉得她做作,哗众取宠。羽霁不知道,自己已经是在嫉妒墨祺了。

一路上墨祺用她的通灵魔法棒,驱散了好几个怨恨的亡灵,保护大家平平安安地到婉媛老师家的后花园。大家纷纷为墨祺鼓掌,晓风和晓雷还吹起了口哨。婉媛老师夸赞她散灵法术练得炉火纯青,墨祺露出了一个甜美的笑容。但在羽霁看来,那笑别扭得很,挤成一团,丑的不得了。

婉媛老师的家是一个藤缠蔓绕的大花篮。花篮是由影心竹交叉编织而成的,上面有许多枝叶繁茂的藤蔓,还开出了一朵朵金蓝色的花朵。爱出风头的馥羽霁总算要释放了,她大叫起来:"快看呀,婉媛老师家的藤蔓之花是金蓝色的,和我头

发的颜色一样耶!"她这么做是想让别人注意到她新编的麻花辫,从而压下墨祺的风头。可是大家都没有注意她,对她的大惊小怪和吵吵嚷嚷已经见怪不怪,习以为常了。墨祺是个活泼而又单纯的女孩,她根本就没注意到羽霁的不寻常,还无意说了句:"花不都是这样的嘛,金蓝色是很常见的颜色呀,没啥好奇怪的。"

言者无意,听者有心。羽霁一听这话,更是火上浇油,又偏偏是墨祺说的。本来馥羽霁就对墨祺不怎么友好,因为她觉得同为女孩,一个是灵之国尊贵的公主,另一个只是个普通的乡村女孩,她心里一直愤愤不平。她的小心眼儿使她现在更加气愤了,羽霁想,一进婉媛老师的家,我就要找个借口跟墨祺吵起来,然后用非常恶毒的语言攻击她。唉,像羽霁这么小心眼的,真是世上少有。

婉媛老师按下七个密码键,一扇由荆棘和月满藤掩蔽着的小门应声开启,大家进入了正厅。茉夕一屁股坐在充水床上,半天不起来,惊叫道:"大家快来,这水床好软,从透明的床面还能看见床中间的水里有鱼在游呢!"大家纷纷坐下去,都连连惊叹水床的弹力十足。这时候,婉媛老师拍了拍手,立刻,一盘面粉和一小袋发酵粉出现在了她的手上。她微笑着说:"我们开始做面包吧!"哇,婉媛老师的本领真是高超,能随心所欲地变出自己想要的物品!

"好呀!"墨祺连翻带滚地爬下水床,领了一小团面粉和一点儿发酵粉,满怀期待地看着婉媛老师。"先把面粉和发酵粉揉在一起,接着……"墨祺把发酵粉和面粉使劲地压来压去,让它们结合在一起。其他同学也纷纷滚下水床,学着墨祺的样子开心地揉了起来。只有羽霁的嘴角挂着一丝冷笑。

"然后,动用烘焙大法,用你们的魔法棒画出一个烤箱,并默念咒语把这个烤箱变成实物搬下来,"婉媛老师继续说道:"咒语是阿吗呢叭咪哞,反复念二十五遍喔!我先去厨房准备做沙拉的材料,你们先自己念!"

"阿吗呢叭咪哞,阿吗呢叭咪哞……"一个个"小和尚"念起了"经文",墨祺念得最快,不一会儿就念完了。她兴奋地伸出手来去托举缓缓沉降的银白色烤箱,不料那烤箱又沉又重,她一个人根本举不动,一失手,烤箱被抛向后面,正巧砸中了跟着她一直虎视眈眈伺机寻求报复机会的馥羽霁。羽霁夸张地"啊"地大叫了一声,仰面跌倒在地……

墨祺脸色"唰"地一下变了,不假思索地伸出手去搀扶馥羽霁,说道:"羽霁你没事吧,对不起啊,我不是故意的……"馥羽霁双手用力推开墨祺,"哎呀!"墨祺也滑了一跤,磕破了膝盖上的一层皮,红艳艳的血一滴一滴地渗出来。大家看见墨祺被馥羽霁弄伤流血了,纷纷去帮墨祺拿止血棒、纱布和棉球等用品,谁也顾不上馥羽霁,只有馥羽霖走过去,责怪道:"你老伤人,又那么刻薄,真是烦死了!"

馥羽霖心里十分难过,大家都去关心墨祺,只有她被冷落在一旁,不行,不能这样!墨祺的纱布一贴好,她就故意捂着肚子,大声叫道:"我的肚子好痛啊!墨祺,你只说一句对不起就行了吗?"墨祺也有些生气,心想:我好心搀扶你,你还来推我一把,被擦出血就算了,竟然还不依不饶!不过好脾气加天生乐天派的墨祺公主也不跟她计较,说道:"那应该怎么样呢?我已经道过歉了呀!"馥羽霖尖声叫道:"不,你要向我鞠躬,还要叫我一声'姑奶奶'!"

墨祺看起来真的生气了。她双目炯炯有神,正声说道:"作为一个兰虞羽魔法学校的在习魔法师,你应该知道道德的底线!越过了这个底线,就变成无理取闹了!请你不要跟我提这种无理的要求,我只是失手碰伤了你,你却先是无情地弄伤了我,又耍赖,真没见过像你这样无礼的人!"

馥羽霖听了墨祺的话更是怒火中烧,与墨祺吵了起来。她知道,没受过高等礼仪教育的墨祺一定吵不过她:"我呸!反正你就是弄伤了我,而且还无耻地哗众取宠,你这个坏蛋!"

"你才是呢!要知道,骂人就是在骂自己,你恶毒的言语只会伤害到你自己!"墨祺毫不客气地回击。

"你真是个可恶的人!书呆子!傻子!疯子!神经病!脑残……"馥羽霖抛出了最常用、最得心应手的一招——骂人!墨祺果然忍受不了这种攻击,哭了起来。馥羽霖严厉地阻止妹妹,而茉夕看见这一幕,立刻指责起馥羽霖来:"够了!你心胸太狭窄了!都是同学,墨祺只不过无意中弄伤了你,又诚恳地向你道过歉了,可你呢,先是弄伤她,又提出无理要求,再用那样恶毒的语言对她进行攻击,都把人家弄哭了!你还配做兰虞羽皇家魔法学校的合格魔法师吗?配做高贵美丽的兰虞羽女神的后代吗?"

馥羽霖呆住了,她没想到茉夕竟然会站在墨祺那一边攻击自己。馥羽霖走过来,对羽霖说道:"你要知道,一个人可以没有知识,但不可以没有文化和教养。"馥羽霖看了妹妹一眼,生气地走开了。大家也觉得馥羽霖太过尖刻,得理不饶人,都责怪起她来。馥羽霖见大势已去,生气地跺了跺脚,抹了抹眼睛,一转身赌气地走出客厅,拉开大门去了花园。墨祺感激地拉着茉夕的手,说道:"谢谢你!真的谢谢你!"

这时,婉媛老师从厨房里走出来,手里捧着一盘搭配精美的水果沙拉,红的是苹果,黄的是圣女果,蓝的是蓝莓,绿的是蜜瓜和猕猴桃……大家欢呼起来,一拥而上,纷纷抢吃美味的水果沙拉。茉夕尝了一片猕猴桃,酸中带甜,清凉爽口,咽下后依旧回味无穷,满口留香,真好吃呀!

大家吃过沙拉,自由活动了大约一个小时,天气渐暗,馥羽霖开始发愁了,说道:"现在回学校宿舍还要五个小时呢,等到了学校,已是凌晨了,我们怎么睡觉呢?"墨祺也附和着说:"是呀,我们怎么睡觉呐!"

这时,婉媛老师一身长裙,美丽的金红色大波浪长发盘在脑后,手里拿着几个精致的原木纸质手提袋出现在大家面前。舞冰好奇地问道:"这是什么呀?"婉媛老师没说话,只是分给她一个写着"冰·蓝"袋子。舞冰扒开密封线,把里面的东西拿出来抖了抖,惊喜地叫道:"哇,好漂亮的睡裙!"

那条睡裙是冰蓝色的,上面绣着海鸥和白色条纹,还有一个最别致的地方,就是上面还绣着舞冰的魔法名:wellbeing,翻译过来就是舞冰。大家纷纷去领取属于自己的纸袋。舞雪的上面写着"雪·白",颜色跟舞冰的正好相反,是白底蓝条的。而茉夕的是一件嫩绿色荷叶边的短款睡裙,绣着一朵并蒂茉莉,上面写着三个字:花仙子。原来茉夕在婉媛老师心目中,是古灵精怪的花仙子形象啊!茉夕又去看墨祺的,那是一套明黄色的碎边短裙,绣的是一朵太阳花,写着"金太阳"。漠沁的是一套白底紫花的鱼尾长裙,绣了只白狐狸,写着"小狐仙"三个字。羽霖的是粉红色的,羽霁的是桃红色的……件件好看,分别对应着各自的性格。

领到了睡衣就开始分配睡觉的房间了。房间是五人一间。茉夕和墨祺、漠沁、羽霖、羽霁分在一个房间,在三楼的第五间,也就是305号,门上标着"玫瑰花"。里面的所有用品都绣着玫瑰花,玫瑰花枕头、玫瑰花床、玫瑰花浴室……听起来很浪漫。婉媛老师把开门用的玫瑰花钥匙给了茉夕。这个房间很大,到处点缀着玫瑰花和一些小小的茉莉花、太阳花。房间里有一张三层床和一张两层床,每一层都有木质护栏,而且上方都有玫瑰色的纱幔垂下来,睡觉时一拉上,感觉安全舒适,温馨梦幻。每个房间还有一个单独的淋浴间,墙上是许多彩色的印花,显得高贵而又典雅。淋浴间里面有包着透明拉门的大浴缸,还放着玫瑰花瓣配上香皂沫做成的沐浴露,以及婉媛老师特意为茉夕准备的茉莉花花瓣、墨祺的太阳花花瓣,看起来十分舒适而又华贵。

茉夕从浴池边一幅油画背面的墙上找到了一个小洞窟,从里面找出了一本失传已久的塑料纸页传记《魔法姐妹花——娜希娅与欧薇拉》,听说只有这个房间有专为女生准备的书,而且它是茉夕非常想读的传奇人物传记。

大家拿出各自的睡衣,茉夕问道:"谁第一个洗澡?"

可今天怪怪的,大家你望望我,我望望你,谁也不好意思先上来享用。气氛有些僵硬,大家忽然想起,那个一贯抢先的女孩儿呢?

喔!羽霁!同学们想起,她哭着跑出去之后,就再也没有回来!她去了哪里?

四 金龙公主的秘密

羽霖作为羽雰的亲姐姐,差点从床上滚下来,光着脚不顾一切地从房间里冲出去。茉夕睡意全无,把睡衣胡乱揉揉扔在床上,直接从二楼跳下来,差点崴着脚,也追着羽霖跑。墨祺知道茉夕要做什么,而且她从来不是个斤斤计较的人,便也紧跟着跑了出去。只有漠沁无动于衷,她用手指绞着床上一只毛茸茸的白狐狸的毛,过了一会儿也不安了起来,频频从窗子里向外张望,也有些担心茉夕她们的安全。

茉夕追出了婉媛老师的家门,到了她家的对面,那儿有一片荆棘丛。女孩们小心翼翼地绕开尖刺,扒开缠绕的地方,穿过这片林子,一个形状怪异阴森的古堡赫然显现在眼前。茉夕嗫嚅着问身边的墨祺:"这……是梦棚?这也算个梦……棚?"一向乐天的墨祺也被吓住了,因为那个姑且称它为梦棚的东西被一片片漆黑狰狞、树枝曲折还闪着星星点点绿光的古树给包围着。羽霖缩在后面,但想想她受困的妹妹,还是胆战心惊地踮着脚向前走。

"啊!"茉夕被脚下的一块小石子绊了一跤,刚拍拍裙子爬起来,"扑棱棱"地从古树上飞出一群长翼蝙蝠,黑压压的一片,眼睛闪着邪恶的绿光,"哈哈哈"发出了一阵诡异的怪笑。墨祺闭上眼睛,浑身发出银白色亮光,使起了通灵大法。过了一会儿,她惊恐地叫了起来:"不好,大家小心!我查了一下《魔怪手册》和《鬼魂记录表》,还有《妖精大全》,发现这群脏东西是由世界中丑恶的东西合成的蝙蝠精,体内含有剧毒,千万不能接触它们,也不能使用魔法,使用后会反弹给自己,全身腐烂!除非,喊狐仙来,只有狐仙的九尾神功才能解决这些东西!快,叫漠沁!"

哎呀,竟然忘记把漠沁带上了!她可是至关重要的狐仙啊!眼看着一只剧毒的吸血蝙蝠就要飞过来了,茉夕绝望地闭上了眼睛,心想:"唉,我又要死一次了!"茉夕是凤仙,她只有七条命,这是第五条。狞笑着的黑色吸血蝙蝠飞过来,长长的蝠翅,用力一扇……

"嘭!"黑色蝙蝠突然在茉夕面前爆炸,化为粉末,消失得无影无踪。茉夕睁开眼,一道白色的狐影划过,漠沁骑着银白色的巨型仙狐,手里拿着魔法棒对着那蝙蝠一点,蝙蝠就化为粉末随风逝去。透过窗子看见险情,破窗而出及时赶来的漠沁驱散了这些邪恶的蝙蝠,成功地救了大家。漠沁温柔地笑着,脸上漾出两个甜美的酒窝。这时,大家才发现,笑着的漠沁,比她漠然时美丽多了,是笑容的美丽。以前,漠沁是个冷若冰霜的女孩,还有一些忧郁,自以为看透世间一切。但当她笑着面对生活时,才发现生活的美好。原来,生活不只是淡淡地看着世间变化。漠沁开始改变自己对生活的态度,她要变得活泼爱笑,变成一个人见人爱的女孩。

有了一个帮手，大家兴奋多了。起码，有白狐妙影的帮助，刷几只鬼怪应该是没问题的。妙影开路，冰蓝色的眼睛闪着寒光，那些纠缠在一起的树木仿佛有了灵性，自动避开。偶尔还有死死缠住不放的歪树，妙影只需要咧开嘴，龇出一口千年冰雪般的白牙，亮出尖利如钩的狐爪，那些讨厌的树木就自动软绵绵地松开。大家顺利地到达了城堡的门前。

　　突然，大门自动开启了，里面走出一个公主打扮的女孩，年龄大约和茉夕差不多。她梳着一头乌黑泛金的盘发，右边留了一缕长长的麻花辫盘成的一个小花结在脑侧，发髻中间垂下两条长长的金色飘带；额前戴着一对炫目的金色琉璃龙角，上面嵌着一颗很大的椭圆形冰蓝龙珠，发出神秘的七彩柔光；龙珠下垂着漂亮的金色流苏，看起来十分华丽。女孩的脸色白里透红，眼睛深邃黑亮，眼角微微向上翘着，显出独特的东方风韵；睫毛又长又密，眨动时像两只灵秀的黑蝴蝶在飞舞，忽闪忽闪，还泛着一点好看的金光；嘴唇红艳艳的，是个模样俊俏的女孩。这个女孩身上古典的东方气息很浓，带着些许金龙淡淡的忧伤，更为清婉迷人。她身着一件金色的长袍，外面套了一件橙红色的披风，脚下穿着一双红面绸缎绣花鞋。身后伸出一对金龙的龙翅，令她在神秘之中更添了一种高贵的美。

　　妙影紧张地盯着这个女孩，生怕她的龙角和龙翅会伤害到自己的主人漠沁。女孩对这个庞然大物视而不见，她向茉夕一行自我介绍道："不要怕。我是夜龙之王的大女儿，金龙公主娜希娅。我救了你们的朋友。"娜希娅是金龙，所以她的发色其实是炫目的金色。

　　茉夕心中十分惊讶，这是怎么回事？金龙，难道和青龙魔王有关么？是龙王的女儿，那就是小龙女了吧！嘿嘿！原先看她就像是东方金龙的后裔，果然如此！娜希娅公主继续说道："我想你们作为兰虞羽魔法学校的在习生，应该知道青龙魔王涅兹吧？他是我的弟弟，后来到了你们学校就读。至于我为什么没去，说来话长。首先，他一直对你们耿耿于怀，我也不知道是什么原因，他一路跟在你们后面，乘着这个女孩儿跑出来的时候，"金龙公主指了指里屋，那里关着馥羽霖，"趁机抓住了她并把她送到了城堡里。我知道兰虞羽的所有学生，一眼就认出她是在读的魔法师，于是就找了个借口把涅兹骗了出去，在这里等着有人发现，勇敢地通过我布置下的那些荆棘和蝙蝠的考验，来到城堡。蝙蝠是龙族特殊的一员，虽然有些恐怖，但也是龙，所以用它来做考验。因为我是龙族的后裔，龙王规定，金龙和白龙两大氏族不得擅自在仙族、灵族和梦族人们中露面，所以我不能直接送她回去。你们快把她接回去吧，她就在里面。"

　　听得懂人话的白狐妙影立刻向里屋跑去，不一会儿叼着馥羽霖的领子出来了。

茉夕有些不满面前的这个女孩,不知道沾上蝙蝠就会死的吗!?干吗那么绝呢!不过听娜希娅说话,绝不是条恶毒的龙,善良纯真,倒也不那么让茉夕反感了。

馥羽霁穿着一套干净的衣裤——她原来的衣裤在被涅兹抓进城堡时给荆棘刮得满是洞眼儿,眼睛有点肿,头发被娜希娅公主绑成了马尾辫,利利索索,整整齐齐。墨祺冲上去和她来了个热情的熊抱:"羽霁没事吧?能回来就好!"馥羽霁感动地呜咽着,语无伦次地说道:"你们真是太好了。我对……对你们那样,你们却……"墨祺笑着说:"什么那样这样的,别这么见外啦,我们是你最好的朋友呀!"。说完拉着馥羽霁告别金龙公主,依旧是悄悄地回到婉媛老师的家里。

夜晚,漠沁睡了,墨祺睡了,羽霖和羽霁也睡了,只有茉夕一个人趴在二层的床上看着星月之夜。她越想越睡不着。今天发生的一连串故事真是奇妙,大魔头涅兹是善良美丽的金龙公主的弟弟,这合逻辑吗?涅兹为什么要跟踪她们呢?她越想越觉得不对劲,觉得"娜希娅"这个名字十分耳熟,可又不记得是在哪里听过……

想了一会儿,茉夕还是打算先去洗澡再说,顺便可以读一读放在那儿的一本小说,好好看看那期盼已久的内容。她刚踩上塑料拖鞋走进浴室,就一眼瞟到了那本书上的三个字:"娜希娅"。对!就是娜希娅!她赶紧把书翻到介绍主人公的那一页:"娜希娅,金龙公主,出生年月不详。天生闭月羞花,明艳不可方物,倾国倾城,且心地善良,世人称其曰'倾世之容'!"

娜希娅就是魔法姐妹花中的那个姐姐,金龙公主!她应该还有一个妹妹!茉夕一下子来了精神,迅速把书翻到下一页,果然找到了描写妹妹的地方:"欧薇拉,白龙公主,出生年月不详,眉清目秀。聪慧过人,才思敏捷,三龄便能成诗,七岁即可弹得一手好琴,赞其曰'绝世之才'……"

欧薇拉!金龙公主还有一个聪慧机敏的白龙妹妹叫欧薇拉!茉夕压抑住激动兴奋的心情,放下传记,拧开大浴室里的水龙头,撒一点洗手台上盘子里各种各样的花瓣进去,然后躺进浴缸里继续读下去:"这对魔法姐妹花一个天姿国色,一个满腹诗书,曾经叱咤风云。但后来一场可怕的族群大战,白龙和金龙家族之间打得头破血流,最终白龙不敌金龙。白龙家族所有的成员,包括娜希娅的妹妹欧薇拉,全都不知所踪。记载着这场战争的传记——也就是你现在读到的这本书,归于胜利者——金龙家族!"

既然这本书是婉媛·玛丽莎老师的,那传记中又明明白白地写着此书归胜利者——金龙家族所有,那就可以判定,婉媛老师是金龙家族的!怪不得漠沁和青龙大魔头战斗时,婉媛老师是骑着烈焰金龙来的,那不是她的坐骑,那是她的分身

啊！善良的婉媛老师虽然害怕违背禁令会遭到夜龙王的严厉处置，但她还是毅然决然地选择了孩子们，宁愿牺牲自己，也要教会孩子们魔法！

茉夕的眼睛里噙着泪花，为婉媛老师的无私精神而感动。渐渐地，她感到身底下的水有些不对劲，越来越烫，越来越烫……"啊！"茉夕一声大叫，从浴缸里蹦了出来，扯了块大浴巾，从浴室里拎着防水传记狼狈地跑了出来，她差点就变成水煮鸭了！墨祺被这一声大叫从睡梦中惊醒了，她从床上坐起来，揉着眼睛，瞟了瞟红头赤脸的茉夕，"扑哧"一声笑出声来，伸手抢过茉夕手里的传记也开始读了起来。读着读着，墨祺的嘴惊奇地张成了一个"O"型，她大叫："这一定是一本珍贵的古老传记！我们要好好收藏！"

漠沁也被吵醒了，她晃晃脑袋，从墨祺上方伸出手来，讨要传记："真的吗？让我看看！"她翻了几页，翻到"金龙胜利"云云时，她非常肯定地说："这是后人新编的，一点收藏价值也没有！"

"为什么？"茉夕和墨祺异口同声地叫了起来，漠沁指着书上的那行字轻言细语地说道："书上记载的战斗时间是三年前的一场混战。三年前的事，一百年前会记载吗？""噢，这样啊！"墨祺挠挠头不好意思地笑了起来。茉夕则暗暗想："哎呀，这真是个低级错误，可再也不能犯了！"

细心的漠沁读完，也发现了这个秘密：魔法姐妹花就是娜希娅公主和欧薇拉公主！婉媛老师是金龙家族的后裔！

婉媛老师随手落在家里的一本书，竟藏着一个惊天秘密，而几个女孩子又偶然发现了这个大秘密！大家的脸色渐渐凝重了起来……

五　寻找欧薇拉公主！

第二天，大家在婉媛老师家里吃了一份精美丰盛的早餐，每个人都领到了一套干净卫生的瓷餐盘，还垫着浅绿叶子的大白菜。婉媛老师为每个同学盛了一块精致的三文鱼，上面浇着条形的海鲜酱，散发出鱼独有的鲜味。还有一些浇着千岛汁的紫甘蓝沙拉、酸酸甜甜的蓝莓和切成薄薄小圆片的动物鲜肉，一层一层地摆成梯形，大概一口一片的样子，令人垂涎欲滴。桌旁放着调出的混合杂果汁，就是什么水果都有的果汁，非常好喝。可今天，别人吃得兴高采烈，一个劲地夸婉媛老师厨艺高超，305号的成员们除了昨晚不知情的羽霖羽霁姐妹，其他人个个都无精打采的，看着这一桌美味营养的大餐也了无食欲，囫囵吃了几口就饱了。

吃过早餐,婉媛老师送大家上校车,茉夕她们因为有心事,脚步拖拉,所以就走在最后。其他同学都上去了,茉夕正要上车时,一个身影急匆匆地赶来,对站在车门边送同学们上车的婉媛老师说了句什么。那个身影一头金黑色的及腰长发,隐隐约约能看见两根龙角上垂下来的飘带——金龙公主!

大概是怕别人认出自己是龙,她留了很长的齐刘海,盖住了龙角。只是这样一来,她看起来怪怪的,沉重的齐刘海使她失去了原先轻灵美丽的样子了。娜希娅公主现在来干什么呢,同背叛龙族的同胞能有什么好说的?茉夕飞眼瞧着拥有一头闪亮红发的婉媛老师,发现她的脸色渐渐凝重了起来。婉媛老师用手捋了捋前额的卷发,把它们拢到后面去,可它们看起来很有弹性,就是不肯过去。她无奈地叹了口气,抬手叫茉夕她们:"孩子们,过来吧!"

这是要干什么?茉夕拉着墨祺和漠沁疑惑地走过去,羽霏和羽霖紧随其后。婉媛老师对羽霖和羽霏讲述了有关欧薇拉公主的事情,她们一脸惊奇,茫然地问:"这跟我们有什么关系呢?"

"你们是这件事情唯一的知情者,而且都身怀绝技,所以我请你们和我一起去寻找白龙族的禁地,找回我的妹妹白龙公主欧薇拉。我们这里有一张简略的路线图,不过上面有很多地方都未标明,而且有很多白龙族的守卫者会阻挠我们,所以希望你们一定要学会坚强,有勇气和我一起去挑战。"娜希娅回答羽霖和羽霏的问话,简短地说明了自己的来意。

女孩儿们不知所措地望着最亲爱的婉媛老师,婉媛老师用坚定的目光鼓励她们:"孩子们,去吧!"说完留下一个灿烂的微笑,转身上了校车。她关上门,最后回头看了茉夕一眼,随即坐上驾驶座,用高跟鞋踩下油门。"轰隆隆……"校车飞速行驶,茉夕也更坚定了,她想:"我一定要帮助娜希娅找回妹妹!"

娜希娅打量了几眼她们的着装,摇了摇头说:"你们的裙子都是丝绸和纱绫的,一遇到锋利物就会被划破,而且还容易被树枝勾住。一路上有很多的艰难险阻,这样娇气的裙子早就被刮得破破烂烂的了!你们看我穿的面料,去房间里找一件相似的来穿上。"大家抬头望去,娜希娅的金色长袍原来是用结实的亚麻布织成的,又掺杂着丝光线,所以看起来金光闪闪,既实用又美观;腰间的褐色粗麻花腰带防止长袍散开,橙红色的披风平添一股英气,干脆利落,东方巨龙的风范从每一个细节体现出来,加上娜希娅生得极美,真是英姿飒爽。

大家回房间拿好了自己的衣服,茉夕是嫩绿色的亚麻长裙和精灵一样的尖头靴;墨祺是一套蓝条纹的背带裤,俏皮可爱;羽霏是挺喜庆的桃红色羽绒裙,毛茸茸的雪地靴,很实用,走路很舒服;羽霖是暖和的羊毛衣配编织裙,也挺好看的;这

一群女孩里漠沁鹤立鸡群,她穿的是银狐领的毛大衣,又漂亮又保暖,还不会被树枝勾住,但是和娜希娅比起来还是得甘拜下风。

"嗯,很好!"娜希娅拍了拍手。她用一枚精巧漂亮的蝴蝶金夹把前额的刘海固定在头顶后部,露出灿烂的琉璃龙角。在发夹夹上头发的一瞬间,它发出了不同寻常的璀璨金光,光芒刺眼。那蝴蝶,仿佛要飞出去似的,炫光四射。娜希娅皱了皱眉头,用手轻轻抚摸它,很快金光就灭下去了,四周有一些星星发出柔和的光彩。一会儿,星星也没了,发夹又重新变回了它的本样。这发夹……

这发夹是有什么神奇的秘密呢?

茉夕正走神,娜希娅不客气地吼:"发呆就不要去了!"茉夕吓了一跳,回过神来,一脸窘相。娜希娅从包里拿出了一卷羊皮纸,约有五十平方分米左右,用一根丝带系着。娜希娅解开丝带,轻轻地舒展开整张羊皮卷——那真是一幅壮丽的景象!上面画着精妙绝伦的图案,有小桥流水的江南人家,有飞檐翘角的亭台楼阁,有风沙弥漫的西域大漠,有一望无际的美丽草原……而这些都是凡间的建筑。每一幅图下都配有文字,还有一条线路,途经这许许多多地方,最终到达了一个画着龙族头像的地方,娜希娅说那就是传说中的上古龙族禁地。

娜希娅用手指着那个草原的图标,告诉大家:"第一站,我们要去的是凡间的娜仁大草原。在那里我们要找到一个蒙古族女孩,她叫诺敏,她可以帮我们找到通向世外桃源的大草原之路,这样我们就可以从凡间的第一站向第二站进发了。我们要小心那里的狼。在世外桃源的娜仁大草原上狼是很多的,而且那里不能使用魔法,只有靠诺敏来帮助我们哦。好了,现在我们去吧!"

六 我要去草原

"怎么去?"墨祺好奇地问道。

"问得好。"娜希娅咽了咽唾沫,继续讲道,"现在我们处于王国的中心向右偏离四百千米处。如果要去凡间的话,首先要穿过海底,我们就能到达凡间的四川省,然后继续骑马向北进发,到内蒙古草原后诺敏会过来接我们的。"

馥羽霁问道:"这个诺敏是谁呀?怎么又是个女的?为什么是她来接待我们呢?"她的语气中含了一丝轻蔑。

"嗯,可不要小瞧了她。她是蒙古族最优秀的女孩,是蒙古可汗的女儿,蒙古公主!三岁能骑马,七岁时一个人端掉了狼窝,十岁时把狼崽当宠物养,十二岁时射

箭、摔跤的技艺已经天下无双,现在你们还能看见一只威风凛凛的大黑狼站在她身旁呢!有了她,我们绝对不愁找不到路!"

羽霁乖乖闭嘴,她和诺敏差太远了,平时她见到条蚯蚓都要大惊小怪半天。羽霁唯一的优势就是她不是凡人,其他一无所长。

首先,要到海底去。这个不难。娜希娅摘下龙角,自己先变身成龙,然后把龙角复制出来给伙伴们,这样怕水的馥羽霁以及其他伙伴就可以在水底呼吸了。

有了龙角的庇护,大家不但一下子就潜到了海底,而且所有的鱼统统躲到了一边。那些大鱼小鱼黑鱼白鱼鲸鱼鲨鱼墨鱼鱿鱼章鱼鼠鱼金枪鱼沙丁鱼石斑鱼小丑鱼箱水母霞水母,都像是见到了国王似的,自动停在两边行注目礼。原来,艳阳金龙是青天龙王,玉姣白龙是碧海龙王,不管什么王,所有生灵都得避让那对威力巨大的龙角。

先是娜希娅的一声龙吟开路,然后是几个狐假虎威、戴着龙角招摇过市的家伙紧跟其后。由于金龙公主娜希娅强大而可怕的威慑力,一路上没有受到任何海洋生物的攻击。经过两个小时畅通无阻的飞速前进,大家从寂寥的大海中游了出来。

从海中出来,大家都有一种恋恋不舍的感觉——刚才那种让鲨鱼鲸鱼唯恐避之不及的感觉实在是太美妙了!但是大家不得不继续前进,任务还没有完成呢。骑马实在太累了,于是大家各自使起魔法,飞向娜仁大草原。漠沁展开天鹅翅膀,把银狐借给了茉夕骑;墨祺坐着冥灵水晶球,羽霁和羽霖躲在一个温暖的漂浮球里面。这时娜希娅却不见了,大家四处张望,只见一条闪光的金龙从身旁飞过,身上橙红的披风呼啦啦作响,琉璃龙角夹着冰蓝闪金的龙珠,上面似乎还停着一个……未及细看,龙尾便从眼前摆过,留下一阵狂风,一下就把大家吹到了目的地——娜仁大草原。大家异口同声地大叫:"金龙公主!"

娜希娅可真够野的,轻轻一阵风就把她们吹到了大草原上,她们个个跌得东倒西歪,却见金龙公主娜希娅笑眯眯地站在前面看着她们。茉夕龇牙咧嘴地拍拍屁股站起来,默默怨念:"这金龙公主脑子是不是搭错了筋啊,动作就不能轻点吗,非要那么猛!"大家刚喘息着站起来,又一阵狂风刷过来——一个长发飞扬的女孩骑着一匹香槟金色的骏马飞驰而来,扑面而来的旋风差点把刚刚站起来的公主们刮倒。女孩一个紧急勒马,"咴儿——"那马昂起头一声嘶鸣,女孩飞身下马,带点歉意地说道:"对不起啊!吓着你们了!"

这世界上竟然还有比娜希娅更野的女孩子!茉夕抬眼打量她,皮肤微白,眉宇间有一股英气,头上戴着尖顶的蒙古帽,前额垂下民族风情的绿蓝红三色流苏,具有那草原别样风情的妩媚;身着颜色鲜艳的蒙古长袍,脚蹬一双高帮长靴;那双长着长长黑睫毛的大眼睛和披肩直发,透出浓厚的民族气息。她身边还有一只高大的狼,皮毛黑得发亮,眼睛闪着绿光,看起来凶猛吓人。那狼龇牙咧嘴地冲茉夕"呜呜"低噪,倒把茉夕给吓了一跳。看来,这就是传说中的诺敏公主了。

茉夕正想说话,那匹马却吸引住了她的视线——那马在流血!茉夕大叫起来,诺敏回头望了望马,爽朗地笑起来:"哈哈,这不是血,这是马的汗,这就是世界上珍贵的汗血宝马,是你们身边这位金龙公主送给我的!怎么样,要不要上去试试看?"

茉夕再次端详那匹马:只见它高大雄壮,四肢上隆起一块块肌腱,把皮毛绷得油光水滑;香槟金色十分罕见,更显它的血统高贵;英姿勃发,鬃毛随风飘起,长而柔顺,就像是娜希娅美丽的金发;茉夕仔细一瞧,它的头上靠近耳边的部位,有一块很小的蝴蝶斑纹,颜色比其他部位要深得多,像是娜希娅龙角的颜色。咦,这马,为什么怎么看怎么像娜希娅呢?

呸呸呸,茉夕在心里狠狠骂自己,金龙公主怎么能跟牲畜一样呢?一定是自己想歪了,想错了,茉夕自己这么想着。可是,真的很像,算了,也就瞎想吧,可别一不留神说出来了,娜希娅因为找不到妹妹,早被磨得没什么温柔了。就现在娜希娅那个暴脾气,说漏了嘴,她不大发雷霆才怪呢!茉夕咽咽口水,把话吞进肚子里去。不过她回头看看,娜希娅居然不见了,可能是去上厕所了吧。

娜希娅向大家介绍:"诺敏公主是我在妹妹失踪之前结交的朋友,是我的老朋友了。另外还有一位藏族姑娘叫卓玛,她的歌儿唱得可好听了,还会跳舞。可后来她在西藏的一场暴动中也失踪了,大家猜测她可能不幸罹难了,我们都很伤心。诺敏对草原了如指掌,跟着她,我们一定不会迷路的!"

"你们要找桃源仙境草原的入口,那肯定是在草原的中部,那里是整个草原的中心,可能性最大。你们每个人去马厩那里领一匹马,我知道你们自己有坐骑,但来到草原,还是去骑我们的马吧,感受一下!"诺敏热情地说道,走到马厩那里,牵出几匹身姿矫健的骏马。这些马中只有一匹颜色是金红金红的,格外气宇不凡,其他几匹都是雪白雪白的,一尘不染,碧蓝色的眼睛里闪着俊逸的光芒。羽霁眼尖,跑过去抱住红马的脖子,对诺敏说道:"我要这一匹!"

"这个……"诺敏有些尴尬,但又不想拂了馥羽霁的兴致,所以,显得有些支支吾吾。

"我要嘛!怎么自己选马都不可以啊!"馥羽霁跺跺脚,撒起了小姐脾气,赌气地撅着嘴看着诺敏。馥羽霁是羽霖的妹妹,比羽霖小了一岁,而羽霖比茉夕、漠沁、墨祺也要小一岁,所以茉夕已经十六岁,羽霁才刚刚十四岁。在这个帮助娜希娅去

龙族禁地的队伍里,她是最小的,娇气任性,一向都是大家让着她呢。

"对不起,这马不能给你,这是留给茉夕的。"娜希娅冷冰冰的声音传过来,她俯视着羽霁。茉夕注意到,在她说话的时候,那匹马不见了。

娜希娅和诺敏都是十七岁,个子比羽霁高出一大截。"为什么要留给茉夕呀?羽霁怎么就不能骑呢?"羽霖推推眼镜,用带点嫉妒的口吻说。"呃,这个一时还说不太清楚,到时候你们就会知道了,小媚媚别生气啊!"娜希娅的语气好了一点,她一直喜欢把小自己三岁的馥羽霁喊成"小媚媚",这来源于馥羽霁的小名媚儿,听起来像是"小妹妹"。

馥羽霁撅着嘴勉强往后咧咧,不情愿地骑上另一匹白马。刚坐上马鞍,心神不宁的她就紧紧抓住缰绳,自己也不知道那马被她勒得双眼暴突,"咴儿"一声长嘶,驮着她就向草原深处狂奔。羽霁慌了神,连忙大叫:"救命啊,救命啊!"这马也是日行千里的良种马,她的哭声夹杂着叫声骤然远去。偌大的娜仁草原没有路标,必须尽快追回羽霁,不然很可能再也找不到她!

诺敏赶紧骑上马,手里扬起马鞭,"啪"的一声清脆的响声,把愣住的大家惊醒了。她策马扬鞭,提醒大家:"跟着我去!"然后一声响亮的"驾",马儿嘶鸣着绝尘而去。茉夕本不好意思骑那红马,但情况危急,也顾不得多想,飞身上马,紧随诺敏。漠沁和墨祺也紧随其后,但令人奇怪的是,娜希娅又不见了。呵,又是变成龙了吧!大家紧赶慢赶追上诺敏,但她却停了下来,从马背上跳下。诺敏见大家追来了,伸手挡住为首的茉夕:"你们等一等!"

"怎么呢?"大家一阵诧异。

"马上就好,等一下!"诺敏的眼神有些慌乱,她甩起马鞭,呼呼作响,茉夕只得向后连连倒退了几步。就在那一刹那,万丈金光从诺敏的身后发出来,刺得大家睁不开眼。金光渐渐消失,娜希娅竟从光芒中走了出来,她的身后还跟着惊魂未定的馥羽霁和那匹鬃毛如丝的白马。

茉夕惊呆了。

"我刚刚发现了一个地道。可能是草原土拨鼠挖的,那里有可能就是入口。"娜希娅向大家描述她的发现。可大家的注意力都在金光上,基本没人听见她在说什么。诺敏吹了声口哨,把大家的目光吸引到她那儿:"如果你们能够跟着娜希娅找回欧薇拉,那个中缘由她肯定会告诉你们的!"大家如梦方醒,连忙和娜希娅一起扒开草丛,果然看见了一个黝黑的洞穴。

一只蚱蜢从旁边的草丛里蹦出来,吓了羽霁一跳,她尖声大叫起来。诺敏不高兴地对她说道:"如果你连只蚱蜢都怕,就不要进地道了!"馥羽霁也意识到自己

太娇气了,不好意思地捂住嘴巴。

"现在,跳下去!"诺敏命令道,自己先做了个示范,她深吸一口气,闭起眼睛,双脚一抬,已站在洞底。"姑娘们,这里不深,你们可以跳下来的!"娜希娅也随后跳下去,底下传来她朦朦胧胧的声音,"没事儿的,下面很安全,还有一只小土拨鼠呢!下来吧!"

茉夕见诺敏跳了下去,也自告奋勇地进了地道里。这里四周没有墙壁,漆黑阴暗,空间狭小,一不小心就会碰到头,只得低头弯腰走路。诺敏见茉夕下来,便点亮了手中的蜡烛。蜡烛闪着摇曳不定的微弱光芒,橘红色的温暖烛光照亮了地道。低头再看,一只睁不开眼睛的小土拨鼠蜷缩在诺敏的脚边,看起来挺可怜,它不能见光。诺敏解释说,草原土拨鼠是娜仁大草原常见的动物之一,不必稀奇。土里的生物,例如地鳖子、红蚯蚓等,茉夕还是第一次见,感到十分陌生,同时,又感觉十分的新奇、有趣。

第二个下来的是漠沁,她对周边景物熟视无睹,而且并没觉得有什么不适。这就是漠沁最令人佩服的一点——能适应各种环境,从不害怕,她就是典型的外表柔弱,内心强大,无所畏惧的那一类人。羽霖拉着羽霁,鼓起勇气也进了地道。羽霁见到那些个小虫子,吸取教训没再大叫,只是小心地踮起脚尖走路——因为她个子小,不会碰到头。大家猫着腰谨慎地一步一步向前走,诺敏手里的蜡烛忽明忽暗,蜡油滴下来烫到了她,她竟然没察觉。看来从小在草原摸爬滚打的她对于这样轻微的疼痛早已没感觉了。

再往前走,到了一个分叉路口,前面有两条路。茉夕说应该选左边的,因为左边那条看起来直一些,没有过多的曲曲折折;墨祺主张选右边的,因为右边那条宽敞一些,可能是土拨鼠拱得多。后面传来不安分的嘶叫声,回头一看,原来白马也跟了进来呢!它的头把洞顶的土壤顶高了一大截,看起来像是戴着一顶"土帽",十分可笑。那狼也跟了进来,眼睛发出两点绿光,怪吓人的。

公主们都很犯愁到底选哪条,于是把求助的目光投向最有经验的诺敏。诺敏想了想,轻轻吹一口气熄灭了手中的蜡烛。"诺敏姐姐你干吗呀!"是羽霁的抱怨声。"嘘,睁大眼睛看土拨鼠!"诺敏轻轻提示她。大家的眼睛逐渐适应了黑暗的地道,只见本来缩在诺敏脚边的土拨鼠有了动静,它"吱吱"的轻声叫着,向右边的分叉口跑去。

诺敏重新点亮蜡烛,土拨鼠又不动了。她一边带着大家向右边的路走,一边向大家解释:"土拨鼠是很熟悉地下的生物,而且生性机警胆小,它绝不会向有危险的地方跑,所以右边这条分叉口是安全的。我们要学会利用大自然的'天然指路

牌'来寻找出口,而不是凭空猜测啊!"大家从过地道中又积累了经验。

突然"蹬蹬"的脚步声从远处传来,把大家吓了一跳。这种破地道,谁会进来呢?一缕漂亮的蓝色灯光渐渐亮起,后面跟着一个戴着彩色梦之王冠的人,披着华贵的玉貂披肩,身穿银色的长袍,脚下一双水晶鞋,小心地向这边走来,羽霁突然大叫:"茉夕,你怎么变成这个样子啦!"

七 冤家路窄

"啊!"那女子吓了一跳,站住不动了,她手中的蓝色灯光让大家看清了她的面容:浅茶色的蓬松卷发,向上卷翘的齐刘海,弯弯的柳叶眉,银灰色的大眼睛,除了头发不同外,简直和茉夕是一个模子刻出来的,怪不得羽霁会认错呢!但她却没有茉夕那么甜美的笑容,见到茉夕她们,脸上硬挤出僵硬的笑容:"呵呵,这不是我的好妹妹茉夕吗?我是莫瑶啊!"

"莫瑶?!她为什么在这里!一定是她早就打听到了茉夕的行踪,才挖了这个地道,等着她们经过呢!我们去帮助娜希娅寻找妹妹,关她什么事,干吗挡着我们的路啊?"茉夕打心眼里不喜欢这个满肚子阴谋诡计,跟她平分王位的姐姐,料想她来也不会有什么好事,便冷冷地问道:"你来干什么?我的好姐姐!"话里充满了讽刺意味,正好跟莫瑶刚刚那一句虚伪的"我的好妹妹"对上。

"咦?她是你的姐姐呀!"羽霁很好奇。莫瑶不想正面回答茉夕的问题,便把注意力转向羽霁:"哎哟,这小妹妹长得可真靓啊!瞧那脸蛋儿,嫩生生的,多白净啊!啊呀,那眼睛,水汪汪、黑盈盈的,一看就是贵族小姐啊!还有那嘴唇,红艳艳的,多水灵的小姑娘啊,真漂亮!"

听见"一看就是贵族小姐啊!"这句话,羽霁为自己的身世感到悲哀。她看看周围都是清一色的公主,不禁顾影自怜,竟然掏出一面小镜子,对着镜子左瞧瞧右看看。一会儿用手指弹一弹红润的脸颊,一会儿又捋捋头发,眨巴着一双圆眼睛。对镜子里的自己还是不满意,又换了个发型,把头发编成漂亮的麻花辫。这回总算搞定了,她露出满意的笑容,再次端详起自己来,一副得意洋洋的样子,还自言自语地说:"莫瑶姐姐说得对!我呀,就是贵族,那可得好好打扮打扮……"

哎呀,莫瑶就那么随口一句话,她至于要那么大反应嘛!

茉夕看见莫瑶故意表扬起同伴,吸引羽霁的注意力,心里更加不愉快,继续问莫瑶:"你到底是来干什么的?我告诉你,好狗不挡道。要是闲得无聊,就赶快给

我让开,不然有你好看!"

这应该算是威胁了,可莫瑶仍然不为所动,阴阳怪气地笑了起来:"嗨哟,小茉夕也敢顶嘴恐吓我了!告诉你,姐姐我今天就是专门来挡你道的!怎么地,我就是闲得无聊,你能拿我怎么样!哈哈!"刚说完脸上的笑容消失得无影无踪,一股戾气浮上她那与茉夕极为相似的脸庞,眼睛里露出了凶光,又似笑非笑地看着一脸气恼的茉夕,十足的无赖相。

突然,一只梦蝴蝶飞过来,咬了茉夕一口,这正是莫瑶放的。梦蝴蝶是梦之国公主常用的攻击招数之一,现在莫瑶拿它来攻击茉夕,摆明了是轻视这个小她几岁的妹妹嘛!"你厚颜无耻!"茉夕捂着刚刚被咬到的右胳膊,心里气愤到了极点,马上就要爆发了。可惜,她拿这么厚脸皮的人没办法,她的梦凰无法在地道里正常召唤起飞。诺敏也受不了张狂的莫瑶,她骂起莫瑶:"我从来没见过你这样的人,莫名其妙!"

"哦,是么?"莫瑶冷笑着,双手一合正准备发射第二只梦蝴蝶,一只银白色的仙狐就站在她的面前,威风凛凛,霸气侧露。茉夕回头向漠沁投去感激的目光,漠沁冲她挤挤眼睛,笑了笑。仙狐妙影的突然出现,把莫瑶吓了一大跳,她抖抖索索地仰起脖子。妙影一双狐媚的眼睛像莫瑶刚才的表现一样,似笑非笑地望着她。"妈呀!"莫瑶忍不住轻叫了一声,但很快就反应过来,双手连续开开合合,放出几十只梦蝴蝶。

妙影当然不会让它们叮到自己。它使出"千狐幻影","嗖嗖嗖"地在两秒钟不到的时间内用尾巴打死了全部的梦蝴蝶,然后发出千万道银白色的美妙幻影在莫瑶身边环绕,向她扑过去,牙齿泛起了寒光。莫瑶在危机时刻突然想起了梦之保护,连忙运起。"叮"的一声,妙影的牙齿磕到了钢铁般硬的保护罩,扑了个空,重重地仰面摔倒在地上。莫瑶乘此机会,赶紧撤掉保护罩向妙影进攻,双手推出一股梦之力量攻向仙狐妙影。

但莫瑶低估了妙影的能力。它在跌倒的那一刻迅速站了起来,施展开仙狐的杀手锏——九尾大法!九条毛茸茸的尾巴在妙影的身后展开,轻轻晃动着,犹如一把充满杀气的折扇,场面异常壮观,气势非凡。它迅速用一二三四条尾巴挡住冲击波,五六两条尾巴分散在身体两侧保护后面的茉夕她们,七八两条尾巴迅速卷住莫瑶后面的随从。他们还来不及反抗,就被妙影在头上顶出的大坑口扔出了地道,谁也不知道他们会飞往哪里。

还有最后一条尾巴。妙影面露凶光,那双狭长的狐眼突然变成了红色,血红血红的,仿佛要滴下血来似的,十分可怕。漠沁低声对茉夕说:"这是它要攻击的前

兆!"果然,妙影一声凌厉的狐啸,"唰"地扑过去,尾巴倒卷过头顶,把步步后退惊恐万状的莫瑶卷了起来,"咚"地一跺脚,一甩头,那最后一条尾巴无限地伸长,把莫瑶从洞口卷上了高高的天空,然后抖了抖,一下子把她扔了老远,都看不见她在哪里了。

羽霁一个劲地伸着头瞧,确实看不见了。她用一种含义不明的眼神看了漠沁和白狐一眼,表情是说不出的怪异。这令茉夕摸不着头脑:羽霁那眼神,就像是看外星动物一样,这是干啥呢?!

八 世外桃源

打败了莫瑶后,大家继续走,很快就到了一个出口,这大概就是刚才莫瑶进来的地方了。出来以后,果真是世外桃源的大草原!这里青翠碧绿,草丰水美;溪水潺潺,清澈见底;羊儿雪白,一尘不染,低头安静地啃食着青草;一群膘肥体壮的骏马飞驰而过,清脆激昂的马蹄声在草原上久久回荡。啊,果然是一个人间天堂!

"在世外桃源的娜仁大草原,我们要寻找世界上最绿的草,掐出草汁来,带在身上,累的时候是有用的。"娜希娅说着,手里拿出一张地图,"看,找到宝箱之后我们的第二站是西藏阿里,在那儿采集八颗佛教明珠;第五站是新疆天山,要采集黎明前第一滴融化的雪水……"

"好啦,我们现在要去完成第一个任务了,对不对?"有点不耐烦的诺敏说着。她就是这个性子,大大咧咧的。

"脑子有问题吧!世界上最绿的草?到哪儿能找到啊!"漠沁抱怨着,她这个人一般不开口,一开口就是核心问题。"看你怎么理解咯。"娜希娅一丝调皮的黠笑,令大家摸不着头脑。"我们还是先去牧民们的蒙古包吧,那里有许多的牧场,也许能找到线索。"诺敏一边说,一边骑上骏马,用手点着远处的一片白色牧包继续说,"看,那儿就是蒙古包!有蒙古包的地方肯定有牧民,我们过去吧!"

大家点点头,骑上自己的马,随着诺敏狂奔而去。几匹膘肥体壮的骏马飞驰在漫漫无边的大草原上,发丝随风飞扬,风呼啸着迎面而来,仿佛回到了金戈铁马的时代,用茉夕的话来说,就是"酷毙了"。

骑马不像坐车那么安稳舒适,马背上很颠,又是在狂奔状态,常会被颠得老高。馥羽霁小脸白白的,一副要呕吐的样子,有气无力地牵拉在马背上。而诺敏却啥事也没有,帽子颠掉了,"唰"地一下就从侧面滑下身子捡起来,再"咻"的一声若无其事地坐回马背上,把茉夕都看呆了。果然是草原公主,从小在大草原长大的,就是不一样!

就这么颠簸了半个多小时,终于来到了一个非常气派的蒙古包前。这个蒙古包是白色的,上面有蓝色的卷状花纹,漆着一条条闪亮的金边,象征着蓝天,金色则是华贵的颜色;毡布材质,有几根漆成蓝色的支柱撑着它,要拆掉的时候非常方便,随时可以搬迁。上面写着一行像毛毛虫一样卷曲的文字,诺敏说这叫蒙古文,她轻声念起来:"可——汗——宫!"

可汗?茉夕以前听说过一点,应该是蒙古族的首领吧,可汗宫就是皇宫咯!果然美丽啊!

从里屋走出来一个身着鲜艳服饰的少女,手里端着一个托盘,上面有几碗喷香浓郁的奶茶,旁边用精致的果盘盛着奶片、奶干和鲜乳球,微笑着向大家打招呼:"远方来的客人,草原欢迎你们!我是诺敏公主的姐姐,我叫诺琳。为了欢迎你们的到来,草原正在举行隆重的剽羊仪式,你们马上就能欣赏到了!"

大家把感激的目光齐刷刷地投向诺敏,知道一定是她提前准备好了的。诺敏冲大家眨眨眼睛,她笑着说道:"你们猜为什么能到桃源仙境的娜仁大草原,还能看见我的家族姐妹呢?哈哈,因为我是桃源仙境的草原仙子啊!为了让你们不借助魔法,凭借自己的力量到达目的地,所以我就装成是凡人了!诺琳也是草原仙子!"

原来是这样!茉夕望望羽霁,她的脸红极了,恨不得找个地缝钻进去。羽霁现在一定很后悔,自己除了会臭美因而化妆技术高超以外,一无所长了吧。

几个蒙古汉子把一头硕大的烤全羊用椒盘隆重地端了上来,上面还撒着孜然、辣椒等,散发着羊肉的鲜香。大家迫不及待地把羊大卸八块,吃到打饱嗝。就是这样,小吃货墨祺还鲜乳球吃了一盘又一盘,咸味儿的奶茶喝了一碗又一碗,还念念不忘她的最爱——奶干和奶茶。用完了餐,热情的诺琳还亲自送他们出去。可汗也出来了,和蔼地向他们挥着手,脸上露出慈祥的笑容。

下面就要开始完成任务了。

怎么办呢?

"别急。"是诺琳略带沙哑的声音,"我带你们去找。"

"你怎么知道?"

"我熟悉草原,知道哪儿草丰水美。下面我们就要去塔娜牧场。"

"好呀,出发吧!"

塔娜牧场离这儿很近,大约半小时就能到。一路上,诺琳都在为大家讲解:

"塔娜在蒙古语中是明珠的意思,这里就是草原的明珠。牛羊遍地,繁花似锦,美丽多姿。在这里,很容易就能找到碧绿的绿草。"

渐渐地,远方出现了明朗的色彩,像是油画的浓墨重彩。嫣红的点点繁花,青翠的片片绿草,乳白的群群绵羊,杏黄的头头水牛,不时地还有那零星的枣色骏马飞奔而过,留下一阵潇洒的呼啸。这宛如身处天堂——塔娜牧场。大家都看呆了——这是多么如诗如画的景色啊!

诺琳下马,招招手,一只小绵羊便一蹦一跳地跑了过来,依恋地在她的裙子上蹭着。这是一头温顺娴静的小母羊,它的额头上有一块心形的淡粉色胎记,诺琳亲切地称它为粉心。她抱起粉心,向羊群走去。头羊咩咩地柔声向她致意,羊群也若无其事地低头吃着草,一棵棵鲜嫩多汁的草全都被送进了肚子。几只羊在草地上蹦跶撒欢,好一派安宁祥和的景象。

"羊儿们就是我的朋友,我从小就管着这个羊群,它们与我感情深厚,就像诺敏和我!"诺琳放下乖巧的粉心说道。诺敏也笑着点点头,突然,她的脸色一变,随即怒气冲冲地径直走了过去。只见远处走来一个穿着橙色衣服的女子,手里拿着一把刀,身后还跟了两个杀气腾腾、满脸横肉的屠夫。其中一个是光头,一个脸上有一条长长的暗红色刀疤,面目可怖!

九 绿孔雀的牺牲

橙衣女子是邻近的游牧民族喀哈尔部落首领最宠爱的王妃萨拉伊诺。喀哈尔部落比蒙古帝国略小一些,是由多个游牧民族组成的联合部落,他们由于没有固定的食物来源,猎物抓到一只算一只,生存本领十分强。最近因为联姻的事,喀哈尔部落一直动荡不安,他们的首领连连来讨伐,在蒙古大肆抢掠,作恶多端。

小不忍则乱大谋。精明的可汗知道这一点,他要这个部落先放松警惕,再一网打尽。于是假意签协议求和,暂时割让了一小部分土地,并赔出了对大蒙古来说微不足道的一些银子和珠宝。但喀哈尔首领贪得无厌,可汗也有些恼了,表面上不动声色,实则暗地里招兵买马,壮大军力,寻机杀他个措手不及,所以可汗要求属下一定要待喀哈尔部落毕恭毕敬,以消除他们的警惕和疑虑。

诺琳到底年长,知道父亲计划的重要,伸手拦住了一脸鄙视的妹妹。神气活现的萨拉伊诺昂首挺胸,傲慢地在草原上逛着,身上散发的游牧部落神秘的动物精

华制成的香水味四处弥漫,头羊隐隐约约感觉出这香味来自动物同胞,不由得连连倒退两步,厌恶地打了两个愤怒的响鼻。所有的羊也跟着闻到了,愤懑地咩咩叫起来,打心眼里不喜欢这个残忍的女人,纷纷潮水一般地后退到了诺琳和诺敏的身边,哼叫磨蹭着。

萨拉伊诺嘴角挂着一丝不屑,用轻蔑的目光打量了羊群和诺琳一眼,不怀好意地问道:"怎么,你们的羊群都不欢迎我啊?我可是全喀哈尔乃至整个大草原最美的王妃!哼,那个戴着王冠的老头还说什么大蒙古欢迎我们,想糊弄人吗?"

还真以为自己有多美呢!羊群都嫌恶的家伙,还在那儿神气活现的!切,你们屁大一点的游牧部落,居然对我们这个态度!来日我们把你们打个落花流水,一拳打到蒙古包上抠都抠不下来!诺琳心里愤愤地想着,但为了以后的胜利,她不能这么说,只能在心里想想。她勉强挤出一丝笑容,不卑不亢地说道:"我们的羊群初次见到你,可能还不太习惯,何来嫌恶一说?王妃想多了。这里草丰水美,应该多多观赏草原风光才是!"

可萨拉伊诺对诺琳的回答置若罔闻,依旧趾高气扬地眯着眼睛瞄了一眼羊群,用手点着粉心,道:"这头羊长得倒挺美的么!"随即话锋一转,锐利起来:"养着也没什么用,不如宰了吃,给我当下酒菜,也不算浪费了它!"轻浮的表情,尖刻的言语,真是浅薄可笑。尤其是这句话,那高傲不可一世的样子,还真以为自己是个人物呢!可笑之极,标准的井底之蛙。

"你……"诺敏怒目圆瞪,食指指着萨拉伊诺的鼻尖,胸脯剧烈起伏。诺琳拍拍她的背,示意她不要生气。可情况不会因为诺琳的忍让就能好转,萨拉伊诺的身后走出两名彪形大汉,一个满脸横肉,一个脸上有条长长的斜刀疤,凶相毕露,都是屠夫一样残忍的绿豆小眼。他们恭恭敬敬地弯下腰,小声询问:"尊贵的萨妃,您要先从哪个部位下刀呢?是这里还是那里?"说着两人各自掏出一把明晃晃的蒙古刀,在可怜的粉心身上比比划划。粉心当然受不了这个,哀哀地"咩咩"叫着逃到诺琳脚边,那两个屠夫眯起杀气腾腾的小眼,死死打量着粉心。

娜希娅是不怕的,她放肆地笑出声来。而诺琳却眉头紧锁,一脸凝重。看来,他们是有备而来的,其目的是故意挑衅,来检验蒙古帝国是否真心求和,对领土问题并不在意。这样,他们就可能放松警惕了。诺琳知道,这场战争能否打赢,全在自己。如果她能够忍痛割爱,萨拉伊诺挑衅失败,就会报告给首领,蒙古帝国确实已经回天无力,就可以不用在意他们了。可是,粉心毕竟是和自己一起长大的羊,

感情很深……

怎么办？诺琳焦急地思考着这个问题。首先得放低姿态，她伸手拦住屠夫，说道："且慢！"然后抱过粉心，用脚尖蹭蹭地，立马羊群都围了过来。她把粉心交给诺敏，看着羊群，心里十分痛苦。她要选一只羊代替粉心。

诺琳的目光依依不舍地从每一只羊身上滑过，最终定格在了粉心的妹妹绿孔雀身上。绿孔雀的额头上有一块美丽的孔雀状斑纹，是淡绿色的，像一只翩翩起舞的孔雀。它长得很美，可以用它换取战役的胜利。绿孔雀虽然只是一只羊，但却天生知道怎么维护自己的姐姐。粉心小的时候，绿孔雀经常和它一起到牧场四处走走，领略大自然的风光，并且像个忠诚的卫士一样守护在粉心身旁。有一次，一只比它们大三个月的母羊阿琪和粉心之间起了纠纷，粉心打不过阿琪，体小力弱的绿孔雀看见后却立马跑过来，声嘶力竭地"咩咩"叫着，硬是吓跑了阿琪。粉心也非常照顾妹妹，诺琳也不想将它们分开，可是其他的羊太普通了，未必能让萨拉伊诺满意，反而白白送命呀！

那只名叫小星星的雄羊，天生有点跛脚；那只名叫千里雪的雌羊，马上就要生宝宝了；最可爱的小羊夜来香才一个月大；头羊倒是威武雄壮，可离开了头羊，羊群不就成了一群乌合之众了嘛！选来选去，只有美丽的绿孔雀最合适……

"我说你们到底有没有诚意啊，我们萨妃要吃羊，就给最好的，快点，磨磨蹭蹭的干什么啊！"刀疤脸恶声恶气地催促道。诺琳最恨这种蹬鼻子上脸的，要在平时，早就一巴掌上去了——可现在情况不同！诺琳不理会刀疤脸的嚣张，不再犹豫，大步走进羊群，抱起绿孔雀，对萨拉伊诺介绍道："这是我们最好的羊，它叫，呃——"诺琳随便杜撰了个名字，"王妃孔雀羊，看看它多么尊贵，更衬托您的美丽。"诺敏看着绿孔雀，难过地垂下眼帘。绿孔雀是她的挚爱。

这段前言不搭后语的话，萨拉伊诺还真信了。她扬起眉毛，漫不经心地瞅了一眼浑身瑟瑟发抖的绿孔雀："唔，算了，看你们有诚意，本妃就不计较了。你们两个，还不快去把王妃孔雀羊抱来，尊贵的羊，当然要配尊贵的主人。"说着居高临下地用眼角斜睨了诺琳一眼，一副高高在上不可一世的样子。诺琳当然不屑于计较她的态度，深情地抚摸着绿孔雀。两个屠夫蛮横地把绿孔雀抓在粗手里。诺琳突然从绿孔雀头顶那片青绿色的毛中拔下了一根，也不知道她要干什么。萨拉伊诺的嘴角扬起一丝得意的笑，转身带着屠夫得意而高傲地走了。

粉心本来依偎在诺琳的脚边，现在它却跳开两步，竟然开口说话了！它生气地用它柔弱的声音质问诺琳："你为什么出卖我妹妹？"

这一下把众人吓了一大跳。诺琳的眼角沁出一颗晶莹的泪珠,虽然强悍的可汗公主轻易不流泪。她叹息着抚摸粉心的头,说道:"粉心乖,我也不想让你妹妹和那个可恶的女人走啊!可这是为了大局,我也没有办法,我们因为很长时间没有打仗,军队纪律散漫,兵力很弱,一打就会溃不成军!你放心,我一定会好好整顿纪律,替你姐姐报仇的!"粉心像是听懂了,它的眼睛也渐渐湿润了起来,咩咩叫着重新趴在诺琳的脚边,像是在为她加油。

十　意外的收获

诺敏和大家解释:"大家可能觉得绿孔雀只是一只羊,诺琳太多愁善感了。但事实并非如此,第一,绿孔雀和粉心、诺琳从小就一起长大,比姐妹还亲,十八年里诺琳就是对着它俩倾诉苦楚,分享欢乐;第二,桃源仙境羊的平均寿命大概在三十岁左右,绿孔雀已经和诺琳一样大了,它已经不年轻了,它需要诺琳的陪伴,所以最近她们非常亲密;第三,也是最关键的一点,它和粉心都不是普通的羊,它们是通灵性的。据说上天在造一批羊时,都会选择两只羊赋予它们超常的灵性与悟性,我们很早就发现了它俩的智慧,它们大约八岁时就能听得懂人话,九岁时就可以说话了。我们姐妹最喜欢做的事情就是与它俩交流。姐姐喜欢粉心,而我偏爱绿孔雀,我俩与它们的感情非常深厚。可是,现在却不得不牺牲一个,那就……那就牺牲妹妹绿孔雀吧。"

诺琳仿佛听出了什么,郑重其事地走到诺敏面前,说道:"你放心,以后不仅仅是羊的问题,需要牺牲我们俩中的一个的时候,我绝对不会牺牲你的,永远不会。"诺敏坚定的目光看着她,点点头:"我知道。"诺琳欣慰地笑了。她掏出刚刚拔下来的绿色羊毛,轻轻吹了一口气,变成了一根细长的草,说道:"我原本想把它变成一个绿孔雀的模型,但我想,草是绿孔雀的生前最爱,与其变成一具毫无生命的标本空壳,不如变成那'野火烧不尽,春风吹又生'的草,生命力更旺盛些,从某种意义上来说它就是绿孔雀生命的延续。"

娜希娅的眼睛湿润了,她接过这棵在风中摇曳的小草,走到牧场中央,手轻轻的在地上拖出一个圆,把草放了进去。只见小草飞快地长了起来,越变越绿,越变越高。娜希娅说道:"也许这就是世界上最绿的草,它象征着绿孔雀勇敢奉献,为战役而献身的精神。"她在包里找出一个绿色的小瓶子,伸手掐了一点草汁滴满了一瓶。娜希娅见大家把不解的眼光投向她,笑着解释道:"我们一

共有七站旅途,集齐七个小瓶子,把里面的汁液或冷凝小方块放到有龙图腾的家族秘宝瓶里,就会产生一把金钥匙。用这把钥匙,可以打开龙族禁地的金铁门,救出欧薇拉,这是我们来的目的。当然没那么简单,还有潜在的威胁,比如莫瑶、萨拉伊诺,那种传说中的怪物大BOSS都是我们的对手,所以我们要加快速度了!"

"你们的任务完成了吗?从我这里拿下一个地方的点亮灯,第二个关卡才能开启。"诺琳转头去马厩那里,拿了一盏照明灯过来,那盏灯散发着橙黄色柔和的光芒。娜希娅打开羊皮卷,诺琳把灯放在第二个图标上,只见照明灯迅速缩小至图标的大小,然后图标越来越亮,最终灯不见了,图标被点亮,渐渐地映出了蓝天白云,红的、白的方块和垒层——下一站是西藏拉萨的布达拉宫!

"Oh,My God!"羽霁夸张地尖叫了起来,"你们确定那地儿我们不会高原反应?不会缺氧?真奇葩,去那种地方!"看来她的公主病又犯了。"没事儿,别害怕!"墨祺安慰她。

"放心,不会有多大问题的。难道你在兰虞羽皇家魔法学院没有上过体育课,高空翻转不是必修课吗?很简单的呀!"为了安抚羽霁,娜希娅还故意做了遍动作。只见她足尖一点,轻盈地飞向高空,然后身体向后一仰,腿用力一蹬,做了个漂亮的后空翻。接着,她身体在空中倒立,成为一条笔直的直线,然后猛地一用力,再次呈九十度垂直翻转了过来,优美地落到了地上。

羽霁没有鼓掌,只是苦笑了一下,她明白娜希娅的良苦用心。这高原反应和做后空翻哪里是一回事呢!

羽霁叹了口气,说道:"你呀你,平时不烧香,现在急了吧?若是体质不好感冒了,到那边就会得肺水肿,那可是很严重的问题!"她说得很认真,羽霁一听,脸顿时皱得像枚苦瓜,后悔平时没有好好锻炼身体。

到分别的时间了,茉夕哽咽着握住诺琳和诺敏的手,叮嘱她们多多保重。羽霁也动情地淌下泪水。诺敏调皮地逗她:"像羽霁这样可爱的小姑娘,把脸哭皱了就不好啦!"羽霁最喜欢别人夸她长得好看了,立马止住哭声,破涕为笑。大家和诺敏、诺琳分别拥抱了一次,说了些惜别的话语,便离开了天使般的塔娜牧场。

大家骑上各自的坐骑,告别了热情好客的草原姐妹花,向西藏的方向奔去。

十一 吃一堑，长一智

漫漫长路，辽阔原野，是多么寂寞的征途啊！路上，她们买了些生活用品，听那个从敦煌来的老商人说了蒙古战役的事儿——大蒙古帝国大败察哈尔游牧部落，首领被俘，王妃自尽，整个蒙古军队士气高昂，上下欢腾。那个有着两撇八字胡的老商人还说，听说起主要作用的是可汗的两个女儿。他感叹：巾帼不让须眉啊，他可以去向她们推荐他从敦煌带来的古漠宝刀……

诺琳、诺敏，好样的！茉夕在心里暗暗钦佩这两个有勇有谋的好公主。

那个老商人趁热打铁，唾沫横飞地讲了半天，向大家描述他的宝刀是多么的锋利，削铁如泥，他一脸神秘兮兮的样子，说道："这是西域敦煌的圣宝，后来流落民间，我从一位民间艺术收藏家那里得到了两把这样的宝刀。一把以非常高的价格卖给了泰国公主，这一把可谓是天下无双了，我看你们应该也是王公贵族，地位显赫，我就卖给你们吧！"他饱经风霜的脸上满是岁月的痕迹，信誓旦旦，不像是骗人的样子。娜希娅接过刀，只见那刀柄上面有一块鸽子蛋大小的绿翡翠，散发着西域幽幽古老而神秘的光泽，周围是被精心打磨过的小粒的黑钻。整个刀柄上刻着奇奇怪怪的象形文字，还有一幅精妙绝伦的古画，描绘的是九色鹿的故事。

茉夕接过宝刀，伸出手指弹了弹刀面，只觉其极薄却富有韧性，摇晃着就是不断。她又轻轻用指尖划过刀刃，"唑"地一下被划破了，疼得她一面用手捂着不断冒着血的伤口，一面"唑唑"地倒吸着冷气赞叹道："不错，果然是把堪比屠龙锋利无比的好刀！"

娜希娅从包里掏出两锭金条，交给老商人，但这个老商人摆摆手说："我不要你们的钱。我只要你们用一样东西来交换。"他的嘴角露出一丝不易察觉的奸笑，"你头上的金蝴蝶。"娜希娅下意识地摸了摸自己的头。奇怪了，她的金蝴蝶发夹飞哪去了？她不由得急起来，四处寻找着，把布袋翻了个底朝天也没找到。

就在这时，一道黑色的闪电突然劈了过来，"唰"的一个急刹车在他们面前停住，两点绿莹莹的东西盯视着老商人。哦，这不是黑色的闪电嘛，这是诺敏公主的宠物，战狼旋飚啊！它怎么会来呢？只见老商人见到旋飚后脸色大变，手颤抖着，"当啷"一声，刀掉到了地上，竟然摔了个粉碎。原来，那刀根本不是什么敦煌的古漠宝刀，那只是瓷器的仿真品。虽然拥有瓷器不具备的韧性，但只能当做观赏品，刃部虽然锋利，但充其量也只能划破人的手，连毛皮都砍不烂！

旋飚得意地笑了一下，用浑厚而低沉的声音说道："诺敏公主托我来告诉你们一声，路上如果遇到这个商人，千万别用金蝴蝶交换他的假刀！因为诺敏公主刚刚

调查清楚,他是莫瑶派来的奸细,本打算让他们姐妹上当,但中途碰到了你们,所以就打起坏主意了!"说完抖抖脖子,小布袋里的一只金蝴蝶发卡掉了出来,完好无损,散发着灿烂夺目的金光。旋飚继续说道:"以后不管发生什么事,都不要用金蝴蝶去交换任何东西!"尔后压低声音,"因为那是金龙家族的护——身——符!"娜希娅惊愕极了,忙捧起金蝴蝶,牢牢地夹在头上。

那个商人见势不妙,赶紧跨上骆驼就想跑。可是再好的骆驼哪里有神狼跑得快?旋飚就像一阵黑旋风一样,扑上骆驼的背,咬住商人的裤腿把他拽了下来。惊恐的骆驼哀哀嘶叫着,抛下商人狂奔而去。老商人脸色惨白,身体抖得像筛糠,鱼泡一样的眼珠子都要从眼眶里掉下来了。

由于诺敏的命令不是解决掉眼前这个人,而是把他带回蒙古帝国详加审问,关进地牢,所以旋飚只好很不解气地示威似的向他龇出一口尖牙,亮出利爪在他眼前晃了几下,就衔着他拉丁式宽大的裤腿,把他倒提起来,转了个圈飞驰而去,不辞而别了。只听见一句"哎哟,狼大哥饶命!"在古漠上空回响,把大家给逗乐了,纷纷大笑了起来。

白天,大家使用魔法紧赶慢赶;晚上,伙伴们骑着各自的坐骑,又是一通狂奔,弄得大家筋疲力尽。途中羽霁还不停地嚷嚷着说口渴要喝水,要求坐下来歇息一会儿,于是大家一起臭她:"得了吧你,有本事你从你那时速四十二千米的千里马上跳下来喝水!"于是羽霁咯咯乱笑,不提要求了,等过一会儿却又抱怨起来:"渴死啦!我——要——喝——水!"

由于娜希娅的不断催促,大家也盼望早日见到那日思夜想的布达拉官,所以加快赶路,终于穿过了大沙漠,进入了西藏境内。这里的空气非常清新,天蓝得纤尘不染,上面飘着冰雪般洁白无瑕的云朵,巍峨的雪峰,蜿蜒的溪流,还有那一两朵高傲盛开的雪莲,令人恍如来到了人间天堂。但是最奇葩的是,这里没有人!还有,看到的雪峰,都比自己站的地方矮!

"嘿,这是怎么回事?怎么看不到人呀?"墨祺奇怪地问道。大家也纷纷询问娜希娅。娜希娅也懵了:这明明是西藏,怎么会荒无人烟呢?她拿出准备好的西藏地图,仔细对比查找后,表情忽然变得哭笑不得:"恭喜大家,我们到了西藏的珠峰之顶!刚刚是谁说开启自动飞行模式的?再提醒一遍,自动飞行只负责飞到西藏境内,才不管你在山顶还是山谷呢!"

"什么?我们在珠峰之顶?为什么没有缺氧而死啊?"茉夕问了个很愚蠢的问题。"废话,缺氧才怪,你有魔法保护啊!"娜希娅没好气儿地说道,"刚刚是你开启的自动飞行吧?哎,叫我怎么说你才好呢?"大家"哄"地一下都笑起来,茉夕也不

好意思地笑了两声,她建议:"既然我们在最高的山顶,那我们就可以看到很远的地方呀?梦凰眼睛最锐利了,比鹰眼的视力范围还要广阔,看到的还要清楚,不如让它帮我们看看吧。"

聪明的梦凰听懂了茉夕的话,长鸣一声,呼扇着巨大的红色翅膀飞向空中,彩色的尾羽变成身体的许多倍膨胀开来,就像一个降落伞,这样它就可以不用扇动翅膀,减少所需的体力了。只见梦凰箭一般地冲了出去,在天际渐渐变小,成为一个很小的黑点,然后消失不见了。但过了一会儿,小黑点又逐渐变大,能看得清那鲜艳夺目的红色,然后越来越大,最后梦凰停在了茉夕身边,那两团强劲的旋风差点把她们刮倒。梦凰说,它找到布达拉宫了,让大家骑在它的背上。

既然有了目标,大家就放心了。茉夕见珠峰顶部的雪水如此纯净,便偷偷拿了一个香水瓶子,挑没被踩过的地方,装了满满一瓶雪水。可闻起来却是一股梅花的香味——这个小香水瓶子原来装的是梅花香水,茉夕通过萃净术提取出的精华。茉夕非常满意地看着这瓶雪水,给它起了个名字——梅香沁雪。

不愧是凤凰,虽然时速这么快,但依然很平稳。没过多久,梦凰突然发出一声短促的啸叫,提醒大家坐稳了。它一个俯冲,成九十度笔直地栽了下去,眼见就要摔到地面上了,羽霁吓得失声大叫起来,这时梦凰突然膨胀开翅膀和尾羽,像一片树叶一样轻轻地飘落到了地面上,大家安然无恙。

十二 初识圣地

哎呀,果然是不一样!你看那外墙厚重的红色,圣洁的白色,轮廓分明的线条,还有那板板正正工整对称的楼梯,都在诉说着布达拉宫美丽的传奇。这里人流如潮,许多僧侣手里摇着转经筒,低头轻声念着经文,行色匆匆;还有远道而来的成群结队的佛教徒,三步一磕头,无比恭敬虔诚,来这一趟,估计脑袋都磕晕了吧!还有美丽的西藏姑娘,她们的脸颊是两团高原红,头上戴着五颜六色的饰品,长发及腰,梳成好多根小辫子,手上戴着做工粗糙的藏式手镯,身着粗布制成的色彩艳丽的马甲,配上有着琳琅珠饰的长裙,形成西藏这片雪域高原一道特有的靓丽风景。

"娜希娅姐姐,快说任务!"羽霁迫不及待地喊道。"嗯,让我找找。"娜希娅答道,"唔,好像先要去认识一下布达拉宫,然后才能收集秘密材料。别急,我们先去逛逛吧!"

"我想逛那条卖藏族饰品的商铺街!"

"喏,别急,还是先去看看布达拉宫吧!你看,它看起来可真雄伟!"

"这布达拉宫是由红宫和白宫组成的,但为什么叫布达拉宫呢?还有,拉萨为什么叫拉萨呢?布达拉宫里面的那些塑像,都有什么来历呀?听说还跟什么松赞干布有关,到底是怎么回事啊?哎呀,关于布达拉宫,我们了解得实在是太少了!"茉夕一长串提问抛出去,把大家都砸呆了。

一个热情的藏族姑娘忽然走过来,笑吟吟地说:"小妹妹,我来告诉你吧!咱们边走边讲。远方的朋友,欢迎了解西藏,了解拉萨这块圣地上的璀璨明珠——布达拉宫!"

茉夕受宠若惊,连忙道谢。藏族姑娘自我介绍道:"我叫桑雍卓玛,你们可以叫我卓玛,进入布达拉宫,首先要爬台阶。"她神秘一笑,继续说道:"你们可要坚持到底!"

茉夕抬头望了一眼那两边绵延无尽的台阶,不禁倒吸了一口凉气:天哪!这要爬多久才能上去啊!

桑雍卓玛走在队伍最前头,边走边讲解:"布达拉在藏语中是普陀的意思,他们认为这是菩萨降临的地方。拉萨在藏语中是圣地的意思,那么布达拉宫,就是圣地中的圣地,明珠中的明珠,所以每年都会有许多佛教徒来这里朝拜。"

大家一边爬石梯,一边聆听着关于布达拉宫的传说,不禁入了迷,渐渐地,也不觉得怎么累了,只感觉身处的地方越来越高。桑雍卓玛讲累了,靠在白墙上歇一会儿,回身一望,哇,已经爬了一小截了!就连羽霁也沾沾自喜地说道:"没想到,我的体力还可以嘛!"

茉夕正沉浸在文成公主的故事里,羽霖忽然问她:"你怎么呢?看起来好像没有听懂耶!需不需要我再帮你复述一遍?"羽霁补充道:"是啊,你好像没听懂,让姐姐讲给你听吧!"说完狡黠一笑。茉夕不服气,说道:"我当然听懂了,不信,我这就复述给你听!"大家忽然笑起来,墨祺拍起巴掌,大笑着说道:"欢迎茉夕为我们再次讲述文成公主的故事!"

茉夕这才明白,她中计了。大家嬉闹着,脚下的步子轻快多了,茉夕回味了一下刚才的故事,开始讲述起来:"布达拉宫是为了文成公主而建的……"讲到关键处,她还手舞足蹈,频频在空中比划,有些地方遗漏了一些小细节,卓玛就绘声绘色地补充。大家听得很专注,尤其是漠沁,面部表情不停变幻。"就这样,布达拉宫诞生了。"茉夕的话音一落,立刻引来了伙伴们的夸奖:"还说茉夕没听呢,她听得可比你们姐妹俩专注多了!"又是取笑羽霖羽霁,她俩当然不服气,羽霖推推眼镜说:"我讲一个更厉害的故事,是西藏的一个民间传说,大家听听我这个!"

羽霖开始讲述起她的故事,大家听得无比认真。她正兴高采烈地讲着,没注意脚下,被台阶绊了一下,突然一个趔趄,摔了个狗啃屎。"哈哈,这个故事告诉我们,不能一心二用啊!"墨祺调侃道。羽霖拍拍膝盖站起来,啊,已经到了!

进入辉煌的正殿,只见到处金光闪耀,气派非凡,这翻新过的宫殿似乎与一百年前、一千年前并无区别,透出历史的厚重感。

羽霖惊呼道:"哇!太漂亮了!"

这大叫立刻引来了许多人的侧目。桑雍卓玛摇摇头,小声对羽霖说道:"这里是一个神圣的地方,不可以大声喧哗。"羽霖撅了撅嘴。

大家来到一尊闪闪发光的雕像前。雕像神态平和,呈静坐状,桑雍卓玛低声讲解:"这是一尊释迦牟尼的八岁等身像,这可是布达拉宫的镇殿之宝噢!你们可以看看那块碑上的简介。"

从楼梯上走下来,拜了拜佛像出了宫,不远处就是女孩儿们心仪已久的地方——首饰摊。那些藏式的手镯和项链,对她们有一种特别的吸引力。正要挑选时,地图突然从包里自动跳了出来,还发着光——咦,需要的东西这么快就显示出来啦?一排奇形怪状的符号慢慢发亮,渐渐变成一行清晰的文字——世界上最美的项链。

"项链?包在我身上!"羽霖脸上的阴霾一扫而光,兴奋地大叫,完全忘记了刚才的不快。她左顾右盼,一会儿看看这个,一会儿挑挑那个,发现宝贝便眼前一亮惊喜地扑过去拿下。绿松石手链、红珊瑚手镯、琥珀吊坠,全都成为她的囊中之宝。从街尾走出来的时候,其他几个人的手里都是只拿着一两样东西,而羽霖费劲地抱着一个大塑料袋,有些地方被撑得几乎弹指可破。羽霖擦擦汗,长吁一口气说:"呼,买了这么多,不愁找不到最美丽的那一个啦!"这句话仿佛点亮了希望,女孩儿们坐下来歇了一会儿,开始挑拣买来的东西。

茉夕拎起一个象骨手镯,左右打量着,摇摇头摆在边上,换了一个精细的玉镯;墨祺看着这么多首饰,啧啧赞叹,想象它们如果都是自己的该多好;漠沁不说话,低着头像一只优雅娴静的白天鹅,但没一会儿,中意的、不中意的便被分成了两堆,中间一条细细的线,泾渭分明;娜希娅和桑雍卓玛只是把目光移来移去,最后惊奇地定格在了羽霖羽霖姐妹身上——她俩一头扎进了首饰堆里,两手不停地往外拨拉着——在找最好的那个。

半个时辰后,大家都挑出了自己认为最好的首饰,一致交给娜希娅和桑雍卓玛判定。桑雍卓玛只看了一眼,便说道:"这些都非常常见,稀松平常得很,算不得最美的首饰。"大家顿时失望,羽霖问道:"那我们该到哪里找啊?"娜希娅想想,说了自己的见解:"西藏有很多地方,可是地图册上画的是布达拉宫,我想,大概是在提示我们在布达拉宫里面找吧?你们说呢?"

"这个想法靠谱!"羽霁拍手叫好,"我刚刚看到楼梯那儿拐弯处不远,就在里边有一家店,专门卖各类饰品,我们快上去看看吧!""嗯!"羽霖赞同,"那家店看起来很正宗。快走啊!"

大家觉得很兴奋,离目标越来越近了!希望之光再次被点燃,脚下也不觉得有多累了,又走了几步,就看见了那家店铺,门楣上方挂着块门匾,上面四个大字——"藏地密码"。推门进去,格调优雅,空气中弥漫着淡淡的檀香。一排排精致的玻璃柜里有小灯射出金光,照得柜子里的饰品光晕流转,令人目眩神迷。

十三　神奇穿越

店老板是个藏族老婆婆,一头银丝编成了小麻花辫,额前缀着三串绿松石,中间一颗红玛瑙,把三根连在一起。老婆婆看起来很老很老,脸上的皱纹像道道深沟,没人知道她究竟有多少岁,也没人猜得着。她挺怪异,不问客人想买点什么,只是垂着手坐在那里,双眼微眯,打量着大家。凭感觉,茉夕知道这里的东西样样都是精品,不然怎么能放在布达拉宫里呢。看了一圈,却发现价格高得惊人,就打消了Shopping的念头。正要推门离开,老婆婆突然抬起头,用汉语说道:"你们不要走,我有东西要给你们。"

羽霁一脸诧异:"你有东西给我们?没搞错吧?"老婆婆摇摇头,站起来,从身后掏出一把藏式风格的镜子,用粗糙的手轻轻地抚摸着它,低喃着:"你可算是找到主人了。"见茉夕站在近前,不由分说将镜子递给了茉夕,对她说:"这面镜子如果找到了它要找的那个人,就会指引它的主人获得成功。你们一来,镜子便有反应,它跟着我两百年了,可算是找到主人了,唉!"

茉夕握着镜子,站在那儿愣愣地发呆,老婆婆就连同她的精品店一起消失不见了,只剩下手中的那面镜子使她相信,刚才发生的一切的确是真的。好一会儿,还是桑雍卓玛先反应过来,问道:"刚才那个老婆婆说它可以指引我们,你快看看,它能不能指引我们找到最美丽的首饰?"

茉夕这才反应过来,她甩甩头,用力晃了晃手中的镜子,自己那张活泼的脸渐渐消失,换成了另外一幅画面:在一个贫苦的家庭里,一个藏族女孩正低着头,打磨着手中的首饰,而她的旁边则堆满了这样的饰品。她的脸上有两条淡淡的泪痕,眼睛又红又肿。画面渐渐移开,旁边是一位藏族妇女,可能是她的妈妈,看上去很年轻,但是由于过度操劳,她的头上已有些许白发,脸上也有泪水印子,忧心忡忡地

望着女孩。看来,这对母女一定是遭遇了厄运。

镜中的画面从屋子里切换到了外面,只见到处都是农奴主的庄园。农奴主正神气活现地在庄园里走来走去,看哪个农奴不顺眼,便大声斥骂狠狠地用皮鞭抽一顿。最可恶的是,有个农奴主的一对儿女:小儿子正骑在一个可怜的农奴身上。而那个大女儿,由于从小娇生惯养,身上满是肥肉,脸上长满了豆豆,丑得不堪入目,她心肠很坏,更可恶,曾见到一个农奴小姑娘长得好看,便唆使身边的女仆拿针去划她。那个小姑娘泪水涟涟,身上被划出了一道又一道的疤痕,跟以前的鞭痕重叠在一起,触目惊心,结果,可怜的女孩忍受不了,最后投河自尽了。

画面拉进了最大的一个庄园,镜头在房舍前穿来穿去,到了一排又低又矮,黑黢黢的小草屋。这是一个漏雨的破烂小屋,上面标注着藏语,桑雍卓玛低声翻译:"妮和珈蓝,奇怪,怎么会有这样古怪的名字?"屋里坐着一个女孩,竟跟刚才看见的那个女孩长得一模一样。她的脸庞略微水肿,有一些红色的斑点,正低着头缝衣。一不留神,手被针划了一道长长的口子,她却不喊不叫,只微微皱了皱眉,依旧做她的针线活。这时候大家才注意到,她的手上何止是一道口子,上面布满了无数道伤痕!长的、短的、粗的、细的、浅的、深的,最深的一条,都能微微看见白骨了!

画面渐渐消失,镜子里的那张脸,换了个表情,变得十分悲伤——又回到了茉夕的脸。大家一时间都没有说话。羽霖突然愤愤地说道:"那会儿的农奴实在是太可怜了,地主也忒欺人太甚了吧!怎么可以这样呢?"她是个多愁善感的女孩,心思细密,属于林黛玉型,细长的眼睛里蓄满了泪水,马上就要滴下来了。羽霖拍着她的背安慰她:"没事的,现在已经没有农奴了,现在他们都好过了!"

"可是,这跟我们的任务有什么关系呢?会不会一开始那个女孩做的首饰,就是最美丽的?"娜希娅一边编着麻花辫,一边思考着。"可是,刚才那个场景,是很久以前的,现在早就不是这样了!"墨祺提出了自己的看法。

娜希娅皱着眉头,忽然脸上有了喜色,想必是想到了好主意:"除非……只有一个办法!""什么办法?"大家异口同声地问。娜希娅说道:"穿越。"这可是普通人连想都不敢想的奇妙事情啊!

但是,人家能打开个小盒子或者喝口奶茶就成功穿越,自己怎么办呢?娜希娅似乎看出了大家的担忧,轻轻地从头发上取下那只金光夺目的金蝴蝶,说道:"你们忘了它的神奇吗?"大家的目光紧盯着那只金蝴蝶,只见它的翅膀开始有了微微的颤动,一颤,一颤,又一颤,颤颤悠悠,似乎弱不禁风,更显得那金翅膀十分柔软。但过了一会儿,小幅度的颤动开始变为上下摇动,这回摇得沉稳有力,而且,它的身

体开始慢慢变大,有手掌那么大了;变大的速度也加快了,现在有羽霁那么高了;它还在迅速增大,现在它有一棵大榕树的根那么粗,娜希娅那么高了。它停在了地上,美丽的大眼睛一眨一眨。娜希娅微笑道:"这就是时光机,大家上去吧,它可以带我们穿越到任何一个朝代,夏朝以前的也行哦!"

茉夕先跨上了金蝴蝶的背,但是感觉坐得不是很稳当。金蝴蝶突然说话了,是语音提示:"请第一位上来的乘客系好安全带,抓好前方触角,谢谢合作!"茉夕一看,身旁果然有一根安全带。她扣好安全带,并牢牢地抓住触角。接着上来的分别是墨祺和漠沁,但是已经坐不下了。羽霁焦急地望着娜希娅,娜希娅抿嘴一笑,说道:"别担心!"她复制了一只,这一只是供羽霖、羽霁和桑雍卓玛坐的。大家一切就绪了。这时,金蝴蝶的两边突然升起来两块弧形的玻璃,把众人包在中间,就像一个小飞机一样安全舒适。娜希娅的龙角可以帮助她穿越,所以她不需要坐金蝴蝶。

三秒钟后,金蝴蝶又发出语音提示:"请选择年代。"

大家这才注意到,金蝴蝶的触角前面有密密麻麻的按钮,上面写着从太古宙到现在,按下哪一个就会回到那个朝代。娜希娅道:"建议你们别回到夏朝商朝或者太古宙什么的,夏商年代太远,文字不懂,语言无法沟通,会被当做异人抓起来的;而太古宙,根本不适合人居住,那时候只有海藻,连细菌都还在孕育阶段呢,根本没有人,一点也不好玩!商朝还稍微好点,要是你碰巧运气好,能看懂字牌,听懂他们的语言,可以买几件青铜器回去就发大财了;可你要是运气不好,就只能看你的造化了,当心不巧穿回战场,刚下时光机就被乱箭射死了!"

娜希娅的一番话给大家泼了瓢冷水——因为她们刚刚还幻想着穿越到富有的唐代,买几件古董回去发财呢,却不料语言不通,根本没办法议价。

羽霖问娜希娅:"娜希娅姐姐,要是我穿越到了明末清初呢?"娜希娅一愣,道:"那时候就好一些了,说话你可能也能听懂一些。不过,你为什么要问这个呀,莫非你想穿越回那个时候?"

"答对了!"一向斯斯文文的羽霖突然兴奋地大叫,此时,她正低着头找明末清初——紫禁城——帝都的按钮。娜希娅猛然反应过来:"哦,不,不可以!我们先要穿越回西藏农奴时代完成任务!"

可已经迟了,金蝴蝶起飞了,带着羽霖羽霁姐妹,连同桑雍卓玛一起消失在一个很巨大的时空漩涡中。羽霖飞走也就算了,但还扯上了桑雍卓玛!唉,没了她,可怎么找到那个大庄园啊!

算了算了,按原计划走吧。魔镜刚才给了提示,映出了布达拉宫,所以那个庄园在拉萨布达拉宫附近。茉夕按下农奴时代——西藏——拉萨的按钮，金蝴蝶忽然腾到了半空中，一个龙卷风似的紫色漩涡出现了，金蝴蝶一头扎了进去。漩涡开始疯狂地旋转，茉夕感到一阵阵恶心难受，胃里翻江倒海，"哇"的一声把早上吃的花蜜全都吐了出来。再看看漠沁更倒霉，她的仙狐神志有些不清楚了，在漠沁的仙狐项链里不停地踢蹬，搞得漠沁胸口疼得要命。还好从现在穿越到农奴时代时间不算很长，以金蝴蝶的速度两分钟就下来了，茉夕心里暗自庆幸，要是去夏朝、商朝或者远古宙、太古宙，起码要半个时辰以上！金蝴蝶停止摇扇翅膀，轻轻地降落到了地面上，紧接着，一条金色的巨龙从半空中跌了下来，震得大地轰隆隆发响。还好大家都是在隐身状态，不然的话得引来多少人围观啊！

十四　罪有应得

　　经过一番休息，大家渐渐喘过气来。可是没了桑雍卓玛，真是困难重重。首先，大家都是路盲，不熟悉地形，又不会说藏语，没法问路，没法和当地藏民沟通；其次，根本不知道到底是哪个庄园，只能慢慢找！但是，有了魔法，这一切都解决了——前一条用隐身解决，后一条更简单！大家现在降落在布达拉宫的门前，首先隐身，这样就不会被别人发现了。至于怎么找嘛，娜希娅倒有一个好办法——飞到空中，鸟瞰地面不就能比较出来了吗！果然，大家发现了一个最大的庄园。

　　为了确认是不是魔镜上显示的那一个，大家用液化术穿过庄园大门，来到农奴主的房间。一个房间里镶金嵌玉，一个相貌丑陋的胖姑娘正坐在床上，一边抓着酥油粑粑吃，一边享受着中药泡脚，一边还训斥着边上的仆人。她脸上有好多豆豆，正是镜子里所看见的那个心肠歹毒的坏女儿。墨祺气愤地叫出了声："太过分了！"那胖姑娘吓了一跳，左右看看没有人，于是想当然地认为是女仆骂她，扬手就是一巴掌。那女仆捂着脸，呜呜哭着，居然不敢辩解半句。一股臭味从洗脚水里飘了出来，那可怜的女仆连笑都不敢笑，可怜巴巴地端起洗脚水站在胖小姐面前。

　　墨祺"呸"地朝地上吐了一口唾沫，怒视着胖小姐。又胖又蠢的胖小姐依旧想当然地以为又是女仆在吐唾沫，从旁边拿起钢制的篦箕就要打向女仆的头上。这一篦箕要是打中了，还不把脑浆给打出来啊！女仆大惊失色，身子一让，重心不稳，一下子跌倒在滑溜溜的地上，手里端着的一桶臭洗脚水全部撒到了隐身状态下的漠沁、墨祺的身上，茉夕和娜希娅站得较远，逃过此劫。

　　本来没什么，可是隐身的人一被水泼就会显形！先是漠沁的一头黑发露了出

来,然后是墨祺的红褐色鬈发,然后整个身子也露了出来,最后完完全全地解除了隐身状态。胖小姐见房间里面突然多了两个人,而且仙气飘飘,误以为漠沁是天仙下凡,而墨祺是她的随从,想起自己所做的恶事,以为是上天派来惩罚自己的,不由得害怕了起来。她连忙用脚尖抵开摔在地上的女仆,恭恭敬敬地双膝跪地,磕头念叨着:"天仙娘娘饶命啊,天仙娘娘饶命啊!"

漠沁本来想声明自己不是什么天仙娘娘,但转念一想,没错呀,自己确实是狐仙啊!再说了,这女子作恶多端,现下做贼心虚,不如便耍她一耍,到时候去那边农奴的屋子,倒也方便些。于是心念一定,朗声道:"你可知罪?"那胖小姐更加的惊恐了,跪在地上磕头如捣蒜,大声地说道:"我知罪!我知罪!"

漠沁看她被吓着了,心里越发开心,不动声色地继续吓唬她:"我是狐仙谷的狐仙娘娘,在谷中修炼,已有千年的道行。一天千里眼和顺风耳告诉我,这个庄园里农奴主的大女儿好吃懒做,心肠狠毒,为非作歹,害死了许多无辜百姓,叫我来看看情况。"见胖小姐面色苍白,大滴大滴的汗珠从额头上落下来,身子一阵阵发抖,漠沁的面部表情稍稍缓和了一些,说道:"在你身边的这位姑娘,她犯了什么错,你为何毒打她,训斥她,还要拿簸箕砸她?"

胖小姐嘘了一口气,总算没有追究她以前的罪行。她心下镇定,抬起头来,装模作样地挤出几滴眼泪,用袖子抹抹,开始诉苦:"狐仙娘娘息怒啊!今天,这个女仆给我端洗脚水,可是,她竟然多加了一瓢热水!我感到脚上奇热无比,这才说了她几句。可没想到这丫头反了天了,竟然敢骂我太过分了!这就算了,我一向仁慈,也就不计较了。谁知她竟然对我不敬,冲地上吐了一口唾沫!天哪,她竟然敢侮辱我,明明是她犯的错呀!我心想,如果不好好教训她,说不定哪天她就会骑到我的头上呢!"她一边添油加醋地说,一边还装出楚楚可怜,受了欺负的样子,脸上的几片大黑痣挤到了一起,眼睛红红的,十分恶心。

漠沁扶起躺在地上想要辩解的女仆,轻轻把指头压在她的嘴唇上,示意她不用说话。接着漠沁站起,运起"九尾大法",九条白色的狐尾在身后展开,像一把极具威力的扇子,浑身发出白凛凛的寒光,看起来身子瞬间放大了很多倍,把胖小姐吓得面无人色。漠沁冷笑道:"你知道这是什么法术吗?"

胖小姐战战兢兢道:"不……知……道啊!"

"哼!"漠沁冷笑一声,"这都不知道,亏你还是农奴主的女儿呢!这叫九尾大法,是狐仙家族专门用来对付那些蛇蝎心肠,掩盖事实的恶人的!今天,就叫你尝尝它们的滋味!"说罢左臂平伸,掌心向前,右臂高举过头顶,掌心向上,摆出基本架势要指挥九尾。胖小姐一个劲地磕头求饶,但漠沁想起魔镜中的那一幕,心想:

"哼,死胖子,我绝对不会放过你的!想不挨打?没那么容易!"

"等一下!"墨祺拦住了漠沁,"你用九尾大法来治她太大材小用了,看我的,灵貂,出来吧!"话音刚落,一只浑身金黑的灵貂就出现在胖小姐的面前。灵貂虽然没有仙狐那么庞大,但也有一人多高,足以吓到胖小姐。墨祺嫣然一笑:"介绍一下,这是你的新朋友夜影,它和仙狐妙影可是好朋友啊!"说着拿出仙狐的照片,在胖小姐的眼前晃了晃。墨祺对夜影做了个手势,让它吓唬吓唬面前那个丑八怪。胖小姐一边后退,一边大叫:"救命啊!"

聪明的夜影明白了墨祺的意思,使出了最得心应手的一招——雨夜鬼音。它一双黑漆漆的眼睛盯住了胖小姐的丑脸,迅速地变换着脸上的表情,一会儿是大头鬼,一会儿是无常鬼,一会儿是吊死鬼……喉咙里源源不断地发出恐怖的声音,一会儿凄惨尖利,一会儿又疯狂咆哮,似婴儿啼哭,似鬼哭狼嚎。胖小姐打生下来就被宠惯了,哪里见过这阵势?"啊"地大叫了一声,就眼睛一翻,晕过去了。众仆人开心极了,欢呼起来:"狐仙娘娘万岁!"

漠沁故作生气:"还有身边这位呢?她可是冥界公主!"于是大家又喊道:"狐仙娘娘万岁,冥界公主万岁!"大家听了心里喜滋滋的,开心极了。娜希娅尚在隐身状态,她飘到墨祺和漠沁的耳边说道:"干得好!我们现在去找农奴住的屋子吧。加油,你们会越来越棒的!"

十五 可怜的农奴

于是,墨祺收回了灵貂,和漠沁一起变成隐身状态,轻轻地跟在茉夕和娜希娅的后面走出了房门。穿过一个又一个的走廊、园地和厅堂,茉夕感觉,似乎除了檀香的味道,另外还有一种淡淡的气味——没错,一种难闻的腐臭味儿!随着距离的拉近,这味道明显加重,像千年腐尸一样恶心,像发酵的臭鸡蛋一般难闻,熏得人头昏脑涨,简直要把五脏六腑都给呕出来。天哪,怎么会这样!

该不会是走错路了吧?!娜希娅拿出地图,仔细对比后,发现确实是这条路,没错啊!大家只好忍着恶心继续前进。走着走着,屋檐变得越来越矮小,墙壁越来越破旧,也没什么光线,阴森森的挺恐怖。空气中迷漫着粪便的气味,感觉是走到猪窝里了。终于,眼前的事物终于和镜子上所显示的对上了号:一排又低又矮的屋子,最边上的那一间滴滴答答漏着水,水滴的那块地上有一摊青苔,一只蜈蚣在上面缓缓爬行,还有一些蛆虫,讨厌的红头苍蝇正在上面盘旋,嘤嘤嗡嗡地叫个不休,

搅得人心烦意乱。要是怕虫子的羽霁来了,一定会惊恐地尖叫的,幸好她没有亲眼见到这么恶心的场景。

但是,最边上那间黑黢黢的屋子偏偏就是她们要找的那一间。大家小心翼翼地绕开那块爬满蛆虫的青苔,进入到房间里,顿时,一股恶臭袭来,熏得她们连连倒退,好不容易才适应了这股味道。只见织布机上也是油腻腻的,上面有黑色的铁锈,仿佛几千年没有擦洗过了,但是看起来屋子的主人根本没办法擦洗——那口冒着清泉的井是主人用的,而农奴只能用那口散发着阵阵臭气的井,井水是黑色的——所有的煤灰都往这里倒。用这样的水清洗,还不如不洗!可怜的农奴们没办法洗澡,身上经常有污垢的臭味。大家向里边望去,就在房间的一角,有一个结满了蜘蛛网的盆,据说那是胖小姐"好心"发给农奴用来洗脚的,但盆的侧面有一条深至盆底的大裂缝,摆明了是在作弄农奴们嘛!织布机铁锈的味道与边上发霉的一点点饭菜混合出了奇怪而讨厌的气味,这就是可怜的农奴的住处。

打量完屋子,这才注意起屋子的主人——那个脸上水肿的女孩。她看起来比魔镜上显示的更虚弱,也许她的病情加重了,反正现在她在那里坐着有气无力,慢慢地织着一件漂亮的毛衣。娜希娅开始确认:"妮和珈蓝!"

"嗯,谁叫我?"女孩停下手中的活计,伸着头四处张望。显然,她就是妮和珈蓝。她的声音有些嘶哑,也许原来她的嗓音很美,但现在毫不夸张地说,真的不好听。于是大家现了身。珈蓝见到小屋里突然多出了四个人,吓了一跳,大叫:"你们是谁啊?为什么会突然出现在我的房间里?莫非……是妖怪!"她惊恐地站起身来,一步一步地慢慢倒退着,身体摇摇晃晃,看起来更虚弱了。

"别怕。我们不是妖怪,我们是仙女,是来救你的!"娜希娅撒了个善意的谎言。妮和珈蓝镇定下来,坐回污秽的板凳上说道:"原来是这样啊,怪不得你们知道我的名字,原来你们是仙女啊,我还是头一次见到了。仙女姐姐,你们也知道我和妹妹的事情呢?"娜希娅不解:"你和妹妹?我们来就是想问你一个问题,我们的神器显示你知道,特地来求教你的。如果你能告诉我们,我们也会想办法救你出去的,这里啊,实在不像是人待的地方。唉,你受苦了!"说着,娜希娅深深地叹了一口气。妮和珈蓝的眼睛亮起了惊喜的光芒:"真的吗?那真是太好了!仙女姐姐,你们有什么问题就说吧,我来试试看!"

娜希娅深吸一口气问道:"世界上最美的首饰在哪里?"

"哦,这个啊。"妮和珈蓝眼睛里的光芒突然熄灭了,她垂下头,淡淡地说,"我妹妹做的首饰是最漂亮的。只可惜,我快要死了,再也见不到她了。""啊?"大家异口同声地问道,"怎么会这样?!"妮和珈蓝不说话,只是点点头。娜希娅整理了一

下思绪,沉吟半晌,说道:"信息量太大了。这样,你把这个故事从头说起,这样我们就能听明白了,行吗?"

妮和珈蓝答应了。她长叹一口气,讲述起了这个漫长的故事:"我并不是一直就在这里的。在我小的时候,住在一个可爱的茅草屋里,家里有我、妹妹、还有漂亮的妈妈和勤劳的爸爸。后来,爸爸去很远很远的地方讨生活了,我就和妈妈妹妹相依为命。妈妈让我们学本领,我喜欢编织,而妹妹则擅长工艺。我织的孔雀霓裳,妹妹做的星月手镯,方圆几十里远近闻名。妹妹身上的毛衣、外套都是我织的,我手上的手镯、手链都是她做的。我的童年一直很快乐。"

说着说着,妮和珈蓝闭上了眼睛,一脸幸福的表情,沉浸到了与家人相处的快乐时光中。一会儿,她又睁开了红红的双眼,语气里满是愤恨:"后来的一天,这个庄园主的女儿——一向大门不出二门不迈的胖小姐——偶然得知了我妹妹的消息。她派了一个仆人去打听,果然发现我妹妹做的首饰十分精细,材料上乘,设计新颖,于是她强行要走了几样配饰戴在她的胖手上,还自以为十分好看。先是一样,两样,后来是一包,两包,再后来越来越多……那段时间里,家里全靠我的手织品生活,我经常要熬夜到天亮才能凑齐一家人的口粮,作息时间十分不规律,经常吃冰冷的食物,结果我的胃坏了,每天都会疼,而且越来越疼。"

"啊?!"大家齐声大叫,"怎么会这样呢!那个死胖子实在是太可恶了!"

妮和珈蓝点点头,继续说了下去:"那个胖小姐每天变换着戴那么多首饰,竟然还不满足。她异想天开地认为,只要我妹妹——妮和叶蓝能够每天都待在她身边,她就能每天都有新的首饰戴,彻底打败其他富有的千金小姐。她要我妹妹到她的庄园去,每天给她做首饰,不分白天黑夜地干活,正常人都会被累死的!我想,家里没有钱治我的病,而且,我的身体越来越虚弱。我知道我迟早有一天会因为胃病而死的,不如我代替我妹妹去。于是在一天晚上,乘妹妹熟睡,我悄悄地离开了家,去了那个庄园。"

"第二天早上,胖小姐打开门,见站在门口的不是我妹妹而是我,生气地质问我为什么。我灵机一动,说:'您已经有了那么多的首饰,而衣服的款式却很单一,颜色搭配也太中规中矩,我是专门来为你做漂亮衣服的,这样才能彻底打败其他小姐。'那个又胖又蠢的家伙十分高兴,领我到农奴的屋里去,给了我这间漏水的破屋子。她还命人备下了大量的丝光线和针,令我没日没夜地干活。我累了,有人进来送汉人吃的那种米饭,我很高兴。可是才扒拉了几口,就发现下面的米都发霉了,根本不能吃!于是,我每餐只能吃一点点,加上喉咙很不舒服,胃病又加重了。唉,不知道妹妹现在怎么样了!"妮和珈蓝说完,泪水湿润了眼睛。

十六 采集成功

大家听了妮和珈蓝的遭遇,一时间都默默无语。妮和珈蓝叹了一口气,道:"罢了,反正我也快死了,这样吧,你们不是想要最美的首饰吗?我有个办法可以帮你们。我们姐妹小的时候,受到了一位老婆婆的指点。原来,我们的心脏里有一颗彩灵石,若是帮助了对方,彩灵石就在自己心里;若是受到了对方帮助,彩灵石就在对方的心里。老婆婆还说,如果姐姐为妹妹牺牲了,那彩灵石就会转移到我妹妹的手上。这时,一定要在彩灵石上穿一根链子,上面缀满各种玉石翡翠、黄金珠宝,再浇上一层具有梅香的冰山雪水,神奇的彩灵石就会发光,保佑那个得到它的人一生平安。但是,彩灵石是禁止传给外人的,所以……"

哦,原来是这样啊。娜希娅连忙说:"我们不知道这个东西不能外传,对不起,打扰你了。"说完她的脸上带着些许失望。"但是,我们可以帮你治好病痛啊!"茉夕提议道。擅长医术的漠沁同意了这个意见,她召唤来了仙狐妙影。可别小看这只狐狸,它在漠沁的调教下,精通医理,在九条尾巴上沾满了重生浆液,让妮和珈蓝张大嘴巴,狐尾就像是一根天然的输液器,浆液顺着干净的狐毛一滴一滴地滴到了妮和珈蓝的嘴里。一根尾巴上的浆液还没有滴完,妮和珈蓝水肿的脸庞上的红斑消失了,水肿不见了,圆圆的脸蛋,红红的脸颊,大大的眼睛,标准的西藏小美女。她站起身来,试探着走了几步,步履平稳有力,丝毫没有病人的样子!

看来,重生浆液的威力真的很大,妮和珈蓝的病全好了。"真是太谢谢你们了!"妮和珈蓝哽咽着说道,这时大家突然发现,她的声音像百灵鸟一样婉转动听,嘶哑的声音也不见了!她一边流着泪,一边却笑了出来,大概是太高兴了吧。

正当娜希娅准备带妮和珈蓝出去时,地图亮了起来,显示出了两个字——复制。娜希娅豁然开朗:"我明白了!彩灵石虽然不能外传,但可以复制呀!现下珈蓝已经康复了,我们可以用魔法把彩灵石提取出来,这样就好了!至于那些程序嘛,用魔法一点就能变出一堆金银财宝。这样,等大功告成后,我们就可以把它复制过来,再熔化成液体,装进七个小瓶子中的第二个——小白瓶,就好了!"

大家一想,纷纷赞同娜希娅的话。墨祺却有疑问:"不是还要浇上雪水吗?怎么漏掉了?"

茉夕突然哈哈大笑起来,用拿手榴弹的姿势拿着一个香水瓶说道:"嘿嘿嘿,哈哈哈,看这里!茉式梅香沁雪独家秘方,不传男不传女,只传你一个人,用曾经装过梅花汁的瓶子装雪水,梅香沁雪,不就是了吗?哈哈哈,我在雪山上,早就收集完了,你们到现在才想起来,哈哈哈哈哈……"

梦想的翅膀

所有人狂汗！好吧，虽然持有雪水的人不太对劲，但总算雪水的问题解决了。现在先要把彩灵石提取出来。漠沁念了句咒语，只见彩灵石迅速地出现在她的手上。农奴庄园当然是不能再待了，大家帮妮和珈蓝隐了身，娜希娅拿出地图，按照指示，一起拉着妮和珈蓝飞往她的家。

当她们降落下来的时候，眼前是一个冷冷清清的小茅屋。一个与妮和珈蓝长得一模一样，只不过眼睛下方多了颗痣的女孩正做着手工活计，这应该就是她的妹妹——妮和叶蓝。旁边的小板凳上坐着一个中年妇人，看起来十分憔悴，她是姐妹俩的母亲，曾经是拉萨最好的手工艺师。妮和珈蓝见到妹妹和妈妈，激动得几乎失语，嗓音再度嘶哑："妈妈、叶蓝，我回来了！"

妮和叶蓝愕然地抬起头，惊讶、狂喜，激动地扑过去，紧紧抱住妮和珈蓝，激动地说："姐姐！你终于，终于回来了！"一旁的妈妈热泪盈眶，大家看着这一家三口，不由得为之动容。

娜希娅对妮和叶蓝讲了事情的经过，并说明了来意，珈蓝妈妈插嘴道："叶蓝最擅长的就是制作精美的工艺品，只要有顶级的原料，她就可以做出任何饰品。你们看，她用来镂花的东西都是24K纯金的，顶部是一颗钻石，所以能做得如此精妙。有一位农奴主家的大小姐非常喜欢她做的饰品，为她提供了很多珠宝以及黄金，让叶蓝有了顶级的工具，她做得就更好了。别担心，这都不是问题！"

"可是，我打造起来很慢的，至少需要三个月，你们能等得了吗？"妮和叶蓝担心地问道。"哈哈，别忘了我们有魔法噢！"茉夕开心地说道，手杖一挥，几粒珍珠、钻石、翡翠、琥珀、玛瑙，各种宝石，还有被打磨成爱心型的黄金等等都变出来了。她接着轻轻一点，所有的这些宝贝都被穿在了一条玉环上面，摇晃起来的时候，坠下来的细银条互相碰撞，声音如铃铛一般清脆悦耳。彩灵石被镶在了玉环的正中间，不过它看起来好像没有什么光泽。

妮和叶蓝提起玉环，果然美丽非常。茉夕正要往上滴她的独门秘方——"梅香沁雪"，娜希娅却伸手拦住她："你看，妮和叶蓝在干吗？"茉夕抬头望去，见她正用不可思议的手法在玉石上镂着花朵，钻石笔尖轻触，手腕一转，一抹，轻松地便出现了一朵开在玉上的雪莲，而且，竟然是立体的！她再提起笔尖，只转了一下笔，便出现了复杂的勾边！天啊，太神奇了！不一会儿，妮和叶蓝就完成了镂花工序。她抬起头，自己也觉得太神奇了，说道："我平时完成一朵花，都需要很长时间呢！今天真是神了，我刚描出样式，就镂好了！"

娜希娅笑着说："都是彩灵石的功劳！只要你们姐妹团结，它就会帮助你们的！"这时，彩灵石已经微微发亮。娜希娅冲玉石项链吹了一口气，刚镂上的花朵

被镶了一圈翡翠,并解释道:"翡翠象征亲情,祝你们的亲情像这块翡翠一样,天长地久!"接着,又在外圈镶了一圈祖母绿宝石:"祖母绿代表幸运和幸福,祝你们一家永远开开心心,健康幸福!"

妮和珈蓝接过彩灵石项链,感激地说了一声谢谢。茉夕便使出魔法,让项链稳稳地悬浮在空中,然后掏出小香水瓶,拧开瓶盖,倒在了项链上。彩灵石骤然发亮,大放异彩,倒上去的雪水一滴不剩,全都被彩灵石作为精华吸收了。趁项链还没有沾上凡气,茉夕赶紧复制了一份,并把珈蓝姐妹的那一份放进了一个蓝色的水晶球,这样,它的魔法就永远不会消失了。

水晶球飞向空中,竟然渐渐地消失了。姐妹俩大惊失色,异口同声地问道:"彩灵石项链呢?怎么没有了?"茉夕嗫嚅着说不上来——因为她也不知道。娜希娅再次解答了她们的疑惑:"彩灵石项链现在用肉眼暂时是看不见的,因为它飞到了你们的心里,它象征着你们姐妹的情谊,所以是最美丽的那一串。只要心中有它,就够了。其实,彩灵石项链从来就没有出现过,刚才你们看见的都是虚构的幻景,那位老婆婆说的彩灵石,其实就是你们的美好心灵。"

彩灵石,根本不存在!茉夕看着手中的项链,问道:"那,我们手上拿的是什么?"娜希娅说道:"我们手上拿的是你自己用魔法变出来的,你忘了吗?现在呢,我们要把它熔化成液体,装到这个白色小瓶里。"不知什么时候,她的手里多出了一个小瓶子来。她打了个响指,一个小猪造型的魔法熔炉蹦了出来,看起来很可爱,茉夕顺手把彩灵石项链丢了进去。娜希娅拔出瓶口的软木塞,过了一会儿,一股散发着金属味道的彩色液体缓缓淌出猪嘴,滴进了小白瓶里。不多不少,刚好一瓶。

好啦,西藏部分的收集完成咯!娜希娅把白色小瓶放回了包里,打开地图,第三个地点缓缓亮起——顿时,大家兴奋地尖叫了起来——那是大家梦寐以求的地方,"小桥流水人家"的江南!比之"狼出没"的蒙古草原,"残暴农奴主"的西藏,美丽富饶的鱼米之乡当然好多了!茉夕大概都能想象出来,春天,雨润花间;夏天,鱼戏莲前;秋天,满园芳华;冬天,雪景如画……那是多么美妙的一幅情景啊!茉夕都迫不及待地想要去欣赏美景了。

可是,在去江南之前,似乎还有一个重点——羽霂她们!哎咦,她们怎么还没回来啊!茉夕不由得想,这次的任务虽然只有四个人完成,但却很出色噢!娜希娅也想起来羽霂她们,自言自语地说:"她们怎么还不回来啊!"

梦想的翅膀

十七　空间错乱

说曹操曹操到。刚提到羽霁,时空飞船就突然从天而降,三个穿着古代服装、挽着发髻的女孩笑嘻嘻地出现在她们面前——羽霖羽霁姐妹和桑雍卓玛,她们看起来非常兴奋。任务完成了,桑雍卓玛与大家告别,刚一走远,羽霁已经迫不及待地想要讲述她们的故事了,她的眼里闪烁着光芒。

"嘿,你们知道吗,我们是有意按错键的!"还没等大家反应过来,羽霁的话匣子便打开了,犹如滔滔不绝的瀑布一泻千里,"我们最近看到了一本历史书,上面说明朝的末代皇帝崇祯懦弱无能,吴三桂叛变,最终导致明朝灭亡,被满人夺去了大好江山。我们看到了这一段,觉得十分气愤,于是我想,如果能回到那个时代,帮助汉人夺回天下,那多好!所以,别急,请听我慢慢道来……"

当时,羽霖按下穿越键三十分钟后,便来到了明朝末年。她们自动更换过当时的服饰后,便吓了一跳,当时敲锣打鼓声震天地,老百姓自动缩在马路两旁,分出一条不怎么干净的大路来。羽霁她们也在其中,十分好奇,于是站到了马路中间,想询问怎么回事。周围的百姓立刻像炸开锅似地骚动了起来,好多人吃惊地捂住嘴,对着她们指指点点:"这些孩子不要命了!""吃了豹子胆吗?""嘘,住嘴,只怕要牵连我们呢!"

一个老大妈赶紧把她们拉到一旁,羽霁正要挣扎,被那大妈牢牢抱住,动弹不得。羽霁心头火气"蹭"地蹿上来,大声问道:"有大路不走,为什么要挤在一旁,谁怕谁啊!奇怪!"

老大妈松了手,一脸愕然地望着她,张大了嘴,轻声呢喃:"孩子啊,你怎么能说出这种话来,会……"

还未说完,锣鼓声越来越近,一列高头大马、气宇轩昂的队伍走了过来,百姓自觉地又向后退了一步。只见当前是两匹毛色纯红如烈火的大马,左边那匹马上的兵士敲着锣,右边那个打着鼓。后面接着是三匹如锦缎般黑亮皮毛的大马,再后面是四匹鬃毛飞扬的香槟色大马。

单是这九匹马,便是价值连城,应该是官老爷的队伍。其后是一个大型紫檀木轿子,窗口用一块布帘蒙着,布帘外面是一层薄纱,下面有貔貅纹样,做工细致精美。轿顶镶了一颗璀璨无双的夜明珠,四周以碎银衬托,格外的华贵不凡。轿旁有许多随从、轿夫和侍婢。轿子后面是一十六名大汉,个个虎背熊腰,神情悍勇,想必是随行保镖。只听那些人大声呼喝,都是些赞美官老爷的话语,拼命地劝说周围的老百姓去当老爷的随从,羽霁看得直皱起了眉头。

看这大官的威武气势,老百姓一定很怕他。这时候,姐姐有主意了。哼哼,看我馥羽霖怎么治你!聪慧的羽霖眼珠一转,计上心来,故意走上前去,拦住轿辇,喝道:"喂,里面的人给我下来!"

百姓立刻骚乱了起来,心想这丫头简直胆大包天,老爷要是被她惹怒了,恐会祸及自己,但内心又着实想看看这老爷怎么办,看他出丑,于是一些人站得远远地看热闹。那十六个大汉连忙跑上来,一声大喝,要架住这个小丫头,但他们哪里是有法术的羽霖的对手?霎时间便被魔法定住了,动弹不得,可是,脸上依然保持着一副恶狠狠的神态,实在好笑。

羽霖要想拿住官老爷根本不是难事。她闯进轿子,施展隐身术,把他拖到半空中,细细审问当时的百姓是否疾苦,他有没有搜刮民脂民膏。那官老爷还没弄明白是怎么回事儿,伸头看了一眼脚下,瞬间吓得脸色惨白,以为遇上了神仙,不敢说谎,低着头一五一十地把天下格局已乱,百姓流离失所,自己趁机大发难民财的恶行和盘托出,直气得羽霖脸色铁青,也不管躺在云上的大官了,飞一样地就从云上跳了下去,稳稳地站在地上,心里有了一个大胆的计划——新建一个国家!

凭羽霖羽霁姐妹的魔法水平和好人缘,新建一个国家这么困难的事情在她们眼里简直是小菜一碟。很快,她们就进入了状态,在百姓们的拥戴下,开创了一个崭新的时代——明曦共和国。在这个崭新的国家里,人人都是平等的,羽霖运用魔法,让所有人都过上了好生活。当然,她自己因为还要踏上新的旅途,所以不可能亲自执政,她找到一个智勇双全品行高尚的人,让他做了主席。在这个全新的国家里,风调雨顺,国泰民安,主席更是很受百姓爱戴。

羽霁得意洋洋地一口气说完,却发现每个人看她们的眼神都不太对。茉夕小心翼翼地开了口:"刚才,你在讲到新建国家的时候,娜希娅就觉得有什么地方不太对劲,她刚才查了一下书……"茉夕停顿了一下,语气变得古怪而恐惧,"在穿越回过去时,只能以第三方的身份查看历史,除了一些不被历史记载的小事儿,像帮助妮和姐妹的事情历史并没有记载,所以我们可以去做。"

"但是改朝换代是多大的事情啊,你们有没有想过,一旦历史改变,时空出现漏洞,那我们生活的这个时代将不复存在,我们也就不存在了呀!"

真是一语惊醒梦中人,羽霁这才反应过来这件事情有多么严重。她犯了错误,心慌意乱,又不知道该怎么办,一屁股坐在地上绝望地哭了起来。羽霖一边安慰着她,一边焦急地问道:"那有什么办法可以补救呢?"

茉夕也不知道,她将目光投向了娜希娅,这个拥有一本万能魔法书的龙族公主。不愧是龙族的女儿,娜希娅闭上眼睛开始沉思。她倒真知道一个办法,是娜希

娅从掌管龙族谜书的哥哥青龙青岩那里偶然知晓的。她沉吟了一会儿，问道："这里有谁知道宇宙的空间密码吗？"

宇宙的空间密码？大家面面相觑。墨祺嘟哝着："我知道人类用的QQ有密码，微信有密码，网银账户有密码，学校大门也有密码，可是宇宙的空间密码是什么啊？"过了一会儿，茉夕猛地一拍脑袋，欣喜地说道："我想起来了！宇宙的空间密码，就是宇宙之王居住地的大门，只要知晓这个密码，任意制造一个空间出来，输入密码，就可以见到宇宙之王了！见到他，这些错乱的空间就可以变成一个个时空体，只要把它们重新排列整齐，空间的矛盾就不存在了！"

茉夕的话一说完，大家顿时高兴了起来，纷纷鼓掌。"可是，最关键的是我们没有宇宙的空间密码呀！"漠沁幽幽地提醒大家。

茉夕再一次将求助的目光投向龙公主娜希娅，所有人都齐刷刷地看向她。

娜希娅被这些目光看得心里发毛："你们看着我干什么？我有什么啊？"

大家又异口同声地说："你有一个掌管龙族谜书的哥哥！"

对呀，娜希娅也反应过来了，问问青岩倒是一个好办法。但她迟迟没有打开空间传呼器询问哥哥。

羽霁急了，大声说道："娜希娅姐姐，快问你哥哥空间密码是多少啊！"

娜希娅这时候却表现出不着急的样子，吞吞吐吐："呃，其实，我和我哥哥一向不太和睦。他是青龙家族的，不属于龙之禁地的两大核心权贵家族之列，是属于青龙、乌龙、赤龙、粉龙这四种普通龙族的。呃……所以我们并没有多少联系，他也一直认为我很骄傲，也没主动找过我。呃，其实我们平时并不来往的……"

"什么？那你为什么不早说啊！"大家又一次齐刷刷地大叫起来。

娜希娅赶紧平息大家的失落："呃，如果你们一定要试一试的话——我没意见啊！"

"这还差不多。"所有人第N次异口同声。好吧，以前好像真的没有这么和谐，大家忍不住哈哈大笑。这回换到娜希娅严肃了："嘘，别吵，正在拨号呢！"

铃声响个不停："啦啦啦啦啦，啦啦啦，啦啦啦啦啦……"大家紧张地盯着空间传呼器的蓝色大屏幕。终于，屏幕上闪出了一张大鼻孔、大眼睛、有龙角和胡须的典型的龙特征十足的脸。大家赶紧闪到一边，只留下娜希娅。

"Hi！"娜希娅试探性地打了个招呼。

对方懒洋洋地伸了伸脖子，眼睛瞟着别的地方，漫不经心地说："哎哟，谁呀，我们认识吗？哦，我知道了，你是——小红！对不对？"

娜希娅板着脸，用力晃了晃空间传呼器："什么小红啊，少来！仔细看看，你不

认得我了吗?"

青岩将视线移回空间传呼器,睁大龙眼,一脸漠然地摇了摇头。

娜希娅大叫:"别装了!我是谁你都不认识,除非你这个青岩是冒牌货!"

听到娜希娅质疑他的身份,青岩终于急了:"好啦,娜希娅,我认得你!我确实是故意的,但我可是货真价实的青岩。说吧,你找我到底有什么事啊?"

娜希娅端着笑脸,一脸真诚:"嗯,是这样的,我们遇到了点小麻烦,需要用到宇宙的空间密码,能告诉我们吗?感激不尽!"

听到这句话,青岩的脸色有些变了,他的嬉笑表情一点点地消失,最后面无表情地坐了下来,喝了口茶。娜希娅神色也有些紧张,眼睛瞪得大大的,一脸期望地看着他。但是青岩的脸上还是没有任何反应,于是娜希娅的笑容也渐渐地凝固了下来。大家也着急了,羽霖皱着眉头说:"不会是有什么问题吧?"

娜希娅的眼睛瞪得越来越大了。大家都屏住了呼吸。

"什么?你没开玩笑吧?"伴随着一声擎天怒吼,青岩嘴里的一口茶"噗"的一声以火山喷发之势喷了出来,屏幕上立即铺满了褐色的水珠。娜希娅的大眼睛一下子没神了,低声说:"嗯,求求你了,我们急用啊!告诉我们吧!我发誓,我绝对不会告诉别人的!不会不会不会不会的……"她一急,连说了好多个"不会"。

屏幕上的水珠渐渐地滑下来,又浮现出了青岩的脸,青岩冷漠地说:"你以为宇宙的空间密码是你们的账号密码啊,说给就能给,说盗就能盗啊!想当年,我得到这个密码,那可是经历了上刀山下火海种种考验啊,我得到它容易吗?啊啊啊啊!现在你们居然想从我这里不劳而获,喂,娜希娅,我跟你很熟吗?"

墨祺忍不住笑出声来:"她哥哥讲话真好玩。"

"龙家族的好笑特质。"漠沁轻轻补充道。

但是娜希娅的表情却没有众人那么轻松,她继续恳求:"啊呀我求你了,我跟你难道不熟吗?我们可是龙家族的明星兄妹啊,对不对?人家都说,我们是龙家族里两颗最闪亮的星星,不,钻石啊!我知道这个密码来之不易,哎哟,实在不行,你给我讲讲你当年是怎么得到这个密码的,我照做也可以啊。"

青岩的眼睛"噌"地一下亮了:"你刚才说啥?我是钻石?啊哈哈哈哈……没想到沉寂多年以后,又会被别人这么一不小心发现我的闪光点!来来来,我这就告诉你我当年是怎么得到密码的。那是一个漆黑的暴风雨之夜……"

"耶!"娜希娅回过身对伙伴们做了个V字形的胜利手势,"我有种预感,我就快要成功了,等我哦。"

但是大家再一次陷入了无语之中。因为,青岩讲的故事实在是太长了!大家

梦想的翅膀

听了足足有一个多小时,羽霁已经忍不住要打哈欠了,可青岩的故事才刚刚讲了一小半,还有很长的一段斗智斗勇的故事在后面呢。娜希娅忍不住打断了他:"嗯,哥哥啊,我们知道你非常勇敢,但是,但是……我们已经能够感受到你的英勇无敌了,不用讲这么长一段吧?请讲重点。"

"好!我讲重点!"青岩慷慨激昂,"最后我终于拿到了空间密码。"

"我晕!"娜希娅拍着脑袋,"所以,你现在可以告诉我们了吗?"

"当然!"青岩把尾音拖得长长的,"不行。"

"啊?"娜希娅急了,"那我们为什么要听你说那么一长串故事?"

"我没说你们一定要听啊,是你们自己要听的。"青岩一脸无辜。

这回又换到所有人着急了。茉夕郑重地提醒娜希娅:"不要再跟他说废话让他这么胡搅蛮缠下去了,话题要紧扣宇宙的空间密码。赶紧叫你哥哥告诉你。"

娜希娅忽然开窍了。她先是一脸笑容:"好哥哥,青大人,你就告诉我们吧!这空间密码对我们真的很重要的,求求你啦!"见青岩依然懒洋洋地不为所动,她瞬间板下了脸,瞪着眼睛说道:"我告诉你,如果你再不把这个密码告诉我,我就上报你父王,青岩欺负我,在最关键的时候不告诉我这个空间密码。到时候,哼,你就等着瞧吧!"娜希娅摆出威胁的态度。

"谁说我怕你威胁啊?我,我怎么会怕你?哎呀,我也不会怕父王的,你别想镇住我!"青岩嘴上虽在说着不怕不怕,但是内心已经有点动摇了。他的父王青龙天王是出了名的教子严格,火爆脾气,要给他逮着了,不把青岩给吃了才怪呢。娜希娅深知这一点,做好了足够的铺垫后,果然用杀手锏了。

"娜希娅这招有效!"茉夕面露喜色,她看出来了。

娜希娅的脸越板越青,一本正经地说:"别以为我不敢,我会怕你父王!我现在就关掉跟你的会话,找你父王去。你能拿我怎么样?"她顽皮地歪了一下头,"除非你跑得比我快,能抢在我前面上报你父王,说我无理取闹。现在就开始,看谁快!"

青岩果然一脸慌张:"我绝对会比你快的!走着瞧!"他窗口都没来得及关掉,就急急忙忙地一路狂飙过去。墨祺着急了:"娜希娅,你怎么不跑呀!难道你想落后吗?那样我们就真的拿不到密码了。"

娜希娅哈哈大笑的说:"你不会也被我的话给骗了吧?他受了我的误导,他跑得再快,难道会有我的空间传呼器呼叫得快吗?"说着,她就拨通了青龙天王的服务器,添油加醋地说了整个事情的经过。

半小时以后,青岩气鼓鼓地主动跟她再次通话了:"真是想不通,你居然会比

我快！好吧，你赢了，父王命令我告诉你密码，而且只能出一次问题组合。唉，我当年那可是经历了种种磨难呀！不过算你走运，我甘拜下风啊。"

"谢谢啦！"娜希娅笑靥如花，"不过，你还没有出题呢。对了，忘记告诉你了，我这里还有四位小伙伴陪着呢，我们会过关的，你出题吧。"

"让我先思考一下。"青岩冷静地说，"我一定会难倒你们的！"

"哼，怎么可能！"大家心有灵犀，一起冲空间传呼器大吼，震耳欲聋。

"请听题！"五分钟后，青岩终于开口了，见大家一脸好奇，他笑着说，"你们确定……要接受挑战吗？这可是一个组合连续问题哦！"

没等大家回答，青岩就已经迫不及待地开始问这个他很得意的问题了："咳咳，听好了！考验你们这个团队的时候到了。问题一：你们组成这个团队最初的目的是什么？你们有三秒钟时间，等我数到三，必须全部正面回答。如果有谁的答案跟大家的不一致，比如目的偏了一点儿，或者多了或者少了一句什么的，哼哼，拿密码？那我就不得不善意地提醒你们啦，机会没咯！"

"等等，我出列。"娜希娅忽然微笑着回答。

"为什么？"青岩疑惑。娜希娅一声轻笑："笨蛋，她们是来帮助我的，对这件事，我跟她们的说法当然能一致。好了，你开始吧！"

"三……二……一！"青岩数完了，"请回答！"

"我们的目的是，帮助金龙公主娜希娅通过种种难关，到达白龙禁地，找回她的妹妹欧薇拉。龙族现在群龙无首，如果娜希娅可以劝说回欧薇拉不再为当年金白龙族大战的事情而生气，就可以将金白两个龙族合二为一，然后选出最有智慧的人，成为六族龙皇，平定龙家族的混乱局面，重新让龙之国度变得幸福安宁。"所有人几乎一字不差地说出了这一番话，显然，这使青岩感到震惊。

按照剧情的发展，青岩一定应该说我服了你们了，后面的问题免了，直接去吧，茉夕这样想着。但是事实并非如此。得到如此整齐的答案，青岩先是震惊，然后是为自己这个百分百有胜算的问题失败了而恼羞成怒，他气得一张大青脸由青转白，由白转红，由红转紫，最后由紫转黑，接着眼泪夺眶而出，把大家也吓了一跳。怎么哭呢？不过，仅仅让眼泪流了三秒钟，青岩就收起了泪水，突然问出了第二个问题："你们知不知道此行的第二个目的？三……二……一！"

"当然知道！茉夕的姐姐莫瑶一直想要继承王位，但她心术不正。在帮助娜希娅后，茉夕就可以联合她管理的梦之国中海洋的势力打败莫瑶，统治梦之国，也就能够揭开国王、王后的死因之谜了。但是由于莫瑶不知道为什么，一直在阻碍大家寻找白龙公主，所以，我们大家一定要齐心协力！"大家再一次创造出了心有灵犀

的奇迹,说这么一长串话竟是异口同声,是多么的不容易,也更加看出了大家坚定而共同的决心。这一次,青岩真的被震撼到了。

但是青岩毕竟是青岩,震撼归震撼,他到底还是问了第三个问题:"刚才你们在回答我第二个问题的时候,茉夕也在队伍里,对不对?"他看起来是在问茉夕,但是他根本没等茉夕回答,又接着得意地说道,"可是,刚才在别人说到'茉夕的姐姐'的时候,你怎么会和大家一起这样称呼呢,你不应该说'我的姐姐'吗?啊哈,除非是你们以前都曾经说过的吧,你们所谓的默契只是排练出来的吧?哼,茉夕,请解释一下!"说完,他咧开大嘴,哈哈大笑。

大家一下子静了下来,都看着茉夕。娜希娅提醒:"加油!好好回答!"

羽霖挺紧张地说:"茉夕,你找个好点的理由,我们一定能拿到密码的。""嗯。加油!"大家为茉夕鼓劲。大家都期待着茉夕的回答。

茉夕自己则显得格外镇定。她一脸微笑着说:"青岩呀,这话你可就大错特错了。我跟大家用的称谓相同,并不说明我们以前这么排练过,也不说明我对人称的使用有问题,反而能看出的是我们一致的愿望和决心。正因为我们大家彼此非常了解,大家都知道我会跟他们保持口径统一的,所以刚才回答的时候,才没有跟着我一起用'我'来自称。这恰恰说明了我们非常默契呀!你还有什么问题?"

这下子青岩是彻彻底底目瞪口呆地输给茉夕了。青岩看起来有些难过:"唉,没想到,还是没能难住你们,你们简直太厉害了。"但是,青岩毕竟是龙王后代,气度不凡,很快他脸上的小难过便不见了,阴霾一扫而光,转而一脸的兴高采烈:"刚才我父王告诉我你们去探险路上的经历,我真的好喜欢这么刺激的冒险啊!我有一个小小的请求,你们可以听听吗?"他一脸期待。

茉夕微笑着说道:"当然可以!你说吧。"

"我想和你们一起去冒险!"青岩非常激动的样子,"请相信我,我可以帮助你们克服困难的,好吗?"他一脸的诚恳。

几个成员互相对视了一眼,不约而同地点点头:"当然可以!青岩,欢迎你加入我们!"娜希娅满面笑容地补充道:"我们就在宇宙空间的入口处,快过来吧!我们在这里等你哦!"

"你们同意啦?太好了!"青岩十分激动。"这样的话,你是不是应该先告诉我们密码是什么呢?"茉夕淡定地提醒他。

"既然我已经是你们中的一员了,那就可以由我自己来输密码了!先不告诉你们,到时候,我自然会输的!"

"好吧!"大家同意了,"那你可别忘了哦!"

"嗯!"青岩看上去神采奕奕地说,"我来啦!"

十八 羽霁失踪

有了娜希娅的哥哥青岩参加冒险,大家顿时觉得信心满满。很快,青岩就出现了。娜希娅欢呼:"你终于来了!走吧!"

青岩那张龙家族特有的大鼻孔、大嘴巴、大眼睛的脸,即使是在不笑的时候看起来也挺搞笑,他匆匆忙忙地停下脚步,掏出一张纸说道:"喏,这上面记着空间密码。我马上把它撕掉以后背下来,然后去输入密码。"

虽然,呃,青岩的记忆力实在是不怎么样,但是为了这么重要的行动,他还是一点一点地努力记忆着。过了很长时间,他才将密码记牢。他打开空间之门,一边输,一边默念着帮助回忆:"37030213》+~bbc=}&*%￥#df112002……"他的脸憋得红红的,眉头紧皱,满头是汗。背得这么辛苦,茱夕看得目瞪口呆。不过她暗自担心:这个空间密码输入时无遮无挡,会不会被人看见?她环顾四周,见没什么人影,便也暗暗放心了。

"终于搞定了!"青岩像刚跑完八百米一样气喘吁吁。他按下红色的确定键,空间之门缓缓打开:

只见门内有万丈银光射出,刺得人睁不开眼。过了一会儿,光线渐渐暗了下来,出现了一个星空图案的漩涡。青岩朗声说道:"这个是时空之门,是用来穿越到宇宙之王那里的。大家进去吧!"他自己先做示范,缓缓地走入漩涡,消失在了时空隧道当中。娜希娅第二个坚定地走进去,小伙伴们一个接着一个,茱夕、漠沁、墨祺纷纷消失。羽霖和羽霁是最后进去的。羽霁有点害怕这个隧道,紧紧地抓着姐姐羽霖的手。

进去之后才发现,这个空间隧道居然像一列长长的地铁,里面还有相对而设的座位。青岩介绍道,只有大家都坐下后才会启动时空之旅。但是,当大家全部落座后,空间隧道没有任何反应。漠沁皱着细眉,用力晃了晃扶手,可脚下依然纹丝不动。羽霖悠悠地问道:"空间隧道……也会失灵?"

"奇怪了,怎么会这样!"娜希娅有点焦躁,"不应该立刻以光速穿越过去吗?"

青岩突然一拍大腿:"慢着,我知道了!一定是现在外面有人在输入空间密码,也想进来,所以空间隧道在等那个人进来!没关系,就当多个旅客,我们等一下就好了。"

一分钟不到，门开了。耀眼的银光过后，除了青岩，所有人大叫起来！

竟然是莫瑶！

那扎着浅茶色发髻、留着卷刘海、眨着大眼睛、穿着华贵的长绸裙、靠在时光隧道墙壁上冷笑的女子，不是莫瑶是谁？

看着茱夕嫌厌的表情，莫瑶倒是很淡然。她靠在那里，一副高高在上的样子："呵，又是你们。"她扫了一眼所有人，定格在青岩身上继续说，"哎，让我瞧瞧，这多出来的家伙又是谁啊？哦，看这模样儿，又是龙家族的吧？"

茱夕打心眼里反感她："我们在这里关你什么事啊，你来干吗？"

莫瑶眯着眼睛，嘴角的微笑若有若无："哦，是吗？那我进入时光隧道又关你什么事呀！"竟是毫不客气地针锋相对。

脾气变得火爆的娜希娅忍不住吼道："出去！你来这里纯粹就是捣乱，不想让我们成功。若不是的话，那你来这里是什么目的？"

莫瑶气定神闲地说："我想来就来，想走就走，不需要什么理由。再说，我为什么要告诉你？"

这下，一向以神秘理智著称的羽霖也无法冷静了。她嘴唇微微抿了抿，细细的眉毛在眉心拧了个小疙瘩，眉梢上扬，连带着眼睛一起挑了起来。两只大眼狠狠地瞪着莫瑶，眼神凌厉，突然爆发："你怎么进来的？偷看了密码吧！说清楚！"

不过，莫瑶定力真好。她云淡风轻地扬扬眉毛，撇了撇嘴："对呀，我就是看了密码，你能拿我怎么样，只能怪你们输入密码的时候太不小心咯。要知道，这个世界上有一种'看'叫做躲在树的后面用望远镜偷窥，哈哈哈！看你们怎么办！啦，啦啦，啦啦啦……"

"你怎么可能瞬间背下来的？我记了老半天呢！"青岩很不服气。

莫瑶一副得意的笑容："当然是把显示器上显示的密码拍下来咯……"

青岩指着她，眼睛瞪得溜圆，气得说不上话来。

隧道里突然安静了。

可怕的沉默！

羽霖和羽霁眼睛里好像都有赤红的火焰。

莫瑶的脸色也不太好了，渐渐发红。

莫瑶的脸色逐渐由红转白——她看见茱夕脸上罕见而可怕的愤怒表情；又由白转青——她看见娜希娅身后一团金色的冲天的外焰；又由青转黑——她看见青岩后面的是一团高温的青蓝色内焰。

有汗滴顺着莫瑶的额角滑下，一路畅通地从下巴上滴下来。"滴答"一声轻响，

汗珠落了地,打破了沉默。

他们要爆发了!

就在这千钧一发之际,突然,时空隧道剧烈地晃动了起来,波翻浪涌,碧蓝色的海浪卷着青黑的礁石,凶猛地冲击着手足无措的茉夕一行,他们开始东歪西倒,只有娜希娅和哥哥青岩手扶墙壁,勉强还能站得住。"咳",不知是谁又呛了水,场面陷入混乱之中。

但是,只有一个人没有慌乱。她气定神闲地站在早就准备好的高台上俯视着众人,脸上是计谋得逞后得意的奸笑。是她,就是她,果然是她,早就有预谋的!莫瑶!原来刚才的紧张是佯装给众人看的阴谋,事实上,她早就在一进来之时就预先布下了水幻术!

水幻术是一种等待六十秒钟才能使用的十分厉害的魔法,可以令对手预先无知无觉,而在释放水幻术的时候会产生无法克制的强大能量,从而出其不意地一举制胜。水幻术只有在预先知道对方要使用的时候才能克制,一旦出招覆水难收。所以水幻术也是MOE家族独特的魔法,当年茉夕的爸爸MOE·XERY就是靠这个独门绝技将对手ALA家族击败的。莫瑶和茉夕是MOE家族的第二十一代水幻术传人,理应对这个独门绝技了如指掌,可现在由于紧张,茉夕竟然忘记了在寻找时空之门这么关键的时刻,莫瑶不仅会来捣乱,而且一定会先发制人!

追悔莫及啊,茉夕那叫一个后悔。虽然她不怕水,但是这样一来火系的羽霖的魔法就完全没用了,而娜希娅和青岩虽然法术高超,但是遇上这MOE家族的必杀技尚自顾不暇,哪里还能顾上他们?再转过头看看莫瑶吧,茉夕敏锐地捕捉到了莫瑶眼睛里倏然闪过的寒光。毕竟是姐姐,她明白常年架着笑容的莫瑶忽然收起笑容是什么意思,不禁觉得背后一股寒意森森地蹿上来。

就在那么一刹那,那一道华丽的身影扑下来掠走了一片桃红色,闪电般得快,让人还没回过神来,当然,莫瑶是梦之国顶级的魔法师,与茉夕是同级别的厉害角色。果真,莫瑶微微一笑,重新站在高台上,只是手里多了一个羽霖——她艰难地扭着头,怒视着莫瑶,不甘地挣扎着。莫瑶冷哼,手上一用劲,羽霖立刻疼得龇牙咧嘴,憋着眼泪努力不哭出来。大家看在眼里,疼在心里,羽霖一边咳嗽一边叫起来:"放开我妹妹!有本事来抓我,别欺负她一个孩子啊!"

莫瑶冷笑道:"抱歉,现在我对你还暂时不感兴趣。"她嘴角边扬起一丝嘲讽的弧线,"哎,我估计你们也没有想到吧,当年在大草原时,欺负我那么厉害,如今呢?呵,没想到吧?我劝你们还是醒醒吧,别以为自己有多了不起!"

梦想的翅膀

莫瑶为自己的智慧感到骄傲,接着说:"我跟踪了你们一路,本来是想在路上就带走她的,可是一直没有找到合适的机会。哎,正好你们输入密码的时候居然没有遮挡,我当然要进来咯!这么难得的密码,若是进来后不做点什么,真是对不起我一路苦苦跟踪呢!比如说,进来以后,布下水幻术……"

"你早就有预谋了……"茉夕感到自己实在是太傻了,"这个密码这么难得,居然被你看见了,完了,完了!"她快要哭出来了。

"哈哈,不过你暂时可以放心,我还没想好怎么利用这个密码。"莫瑶看来心情大好,用一种"友好"的口气回答茉夕。

幸好你没想好,不然就惨了,祝你永远也别想好。茉夕在心里默念着。

莫瑶指指手里的羽霖:"这个小姑娘就让我带回去了,有本事到我那里领回去,我在你们的终点等!哈哈哈……"她仰天大笑,虽然梦之国的公主声音清脆动听,但此时听着莫瑶的笑声,茉夕却是觉得无比的刺耳,胃里也顿时翻江倒海,特别难受。

"你敢带走她!"娜希娅在水底一声怒吼。龙家族的嘛,本身声音就特别大,这么一吼更是震耳欲聋,大家甚至感觉到了水波的震动。可是莫瑶并没有一点惊慌,她反问:"为什么不敢呢?"她慢慢悠悠地弯下腰,伸出五根指头,左右晃动,笑着说:"当然,要我放下她是不可能的,祝你们好运!"

瞬间,莫瑶手拎羽霖破门而出,一道白光闪过,时空隧道的大门打开了。隧道里的水"哗哗"地一下子喷涌出去,大家终于从水里挣扎着爬出来了。再看门外,哪里还有莫瑶的踪影?众人又是愤懑,又是失望,又是止不住地自责与难过。

惊慌了一阵子之后,大家渐渐镇定下来,冷静地想办法。茉夕率先提出:"当务之急自然是救回羽霖。莫瑶一定会把她带回去关在皇宫里,我建议先回梦之国的皇宫。"

羽霁摇着头说:"不妥。莫瑶料定我们会放弃行程,转而去救回羽霖。她必定会派重兵把守,严加看管,我们这样贸然前去恐怕是去送死。我看这样吧,不如先想办法保证妹妹的安全,再加快行程去江南完成任务,回来后再去救人。"不愧是思维缜密的逻辑高手,羽霁分析问题总是那么丝丝入扣,有条不紊。

娜希娅略一沉吟:"羽霁说得有道理。这样,先去宇宙之王那里整理好空间顺序,办完后再执行羽霁所说的计划。"大家纷纷赞同娜希娅的主意。

过了一会儿,大家顺利见到了宇宙之王,并整理好了空间的顺序。

"好了!这个错终于修补过来了!"青岩大汗淋漓。刚才在宇宙之王那里亲手修补空间时,他已消耗掉了太多的体力。女生们体力值不够,所有这些体力活儿只好都交给他了。女王风范的娜希娅淡定地拍了拍他的肩膀说了声:"谢谢。"青岩自然是不满意这风轻云淡的两个字,但面对彪悍的娜公主,他也只好一笑了之。

"快,抓紧时间,赶紧沟通啊!"娜希娅一向雷厉风行。茉夕赶紧接过空间传呼器,拨打莫瑶的服务器。出乎意料的顺利,传呼器通了。茉夕再次见到了那张傲气十足的脸。"呵,怎么呢?"莫瑶的眼睛似闭非闭。

为了羽霁,茉夕只得挤出微笑:"姐,我想和你说件事情。"

"咦,你现在知道叫姐姐啦?"莫瑶一丝冷笑,"这是为什么呢?"她故意自问自答,"哦,我想起来了。有个叫什么羽什么霁的小姑娘现在在我这儿呢,对吗?"她一阵清脆的笑声,慢慢地冷下脸来:"你想让我把她送回来,对吗?"

茉夕只得黯黯地回答:"是。"

"哈哈哈,"莫瑶又是一笑,"茉夕,你的智商有退步哦!"

"我知道你什么意思!"茉夕开始变得急切,"可我……可我是真的想让羽霁回来!我们需要她!我们离不开她!对吗?"

莫瑶打断了茉夕的话,腔调阴阳怪气:"你们需要她?"莫瑶鄙夷地摇了摇头,"你自己问问羽霁,你们到底需不需要她!"

茉夕身子一震,她有一种不祥的预感,很强烈,似乎极其恐怖的事情即将发生。果不其然。

莫瑶仰天长笑,转身离去,匆匆掠去一个刺眼的背影。屏幕前,是一张清秀、白皙、俏皮而熟悉的脸。

没错,那就是羽霁。

"羽霁!"茉夕急切地呼唤道。她瞪大眼睛,想要看清羽霁的脸。

可是屏幕却不知为何晃啊晃的总是看不清。

莫瑶抓住羽霁

"羽霁,你还好吗?"茉夕焦急地问。

"不要叫我羽霁!滚开!"羽霁的反应是如此激烈,是如此突然,大家都被吓了一跳。

"你……怎么呢?"茉夕颤抖着嗓音问道。

"不,我不认识你!"羽霁的眼睛红红的,像一头暴怒的

小狮子,与她平日里的形象简直天差地别,看起来分外可怕。

茉夕的心里一阵冰凉,这还是她所熟悉的那个可爱娇俏的羽霁吗?

羽霁现在看来是处于一种非正常状态,现在她恐怕问不出什么了。"羽霁,你可能需要冷静一下。"茉夕缓缓地背过身去。

羽霖扑过来晃动着屏幕:"羽霁,你怎么了!快说啊,莫瑶对你怎么呢?你怎么变成这样了!"她的眼镜片上已是模糊一片。

见到姐姐,羽霁渐渐冷静下来,她的意识逐渐恢复。现在的她,像一头受伤的小兽,站在风雨中,哀哀呜呜地哭泣。

"呜呜……"羽霁断断续续地呜咽,"从我一开始认识你们的时候,你们就觉得我只是一个喜欢打扮的小女孩罢了。你们都喜欢墨祺、漠沁,却没有人注意到我,我永远都是最不起眼的那个。姐姐,你是才女,琴棋书画样样精通,而我,却没有一样能比得过你!呜呜……你们说我虚荣,可我只是衷心希望你们能够关注到我,为什么,难道是因为我出身不好,你们都歧视我……"

"不,不……"羽霖垂下头,苍白地喃喃劝慰,"不是,不是你想的那样的,我……"她自知羽霁现在绝对不会听进她的话,只得默默地抹着眼泪。

"不要再说了!"羽霁忽地又激动起来,"你们都是一群没良心的坏蛋!只有莫瑶姐姐,她愿意欣赏我、表扬我、善待我,我为什么还要跟随你们呢!从今往后,我就跟着莫瑶姐姐了!她吩咐的事情,我必定万死不辞!"她眼底闪出一丝决绝的狠意,"过去那个柔弱的馥羽霁已经不复存在了;现在,我,是坚强的馥羽霁,一个崭新的馥羽霁!"她朗声讲完这几句话,不留余地地拂袖而去。

"羽霁!"羽霖一声长呼,眼泪顺着颧骨滑下来,一路打湿了衣襟。

大家明白羽霖心里的哀痛,这也许就是一个负责的好姐姐看着亲妹妹走向一条不归路,却不能尽到任何一份力量的伤心。

娜希娅闭上了她美丽而狭长的眼睛。过了半晌,她忽然睁开,墨黑墨黑的瞳仁里闪烁出流光溢彩:"不去江南了!我们现在就去找莫瑶!"

"你是疯了吗!"茉夕眉头紧锁,一抬眼呵斥道,"刚才你不是说,这无异于去送死吗!"

"不,我考虑得很清楚。"娜希娅的声音如泓水般无波无澜地平静。她语音极轻,却一字一字地钻入众人耳内:"我们虽然人少,但却可以借助谋略。你们细细听我道来……"娜希娅微微一笑,道出了她的计划。

"太妙了!"众人惊喜地疾呼。

十九 决战之巅

(一星期后,梦之国皇宫,莫瑶书房内)

华丽的御书房,干净的陈设。莫瑶手执羊毫小笔,坐在红木长桌前,一笔一画地临摹着娟秀的小楷。她左手边是梦之国大大小小的文件,右手边是古朴质拙的墨砚。莫瑶的字清丽洒脱,配上洒金的乳白色宣纸,犹如一幅精美的艺术品。

大门"吱呀"的一声打破了此时的宁静。一个婢女慌慌张张地跑进来禀告:"殿下,不好了!"

莫瑶不疾不徐地写着字,脸上透着惬意的浅笑,看得出来她正心情大好:"慌什么,有什么好急的。你慢慢说!"

"殿下,咱们的宫殿被大军给包围了!"婢女带着哭腔。

莫瑶手一顿,光洁无瑕的纸上多出一团墨点。她放下笔,霍然起身问道:"你可看清,是谁敢包围咱们的宫殿?"

婢女吓得连忙退后:"启禀殿下,来人唱的……是茉夕公主所作的歌《茉影》……歌声,歌声似乎从四面八方飘来,声音响亮,整个宫殿都能清楚地听到……殿下,刚才您为何没有听见?"

刚才?莫瑶看着正循环播放着清音古曲的录音机,"啪"的一声关了它。现在,整个房间里充斥着《茉影》的歌声。

"够了!"莫瑶伸出双手将桌上东西全部推下去,暴怒道,"青青,你不是说,茉夕那里绝对不会有足够的兵将来攻打我们吗?你不是说,她起码也得再过一个月才回来,到那时我们早就把那个小女孩转移走了吗?"

"我不知道……殿下,我也不知道事情怎么会搞成这个样子……"青青眼泪像断了线的珠子一样滚落下来。"好了,别哭了!"莫瑶定了定神,命令道,"你去看看,敌方有多少人,我们准备迎战!"

"是!"青青一溜烟跑出去"查看敌情"。

"漠沁,你回来啦?"茉夕对"青青"叫道。那"青青"摇身一变,忽然大美女漠沁站在大家眼前。"莫瑶已经完全相信我对她说的话了。"她脆生生地笑道,"现在她认为我们人数众多,估计是不好对付的。"

"说起来还是娜希娅的点子好,竟能想到在宫殿周围高歌我们的胜利之歌,令莫瑶慌了阵脚,这可是不费兵不费力的上上之策!"茉夕鼓掌。

娜希娅板起脸说:"还没成功就这么得意,骄兵必败!"

"好了,别闹了。我马上再变作青青,去和莫瑶讨论战略部署。"漠沁淡淡地

说。

"殿下,敌人人数众多,声势浩大,要层层包抄进来了……我们该怎么办!"演技满分的漠沁再次冲进御书房。

"是吗!"莫瑶轻笑,她的态度有了明显的改变。

漠沁的心扑通扑通直跳,莫非……莫瑶已经识破她这个假冒的青青呢?

安静了约五秒,莫瑶成竹在胸地笑道:"青青,你也太紧张了!我们不是有城楼吗?怎么会突围进来呢?"

万幸,莫瑶毫无察觉。

漠沁小心翼翼地继续问:"殿下的意思是……"

"你去通传,封锁西南北三面大门,只留东门城墙,将库存的十万支箭全部拿出,召集全部兵力驻守城楼,严防死守,绝不能给敌人任何可乘之机!"她一拍桌子命令道,"全部整装迎战!"

"是!"漠沁去通传过后,再次溜出宫去。

"莫瑶封锁了西南北三面大门,决定召集全部兵力到东门城楼上放箭下来。"漠沁轻松地通传着情报。她是狐仙,变作狐狸从御花园进进出出十分自如。

"哼,幸好我早有防备!"娜希娅冷笑。茉夕拍了拍手,身后立着一大波奇怪的东西。没错,这就是学霸羽灵的新发明稻草士兵。稻草士兵的外貌与士兵无异,但是它们没有思想,没有动作,差不多等同于毛绒玩具。唯一的区别是,他们有一人高,而且差不多就是肉盾。当然,中箭便会倒地,倒的也挺自然。几十万名稻草士兵,千个千个地复制也挺累的,再加上把它们缩小收起来再搬到皇宫城外,着实花了羽灵不少工夫。

"好了,有它们顶着,我们赶紧执行下一步计划!"茉夕催促道。

莫瑶的大部队气势汹汹地登上了城楼,一看见那么多的稻草士兵便开始放箭。期间漠沁一直派小婢女通传,莫瑶听着接二连三的喜讯,简直乐不可支。大约打了有三个时辰,天色渐晚,天边泛起了灿烂的红霞。黄昏来临,茉夕一行乘着暮色,从挖好的盖满青草的北门的一处地穴入了宫。

"啊,空气真新……"第一个探出头的青岩刚要感叹,便被娜希娅狠狠地捂住了嘴。"小点声,这周围都没什么声音,就你这么吵,莫瑶还不得一下子发现我们?"娜希娅恨他没脑子。空空荡荡的玉漱宫,守卫不在,而那些婢女们此时可能都在莫瑶的房间里随时准备待命呢。

他们一行迅速隐身,穿过玉漱宫。宫殿错落有致,却又错综复杂,多亏茉夕带路,一路无阻碍地穿越奇门异象,来到一座高大的红门前。门是开着的,梁上有一

块匾,题着三个大字:万坤殿。

那正是莫瑶的居所。

怀着狂喜的心情,大家长驱直入,进了内殿。当然,顺手反锁上了门。隐身状态的茱夕,看见莫瑶悠闲地坐在椅子上喝着上好的雪茶,心想:"今日便是你好日子的尽头!"

外面的战斗接近尾声,一个小婢女来禀报莫瑶:她们大获全胜。莫瑶狂喜,命她去找茱夕。莫瑶看着宫女逐渐散去,站起来,朗声长笑:"茱夕,想不到,今日你会栽在我的手上!哈哈哈……"

"莫瑶,恐怕你也想不到,今日那栽在我手上的人,会是你吧。"茱夕冷冷地说道。说完她解开隐身衣,一双金紫色的眼睛闪着寒光,盯住莫瑶。紧接着,娜希娅、青岩、羽灵、漠沁纷纷解开隐身衣。

莫瑶被这突如其来的变故惊呆了。她下意识的第一个反应就是逃跑,刚转过身,墨祺出现在她眼前,说道:"别白费劲了,事已至此,你逃不掉了。"

莫瑶垂下眼帘,一声长叹:"想不到我处处小心提防,还是着了你们的道儿。行,我认了,命中注定有此一劫罢!"安静了几秒,她忽地抬起头,又捂嘴轻笑,"不过我想到了一件事,真是可笑。哈哈!哈哈哈哈!"莫瑶止不住地笑,但这笑听起来可怕而阴森,令人不寒而栗。

娜希娅厉声道:"你死到临头,还有什么好笑的!"

莫瑶笑得更欢快了:"我只是觉得,你们害死我,以后怕是这辈子都找不到欧薇拉了。呵,多有趣的事情!"

一听这话,众人的神经立刻紧绷到极点。茱夕尽力将口气放得稍微缓和一些:"如果你愿意告诉我们白龙公主欧薇拉的下落,我们可以饶你不死。"她说这话,已经是对莫瑶忍耐的最大限度了。

"不!我不会放过你们的!"莫瑶突然尖声大叫,冲着茱夕连发三招,招招都是MOE家族的杀手锏。茱夕猝不及防,一下子硬接了三招,当即昏迷过去。不等众人有所反应,莫瑶立刻飞扑过来,以同样的招数掠走了茱夕,站在桌后架住她。

这一连串变故来得太突然了。

被敌人以同样的招数先迷惑再击败,这对于自尊心极强的龙家族成员来说无疑是奇耻大辱。当然,对于漠沁、墨祺两位公主来说,自然也是。娜希娅怒不可遏,当即就要施展必杀技除去这个满腹坏水的莫瑶。同样的,莫瑶那一双金紫色大眼睛似乎也看穿了娜希娅的意图,淑女般地微笑着:"娜希娅,我们姐妹同生共死,若是我死了,茱夕也不愿意独活吧?若是你也想连茱夕一起杀,那我就只好引颈就戮

了哦!"

这一番话语音轻柔,却将娜希娅气得半死,直翻白眼。见成功气到了娜希娅,莫瑶略一冷笑,收起假惺惺的淑女模样,露出她凌厉狠辣的真实面目:"今日我也难逃一死,不如我拉着茉夕一起死,也好叫你们难受难受。至于白龙公主欧薇拉,实话告诉你们,你们一共要去的那五个地方,剩下来要收集的三瓶溶水全都在我这里。听说你们要去江南,我早早地就收集好了。"

莫瑶停了停,得意地继续说道:"你们以为在草原的那场战斗真的是我打不过你们,再也不敢出现了吗?哼,怎么可能!我是去提前收集好你们所需要的材料,炼成溶水,据为已有。到你们去的时候,就自然会发现采无可采,收无可收了。到那时,我就包围你们,除去你们这几个妖孽。想见欧薇拉,想拯救龙族?别做梦了,下辈子再见到她吧!"

听完莫瑶这一番话,娜希娅长叹一声,闭上了眼睛,缓缓地流出了清泪。以她如此刚强的性格,却在今日流了泪,实属罕见。看着滴在地上的一颗颗晶莹圆润的泪珠,茉夕也不由得伤心难过起来。她埋下头,肩膀一抽一抽:

想起幼时她和莫瑶短暂的姐妹情谊;

想起曾经伶俐可爱的小伙伴馥羽霏;

想起馥羽霏有时淑女般的微笑;

想起父母逝世时的场景……

茉夕哭到眼前一片昏暗,哭到心里一阵微恸,才慢慢地停止下来。她的手在颤抖,身子在颤抖;不安地颤抖,愤怒地颤抖。"不!我不会让你战胜我的!"她抬起头,喃喃自语,"不,我不会!"茉夕的声音急促而充满力量。她缓缓地站起来,双拳紧握,以一副战斗姿态重新出现,眼睛里是正义的凛然:"莫瑶,我不会再放过你了!"

茉夕不顾一切,冲上前去。

她赌上了一切,要救回羽霏,为了龙族,为了梦之国的安宁!

眼见茉夕红着眼睛扑过来,莫瑶却是毫不惧怕,嘴角扬起了一丝淡淡的弧度,凄厉地叫道:"你过来!我当然不会和你同归于尽,我现在就杀了你!"

莫瑶以迅雷不及掩耳之势,抽出一把鎏金匕首,回手刺去……

茉夕失神地定住了,手里的武器"当啷"一声掉到了地上。

娜希娅呆住了。

时光定格在了这一刻。

二十　王者归来

刹那间,一条白色的身影,秀美灵动,俊秀飘逸,卷着狂风呼啸而来。还没等看清,这身影已然夺走莫瑶手上的鎏金匕首,站定在了桌前,快得令人无法反应。

风停,人立。那白衣飘飘,散发着清幽的香气。一袭俊雅的纯白马面绸裙,绣着嫣红的梅花;披着长长的龙图案锦袍,在清婉中多了几分大气;手腕上是温润的羊脂白玉镯。高挽的惊鹄髻上点缀着银簪与流苏,系一根白色长缎带,简洁素雅,露出光洁的额头。乌黑的发丝如瀑布般倾泻,浓密而根根分明,健康柔亮。淡淡的远山眉细长而舒扬,一双闪烁着智慧的凤眼带着些许威仪,无疑血统纯正高贵。那双眼睛瞳仁乌黑,具有典型的东方典雅之美,却能折射出奇异的光彩,现在它射出的冰冷寒光已足够让人打战。小巧的鼻子,精致的粉唇,脸上不施脂粉,也是白璧无瑕;虽然没有娜希娅那般的明艳照人,婉姿靓丽,却自有一种书香聪慧之美与傲然高贵之态。尤其她背后的一双翅膀,依然是那纯白的颜色。脚下,是一双米色的长靴。

眼前的陌生人,似乎分外熟悉。那女孩紧握匕首,转过头来,收起寒光,对茉夕温婉一笑。

就是这么一笑,登时让茉夕明白,这个女孩是谁。

是的,她就是娜希娅的姐姐,有着"龙族第一才女"之称,玉姣白龙欧薇拉公主!

茉夕几乎不敢相信自己的眼睛。眼前这位气质清冽的高挑女孩,便是大家苦苦寻找的那个欧薇拉?

那个惊为天人的才女欧薇拉?

那个对龙族未来至关重要的欧薇拉?

女孩微微一转身,龙翅在背后扑棱棱地扇起带着幽香的清风。

踏破铁鞋无觅处,得来全不费工夫,果然是欧薇拉!

瞬间,除了青岩和娜希娅,大家无比崇敬地齐齐拜倒:"参见白龙公主欧薇拉殿下!"

那欧薇拉外表高傲,实则是个谦和有礼的女孩,见众人这样,连忙伸手相扶,微微一笑:"哪里需要如此客气,不必

多礼,快请起。"

在场的众人中最失神的,要数娜希娅和莫瑶二位了。

娜希娅乍见姐姐,自然是热泪盈眶,不敢相信这一切是真的:失散多年的姐姐怎会在此处出现?她怎会突然来相助?她又惊喜,又激动,这几个重大变故来得这么急促,她一时间有些应接不暇的感觉,她颤抖着走过去,轻轻唤了一声:"姐姐!"

这一声惊天动地。

这一声,消融了金龙白龙两家数百年来的恩恩怨怨,唤醒了欧薇拉与娜希娅之间的姐妹情深。欧薇拉戛然止住,慢慢地转过头——脸上早已是水雾一片,泪眼婆娑。娜希娅再也忍不住了,她扑过去紧紧抱住欧薇拉,大哭一场。

无需多说,不必多言。这么多年的好姐妹,自然是心意相通。欧薇拉也是止不住地流泪,拍着娜希娅的肩膀,强颜欢笑:"哭什么,咱们是顶天立地的龙……不可以哭……"她嘴上是这么说,却早已哽咽得泣不成声,心里五味杂陈,说不出话来。

茉夕她们在旁边看着,微笑着,心里也着实为这一对姐妹能够历经坎坷再次团聚而感到欣慰。是哦,好像还漏了一个重要的问题。茉夕赶紧提问:"欧薇拉公主,你是怎么找到我们的?"

"好了,不哭了。"欧薇拉安慰着妹妹娜希娅激动的心情,缓缓坐下,说道,"这说来也是转瞬间的事情。我记得,娜希娅从小到大,没有哭过。在家里闲来无事,已有数年多了。就在今天早上,我突然有种奇妙的心灵感应,娜希娅那里似乎有些不对,她好像即将要大哭。这也是龙家族一个非常特殊的地方:亲人待在一起五十年以上,便会有微弱的心灵感应,随着时间的增长会越来越强,而我和娜希娅的心灵感应,就属于比较强的了。"这么说着,她手上的匕首渐渐滑脱。

"当我收到心灵感应时,我感到非常奇怪:'这么一个从来不哭的坚强女子,怎会今日莫名哭泣?'我察觉事态不对,一定是有什么重大的变故发生了!我把自己反锁在房间里,冷静地思考。如果我去救,碰到比娜希娅厉害点的对手,以我的法力,自然是能保娜希娅无虞;想到这一点,我本要立刻去救她,但还有两点,令我驻足未走。"她说得越来越投入,谁也没有注意到匕首已悄然滑落。

她顿了顿,继续说道:"一是对方可能法力高强,我去了有可能送死。你肯定想问我,以我们姐妹的感情,怎会不救?就算是刀山火海,都会往里跳,对吧。这就是第二点原因:我们当时一直在闹矛盾。不知道你们有没有听娜希娅讲过金白家族百年大战的事。就是那一次大战,双方都损伤了元气,龙家族由此悄然隐居山林,不过最后还是金龙家族赢了。龙王为了保障小龙们的安全,定下了龙族不可与仙、梦、灵三大族沟通。你们的婉媛老师冒着生命危险,还是坚持为你们教书,可得好好感谢

她才是。"她轻柔地笑了笑,见到众人脸上略有歉疚的神色,又补充道,"不过请你们放心,婉媛老师的一片博爱育人之心龙王能够理解,她现在正在兰虞羽教书带一年级新生,现已晋升为特级魔法讲师呢。"听到这儿,茉夕才略有放心。

无人察觉,原本已瘫坐在地上的莫瑶正匍匐在地上,眼睛里冒着火花,一点一点地爬过来。

"在这一场大战之前,我们一直都是很好的姐妹。但是,就在那一场大战之后,娜希娅与我,结下了血海深仇。"欧薇拉讲起这段血泪史时,无助地闭上了眼睛,"那是我一生中最暗无天日的日子。"

她擦了擦泪,继续说:"当时,两族最强壮的男勇士都在战场上没日没夜地厮杀。血染长空,日月暗淡,两族的女性也在明争暗斗。战斗越来越激烈,也不知何时才能结束,大家开始焦躁,脾气变得喜怒无常。那一天的天空,是灰色的。"

"因为一件几乎微不足道的小事,娜希娅的母亲娜珏和我母亲起了口角争执,越吵越激烈。我母亲扬言要除掉娜希娅。娜珏自然也是担忧女儿的性命,在一个长风呼啸的晚上,在我母亲的药罐里下了毒。"她声音越来越哀伤,"我不说,你们也知道最后的结局。当晚,我悲痛地离开了支离破碎的家,立下誓言:从此不再与娜希娅有任何往来。"

"这些就是这几年,我留下的全部回忆。"欧薇拉的声音忽地变得无比清冷哀怨,虽然能听出来她并不是在责怪娜希娅,但茉夕也能体会到她心中的凄苦。这么多年,只有偶尔来串门的邻居和默默低头的丫鬟陪着她,那是怎样的寂寞啊!

茉夕也着实为她感到难过。

不过还好,她现在还是从灰暗的阴霾中走出来了。

不用她再说什么,茉夕也能猜到后面的故事:因为她的仁慈、善良和包容之爱,她还是选择了去救娜希娅。

哪怕,是曾经的血海深仇,不共戴天!

但,这些冷漠的坚冰,最终还是会被爱的温暖所融化。

这样的正能量怎能不令人感动?

一席话毕,众人已是热泪盈眶。墨祺抽泣着与欧薇拉拥抱,大家友好地谈论着这段感人至深的故事。

突然,一道寒光闪过!

是莫瑶!她悄悄爬过来,看准时机,拼尽最后一丝力气和希望,迅速捡起了匕首,然后忽地站起身来,对准毫无知觉的茉夕,凌厉地刺了下去……

一束光,让莫瑶的幻想化为了泡影。是欧薇拉射过去的一束白光。欧薇拉发现了莫瑶!

莫瑶的匕首立刻滑落,她颓然坐在地上,眼神空洞,愣了一下后,撕心裂肺地号叫:"为什么,为什么命运要如此对待我?"

欧薇拉的声音寒如坚冰,不可融化:"不是命运不公!这是你自己选择的命运。"

"不!"莫瑶的神志几乎失常,她的双眼里有一条条红血丝,脸色青紫,歇斯底里,"这不是我选择的!我是梦之国的女王!我不能让我的一世努力灰飞烟灭!"

"你现在看起来像丧尸。"漠沁淡淡地说道。

"我来说说这是为什么!"欧薇拉几声冷笑,转头向大家说道,"各位,现在我要公布一个终极秘密!莫瑶这一路阻碍你们寻找的真正原因就是,一旦你们找到我,龙族与茉夕势力合并,我说出国王与王后死亡的真相,她就再无容身之地了!"

茉夕隐隐约约地感觉到了什么,厉声问道:"真相是什么?"

欧薇拉的话犹如一颗重磅炸弹:"我现在便可说了!当年的真相,龙族知道的前辈相继去世,娜希娅年纪尚小不明白,只有我记得。这几年因为隐居,一直没有公布——害死梦之国国王王后的人,正是当年那个忠心耿耿守护在国王王后身边的莫瑶!"

莫瑶,莫瑶……

竟然真的是莫瑶……

为了女王之位,竟然可以狠心的杀父弑母?

不,不……善良的茉夕难以接受这个真相。她看着与她音容笑貌极其相似的姐姐,看着她气急败坏已接近癫狂的样子,心中只有森森的凉意……

二十一 故事永远不会结束

茉夕她们在一处花丛里找到了黯然失神的羽霁。

羽霁抱着双膝,神色迷茫,情绪也平静了许多,想来也是在忏悔自己犯下的过错吧。她不敢抬头,也许是害怕,也许是不敢面对。

"小媚媚。"羽霖温柔地呼唤她。

羽霁身子一震,应该,应该很久没有听到过和蔼可亲的姐姐这样唤她的小名了吧。在莫瑶这里,莫瑶永远只会简单地叫她:馥羽霁。

羽霁一定知道随着姐姐前来的会是谁,还有谁。她知道自己辜负了那一张张

熟悉的面庞,她心里也感到不安和愧疚。

纠结了一会儿,周围的人都没有了声音,静静地等着她做决定。没有责怪,听不到斥骂,有的只是耐心与包容。她心里忽然涌出一阵暖流,如三月的溪水,在她许久没有感动过的心田里流淌。

最终,羽霁还是决定抬起头去面对。

当她抬起头时,目光对上的是伙伴们一双双善良和爱的眼睛。她看着茉夕手里举着的那张照片:她踏上冒险征程时,与伙伴们的合照。照片上的她,笑得是那样纯真而阳光。

她的眼眶湿了,说道:"我知道你们会来找我,是我不好,被莫瑶所迷惑……莫瑶被关入天宫,我才明白我的过错,谢谢你们……"

茉夕微微笑着,把照片反过来。那里有一行细细的字:羽霁,欢迎回来。她认得那是谁写的,漠沁的娟秀小楷。

她忍不住泪流双行。

茉夕上前扶起她,伙伴们拥上来纷纷安慰:"回来就好,羽霁。"

"看看看看,没受伤吧?哎唷,叫你到处瞎跑,脸色都憔悴了,以后不许这样了,听见没有?"姐姐羽霖絮絮叨叨的数落她,若是平时羽霁早就不客气地还嘴了,但她今日只是默默听着,心里很是受用。原来,这也是一种爱。

"羽霁,我下次给你扎好多漂亮的小辫子,包你漂亮!"墨祺心直口快,此时羽霁倒真的喜欢上了墨祺这样的性格。她错误信任了莫瑶,不就是因为莫瑶对她满口夸赞吗?如今看着大度而真诚的墨祺,她心里有些内疚。她看着墨祺,看着她活泼的笑脸,心里真的有很多话想对墨祺好好说说。以前,她怎么没有发现这样难得的好朋友?

"羽霁,我平时对你凶了点,你别见怪!喏,这是给你的,算我赔礼啦!"娜希娅有些不好意思地向她道歉,递出一根精挑细选的彩虹圈大棒棒糖。娜希娅也是个直率的人,但是在羽霁眼里自然是直率得可爱。

"羽霁你回去要多注意身体……"

"羽霁你一定要加强锻炼……"

"羽霁……"

羽霁听着你一言,她一语,原来淹没在七嘴八舌的劝慰中也是一种幸福。她终于破涕为笑,嗔怪道:"娜希娅姐姐,你看我都长大了,怎么还把我当小孩子啊!棒棒糖你留着吧,谢谢你了哦!"

"羽霁高兴咯,羽霁终于高兴咯!"大家欢叫着,拥抱着重新归入到大家庭里的馥羽霁。

置身于这一群欢笑着的伙伴中,馥羽霁若有所思:"也许,我应该对友谊重新定义……"

如今,莫瑶已被关入天宫,千百年不允许踏出宫门一步,受到了应有的惩罚,那么故事也该有个圆满的结局了。娜希娅与欧薇拉恋恋不舍地告别了茉夕一行,回到了自己美丽的家乡。她们维护了龙族的统一,从此四大龙族和和睦睦,永不分离,龙族又成为了一个强大的集体,也恢复了与梦、仙、灵三族的建交。嗯,也许龙族新皇帝就要在她俩中间产生了,真不愧是女中豪杰。

茉夕自然是成了梦之国的新女王。莫瑶处理的政务乱七八糟,给她留下了个烂摊子慢慢收拾。茉夕并不是绝顶聪明,曾经的舞冰、舞雪等要好的姐妹都被茉夕接到宫里来帮助处理每日政务,倒也把梦之国治理得风调雨顺。

漠沁和墨祺乐得其所依旧做着仙之国和灵之国的公主,而羽霖正在陪羽霁重读。唉,谁让羽霁那么多课程都画上了红叉叉呢?没错,又是婉媛老师在教她们呢。记得学校里那个恶霸青龙魔王涅兹吗?他被同族的青岩带走了,回龙族接受思想教育去了。撞到这个表哥,涅兹可算是倒霉了。哎,祝他好运吧!

当然,美好的故事永远不会结束。龙翔浅底,任我遨游;鹰击长空,探索寻梦……

完……

黄金时空

作者：陈允初

笔名：霜 刃

[2015-1]

一 夜之序曲

地球的夜，是那么的宁静。天空中倒挂着淡黄色的玄月，天上依稀闪着几颗小星星。"沙沙"那是树林被风吹动时发出的声音，黑色的剪影在惨淡的月光下快速地起伏着。深夜了，更黑了，更静了。空气中弥漫着薄薄的雾，让人喘不过气来。谁都不知道，在浩瀚宇宙中的一颗星球上，正在进行残忍地屠杀。

人们都睡了，唯有我，对，就是那个趴在窗台上一边看月亮一边在胡思乱想的我，还没有睡。我叫陈速，今年六年级了，在高科路小学读书。明天要考试了，我却怎么也看不进一个字。我呆呆地凝视着月亮，现在，一片乌云飘来，挡住了月光，大地陷入了黑暗……

突然，一颗闪着金光的星星闪烁着，向我飞来。我瞪大了眼睛：那是什么？我揉了揉眼，幻觉？还是梦境？还是坐上床准备睡觉吧。可是，窗外那道金光并没有消失。怎么回事？我睡意全无，立刻从床上爬了起来。只见那颗星星越来越大，越来越亮，最后，刺得我睁不开眼睛了。"嗡"的一声，那颗星星照出一道笔直的蓝光，然后沿着那道蓝光徐徐降落。

"嘭……"的一声巨响。星星,着陆了!

说不定是外星陨石,我兴奋起来,快去看看。说来也奇怪,这么大动静,好像只有我一个人听见,其他人都还在沉睡中。我蹑手蹑脚地走出了家门。

草地上被砸出了一个小坑,里面躺着一个扁圆的球体。大概有两米宽。球体的上半部分有很多圆形的窗户,下半部分有着一道道笔直的蓝色条纹,像是凹槽般的东西。最霸气的是,这不明物体的两端似乎有激光枪之类的武器。"那是一个飞碟!"我低声惊呼。为了不受武器的伤害,我小心地绕到飞碟后面。没想到那激光武器居然跟着我转起来。我紧张了,这是不是要毁灭地球?难道世界末日要到了?这艘飞碟难道是外星人侦查所用?我一时不知该如何是好!

就在我冒冷汗的时候,飞碟的上半部分由里向外弹开了。我瞪大了眼睛,这里面居然是一个绿色皮肤的外星人!他的脸呈蘑菇形,真是怪异的脸型啊!两只眼睛占据了脸的上半部分,鼻子也不像地球人一样突起,而是凹进去的两个小洞。下面是一张小到几乎看不见的嘴巴,竟然叼着个奶嘴儿一样的东西。他似乎没有耳朵,却有两个耳机式的东西长在脸的两旁。这个外星人只有七十厘米左右,看起来是一个外星人小宝宝。因为他连走路都不会,刚爬下飞船,就摔了个跟头。他一边哭,一边爬,望着他远去的身影,我对他充满了好奇……

二 一只玩具狗

小外星人在我家草坪上慢慢爬着,时不时地爬回来望着我,你瞧!他的眼睛睁得更大了,眼眶充盈着泪水,嘴巴的两角向下,一副委屈的样子。

"呃,你好!"

小外星人摇了摇脑袋,似乎不懂我在说什么。

"Hello!"也许英文他可能听得懂。

小外星人,伸出小手挠了挠头,一边歪着脖子,似乎在努力思考什么意思。

"こんにちは。(日语:你好)"呵呵,刚从日本旅游回来,勉强能说上几句日语。

小外星人似乎被激怒了,咧开嘴巴,露出一排排牙齿,我惊奇地发现,他的牙齿闪烁着金属光泽,难道是铁的?我还在思考,小外星人就直接朝我扑来。"咔!"的一声咬在我的胳膊上,紧接着就是一阵尖叫:"啊——"小外星人松开了我的手臂,上面多出了两排血印。

黄金时空

"妈妈！妈妈！"我高声尖叫着回家冲进妈妈的房间，"外星人，一个外星人！"

妈妈在睡梦中揉了揉眼睛，猛地坐了起来："天哪，你吓死我了。我刚刚梦到最惊险的片段，你居然把我吵醒了，什么事啊？"

"你来看，一个外星人！"

"是你做梦还是我做梦？怎么可能有外星人？"

我飞快地冲出家门，将小外星人抱了起来，我一只手抱着他的肚子，另一只手托着他的背，飞快地走进家门。打开日光灯，这下子所有人都睡不着了，都起来看这"只"外星人。

"喏，就在这。"妈妈看了看外星人。外星人却并没有望着她，他用手挡在眼睛的前面，似乎光线太亮了，它并不适应。"你瞧，它还在挥手呢！"

可是妈妈并没有感到惊奇，只见她的眉头皱了起来，在两条眉毛的中间，多出了几条竖着的皱纹。妈妈的眼睛一会儿瞪着我，一会儿又瞪着小外星人；腮帮这块的肌肉绷紧了，嘴巴呈一条笔直的横线；有一瞬间，我觉得她头发都竖起来了；她的鼻子开始一张一合，直觉告诉我一场暴风雨即将来临。

"你疯了吗，这黄色的长毛绒玩具狗，是你小时候第一次生病时，我为了安慰你买给你的啊！怎么你晚上不睡觉，把它给翻出来偷玩啦？还丢到楼下去，然后去捡……"

我惊奇地望着小外星人，他也望着我。这分明是一个绿皮肤、有血有肉、有生命的外星人！怎么会这样？妈妈为什么会以为这是我小时候的玩具狗呢？难道就没有别的证据来证明是外星人吗？那他咬的牙印呢？对，牙印！

"妈妈，你看他刚才咬我的，这是他给我留下的。"我举起手臂，"上面还血流如注呢！"

"不就一排牙印吗，哪来的血？是不是你怕我骂你而自己咬自己的？"

"陈速！你越来越不像话了！"爸爸也发话了。

看来他们都不相信我，这是怎么回事？一个活生生的外星人在他们眼中居然变成了一只玩具狗，血流如注的牙印却变成浅浅的印子？

我纳闷地独自跑回草坪，发现了一本小册子——外星人指南。

我悄悄地翻开第一页，上面写着：

没时间写太多……聪明的人类，当你发现他时，你就是他的主人了，他的名字叫"诺亚"，今天是他人生的第一天，所以他只学会了金星的语言。

啊！这真是神童，才出生一天就会语言了！我望了望诺亚，他叼着奶嘴，把头歪向一边，正好奇地打量着我。我转过头继续读下去：

梦想的翅膀

这个是变声STAP高级耳机,它能翻译出你们星球的语言并传送给诺亚。务必保管好。

我发现了旁边的金色耳机,捡起来,仔细地打量,这个耳机酷似蓝牙耳机。我小心的拾起它,绕到外星人的后面悄悄地把他原来的耳机拔了下来。

"嗷——"小外星人发怒了,哎呀糟糕,情况不妙。

"啊——"又是一阵惨叫,我的手臂又多了道抓痕。

来不及多想,我捡起金色耳机就往他耳朵上套,先套右边的,小外星人吐出了奶嘴,鼓起嘴巴,一副生气的样子,基本看不见的鼻子重重地呼着气,亮出他锋利的牙齿。"不要!"我边叫边把另一只耳机套在他的左耳上。

"你好,诺亚。"我试着说。

突然,他似乎不生气了,对我解除了敌意。诺亚大大的眼睛眯成了一条缝,眉毛舒展开来;最让我吃惊的是,他笑起来的时候,锋利的铁牙齿不见了,露出了一排珍珠玉米一般的乳牙,而且门牙还没有长出来呢!我也开心地笑了,看着他憨态可掬的样子,让我觉得胳膊受伤也是值得的!

我继续往下读:

我们(诺亚的爸爸妈妈)选定你为诺亚的主人,是因为你有许多特殊的天赋,其他的人是看不见诺亚的,只会根据固定思维模式转换为玩具狗的样子。

读到这儿,我恍然大悟,难怪妈妈看不见他,是因为我才是他的主人啊!

那我特殊的天赋有是什么?我思忖着,豆大的雨点打乱了我的思绪,也不知是什么时候,下起了一阵大雨,我赶紧把诺亚一起抱回家里,当我回到房间透过玻璃窗,再看院子草坪上那个被飞碟砸出的洞时,它竟然奇迹般地被填平了。

耳边传来妈妈的喊声:"快点睡觉,明天还要考试呢!"

"发生这种怪事,我还怎么睡觉。"我嘟囔道,一边慢悠悠地举起诺亚仔细端详……

三 诺亚的超能力(上)

雨过天晴,天空是一片浅蓝,上面浮着几朵淡淡的白云。阳光十分明媚,照在树叶上,把树叶照得透明。你看,小鸟就躲在这些枝丫上面,放声地歌唱。你瞧,那杜鹃花开得正旺,粉色的花朵争奇斗艳,挤在一起,尽情地绽放开来。那些花蕊探出了小脑袋,绿叶就夹在一片杜鹃花中间,每一片绿叶上都闪着雨珠,雨珠顺着绿

叶的茎,慢慢地滑了下来,在绿叶尖顶上,弹了一下,然后落入池塘中,泛起一阵涟漪。雨后的空气分外清新,一道彩虹挂在天际交界处,汽车从彩虹下来回穿梭。这是多么美好的一天!

然而,并不是每个人心里都是晴天。你看,一个小男孩用一只胳膊撑着脑袋,眉毛皱成了一团,眼睛紧盯着桌面上的试卷,一副愁眉苦脸的样子。他嘴里面叼着一支笔,不一会儿又把那只笔拿了出来,用笔尖和笔头轮流敲打着桌面。他那两道浅浅的眉毛皱地更厉害了,几乎成了一个疙瘩,眼睛简直就是狠狠地瞪着试卷,似乎盯着试卷就能知道答案似的。这会儿,他嘴里小声地嘟囔着,似乎在抱怨题目太难。你一定猜到了,没错,那个小男孩就是我。昨天没来得及复习,对于我来说,今天的考试就是一场灾难,现在只能听天由命啦。

我正愁眉苦脸地思考这个汉字的解释,可就是想不起来了,我该怎么办啊……这时,我的书包动了动,然后传出了一句十分欠揍的话:"饿了,吃的拿来。""闭嘴!"我低吼道。

哦,忘了跟大家说了,今天我把诺亚也带了过来,如果把他放在家里,不知道老妈会不会把他当成破烂卖掉呢。

"陈速!你在干吗!还不快写试卷!"老师严厉的声音传来。

我正了正身子,假装认真地考试,聚精会神地盯着这道题,悄悄地对书包说:"诺亚,你知不知道这道题怎么写?"边说边斜着眼睛瞟着老师,还好,老师正在看手机呢。

"先给蛋糕!"在里面的诺亚懒洋洋地说,我似乎已经猜到他那副得意忘形的样子了:眉毛翘了起来,眼睛坏坏地笑着,眼珠朝上,那副奸诈的样子,我想想都来气。"好好,回家给你买蛋糕。"只要能答出考题,什么都不是问题,我眼前仿佛燃起了希望,可是一想到这个月的零花钱又少了,吝啬的我差点哭了出来。

"陈速!你是不是不想考了,不想考出去。"老师看见我一喜一悲的夸张表情,眼珠子都要瞪出来了。我的心一下子就被吊起来了,此时书包里面探出一个毛茸茸、绿皮肤、大眼睛的外星人(当然,别人是看不到的)。我用两只手轻轻地捏着试卷的两端,生怕发出一点声响引起老师注意。"刺啦"一阵风吹来,试卷似乎痛苦地呻吟了一声,裂开了一条小缝。我顿时感觉这个声音被扩大了几十倍,这么大的声音老师一定会发现吧。我偷偷地瞄了老师一眼,还好她没注意到我。我一步一步地把试卷向下挪。试卷再次发出了呻吟。

"你不要考试了!"我的心怦怦地跳了起来,完蛋了,我的试卷可能会得零分,诺亚也一定会被发现,好不容易得到的外星人注定要变成玩具狗被卖掉了。

就在这时,老师径直走到我前排同学的前面停了下来,一把抓起他的试卷说道:"你,到讲台上写。"我长吁了一口气,暗自窃喜,原来是虚惊一场。

接着我继续把试卷竖起来,好让诺亚看见。没想到老师又立刻来到了我的跟前说道:"你是不是想跟他一样的下场啊。"我的心像是被一只无形的手揪起来了一样,背上也冷汗直流。"再给我一次机会,我一定好好写。"我央求道。老师瞪大了眼睛,让人感觉恐怖,我的心像是从高空突然坠落一般。老师说道:"给你一次改正的机会,下不为例。"我松了口气。

在确定警报已解除后,我又开始蠢蠢欲动。诺亚皱起眉头,聚精会神地盯着试卷,目光快速地向下移,嘴巴时不时嘀咕道:"简单死了,老师是怎么出卷的……"

突然,一阵淡蓝色的光包围住了试卷,我发现在试卷上似乎有一只无形的笔在快速地书写,答案迅速地出现在试卷上。"唰"的一声,蓝光消失了,留下满卷的答案。我细细地看了一遍,天哪,就是那些我很熟悉却又无法想起的答案,更难以置信的是,笔迹也跟我的一样!这个刚出生两天的小宝宝这真是一个神一般的存在啊。

"太厉害了!"我发自肺腑地感叹道。

突然,诺亚皱起了眉毛,惊恐地瞪大了眼睛,快速地缩进了书包。我回头望去,不好,也许是我动作幅度太大,又把老师引来了。老师快步走了过来,眼睛里射出冷峻的寒光,原来布满皱纹的脸也仿佛僵硬成了石头,像一个干瘪的僵尸。眉间显现出了一个更明显的"川"字,这个"川"字比她苍老的脸上任何皱纹都要更深!绷紧的腮帮下,微微下翘的嘴角再加上咬紧的牙关,几乎就是准确地通知我——要罚站啦!

"你站到门外,我先批改你的试卷!看看你能考多少分!"老师严厉地瞪起了金鱼眼,恶狠狠地拿起我的试卷,开始静静地批改,边改还时不时抬起头,检查有哪个人在说话。我忐忑极了,慢悠悠地走出了门外,静静地等待。不一会儿,我看到了老师吃惊的表情,她猛地抬起头,疑惑地睁大了眼睛,像受到了电击一般愣在座位上说:"你居然考了一百分?"

全班立刻七嘴八舌地讨论了起来:"怎么可能?"

"太厉害了,这么容易得一百分?"

"一定是抄袭。"

"安静!"老师吼道,"这张卷子很难,五届学生都没有一个考到过一百分。陈速,你刚才动来动去,是不是在书包里面看书的?我来看看你书包里到底有什么东西吸引你的注意力!"

我的心又悬了起来,怎么办,老师会不会扔掉那只所谓的"玩具狗"?老师慢

慢地翻找书包,她几乎把整个头都塞进书包里了,希望发现线索。可是,书包里传来了老师的声音:"陈速,算你厉害,书包里居然没有一本辅助教材!"

这是怎么回事?诺亚呢?

四 诺亚的超能力(下)

这一天剩下的时间我都沉浸在无限的欢乐之中,嘴巴乐得合不上,眼睛时时刻刻都眯成了一条缝,连眉毛也不可思议地挑着,眼睛里闪烁着兴奋的光芒。为了挥洒那无以言表的狂喜,我绕着操场奔跑,奔跑!激动的我嘴里念叨着:"一百分,一百分……"现在我身上的每一根汗毛都跳动着喜出望外的欢畅!

终于跑累了,我躺在操场上,望着天上白花花的云朵在慢慢飘荡,心情与天空一样晴朗!考一百分是我梦寐以求却又几乎遥不可及的事。当然啦,这都得归功于诺亚——我的新"宠物",是他帮助我拿到一百分的,要是没有他我也许连及格都达不到呢!

诺亚自从考试完就不见了,他一定就在某个角落呢,可是他到底在哪呢?我开始有些心急了。虽然成为他的主人才两天,但是我已经觉得他就是我生命的一部分了。我想和他一起冒险,一起成长,可是他现在去哪儿了?我单手撑着头,皱起了眉头,从欢乐中醒来,开始操心诺亚。也许他还在我的书包里!我飞快地跑向教室,拿出书包,一只手撑开书包,另一只手在书包里仔细地翻找,希望能摸到一个毛茸茸的东西,可是——没有啊?我还是不放心,把书包放在桌子上,将头探进书包里,希望发现一个绿色的小外星人,可是——怎么找都找不到!我慌了,干脆把书包里所有的东西全部倒出来仔细翻找,又把头探进抽屉里,希望能见到诺亚。

可是,那个小外星人,不见了!

心急如焚的我都快哭了,心里吼道:"诺亚呢?"我的心情一下子灰暗起来,我所拥有的那个外星人……诺亚或许只是南柯一梦?没准他回自己的星球了?也许诺亚就在家里?我又燃起一丝希望。

"蛋糕!"我承诺的事一定要兑现。

终于等到了放学时间,我快速地冲向蛋糕店,准备给诺亚一个惊喜。当我拐进蛋糕店的巷口,两个面露凶相的人挡住了我的去路。我立刻意识到情况不妙,小声说:"你……你们干吗?"这两个十七八岁的小青年一副凶神恶煞的表情,眉头皱起,眼珠子几乎要瞪出眼眶了,嘴巴一咧露出了参差不齐的牙齿,那鹰钩鼻几乎贴到了我的身上。他们两个是附近有名的恶霸,今天碰巧遇到了我。

他们龇牙咧嘴:"把你身上的钱交出来!"

我有些害怕了,低声说道:"我可没有什么钱。"

"哦?是吗?"一个恶霸奸笑道,"那你口袋里那绿色的东西是什么?"

我顺着他手指的地方看向我的口袋,不知何时口袋里的钞票露出了一小半。我赶紧塞了回去,解释道:"不行!这是给我好朋友买蛋糕的钱!"

"拿来!"这两个人如同贪婪的恶狼般眯起了眼睛,"快给我们!我们也要买蛋糕呢!"

"不可能!"我吼道,我向来都是爱财如命的。

没想到两个恶霸扑了上来,我不知道该怎么办,下意识地紧紧闭上眼睛,等待着"暴风骤雨"!今天估计要挂彩了,这钱也保不住了。

虽然紧闭双眼,但是我还是隐约感觉到了有一阵绿色的光横扫了过来,一秒,两秒,三秒……咦?我好像没事啊?怎么回事?我微微睁开眼睛,两个恶霸早已跌坐在墙角上,大声求饶了:"饶命啊!"

只见两个恶霸眼神里一副畏惧的样子,眼睛直往眼眶里面缩,仔细看,还能发现有滴泪水含在眼眶里,鼻孔夸张地一张一合,他们正紧张地瑟瑟发抖。刚才发生了什么可怕的事?莫非,那阵绿色的光是……

这时,那道绿色的光闪了过来,落在我眼前,变成了一个绿皮肤的外星人——是我亲爱的诺亚。他用调皮的眼神望着我:"你那考试的事情解决了吧?"

"解决了,一百分哎!"

没想到在这样的情形下见到诺亚,我激动得泪流满面,一把捧起诺亚,喃喃地说:"诺亚,你真厉害!"

"那蛋糕呢?"诺亚抬起头,瞪大了眼睛看着我,歪着脖子,一副天真的样子。

我开心地笑了:"走,马上去买蛋糕!"

五 死 亡

我就这样莫名其妙、稀里糊涂地拥有了诺亚,一个具有超能力的可爱的外星人。每天,他和我形影不离,在地球上简单而快乐地生活着。

一转眼,七年过去了……

我如有神助地成为优等生,并超前完成了中学和大学的课程,现在正在攻读博

士研究生。这一切当然离不开诺亚的帮助。

这是八月的一个傍晚,和往常一样,金色的太阳散发着余晖,缓缓地向地平线退去,慢慢地藏进金红色的彩霞中。夕阳反射在波光粼粼的湖面上,异常耀眼,美丽得无与伦比;夕阳反射在高楼大厦,使那些鳞次栉比的大楼更显得现代化;夕阳反射在草地上,把草地照得几近透明。你看,一个高个小伙子躺在草地上,皮肤还是像以往那么白,笔挺的鼻子,清俊的眼睛……这就是我,那个学习"狂人"。我正躺在草地上,漠然地望着夕阳,想象着诺亚的星球。

这时,一道绿光略过,落在草地上,变成了一只大约一百五十厘米高的绿皮肤外星人,没错,他就是诺亚。诺亚站直了身子,也躺了下来,面对着天空他长长地叹了口气:"啊,终于有空歇一会儿了。"

我扭过头望着他,问道:"你干什么去呢?"

他瞪大了眼睛,一副诧异的眼神望着我,得意地答道:"呵呵,我吃蛋糕去了。"

我"扑哧"一声笑了出来,望着彩霞道:"吃蛋糕还累,你真是一头蛋糕猪。"我们喜欢这样调侃。

太阳又往下沉了一点。我从草地上蹦了起来,说道:"走,吃饭去!"

诺亚也蹦了起来:"我已经饱了。"但他还是如同好哥们一般搂着我的肩膀走回家去。

晚饭后,我还是像七年前遇见诺亚的那天一样,趴在窗台上发呆。今天的夜晚多么美丽!明亮的月亮从天边升起,如银的月光洒在窗前,一切都是那么静谧美好。那些闪烁的星星,既像一只只明亮的眼睛,又像一盏盏亮晶晶的银灯,在看着我、照着我,使我陷入了许许多多的幻想……

我转头凝视着我的好伙伴——诺亚,此刻他正闭着眼睛,憨态可掬地睡着了。"这可爱的小家伙!"我喃喃自语道。

当我再次扭过头望向窗外的时候,突然,我发现了一个正在急速旋转的物体向我家飞来。这个椭圆体发着金光,在缓缓降落。对!没错!和七年前一样的光,而且比我见到的还要大。莫非是诺亚的亲人?

"诺亚,醒醒!那阵蓝光是不是你们星球的人?"

"什么啊?"诺亚揉着松惺的睡眼,嘟囔着爬了起来,"什么啊?"当他看到这阵蓝色的光时,瞬间以飞快的速度变成旋风飘了下去。

夜已经很深了,圆月挂在高空,星星还像以往那样闪烁着。天,十分明朗,萤火虫在花草中愉快地飞行,树叶在欢乐地涌动。可是,不好的事将在这个美好的夜晚发生……

梦想的翅膀

草坪上,我看见一个巨大的 UFO 悬在空中,有四平方米那么大。全身为椭圆体,在椭圆体的末端有一个稍小一点的圆形,似乎是这个 UFO 的出口。在金属表面下有一层层凹凸不平的沟回,左右两侧有两颗霸气尖形物体,足有三米长,两米宽,应该是导弹一类的武器!

这时,从圆形出口里射出了一圈同样大小的蓝色光束,光线里面隐隐约约可以看见一个蓝皮肤的外星人站在中间,缓缓降落。

这个外星人几乎和诺亚长得一模一样,只不过在眉心上长出了一颗墨绿色的眼睛,这多余的眼睛正在滴溜溜地旋转,似乎是正在审视这个星球的模样。他蓝色膀子上刻画的一些铭文,在光线的照耀下愈发金黄。随着蓝外星人的降落,飞船上的蓝色光线正在变淡,很快就消失了。

蓝外星人朝着我踱步而来:"陈速是吧?呵呵,还真是一个乳臭未干的毛孩子。"他慢慢走来,两只眼睛挤在了一起,额头上的魔眼紧紧地盯着我。他咧开了嘴,奸笑道:"你的好朋友诺亚,已对黄金星造成了威胁。嘿嘿!今天,他就要死在我索拉手里,你要对他说什么吗?"

"索拉,你想把他怎样?"我瞪起了眼睛厉声问道,没有人能把我亲如兄弟的朋友怎么样!

索拉不慌不忙地走到我面前,露出了癞蛤蟆般恶心的笑容,那只死死地盯着我的魔眼,更是让我感觉浑身不自在。

索拉翘起兰花指,细声细语地说道:"死!"似乎有什么东西钻进了我的心中,一股寒冷把我从头浇到尾。我要保护诺亚,怎么办?在这高科技武器的面前,我明知自己不是他的对手,可是还是硬着头皮问了句:"为什么?"

"刚才我说过了,他……是……威……胁……"索拉故意拖长语音,那魔眼恶毒地瞪着我,肌肉绷紧,似乎随时想杀了我。他用大拇指和中指在裤子口袋里掏出了一把枪:"呵呵,毒药枪,让你的好伙伴尝尝吧!"说完瞄准诺亚,扣动了扳机……"陈速,不要救我!"诺亚扭头朝我喊道。

"不!"但是,凭着本能的意识,我来不及思考,猛地扑了过去,想要挡住子弹,可那毕竟是外星高科技武器,以人类的速度,是不可能有时间跑去挡住子弹的。

"砰"的一声,子弹打在了诺亚身上。

诺亚颤抖了一下,便如同一尊雕像,在月光的照耀下,缓慢地、直挺挺地倒下了……

我怔住了,我最珍惜的、陪伴我七年的伙伴就这么走了,他就这么死呢?不可能,不可能!我不相信!我抬起头,愤怒地直视索拉:"你这混蛋!你为什么杀死

了他!!"

"喷喷喷,真是感人至深呐,我先走了,解除了心头之患,蠱隐团无敌啦!"索拉显然十分开心,两只大眼睛眯成了一条缝,那只魔眼竟然得意地眨个不停。他翘起兰花指,一蹦一跳地跳到了飞船底部,一道蓝光闪过,UFO不见了。

我赶紧扶起诺亚,只见他微微地颤抖,体温急速下降,绿色的皮肤渐渐发紫。诺亚气若游丝,可以看出,他正处在死亡的边缘。他半睁双睛,呻吟了一下,道:"别哭……"说完,就闭上了眼睛,头歪向另一侧——死了。

我无法履行他对我最后的要求,泣不成声,我的好伙伴诺亚就在一声枪响后,死了……

草坪上,只留下了一具尸体与一个伤心欲绝的人。

夜幕褪去,晨曦来了。

草坪上笼罩着一层轻纱般的薄雾,到处露珠点点,就连蜘蛛网也变成了一块块缀满橙色露珠的小方块,新的一天又来了。

六 奇迹之土

天空阴沉沉的,雾气越来越重,让人感到喘不过气来。这雾笼罩着整个城市,同时也笼罩着我沉重的心情。

我为诺亚的死悲痛不已,不是因为他能给我带来好成绩,也不是因为他能保护我,只因为他是我最心爱的诺亚!我的心就如同被一只无形的手揪了起来,眼泪不禁溢满眼眶。

我眼前的诺亚,身上的皮肤已经严重中毒,变成了深蓝色。耳朵上依然挂着那个金色耳机,眼睛轻轻闭着,如同一个熟睡的婴儿。诺亚眨眼间就这么走了,正如他七年前闪电般地来到我眼前。虽然他看上去神情安详,可是那眼皮再也不会抬起,那嘴巴再也不会说话了。我悲恸地想,眼泪再一次夺眶而出,悲伤的泪水顺着脸颊流落在诺亚的脸上。"别哭!"诺亚临终的话语犹在耳畔,我泪如泉涌、泣不成声。

泪眼蒙胧之际,我恍惚看见诺亚站了起来,他揉了揉眼睛,深蓝色的皮肤又变成了健康的绿色,他轻轻走过来对我说:"别哭,你看,我不是来了吗?"说完调皮地眨了眨眼睛,似乎在等待我的回答。"诺亚,你回来啦?"我如同一个小孩子般问道。诺亚淡淡一笑,跑向远方。

梦想的翅膀

"诺亚！回来！"我疲惫地大声呼喊。我晃了晃脑袋，清醒了过来，原来是因为太疲劳了，所以躺在诺亚旁边睡着了。身边的诺亚依然像刚才那样不省人事。

再哭也没有用了，唯一可以做的就是安葬诺亚，并帮他报仇！想到这，我清醒了许多，斗志一下被点燃了。没错，就算是做火箭也要去那个称之为"黄金"的星球上找那个索拉报仇雪恨！

我很快在草坪上挖好了坑，轻轻抱起诺亚，小心地将他放入坟墓里，希望他的灵魂能回到自己的星球。我啜泣着，把锄头铲入地内，再用力把锄头往上翘，接着，一大堆土就出来了，将这堆土倒向诺亚的坟墓，慢慢将坑给填起来。土，立刻覆盖了诺亚，同时也掩埋了我的心。

我呆呆地望着诺亚的坟墓，安息吧，我的朋友，你带给我生命中的一段永远难忘的记忆，我绝不会让你白白死去的。但愿这一片净土之下没有纷争……

可是死亡无法战胜，人死不能复生。永别了，好兄弟，我转身准备离开。

正在这时，一道金光闪过。我回头望去，一道道金光从土堆上透出来，这光线越来越明亮，越来越耀眼。顿时，我的希望瞬间被点燃了，有奇迹！

光线越来越耀眼，最后，刺得人眼睛睁不开了。只听"咔嚓"一声，有东西碎了的声音。我眯起眼睛，只见土堆裂成了无数块散落在地上；坟墓上方，深蓝色的诺亚缓缓升起，停在半空中。

诺亚的身体被一圈圈光环所围绕，这些光环有序地变动着位置，诺亚的皮肤慢慢地由深蓝变为浅蓝；再由浅蓝变为绿色；最后，变成了深绿色。

我看呆了，这种奇迹般地复活太突然了！

然而，奇迹远不止这些。深绿色的诺亚，慢慢变成了淡黄色；又由淡黄色，变为金黄色！而那绿色的范围越来越小，最后从他那光滑的皮肤上消失了！取而代之的是一身让人格外神往的金色。在诺亚的胸口处，出现了一个淡绿色的光圈。

诺亚的眼睛微微睁开，就像是一个熟睡的婴儿刚刚醒来。在他清醒的一刹那，一只金色的十分怪异的动物快速地从诺亚的胸口飞

by 陈亿初

出。这个动物有着麒麟般的鳞片与角,泛着金光;又有着雄狮般健壮的体格,威猛慑人;那猛虎般的利爪,锋利无比;那凤凰般的翅膀,更让它可以在空中自由飞行。这只神兽到处喷着火焰,并晃动着九尾,直指苍穹。在天空中盘旋了一圈,发出一声鸣叫,随后展翅飞走了。就是说诺亚复活了!

诺亚已完全苏醒,他似乎变得有些神圣,用他那深不可测的大眼注视着我。笼罩墓地的光开始黯淡下来,直至消失。而环绕诺亚全身那耀眼的光圈也慢慢缩小,集中到他的肩头与大腿两侧,诺亚随之缓缓降落。

"诺亚!"我急忙向他跑了过去,一把抱住了他:"为什么你复活了?为什么身体有这么大的转变?"

诺亚神秘地一笑:"我复活的能量来自于地球的土。"

"这么神奇?土的能量来自于地球核心,也就是说土具有让你这个来自于黄金星的外星人重生的能量?"我惊叹并继续推理道,"这也就是你的家人把你送到地球的原因吧?"诺亚咬着下唇,神情有些焦虑,欲言又止,似乎正在思考一个重大的问题。

突然,我的脑袋剧烈地疼痛起来,似乎有东西想从我脑袋里出来,这是怎么了?还没多想,脑海里就出现了一阵阵嘶哑地缓慢地有节奏的声音:"给……我诺亚,你……能得到奖励……给……我诺亚,你……能得到财富……给……我诺亚,你……能得到权力……否则,我们会折磨到让你渴望痛苦!"一个脸戴面具,身披斗篷的男子从黑暗中走了出来,冷笑着对着我耳语道:"屠杀还在继续,你还是认输吧!"接着,我不自觉地抖动起来,一股寒气从头浇到尾。这撕心裂肺的感觉是我从未体验过的,似乎脑子里的脑汁都被声音压榨了出来,"啊……"我惨叫道,接着整个身体剧烈摇晃了起来,渐渐失去了意识……

七 灵魂剥离

我隐约感到无比轻松,在空中自由漂浮,望着地面上我的身体被人抢救,送上救护车——我的灵魂出窍了!

我的灵魂继续往上升,最后,能清楚地看见地球了!接着,周围一片黑暗。然后,我一生所经历的事件在眼前如电影般快速回放,从我的出生——上学——遇到诺亚——受到诺亚的帮助——诺亚的死——复活,快速地展现在我的面前。

接着,我飘落在了一张椅子上,周围还是一片黑暗。那个面具男走了出来,用

嘶哑的声音狞笑道："交出诺亚！"在那阴森森的面具之下，我能感受到一团邪火，这人是谁？接着，这团邪火越来越大，我想躲避，怎奈我已经被牢牢地固定在椅子上。我闭上眼睛，希望诺亚能够出现。那个面具男一边嘶吼着："你为什么不杀死诺亚？"一边向我扑来……

"啊！"我尖叫了一声，我的灵魂开始往下坠落，从宇宙坠落到正躺在医院的身体中，我醒了。

当我微微睁开眼睛，一阵强光映入眼帘，我不得不又闭上了眼睛，反复几次后，我终于适应了环境。恢复意识的我，发现自己躺在床上，手背上打着点滴。眼睛正盯着白色的天花板。我的身边，诺亚把头枕在我的胳膊上，劳累地睡着了。

"诺亚！"我轻声喊道。

"啊，你醒了，护士！护士！"诺亚飞快地跑了出去。他显得很惊喜，实际上，他一直在盼望着奇迹。

护士走了进来，当她看见我已经坐了起来，夸张地尖声叫道："这真是一个奇迹，植物人苏醒了！这在我们医院前所未有呢！马上去汇报！"随后跑了出去。

"诺亚，这是怎么回事？"我虚弱地问。

诺亚眼含热泪，回答道："在我复活之后，你昏倒在了地上，大家就赶快把你送往医院了。"

"我昏迷了几天？"

"你已经昏迷了两个月了，医生们都认为你无药可救，成了植物人呢。"诺亚小声答道，似乎心有余悸。

"这怎么可能？我刚刚经历的事情顶多也就一小时，怎么可能有两个月呢？这太离奇了。"我望着诺亚，虽然他刚刚获得新生，但也掩盖不住疲劳——只见他下眼皮处多出了几道蓝色的印记。这便是外星人的黑眼圈，只有在外星人极度劳累的情况下，黑眼圈才会变成蓝色。

突然，我想起了一件重要的事："诺亚，你不是在外人看来是只玩具狗的吗？怎么护士能看见你？"诺亚心情突然变得愉快起来："呵呵，在重生之后，我的形象在别人看来也变了，我变成了——"话说到这，诺亚故意卖关子，调皮地对我做了个鬼脸。"什么东西？"虽然声音很虚弱，但我还是感到有用不完的精力，我迫不及待地想知道答案。"一个正常的男孩子！"诺亚的声音里透露出了狂喜。说完，我大笑起来："太好啦，再也不担心你会被丢到垃圾堆里啦！"

就在这皆大欢喜的时刻，我绑着石膏的腿突然不自觉地抖了起来，一股剧烈的疼痛涌入了我的脑海，那个戴面具的男人又走了过来："给我，给我！"我开始咳

嗽:"走开,走开!"我边咳边挥着手臂,似乎这样就能赶走面具人。在片刻的痛苦之后,那若隐若现的声音听不到了。

"诺亚,你知道是怎么回事吗?"安静下来的我急切地问道。我把刚才包括灵魂出窍的事情告诉了诺亚。

他沉思片刻,说道:"看来是时候告诉你我的秘密了。"难道,这和诺亚之死有关?诺亚接着说道:"我死后,回到了我出生的星球——黄金星。我发现那里的人都是紫色的,只有我是与众不同的。在深入调查后,我发现这一切都是一个神秘组织在作祟。"

难道,诺亚的星球还分成了两派?

"经过深层调查,我发现这个组织名为:矗隐团。大当家名为索林,二当家名为索伦,三当家名为索拉,他们是一个团体。"诺亚顿了顿,继续说道,"他们想征服宇宙,成为整个时空的主宰!因为地球具有一种特殊的能量,可以使外星人重生,无论是从最里面的核心还是到最外面的土,都具有这种能量,这也就是为什么我在吸收土的能量后能够复活的原因。所以谁掌控了地球,谁就可以成为宇宙之王,矗隐团的计划就是吸干地球的核心力量。"

"索拉就是杀死你的那个家伙,难道就没有什么能够对抗他们吗?"我问道。

"我发现,我被送到地球是因为——"诺亚在关键时刻故意拖长语音卖关子。难道,这与诺亚来到地球有关?我的大脑开始急速运转。

"说啊!"我急迫地喊道。诺亚接着说道:"我就是以前星球的传奇英雄兼国王——霜刃的转世,唯一一个可以对抗矗隐团的首领,所以在七年前战乱时,星球上的居民牺牲了性命把我从黄金星上送到这里。"说到这儿,诺亚的眼神露出王者之光。

"哇噻!"

"所以,在不久的将来,我将率领着我的军队去击败矗隐团!"

"那我呢?为什么把你交给我呢?"

"你有惊人的天赋,但至于是什么,恐怕它强大到你自己都不知道是什么,我们只好拭目以待。"

我兴奋地颤抖起来,以至于绑着石膏的腿一阵疼痛。"啊!"我叫道。目光转向自己的腿上,没有想到我的腿上出现了一个灼烧着的头像:黑色披风、金色面具、眼睛是两个深陷的洞,这个头像慢慢向我的心脏移去……

诺亚大惊失色:"那是索林的头像!"

"诺亚,救我!"

"有一股力量企图吞噬你。我把我一半的能量给你吧。"诺亚刚说完,顿时,我感到有一股力量注入了我的胸膛,让我感到轻松起来。我本能地拔掉了正在打的点滴;扒掉了腿上的石膏,我惊奇地发现,腿上又深又长的伤口正在缩小,最后变成了一条线,不见了。我精力充沛地下了床,换好了衣服去办出院手续。医生对我的变化惊讶之极,甚至有人打电话想要把媒体叫来。我不好意思地笑道:"多亏了我的外星人,呃,宠物。"

随后,我拉着诺亚笨拙地跑出医院,一边跑一边问道:"诺亚,刚才你怎么呢?""我把我的力量分给你一半了,但是……"诺亚欲言又止。

这时,那个面具人的声音又涌进了我的脑海:"杀了他,杀了他!""闭嘴!"我厉声吼道,但是声音立刻被痛苦所掩盖,我备受折磨躺在地上,开始痛苦地翻滚。

"怎么啦?"诺亚关切地问。忽然,诺亚又转换成了一种神圣不可抗拒的语气,与之前关心的语气形成了强烈对比:"哼,我不会为拯救一个人类而牺牲我的能量的。"接下来,声音转换了:"怎么回事?告诉我!"我顾不得诺亚,一个劲儿地在地上翻滚,声音继续压榨我的脑子,"给我,给我!"我脑海里闪现出了那个面具人,他向我扑了过来,"不要!"我尖叫道,片刻间脑子又恢复了清醒。

声音不见了,可是诺亚却还是在不停地切换声音。

"陈速!"

"哼,别给他!"

"好点了吗?"

"我受不了了,既然你给了他我们的力量,那我就可以遵守约定出来了!"只见一个深紫色的头慢慢从诺亚的肩膀处伸了出来,接着是胳膊、腿,最后整个身子都出来了!一个深紫色的灵魂从诺亚的躯体中走了出来,邪恶地看了陈速一眼,笑着飞上了天。"自由了!我终于自由了!哈哈哈哈哈!"那诺亚分身邪恶地笑道,"我将拥有一副完整的躯体,我要成为矗隐团的首领啦!"

"哦,不——"躺在地上的诺亚呻吟道,我从来没见过他如此惊慌,他金色的光芒变淡了,七彩斑斓的瞳孔急剧放大,绝望地喊道:"不要啊!"

我知道,一场暴风雨就要降临了。

八　新的世界

诺亚深邃的目光注视着自己的分身慢慢升上天空,直到消失不见,诺亚的眼睛

才从天空转移到了我的身上。

"刚才,那是怎么一回事?"过了好一会儿我才问道,刚才那一幕实在太恐怖了。诺亚的眉毛皱了起来,欲言又止,眉毛中间拧成一个疙瘩,似乎在思考到底要不要告诉我。

"好吧,我告诉你吧!"在经历了许久的考虑后,诺亚说道。难道诺亚身上还有更多的秘密?难道这一切都有隐情?"在我转世的同时,我的灵魂分裂成了两个部分,一半代表正义,一半代表邪恶,然而永恒之力将两部分的灵魂拴在了一起。为了治好你的病,我将永恒之力输入了你的身体内。所以,代表邪恶的灵魂——永夜被释放了出来,当他离开我的躯体之时,黑暗将笼罩整个宇宙。"

这时,诺亚突然变得严肃起来,我从来没有见过他如此严肃过:他的腮帮绷紧了,似乎有什么重要的事情要和我说;他的眼睛盯着我,连眨都不眨一下,似乎这件事意义重大;他的双手握成拳,似乎已经下定了决心。

"陈速,刚才那一幕你也看到了,这事关乎整个星球,我必须离开你,去黄金星了。"诺亚的嘴角微微下拉,似乎感到有些内疚。

"什么?诺亚,你要离开?黄金星很危险!"我担心地说。

诺亚似乎想到了什么,说道:"如果能胜利,我还会回来的。"

我毅然决然地说:"我要陪你一起去击败那个永夜!"连我自己也不敢相信,一向胆小的我居然会说出这么有勇气的话来。

也许,这就与诺亚所提到我的超能力有关。

"陈速,你听我说。在这次冒险中,一定会有伤亡,搞不好你的性命也……"说到这里,诺亚的声音哽咽了,说不下去了。

"没关系,我一定会陪你一起走向胜利的!"尽管我也知道这十分凶险,可是我还是尽量让自己的声音变得充满自信。

"不行,我的星球不关你的事,你不能去。"

"可是这也关系到地球的安危啊!"

听我这么一说,诺亚也没有可以反驳我的语言了:"好吧,但是你一定要注意安全,如果我出任何危险,你也不能搭上自己的性命来救我。"

"可以。"虽然嘴上那么说,可是我却一心想着如何搭救诺亚。

"抓紧我的手。"诺亚的声音显得那么平静。

我照样做着,我的手抓住诺亚的手。接着我感到一股气压将我向地下塞去,身体像被塞进了一条下水管道里,周围的景象变了,变成了白色的一片。我感到身体继续急速下降,而且似乎要被压榨成了罐头,脑汁几乎都被挤出来了,紧接着,身体

变得热了起来。我与诺亚正在穿越虫洞。而我之所以感到热是因为我们正在穿越地球核心。

我的身体开始冒汗！我的身体开始燃烧！我的身体开始融化！我的意识开始变淡！我在哪儿？似乎整个世界都在缩小。正在我认为自己快要死去时，突然感到一股无与伦比的清凉。片刻舒适之后，怪事又发生了。我整个身体都开始重组了，身上每一个部位，每一个器官，甚至每一个细胞都发生了变化。它们都被重组了，眼睛长在了额头上；鼻子长在了下巴上；居然连牙齿都长在了嘴巴外面。完蛋了，回到地球我一定变成了一个丑八怪了。正在胡思乱想的时候，身体又突然变回了原样，这场恐怖的穿梭终于结束了。周围变成了灰色，十分寂静。站在地上，我感觉腿像灌了铅一样，沉重不堪。刚迈起一步，就倒了下去。

九 监 狱

一股疼痛袭来。不知道过了多久，我终于醒了过来，我不停地眨着眼睛，打量着这个新的世界——黄金星。在短暂的适应后，我再次睁开眼睛，首先映入眼帘的就是一片灰蒙蒙的天空，这似乎是一个肮脏不堪的世界。

我躺在地上打量这片陌生的天空，这天空上没有任何生机，只有一片片僵硬的蓝色云朵呆滞在天空，连交通工具——飞碟也没有一个。如果你仔细看，还会发现一团团油渍那样恶心的液体漂浮在天空中，更显得这个星球的肮脏。

究竟是什么东西导致这个星球如此恶心？我开始思考。我缓缓地坐了起来，环顾四周，地上更是脏乱不堪，这里到处都流淌着臭水。这些臭水呈褐色，水面上泛着泡沫，正散发着阵阵恶臭！

而我呢，不幸，正躺在了这片臭水之上。

"天哪！"我赶紧站了起来，直接将外衣和外裤全都脱了下来。这下好了，我只剩一件T恤衫和一条秋裤了。"诺亚，诺亚！"我喊道。大街上一个人都没有，更别说诺亚了。

这时，在空中出现了一个灰色的洞，正在旋转。接着，一个绿色的身影出现了——诺亚。诺亚缓缓地降落在地面上。

"我早料到了。"诺亚说完得意洋洋地晃了晃手中的袋子，刚刚从家里面拿的，就怕你嫌地面脏。这真是雪中送炭啊，我充满感激地望着诺亚。诺亚呢？正在得意洋洋地望着我，脸上一副坏笑，那副"我真是绝顶聪明"的眼神让人有些厌恶。

我无奈地翻了翻白眼,把运动裤穿了起来。

街上连一个人都没有,路边的商店一片萧瑟。有的商店斜着挂着几个牌子,上面写着一些我不认识的字母。有的商店甚至被封条封了起来。巷口的墙壁上到处都喷着涂鸦,是一些我不知道意义的文字。

但是,从这些街巷中我也可以看出这里曾经的繁华:这里原本应该是多么热闹的星球啊。每一家商店的生意都一定十分火爆,这里的人一定十分热情,不然在商店的门口怎么还会有塑料人偶站在店前欢迎顾客呢?这里原来也一定十分干净,如果你用脚在地上划一划,将臭水划开,可以看见这里原来是大理石的地面。究竟是什么事情导致如此庞大的一个星球衰落呢?我疑惑着。

这时,一双金色的手捂住了我的嘴,"别出声!"诺亚压低嗓门说道。他到底想要干什么?算了,我还是跟着他走吧。我和诺亚拐入一个墙角,躲到一个垃圾桶后面。这个垃圾桶里面没有多少垃圾,但是却有不少垃圾散落在垃圾桶旁边。

诺亚的手这才松开。"你干什么?"我低吼道。诺亚将食指放在嘴唇上,做出"安静"的手势,接着又用另一只手的食指指了指大街上。我顺着诺亚手指的方向,朝大街看了过去。只见一个由十人组成的小军队在大街上整齐的行进。这些人身着铠甲,铠甲中间露出了两个眼睛的位置,这些眼睛似乎从来不曾笑过。

快到跟前的时候,我才看出来,这些人并没有走路,而是腾在空中,缓缓前进。你看领头的那个外星人,一边慢慢飘一边朝四处张望,似乎在巡查街道。"要是被他们发现了就惨了。"诺亚低声说道。我点点头,努力把头缩到垃圾桶后面,这已足够掩护我的了。

这时,我不小心踩到了一张印有"怕黑"二字的糖纸,糖纸被踩踏时发出了微响。我的心一下子蹦到了嗓子眼,会不会被发现?不然整个计划都落空了!完蛋了,说不定我这一辈子都得待在这个星球上了。我回头看了看诺亚,他对我苦笑着,无奈地耸了耸肩,似乎在说:"没办法,被抓了只能自认倒霉了。"

还好,这支军队似乎并没有听见,他们慢慢飘过街道,街道还是如此寂静。"刚才吓死我了。"我连忙站了起来小声地嘀咕道。我扭头看向诺亚。他皱起了眉头,腮帮绷紧了,似乎很害怕,还不停地向我挑眉毛,还将头往左边伸,似乎想告诉我那边有什么东西。我立刻扭头看向左边。糟糕,铠甲军又折回来了。

"索拉,呱啦呱啦!"一位士兵向领头的报告着,领头的外星人得意地摘下了自己的头盔,露出额头上一只墨绿色的魔眼奸笑着。没错,索拉就是这个星球的三把手,由于他领导的铁甲军几乎所向无敌,所以他是这支队伍的总指挥。刚刚他收到了有外星人入侵的报告,所以出来巡视。当我看到他的脸时,我震惊了,那癞蛤蟆般恶心的笑容我永远不会忘记,他就是上次打死诺亚的那个索拉。我顿时感觉心中有一股怒火在燃烧,心底似乎有一头野兽想要钻出来。"哼,你就是上次打死诺亚的那个家伙吧?"我从垃圾桶旁走出来,对着他怒吼道。

"呦,呦,呦!真是天赐我也,不请自邀啊,你和我索拉也算是旧相识啦。"索拉翘起兰花指,细声细语道。随后他得意忘形地举起右手摆了摆,后面的两个士兵慢慢飘来,把我的手给绑了起来。

我努力挣脱:"原来你就是蠹隐团的三当家索拉啊?放开我,放开我!"

"我告诉你们,诺亚还活着,他会马上拿下你们的蠹隐团!"我怒吼道。

"什么?诺亚还活着?不可能,不是被杀死了吗?"索拉有些疑惑。

"索拉,我就在这!放开陈速!"一个威严的声音发了出来,在小巷子的阴影中,走出了一个金皮肤的外星人,他昂首挺胸、大义凛然。

"哇哩哇啦!"看见诺亚后这群铠甲军混乱了起来。

其实,这批铠甲军非常害怕蠹隐团,他们也是被逼无奈。蠹隐团血腥残暴,哪怕是一点点小事,在他们眼里也会成为要杀头的大罪。当铠甲军听见诺亚还没死的消息时,他们就知道一定有人要死了。这一次要被杀的却是索拉。铠甲军知道这次倒戈,如果没有在第一时间杀死索拉的话,他们这一批人将危在旦夕。

只见,铠甲军纷纷转头涌向索拉,在几秒刀光剑影过后,我看见索拉的魔眼滴溜溜地滚到地上,滚到了人群外面。地上流淌着外星人金色的血液。

虽然索拉确实可恨,但是这个星球也太恐怖了,我全身毛孔都张开了,自己不会也是这个下场吧?慌乱之际,我想逃跑。"诺亚,这边!"我示意诺亚跟过来。

可是更多的外星军队聚集过来……

我只记得被电晕了,醒来的时候,我发现自己身处一个牢房中,诺亚也在其中。在牢房的门口有一个告示牌:诺亚与低级地球人明日处死。

完蛋了,我现在好怕啊,难道我就这样客死他"星"?

这时,监狱暗处走出来一个人影……

十 擎 宇

监狱墙角的阴影中,传来了一个低沉的声音:"你们是谁?"从虚弱的光线下可以看到阴影之中是一个强健的身影。

"我叫陈速。"我自我介绍道。

"诺亚。"和我一起被抓来的诺亚无心应答,漫不经心地答了一句。

"我叫擎宇。"说话间,一个少年走了出来。这个少年大约有十七八岁,个子差不多一米七左右,看上去孔武有力,虽然看起来偏瘦,但是身板十分健壮,全身都是硬邦邦的肌肉。那蓬松的头发下是一张面色苍白的脸。他的鼻子高挺,颇有些绅士风范。他的眉毛是典型的剑眉,让他看上去刚强正直。他那琥珀色的眼睛炯炯有神,这眼睛虽然不大,但是细长;这双眼睛十分聚光,表面上看他似乎什么也没有注意,实际上任何细小的事物都逃不过这双眼睛。

眼前这位少年长相清俊,美中不足的便是在他的右眼眶上,有一处明显的赤色的烧伤。这是一个令人胆战心惊的伤疤,这伤疤里透露着沧桑和残酷。我盯着他的眼睛,他的瞳孔微微泛着红光,似乎隐藏着什么秘密。

擎宇伸出一只手,对我们表示友好。我立刻伸出了手,握了上去。我感觉到,这是一只布满老茧的手。看着这样一位少年,我不由得好奇,他究竟经历了什么?

与此同时,我惊奇地发现——他也是地球人!

还没等我开口,擎宇就发问了:"你们是怎么来到这儿的?金星上的救世主和一个十八岁的地球人,真是一个怪异的组合。"奇怪,他是怎么知道诺亚是救世主的呢?他又是怎么知道我的年龄呢?难道,是他那双眼睛有能洞察一切的特异功能?

我没有想太多,于是把与诺亚的经历一一叙述给擎宇听。擎宇一边听,一边若有所思。只见他抿紧双唇,皱起眉头,连他的伤疤也扭曲了起来,琥珀色的眼睛盯着天花板:"这个监狱从来没有人逃脱过,从来没有,任何人来到这都是只去不返的。"擎宇喃喃道。

忽然,他眉毛上翘,眼睛眯成了一条缝;鼻子微微喘着粗气,打了个响指,显得十分兴奋。他高兴地跳了起来:"我想到了一个方法,这样不仅能使你们两个逃出去,而且我也能逃出去!"

说做就做,我们三人商量好了以后,一场好戏拉开了序幕。

监狱里的夜连一盏灯都没有开,伸手不见五指,十分寂静。你听不见任何声音,除了犯人们的呼噜声。

"来人啊!"我的尖叫声打破了这片死寂,"有人用先进武器切割牢门,企图越狱!"

"哦,烦死了。"只听一声嘟囔,大灯立刻被打开了,整个监狱沸腾了起来。

不一会儿,一个仅仅穿着一件单衣的外星人狱警循着声音来到了我们牢房门

前大声说:"交出来!谁竟然敢私藏武器!"外星人怒气冲冲地吼道。他的眼睛盯着正在切割牢门的诺亚,紫色的脸部皮肤因过度生气而涨得发蓝。

"在这儿。"诺亚调皮地眨了眨眼睛,又吐了吐舌头,一副欠揍的样子,"来拿啊!"

其实,这个所谓的"先进武器"是诺亚用超能力制造出的4D投影,不仅看上去逼真,就连摸上去都跟真的一样。

这个外星人狱警被激怒了,估计他从来没有见过这么嚣张的犯人。两只眼睛气得翻出了血丝,盯着诺亚不放,似乎这样就能让诺亚屈服;鼻孔一张一合地呼吸着,仿佛就要从鼻子里喷出火来。

"你竟然敢违抗指令,你死定了,而且会死得很惨!我们会让你痛苦地死去!"狱警大叫道。

诺亚更加嚣张了,灵活地往后退了一步,继续挑衅:"可是你还是拿不到我的武器啊!哈哈,大白痴!"他顽皮地咧开嘴角,做了个鬼脸。

外星人狱警伸出手掌,一股吸力骤然产生,他的手心中间"腾"地冒出了一个深蓝色的洞,在洞的里面,出现了一圈一圈的紫色螺纹,开始旋转,而且转得越来越快,想要吸走一切。当转速达到顶峰的时候,一道光束从洞里面喷射了出来,包围住了诺亚的武器,要将诺亚整个人吸过来。诺亚丝毫没有慌乱,还是一副嬉皮笑脸的样子,对着外星人挑了挑眉毛,淡然地对着光束吹了一口气,那光束竟然退了回去,外星人狱警手洞中的飓风骤然慢了下来,最后消失了。

诺亚在吸收过土的能量重生后,变得更加强大了。

那狱警显得气急败坏,他提了一把枪,准备将诺亚当场击毙,可是牢门是防弹的,他娴熟地用虹膜打开了牢门,立刻用机枪瞄准了诺亚。

就在这生死攸关的时刻,擎宇上场了。只见擎宇跳到狱警身边,"哈!"的一掌向机枪劈去……

虽然他赤手空拳,但是从这架势看他以前一定练过武术,我估计他比得过全副武装的铠甲军。结果呢?——什么事都没有发生。狱警用嘲讽的眼神打量着擎宇,好像在说:"不自量力!"然后他眉毛上扬,眼睛眯成了一条弯线,目露凶光,对着诺亚继续扣动了扳机。

"不要!"我叫道。难道,擎宇也想致诺亚于死地吗?此时的擎宇居然还是面带自信的微笑,眉毛挑着,嘴角以不可思议地弧度上扬了起来,以至于脸颊上挤出了几道皱纹。难道他是卧底,要害诺亚?他想看着诺亚死去?

我不忍心再次看见诺亚在我眼前死去,不禁闭上了眼睛。

枪声响起,两秒钟后,我瞪大眼睛望向诺亚,诺亚没被击中。外星人继续使劲地扣动扳机,到第五秒时,只听"咔擦"一声,他手中的那个超合金机枪竟然整整齐齐地碎成了两半!怪不得没有威力呢。天哪,擎宇的武力到底是多么强啊!

这时,那外星人狱警恼羞成怒,扑向擎宇,结果却被擎宇一拳打倒。监狱里的其他看守也相继而来,圆圈一样地包围住了我们。

我呆呆地望着擎宇。没想到他竟然来了一个"横扫千军",一个一个踢翻了这些看守。而且速度之快,不足两秒,整个包围圈全都倒下了。我顿时对他肃然起敬!

很快,又一批外星人看守重整队形,套上盔甲,手持武器,开始进攻。他们黑压压的一排排整齐地向擎宇扑来。擎宇的衣服被撕成了一道一道的,许多地方都擦破了皮。擎宇的小宇宙爆发了,他琥珀色的眼睛变成了赤红色,瞪得溜圆;眉宇间拧成一个疙瘩,额头挤出了一层一层的皱纹;他的腮帮绷紧,嘴巴张得很大,足以吞下一个汉堡,只听见一声长吼,那声音振聋发聩。我看见擎宇的身体周边泛出淡蓝色的光芒,似乎在聚集能量。他伸出手掌,向前踏了一步,将手掌快速地推了出去。这速度之快、力道之狠无可比拟。

再看眼前那帮来势汹汹的外星人,第一排士兵向后倒了下去,一阵蓝色的光波又推了出来,第二排倒了下去;就这样,一排排士兵倒下去,整支军队全都被打倒了。看上去好似多米诺骨牌,犯人们不禁拍手称快。

眼见这监狱里的情景已乱作一团,诺亚偷笑着把所有卫兵全都关进了那个牢房里面,我们三人边笑边趁乱胜利大逃亡了。

当我们出来的时候,天已亮了起来。外星的太阳竟然从西边缓缓地升起,照亮了天边那泛着光泽的油污,在黄金星的第一天开始了。

十一 天 启

黄金星位于宇宙的中心,属于另一个星系,远离太阳系,甚至远离银河系。由于黄金星距离这个星系的恒星——"伏天麒麟"较近,所以白天远远多于黑夜。在黄金星上每七十二小时白天才会有十二小时的黑夜。而我们来到黄金星时刚好轮到黑夜,接下来,等待我们的将是漫长的白天。

伏天麒麟被黄金星人称为"天伏",你看"天伏"如同一个金色的轮盘在天际交界处慢慢升起,这个轮盘是我见过最大、最圆、最耀眼的"太阳"。巨大的"天伏"

染红了天边那一团团淡黄色的"油云",那些云朵被染成从黄到红的渐变色;在"天伏"的照射下,地上那一摊摊油水,被照得五彩斑斓。

我、诺亚和擎宇乘着朦胧暮色奔跑,"天伏"的升起使我们渐渐感受到这来自外星的温暖,不一会儿,我们三个已被晒得红光满面。

"跟着我,没错的。马上我们前往整个星球的中心,说不定百姓们都在那!"诺亚说道。

"诺亚,这句话你都说了无数遍了。"我抱怨道。

诺亚兴奋道:"没关系,因为这是最后一遍了。我们到了,这就是黄金星的第一大城市——天玄城。"

诺亚伸出手臂,指向前方,连看都没看就自豪地为我们介绍:"这个城市十分繁华,相信你们都看到了,居民们全都集中到这里了。"他顿了顿,又继续说道,"这里的建筑都是由价值连城的黄金砌成的!"

我望着这座城池,不禁张大了嘴巴赞叹道:"这城市也太漂亮了吧!"城市里的所有建筑正如同诺亚所说,全部都是黄金砌成的,看上金碧辉煌。与之前我们走过的那些肮脏不堪的街道不同,这座城市显得无比的干净,一点油污也看不见。街上的行人来来往往,可是地上一点碎屑都没有。我忍不住摸了摸黄金做的墙壁,这里的墙壁居然没有一点灰尘,更别说涂鸦了!我回头望向他们两人,诺亚昂起头,眯着眼睛看着我,一副傲骄的表情;那得意的嘴角都快翘到耳朵旁边了;鼻孔张得很大,不可一世到几乎不用眼睛瞧人的地步,他得意洋洋地说道:"你现在摸的便是贫民窟了。"

擎宇显然也是第一次来到天玄城。他也同样张大了嘴巴、昂起头,啧啧赞叹这些雄伟的建筑,看来这座城市的宏伟已经让他两只眼睛也看不过来了。

更加离奇的是,这里的天空无比干净,天空是那么的湛蓝,空气是那么的清新。来到这座城市,我的心情也一下子变得晴朗了起来,仿佛天玄城有什么魔力一般,刚刚还压在心头的担忧在这里立刻烟消云散了,使我特别想哼一首小曲。

我们三人漫步在城市中,感觉到有一些异样。好像这些紫色外星人看上去都没有神采,你看,每个人的表情都十分凝重:他们的眉毛皱了起来,似乎在为什么事情担忧;腮帮绷得紧紧的,似乎时时刻刻都处于紧张状态;人们低着头,完全没有精神,就像失去自由的人一样。

走着走着,我们看见许多人围在一起,似乎在围观议论着什么。我们也扒开人群,朝里面张望。只见人群中央有一张桌子,上面站着一个紫皮肤的外星人,他似乎在发表演讲,眼睛睁得圆圆的,嘴巴一张一合,说话十分有力,还带着十分夸张的肢体语言,好像在煽动大家做一件事情。台下的观众都是健康的绿皮肤。他们惊讶地张大了嘴巴,激动地响应着。再看紫外星人身后的墙壁上,贴着一张背景是红色的海报。海报上面正是我曾经在脑海中看见的人。他身材魁梧、体态硕壮,身着灰色的斗篷,这斗篷一直拖到了脚两侧,还连着一顶藏青色的帽子。那帽子遮住了他的额头,增添了他神秘的色彩。他脸上戴着一副面具,那副面具的额头上,画着一幅类似太极图一样的图案。这人的眼睛十分空洞,看上去无比骇人,鼻子如鹰钩一般,下巴消瘦,一副狰狞的模样。他胸口上是一个巨大的"蠱"字。海报中间是一行醒目的红字,那血红色看上去,仿佛下一秒,这字就会滴出血来。上面写道:索林的时间——天启。

这张海报给人以阴森恐怖的感觉,这感觉基本如同我们地球人见到了希特勒、本·拉登等这类恐怖分子一样,令人心惊胆战。

一阵叽里呱啦之后,台下响起了一声声整齐的口号。诺亚告诉我们,他们在高喊的口号是:"天启万岁!""蠱隐团最伟大!""帮助永夜重建躯体!""武天帝国万岁!"我立即感到脊梁骨发麻,一种不祥的预感降临。

这个站在桌子上的人一定正在教唆民众们加入蠱隐团。而这个面具人就是蠱隐团首领——索林。如果真是这样的话,那么我们的敌人就太强大了。想到这儿,我不寒而栗。那么天启,又是什么东西?我的思路被嘈杂的喊声和乱哄哄的人群打乱了。民众们将刚才站在桌子上演讲的人包围住了,他们在索要那些"海报"。顿时,喊叫声、口哨声、摩擦声响成一片。这时,一只金色的手将我拉了出来。

原来是诺亚,他没心没肺地边笑边摇晃着手里的海报:"哈哈!我拿了三张,我们去看看那个所谓的'天启'吧!"

在他旁边,擎宇无奈地摇了摇头,拿起一张海报看了起来:"等等,这张海报里根本没有地址啊!"

"怎么可能?"诺亚瞪大了眼睛,半信半疑地皱着眉头,一只眉毛挑着,一副疑惑不解的样子,"发海报的那个人明明说地址就在上面呢!"

"是啊,你再仔细看看吧。"我也附和道。

擎宇和诺亚上下检索着海报,我虽然看不懂,但是也把海报翻来覆去仔细翻看着。我们怎么也找不到天启的地址,只有一些乱糟糟的零星散落分布的奇怪字母。这些字母根本没有什么意义,并不是什么词,也不是什么坐标。

"奇怪,这里没有啊!"我和诺亚失望地将海报丢在一边。

只有擎宇还没有放弃搜索,他紧皱着眉头,几乎耗尽全力,那琥珀色的眼珠不时转动着,他的脸因绷得太紧了,而微微泛红。"我们该怎么找到索林啊?"擎宇终于叹息道,他低下了头,双手使劲地揉着蓬松的头发,"会不会是那个发海报的认出我们了,故意给我们三张假海报来耍我们?"

我失望地将三张海报叠在一起,准备放入垃圾桶。正在这时,诺亚突然凑过来,他发现了什么,没错!三张海报上的那些字母叠在一起组成了几个密密麻麻的血红汉字:第五大街——"神煞"。

"哇噻!"诺亚激动地叫了起来,他举起拳头,做出"加油"的姿势,"我们一定要把握好机会击败索林。"

这真是"山重水复疑无路,柳暗花明又一村。"我们立刻打起精神,向着第五大街飞奔。

神煞广场早已被围得水泄不通,似乎整个星球上的人都来到了这里。这儿人头攒动,基本都是绿皮肤的外星人,偶尔有几个紫皮肤的外星人在维护纪律。这些外星人一副虔诚的表情,勾着头,踮着脚,瞪大了眼睛,仿佛粉丝们等待明星的到来,他们正在等待天启的开始,看来天启对他们来说十分重要。

诺亚拉着我和擎宇的手,"嗖"的一声,我们飞到了神煞广场旁边一栋房子的二楼,在这里可以看得更加清楚。只见人群的中央有一张红色的台子,上面架着老式麦克风。

这时,只见人群一阵骚动,随着"哇啦啦——索林!"的声音,一具黑斗篷上了台。他就是海报上的面具人索林。他一阵叽里呱啦的演讲,拿出了很多好像是外星钞票的东西,我估计他要收买大家加入邪恶组织蠱隐团。很快,台下那些绿皮肤的外星人开始窃窃私语了,他们有的在向索林和那些钞票跪拜。

诺亚一边叹着气,一边摇头,他那金色的大眼睛也黯然失色。

"哇哩哇啦?"索林用那低沉又嘶哑的声音喊道。"哇啦!"台下的人群沸腾了,你看,在我们隔壁阳台上的那位,就露出一副贪婪的表情,张大了嘴巴,口水都流出来了;他的半个身子都伸出了二楼的阳台;因激动而呼吸紧促,鼻子一张一合的,似乎再过一会儿就窒息了;他一会儿激动地挥舞着双臂,一会儿又热烈地鼓起了掌。

此时的伏天麒麟如同一个金色的大圆盘,散发着耀眼的金光。它正在缓缓地当空升起,天边的所有云朵都变成了赤红色的,在这赤红色中夹杂着一点橘红,再仔细看又能发现一点暗红,煞是好看。天空暮然变成了橘红色的,这个橘红,既不像沙尘漫天般那样黄,也不像鲜血般那样骇人,似乎恰到好处,怎么看都觉得十分美丽。

天启仪式正式开始了。金光洒满了金灿灿的城市,几乎所有人的脸上都因为

贪婪而变得激动,他们仰起头,弯起嘴角,扬起眉毛看着伏天麒麟,嘴巴小张着,似乎为这样的美丽而称奇。每个人的脸上都写满了幸福的期待……

不过很快,绿皮肤外星人们的表情就由幸福转为了痛苦。有的人捂住了眼睛,痛苦地惨叫着,而他们眼珠的位置冒着青烟,似乎眼球被烧伤了;有的人似乎闻到了呛鼻的味道,捂住鼻子,而鼻子冒出了火焰,痛苦地倒在地上打滚;有的人心脏部位一点点地融化,最后烧灼成了一个拳头大小的洞,这痛苦可想而知。难道这所谓的"天启"居然是这么残忍的?这些人都像是被烧伤了。随着疼痛的增大,惨叫声也就越大,很快,整个广场一阵阵哭号的声音响成一片,绿皮肤外星人们都疼痛地倒在了地上,无助地扭动着。大约十分钟过后,他们的肤色也开始变化了:先是开始冒着丝丝的青烟,接着绿色的皮肤开始慢慢剥离肉体,像是墙片一般掉落在地上。这些人身上全都是血,一滴一滴地掉落在地上,渐渐地只剩下了肌肉与骨头,场面相当血腥。又过了一段时间,他们深紫色的新皮肤开始长出来了,慢慢覆盖身体,渐渐地、渐渐地、皮肤完全长了回去。居民们望着自己的新皮肤,顿时停止了哀嚎,变成一副行尸走肉的模样。

索林用眼睛扫视了一圈,他的目光在我们隐藏的墙角边停住了。我顿时冒了一身冷汗,我怀疑他是不是已经看到我们了。好在索林只是停顿了一小会儿,接着他直视前方,热情地说道:"哇啦哇啦矗隐团!巴拉巴拉……"诺亚将他的话翻译给我们听:"他们紫色的新皮肤,普通的刀片是刮不坏的。"只见大家纷纷从地上捡起锋利的石头,重重地划在自己的皮肤上,可是不管他们怎么划皮肤就是没有破。于是众人又大喊起口号。

索林突然将手指向我们三个叫道:"巴拉巴拉巴拉巴拉!"我心头一紧,是不是被发现啦?人群骚动了起来,完蛋了,我们暴露了。我感觉到诺亚拽了拽我的衣角,我和擎宇下意识的跟随他,来到了一个小巷子口。事实上,这条巷子窄到只有十分瘦小的人才能勉强通过的程度。他把我和擎宇往巷子里面塞了塞,然后仰起脸听着外面的动静。

"哇啦!"一个外星人指着诺亚喊道。大家骚动的声音更大了,我们三人拼命往巷子里面钻,后面一大堆人围在巷子口挤不进来。我们好不容易刚钻出巷口,就有两拨人马向我们迎了出来,这真是才出油锅又进火坑啊。

这两批人慢慢向我们靠近,诺亚顺手捡起一根木棍,另一手握拳,然后使出最大的力气跳跃起来,打向带头的士兵。"砰"的一声,士兵的头往下一沉,然后瘫在地上,晕了过去。接着,诺亚又拿起士兵手上的刀,胡乱挥舞了起来。

一旁的擎宇也与士兵打了起来。他先对着第一个冲过来的士兵,快速连贯地出拳,然后他涨红了脸,使出了吃奶的力气对着士兵的下巴来了个上勾拳,士兵的下巴往上一翘,口水都被打落了出来,接着他向空中飞去,又运足气力,用劲往墙上一蹬,整个人便飞跃到了空中。然后快速地落下,脚跟狠狠地锤在了一名士兵的头部。那个士兵立刻被打倒在地,口吐鲜血。

我手无寸铁,又武艺不精,正不知道该怎么办时,一个士兵飞一般地向我扑了过来。哇!这可怎么办?我没有多想,直接向前挥出了一拳。糟糕,我的心一惊,我的拳头被顶住了。一名士兵左手抓着我的拳头,一句话也没有说,用另一只手抡起斧头,向我劈来。完蛋了,这回得死在这儿了。

这时,一只有力的手挡住了那把斧头,手背上的血止不住地流了出来,但是,这只手不仅没缩回去,而且居然把斧头挡了回去!好厉害,这难道是空手接白刃吗?我连忙向左边看去。这个人大概有一米七左右,身上披着黑色的斗篷,在斗篷的后面是两把锋利无比的武士剑。他头戴一顶宽大的斗笠,斗笠的阴影遮住了他的脸,让他看上去像一个神秘莫测、功力非凡的武士。

士兵们大吃一惊,愣在那儿半天说不出话来。那名武士嘴角上扬,接着一脚踢在一名士兵的腹部,那名士兵立刻飞出去好远,躺在地上。我们还没来得及喘口气呢,街口又奔来了一队人马,向武士奔去。武士拔出两把剑,挥舞了起来。只见几道亮眼的寒光闪过后,这一队兵就有一半的人倒下了。在打斗的同时,不断有更多的士兵涌来。十分钟后,就有几百名士兵把那名武士围住了。武士有频率地转动两把剑,一股劲风吹了过来,接着两把剑像是龙卷风一样把几百人杀死了。街道上又只剩下了一片寂静。"快走,马上还会有更多的人来的。"武士说道。我这才反应过来,立刻跟着他们向城郊跑去……

那武士是谁?黄金星后来发生了什么事情?永夜是否能控制蠱隐团,直至控制宇宙?擎宇到底是谁?我会凭借怎样的能力帮助诺亚恢复黄金星首领的地位,赶走蠱隐团,维护宇宙的和平呢?

精彩的内容请关注宵刃的小说:《黄金时空》续集

完……

玛格丽特与魔法校园
范心蕊

一　学院开学

索里兹魔法学院又迎来了一批新生。一群群孩子走进校园,红发的,金发的,蓝眼睛的,黑眼睛的……一个接着一个,叽叽喳喳,好不欢喜。在他们中间,有一个身材高挑的,有着棕色长发的女孩。她,就是玛格丽特·罗希尔。

玛格丽特父亲是魔法高校的教授,母亲是顶尖的音乐家。受他们的遗传,玛格丽特几乎是一个完美的孩子:美妙的嗓音、姣好的面貌和令人羡慕的魔法天赋。

从小玛格丽特就被灌输了各种"要坐在前排"的理念,独立、成熟、努力是她的特点。这也造就了她的性格:坚定、自信、要强。

因为超出常人的天赋,玛格丽特被分到了A7班。这个班有75%是男孩,女孩寥寥无几,都是天才中的天才,精英中的精英。玛格丽特有幸成为其中的一员。

开始上课,老师是一位满头银发的老教授。他虽然年迈,但面色红润,动作利索,一双眼睛虽小但透露着无限的智慧。

这节课,学的是"魔法历史",是同学们最薄弱的学科。

"我们现在的魔法世界是由'俄斯尔''艾尼斯特''纪尔尼斯坦'和许多岛国组成的,其中……"老教授索尼亚从魔法世界的地理开始讲起,一直讲到第3任魔法部部长。刚开始所有同学都专心致志地听课,还时不时用羽毛笔记上几笔,写上几句,毕竟是顶尖的学生,定力还是可以的。但15分钟过去了,50%的同学听不下去了;半小时后,只有5位同学在专心听讲,其余的呢,有的趴在课桌上,有的与同桌窃窃私语,还有的在笔记本上乱画……当然,玛格丽特一直在听讲,腰板挺得笔直,手中的羽毛笔在笔记本上不停地写着,脑后的棕色长发随着她的抬头低头一起一伏。因为她一直都知道索尼亚老师是学校最好的历史老师,他讲的每一点都非常重要。

当下课铃打响的时候,索尼亚教授突然念了一句咒语:"叽里麻亚,freeze,

定！"别人听不懂，但知识渊博的玛格丽特知道这是定身咒，能让人不动10分钟。瞬间除了专心听的5个同学外，其他同学不能动了。索尼亚教授狡黠一笑，说："小小地惩罚一下！"接着，他就哼着歌走出了教室。

虽然玛格利特知道怎么解咒，但是看到那些侧着身、张着嘴的"雕像"，还是决定让他们自作自受地定在那里。

二　梦幻奇景

"叮叮叮，咚咚咚……"一群小精灵从西南角的广播室飞了出来。它们的手腕和脚踝上系着一串银铃，一对半透明的翅膀上带着金粉，飞过哪里，哪里就亮闪闪的一片。这时，从索里兹魔法学院向上看，就像是在看一片闪烁着星光的夜空，那一只只飞舞的精灵又像一片片雪花在飘动。这时候，是学院最美的时刻之一，那梦幻的景色总能让每一个身处其中的人惊叹不已。

玛格丽特伸出一只手举在眼前，马上有一只精灵落在她的手心。这只精灵是那样的轻盈，一头墨发披在肩头，一双琥珀色的大眼睛忽闪忽闪地，洁净得没有一丝杂质，一对翅膀是金黄色的，在精灵背后轻轻扇动着，薄得像一片秋日的枯叶，似乎一碰就会破碎。精灵肩膀上棕色的梧桐叶显现着她的身份——秋日梧桐精灵。如果她的梧桐叶凋落，她就会休眠，从而进入新一轮的重生。

"生命因为脆弱而美好……"玛格丽特放飞了这只美丽的秋日梧桐精灵，调整好心态，接着踏着铃声走向了西南方的药学教室。

药学教室是最干净的一间教室。不过，通常来说最干净的教室也是脏得最快的教室。在教室东边是一排魔药样本，一个个玻璃器皿内存放着各种各样的魔药成品，红的、蓝的、绿的……冒着烟雾的，有着闪闪杂质的……北面是一整排书，密密麻麻，足有上千本。教室中间的课桌上放着坩埚、药草、沙漏还有研钵。在讲台上则有一只大号坩埚，里面有着热气腾腾的魔药半成品。

闻着淡淡的药香，玛格丽特坐在教室里等待魔药老师的到来。

三　魔药课程

陆陆续续有同学到了药学教室，安静的教室变得杂乱无章起来，叽叽喳喳的，似乎比集市还要吵闹,几乎把玛格丽特的耳膜都震破了。为了避免杂音,她把药材和课本搬到了最后一排的角落,这是个不被人注意的地方,虽然光线不是很好,但至少是一个不被人打扰的角落。

玛格丽特刚放好课本,就有一个女生走了过来。这位女生一头深灰色的中发,显得很干练的样子。那一双像碧玉一样的眸子十分清澈,尽管那副黑框眼镜有点儿厚实,可也没有能遮住那单纯而明亮的目光。她身上穿着橙色的亚麻棉裙,一手抱着书,一手提着药材,走过来的时候,还绊了一跤。她理了理头发后,有点不好意思地对玛格丽特说:"你好,我是橘井·西西里,我可以坐这里吗?"虽然玛格丽特不喜欢橘井这冒冒失失的做事风格,但还是微笑地说:"当然可以坐这里,我是玛格丽特·罗希尔。"

突然,同学们发出一声惊呼。玛格丽特下意识地看向教室门口。教室门前出现了一个修长的身影,一位年轻的帅哥展现在同学们眼前。他有着一头米黄色的长发,用青蓝色丝带松松地竖起,穿着白色衬衫,深蓝色毛衣背心,黑色的西裤,披着镶着蓝色和金色花边的黑色斗篷。前排的一个女生转过头来,满脸通红地对玛格丽特说:"'魔药王子'!'魔药王子'你知道吗?他是上上届学院的校草,柳岩·西瓦,魔药是他最厉害的一门课。今年他在魔法高校毕业了,但仍然在修研究生,这学期兼职魔药老师。太厉害了,有没有?还有……"虽然玛格丽特听到了这位前排同学的介绍,但是,反而让玛格丽特对这位老师的真正实力产生了一点怀疑。

西瓦老师走到讲台前,用米黄色的魔杖在黑板上一挥,一份魔药清单出现了。清单上用飘逸的英文写着:雏菊根 30 g,无花果皮 2 片,百合根 6 份,艾草汁 70 g,灵芝 10 g。这就是"迷雾墨水"的魔药清单。迷雾墨水是一种可以写字的魔药,用它写的字可以隐藏。只有碰到柠檬汁与薄荷叶混合起来的宁酸液才会显出原形。它是隐形墨水的一种。

在西瓦老师教过搭配方法后,同学们就开始制作魔药了。第一次当然不会很快成功,尽管对于经常调配魔药的玛格丽特来说并不难,但是在一个冒失鬼橘井的旁边炼制魔药,那就不是太容易了。

玛格丽特熟练地戴上手套,把雏菊根、无花果、百合根、艾草叶和一小块灵芝取出来,再用一把锋利的银刀灵巧地从无花果上切下两片淡绿色可以透光的薄片,又把百合根切成六块,灵芝切出 10 g。接着她用研钵把雏菊根磨成粉,又把艾草榨成汁。

这些材料都准备好了,现在要开始熬制的程序了。玛格丽特在坩埚下点火,等埚中的水煮沸时，再往锅中倒入雏菊根粉和百合根，边煮边搅拌，使其熬成黏稠的米色液体。玛格丽特又把火调小，小心翼翼地一点点把艾草汁倒入坩埚中。因为艾草汁的比例要把握准确，少了或多了药性都会改变，所以得小心地控制。正当玛格丽特全神贯注之时，突然，"砰"的一声巨响，旁边发生了爆炸。半成品的魔药溅得到处都是，冒出滚滚的黑烟，药水滴在木桌子上发出"刺啦刺啦"的声音，毁坏性堪比硫酸。虽然在此之前玛格丽特就把座位搬到了最后一排离橘井最远的地方，但还是被橘井超强大的破坏性魔药给影响到了，热浪烫到了她的手臂。她手一抖，装着艾草汁的碗也晃动起来，"嗒"的一声，碗中一半的艾草汁倒入了坩埚，溅起了一个水花。"完了！"她想。玛格丽特制作迷雾墨水从来没有失败过，所以她也不知道加多了艾草汁会发生什么。她赶快加入剩下的药材，把魔药制作好。虽然玛格丽特的第六感一向很准，但是她依然期待奇迹发生。

四　魔药奇才

玛格丽特两眼紧盯着坩埚，看着乳白色的液体因煮沸而一点点变成淡绿色，慢慢地又变成发青的翠玉色。颜色每发生一点儿变化，她的双手握的拳就更紧了一点儿，不知不觉地攥出一手的汗。虽然锅底还有些没有充分融合的沉淀物，但眼看着药水马上要变成青色了，她眼疾手快急忙灭了火，取了消过毒的试管，把刚刚冷却下来的药水表面一捞。试管里装满了翠绿色的溶剂，而坩埚中剩下的药剂与沉淀物融合，变成了青蓝色。

标准的溶剂为宝石绿色，但玛格丽特的魔药溶剂虽然大部分还是绿的，可是还是有些偏蓝色。此时，透明的玻璃瓶里装着翠玉色的魔药，色彩如一块宝玉，微青又偏绿的色彩显现出优雅、纯洁、高贵和说不清的忧郁感，在阳光下药剂和玻璃试管闪烁着星辰般的光彩，一闪一闪的，说不上艳丽但却鲜艳的夺人眼目。玛格丽特怀着惴惴不安的心情抱着有微微瑕疵的药剂来到西瓦老师跟前，请求指点。

把试管交给老师后，玛格丽特生怕西瓦老师批评，便低下头来。她抿了抿唇，盯着老师手中的药瓶，眉毛微微皱了起来，一副可怜兮兮的模样。西瓦老师歪着头看了药水半天，然后慢条斯理地取出羽毛笔，捋了捋羽毛，又慢慢地打开试管，把笔轻轻地点在药剂中，耐着性子一点点吸着墨水。西瓦老师慢悠悠的，一点也不急，但玛格丽特却急不可耐。想想也是，就算玛格丽特再冷静、再淡定的性子也经不起西瓦老师慢条斯理地吊着她，能不紧张嘛！

等西瓦老师在羊皮纸上试完迷雾墨水，玛格丽特已经紧张得出了一身冷汗，忐忑不安地盯着西瓦老师。西瓦老师看了一眼羊皮纸，努了一下嘴但随即又笑了。雪白的牙齿如珍珠一样小巧可爱，配着朱红色的薄唇，唇齿之间透露出阳光与优雅，不知这一笑迷倒了多少人。玛格丽特可没心思看帅哥，只一个劲地问："西瓦老师，我的魔药怎样？""嗯！"西瓦老师依然不急不慢，"配制的还不错，有一点小瑕疵，墨水还把羊皮纸隐形了一层，但改一下就好了。"说着，他拿出了一只大坩埚。这个坩埚是用象牙雕成的，内部镀了层银，闪烁着耀眼的光芒，锅口则镶了一圈铂金，象牙上嵌着一颗颗绿松石和海蓝宝石，底部刻着他的个人签名：Lyubo Shiva。简洁又奢华的用品，精致的雕工足以看出他不仅是帅哥一枚、天才药剂师，还是一位精益求精的雕刻家。

西瓦老师点燃火，把翠玉色的药剂倒入坩埚中，小火慢慢煮沸，接着他从一大堆药剂藏品中挑出一瓶乳黄色的药剂，拧开盖子，小心翼翼地滴在坩埚里。他睁大眼睛，一丝不苟地操作着，帅气中还多了一份沉稳，帅哥认真的样子甚至比他玩世不恭、纨绔的样子更吸引人。"轰"的一声随着药剂滴下，一朵小型的蘑菇云也产生了，要不是西瓦老师提前设下结节，还不知会发生怎样的状况。但随着蘑菇云散去，象牙坩埚里的情况显现出来。翠玉色的药剂已经变成了标准的宝石绿色，而锅底有一层青色药渣，明显是过多的艾草汁产生的。有了乳黄色药剂的加入，玛格丽特的药剂就像是被过滤了一把，上下分层。看着这药剂，玛格丽特瞠目结舌，崇拜地看着西瓦老师。西瓦则又回到了慢条斯理、玩世不恭的模样："小 Case 啦！我厉害的地方多着呢，这瓶'西瓦式过滤液'就送给你研究研究啦！"随手就把乳黄色的药剂塞到了玛格丽特的怀里。

直到下课，玛格丽特还处于呆涩的状态。这样的一瓶药剂竟能修改错误的魔药，这样贵重的物品，老师随随便便就能送人，可见西瓦老师真的是人中龙、龙中王啊！

五　研究魔药

午休，玛格丽特回到家，拿出了那份西瓦老师给的药剂，搬出一台庞大的精密仪器，开始研究起来。这是一台专门研制魔药的仪器，完全机械化的设计，加上了喷雾式的魔法光粉和3D打印。通过仪器内精密的计算和分析可以得出所有药剂的成分和用量，甚至可以根据配方得出对这份药剂的评价。接着，再通过光粉的

化学反应分开水和药材,并把剂量投影到白板上,3D打印可以复制任何选定的药粉。这台仪器是父亲罗希尔教授在实验室里分解魔药的专用机器,这次被玛格丽特偷用来研究神奇的"西瓦式过滤液"了。

玛格丽特轻轻按了一下底部的淡绿色按钮,结果机器开始剧烈颤抖起来,看起来要爆炸了似的,但是就在下一秒,一道白光从绿色按钮里散发出来,包裹了整台仪器,接着,巨大的器械就缩成了一枚玉髓做的扳指,精雕细琢,光洁圆润。玉髓中还不时有柔和的白光游走其中,而内壁则雕了一排凌乱的字母。它静静地卧在玛格丽特的手中,精巧而又美丽,完全没有了一开始庞然大物的霸气,而是有一种大家闺秀般的秀美。

玛格丽特淡然地拿着这枚"扳指",走进了无菌实验室,淡淡的消毒水味儿让人不是很舒服。她把扳指放到实验室的大办公桌上用纤纤细指有规律地按了按扳指里的字母,几秒钟后,那庞然大物似的机器又出现在桌子上。玛格丽特小心翼翼地从试管中倒出一滴乳黄色的液体,放入弹出来的玻璃片中,接着,立刻盖上试管的盖子,放入酒精中用魔法密封,生怕它的药性有一点挥发。

封存好药剂后,玛格丽特双眼紧盯着白板的数据和玻璃器皿中的化学反应。"!#%462@¥#…586…*+<.@#*&%#……"一串复杂的程序和算式快速地划过白板,器皿中的样本也在不停的融合分解。分解完毕,算式和编程也形成了一份准确的配方后,玛格丽特手中的笔记本也写满了数字与符号,甚至在旁边还附上了淡彩描绘的样本,也只有像天才一样过目不忘的玛格丽特,才能在几分钟之内把所有的程序和化学反应记录下来啊!

在白板上,仪器已投影出一份配方:铅粉:芹菜汁:蛇皮:不明蛋白色液体=17:40:15:5。看到那不明液体,玛格丽特的求知欲更强了,对西瓦老师天才的魔药天赋也更加崇拜。玛格丽特仔仔细细地翻了一遍笔记,发现这不明液体在所有化学成分的添加中没有任何反应,一直都是半透明色的形态。再翻翻,她又发现仪器中还存了一份与它很相似的文件——"Lyubo Shiva 的发明药剂"。玛格丽特好奇地打开了这份文件,发现父亲罗希尔教授也分解过这种药剂。只不过她的父亲是用了更精密复杂的仪器来研究,还分解出了不明液体的成分:浅蓝深水蛇草。看到这个名词,玛格丽特不禁倒吸了一口凉气。浅蓝深水蛇草是长在英吉利海峡深海的海沟内,散发着浅蓝花的香气和幽兰色的光,是一种珍贵而产量极少的草药。最危险的是,浅蓝花的香气会吸引深海巨蟒,杀伤力极为强大,而如此珍贵的草药还必须亲自采摘。

看到这份配方,玛格丽特对西瓦老师的崇拜更多了一份敬仰,毕竟每一次成功

都是99%的汗水+1%的天赋得来的,成功研制一份魔药都需要付出极大的努力,甚至是拼搏。

六 幻术老师

午休结束,索里兹学院里的小精灵又开始报时了。"咚,咚,咚……"声音虽不比上课前的银铃清脆,但铜铃独有的声音悠扬而附有回声,充满古典的气息。小精灵的手中提着一篮子花瓣,金黄色的桂花,银白色的金银花随着铜铃的声响洒落下来,整个学院沉浸在一片花雨之中。桂花浓郁的香气和金银花淡淡的药香从校园中散发开来,香飘万里,整个学院都在花香中变得清新起来,让人觉得心旷神怡。

玛格丽特回到了校园,来到了位于西北角的教室。这里有五六间教室,米色的砖墙,棕色的门框,墙上挂着色彩鲜艳的油画。虽然都很精美,但唯独最中间的教室最吸引人,墙壁上似乎闪烁着银光,仔细一看却又觉得与其他教室没什么不同。玛格丽特抑制不住好奇,来到那间吸引眼球的教室。刚进去,她就感到一阵眩晕。她深吸了一口气,停了一下,让自己微微回过神来。这时,她发现自己正身处一个古色古香的房间。窗户是木雕的花纹,房间中间有一道屏风,墨玉做的边框,血玉髓的雕纹松散的竖在那里。暗调的色彩并不显得昏暗,反而夺人眼目,可见它的主人是一个很有品味的人。在屏风前有一张木头做的矮桌子,桌子后面铺着一张米色的坐垫。桌上是一整套茶具:紫砂壶,翠玉的茶杯,木质的茶匙、茶夹、茶筒,它们整整齐齐的放在桌子上,干净而又整洁。环顾教室一圈,在茶桌对面还有一排排木桌,看来都是学生的座位吧。如果没看到木桌,还不知道这古色古香的房间是教室呢!

突然,屏风后露出一点裙角,墨绿色的像一片荷叶。接着,那屏风后的人儿走了出来,墨色的秀发松松挽起,一根玉兰簪子插在发髻上,洁白的脸庞,红润的嘴唇,眼睛微微张开,睫毛又长又密,纯洁的像一个瓷娃娃。她身着汉服,上身是绣着荷花的宽袖交领短衣,腰间系着一条翠色的腰带和紫玉玉佩,下身则是墨绿色的长裙,把她的双脚遮住。她似乎是荷塘的仙子,是纯洁的天使,纯净得不食人间烟火似的,凡尘无法沾染她一丝一毫。她睁开眼,竟是一双碧蓝色的眼,像大海一样深邃,没有一丝杂质,也可以说是什么也看不透。那样唯美的眼睛竟让玛格丽特有一丝恍惚。

突然眼前的景象变换了,屏风变成了黑板,木窗变成了黑天鹅绒的窗帘,木桌

变成了大理石的课桌和讲台,桌子上也不过是一个玻璃杯而已。而那位不食人间烟火的"仙子"已经变成了眼前的卷发美女。

还是那张美丽的脸,深邃的蓝瞳,而那汉服则变成了一件黑白相间的亚麻长裙,黑色的高跟鞋。"同学,欢迎来到幻术课堂!我叫伊·西西里·简。""西西里"?玛格丽特想了想,如此伊老师的姓不就是橘井·西西里的姓吗?眼前这位伊老师的眼睛如此特别,那么"西西里"这个不就是一个幻术师家族吗,橘井的眼睛是翠绿色的,很是纯净,那么她的幻术天赋应该很好吧!否则她怎能分到A7班呢?虽然这么想,但是玛格丽特还是问了问老师:"伊老师,西西里是一个幻术师家族吗?"伊老师笑了起来,睫毛弯弯的,像两片柳叶:"很聪明的小姑娘,我的眼睛是与别人不一样的,'西西里'的确是一个幻术师家族。橘井·西西里的眼睛虽然没有我的纯粹,但是天赋还是不错的。刚才是一道幻术的屏障,简单的一种幻术魔法,这节课的幻术教程也就是它了。刚刚你只用了3分钟就逃离了这个障眼法,很不错的能力哦!"

伊老师又笑盈盈地回到了讲台的座位上。

玛格丽特暗暗下定了决心:在幻术这门课上,我也要超过橘井,我不信血统决定能力!

七　制作练习(1)

伊老师给每个人发了四只水晶球。阳光下每一个水晶球都闪着光芒,橘黄色的光给冰冷透明的水晶球染上了一层温暖的光晕。水晶球下放着一只紫颤木的底座,散发着淡淡的檀香和药香,让人心旷神怡。伊老师又拿出一只比别的水晶球大两倍的球放在讲桌上,它像珍珠一样美丽而圆润。

伊老师把双手放在水晶球上方,笑嘻嘻地看着同学们,说道:"看好喽,待会儿就是你的作业哦!"接着,她收起了笑容,闭上双眼,睫毛微微颤抖,嘴中飞快地念道:"The piano,Cloud and mist,Song,Psychedelic miracle。"咒语一停,伊老师的双眼突然睁开,眼睛里散发出点点蓝光,但一瞬间,蓝光顺着手指流了出来,被水晶球吸收了。接着,透明的水晶球内腾起一阵淡蓝色的云雾,旋转着,变换着,几秒钟后,在水晶球内出现了一片金光闪闪的沙滩,连接着波澜壮阔的海洋,白色的浪花一下又一下地涌上沙滩。远处,一轮圆月从海面升起,用洁白的光芒笼罩着一切,似乎这一切都融入了月光之中……玛格丽特看得目瞪口呆,由衷地佩服这位幻术师。

"幻术是必须要学好的。"玛格丽特默默地想,"它呈现出了在梦境中才能出现的画面。幻术除了可以看到曾经或想象中的画面,也可以呈现出人们心中最可怕的画面,用来对付……敌人。"她突然想起书上记录的一个事件,一个拥有超强幻术师天赋的小女孩没有控制好魔法能量,导致方圆十里的生物全部陷入噩梦中。这些生物面部扭曲,破坏了很多建筑和植被,甚至自相残杀,成为了一次悲惨的魔法事故。从此,每一个孩子在成为幻术师之前,都需要在成年幻术师的看护下进行幻术魔法,每一个幻术师每两年都要进行检测和考核。"幻术是美好的也是可怕的。"想起那次事故,玛格丽特不禁打了个寒战。

"……水晶球可以阻止魔法泄露,纯英文的咒语则提高了魔法的成功率和质量。放空大脑中的其他内容,努力想你想呈现的那个画面,细节越多越好。记住,脑海中的画面千万不要停止,即使'瞳光'出现了也不能停。如果水晶球内的幻术魔法没有成功就用下一个水晶球,禁止重复使用。如果还需要水晶球,就到我这里来领取。"伊老师说完规定后就让同学们开始试验这个幻术魔法了。

玛格丽特看着第一只水晶球心里想:"小时候觉得最美的景色就是翠湖公园的秋日银杏了。银杏林中的一颗颗银杏树笔直而挺拔,一片片金黄的叶子像一把把完美的小扇子。银杏叶上还带着一点绿,美丽的金黄色镶了一层精致的花边,远远望去就像是天边升起的一抹金色的霞光。而那满地的银杏树叶,灿烂无比,如同给大地铺上了一层松软的金毯,把大地装点的格外亮丽。"想着,玛格丽特就把手放在了水晶球上方,缓缓地闭上了眼睛……

八 制作练习(2)

玛格丽特的眼睛是金色的,像琥珀般柔和,又似太阳一样光芒万丈,眼睛平静的像一口古井,但在井底又有无限的犀利。

"The piano,Cloud and mist,Song,Psychedelic miracle."玛格丽特的咒语一停,那双金黄色的眼眸就张开了,散发出的金光随着"miracle"的发音向指尖流去。金光流入水晶球,与太阳的光芒融为一体,在水晶球中翻滚着、旋转着、舞蹈着。淡淡的云雾也无法遮挡这闪亮的光,水晶球在光的映照下也成了一颗小小的太阳,没有炽热的阳光,却给人一种温暖和宁静。光芒和云雾散去,水晶球内依然金闪闪一片,几棵高大笔直的银杏树树立在其中,满树的金黄迎风摇曳,几片叶子飘落下来,像几只色彩鲜艳的蝴蝶翩翩起舞。虽是秋日,却不显任何萧瑟。

梦想的翅膀

完成第一个水晶球后,玛格丽特有意识地瞟了一眼右前方的橘井。橘井的第一只水晶球也刚刚完工,那是一片美丽的田野,一棵参天的榕树长得格外茂盛。但那些只占了整个画面的三分之一,而榕树下那只简易朴素的秋千,却在微风中摇晃着,在这样美丽的风景下却无人欣赏,那样沧桑而孤独。多么充满诗意的画面啊!尽管不想承认,但玛格丽特还是忍不住赞叹着。"只有在美景下的孤独才衬托出淡淡的忧愁,"玛格丽特这样想,"其实每个人都有孤独感,喧嚣中的人,内心可能是孤独的,这种孤独是与生俱来的,有人多些有人少些,但内心都渴望被安抚、理解。尽管橘井看起来是一个没心没肺、冒冒失失的孩子,但她内心的孤独是每个人都无法察觉的。"

玛格丽特为橘井可怜了一下,但对于玛格丽特来说,她依然是对手。玛格丽特迅速拿出了第二个水晶球,她微微想了想就拿定了主意,飞快地念完了咒语。那只水晶球里的金光并没有透过云雾,而是一点点暗淡下来,微微发紫,紫色中又掺杂着青蓝,混合着玫红,还有一点若有若无的白光混在其中。云雾散去了,水晶球里那奇特的景色也显现出来。那是黄昏,落日留下长长的影子,一片血红。天色很快就暗下来了,葡萄色的黄昏,紫色的黄昏,映照着蓝蓝的湖面,让湖水也变得幽静起来。占据画面中心的是一只猫,准确地说是一只长毛的布偶猫,它的背影是洁白的,在黄昏下显得宁静而孤傲,只有耳尖是靛青色的,微微发紫,似乎它就是尊贵的女王。

这只猫叫千缘,玛格丽特给她取的名字。玛格丽特从小爱猫,她喜欢猫完美修长的体型,优雅娴静的举止,高贵冷艳的性格,能屈能伸的品质,都是玛格丽特的理由。在L·Q簪花阁这家宠物店内的猫有各种品种,美国短毛,"猫中王子"暹罗,苏格拉折耳,日本短尾,甚至猫头鹰都有。而玛格丽特只对布偶猫中那只"鹤"立猫群的紫耳猫感兴趣,它不像其他的幼猫一样窝在一起,而是高傲地抬着头,坐立在猫笼的角落,那孤傲的态度一下子吸引了玛格丽特。然而,在玛格丽特准备买它的时候,店主L·Q还特地问了一遍:"Darling,你确定要买它吗?这只猫平时一点也不活泼,基本上也不让人抚摸它,性子特别得很呢!"但玛格丽特依然买下了这只紫耳布偶猫,还取名"千缘",似乎是凭着千年的缘分才遇到万里挑一的它。千缘的确是一只特别的猫,它喜欢坐在玛格丽特的阳台上眺望黄昏,而玛格丽特就坐在阳台边喝着下午茶,这时候也是玛格丽特和千缘最喜欢的时光。

看着水晶球里千缘优雅的背影,玛格丽特的脸也柔和起来,露出恬静的微笑,金黄色的眸子里全是溺爱。

九　制作练习（3）

　　玛格丽特对千缘溺爱的眼光只出现了几秒钟，又回到了一双犀利的金色眸子。第三个水晶球在阳光下洁白发亮，让玛格丽特不禁想起了表姐西兰雅·塞尔维最宠爱的银狐犬——银缎。

　　银缎是一只健康活泼的小狗，它有一身洁白若雪的毛发。要知道，纯白色的毛发在银狐犬中很少见，故而尤其珍贵。银缎跑起来就像一条闪着银光的绸缎，优雅而奔放。与玛格丽特的千缘一样，银缎的举止也十分优雅，体态匀称，步调柔和，一双像葡萄一样水汪汪的眼睛里充满的是温柔和信任。千缘和银缎这两个小东西相处得其实也不错，但经常是千缘坐在高高的窗台上，居高临下地看着银缎过分热情地往上扑，但怎么也扑不上来。最后都是千缘跳下来，银缎又吐着热气腾腾的舌头讨好般地跑到千缘面前。而千缘呢，还是一副不冷不热的样子，但眼中已经有了点笑意，不知是笑面前的狗狗傻呢，还是被它的热情所感化了呢？每当这个时候，玛格丽特总会哈哈大笑起来。

　　这一次，玛格丽特选择的是银缎在花园里扑蝴蝶的模样。春天，住宅区前的草地上全是绿茸茸的小草，中间掺夹着一些蓝色的、紫色的、鹅黄色的野花，像一块地毯铺在地面上。每当这时，这些花朵总会吸引许许多多的蝴蝶，这些蝴蝶在草地上花丛间翩翩起舞，像一朵朵彩色的云飘浮在空中，为小园香径又增添了不少色彩。银缎最喜欢白蝴蝶，每当有白蝴蝶出现的时候，它都会跑到花园中，去扑一两只颜色和它一样洁白如雪的蝴蝶。

　　玛格丽特的瞳光随着咒语流向水晶球，在水晶球中散发出一道耀眼的白光，与云雾融为一体，纯色的光甚至比前面五彩的、金黄色的光更为绚丽。水晶球里的景色更是青春活泼而又可爱迷人。银缎像一朵洁白轻盈的云彩，跳跃着，活力四射；蝴蝶更为娇小惹人怜，扇动着的双翼，像那美丽的姑娘甩动着轻盈的长袖，又像那冬天里一朵带给人暖意的小雪花。洁白无瑕的羽翼，优雅轻柔的姿态，忍不住让人去羡慕它的美。碧绿如玉的草地上缀着娇艳的花朵，像一块精美而雕工细致的珠宝，美丽至极……

　　当玛格丽特刚刚完成第三只水晶球的时候，橘井的水晶球突然发生了碎裂。"砰"的一声，玻璃碎了一地，在阳光下折射着七彩的光，显示出一种残缺而凄凉的美。再看橘井，不知所措地站着，双手被碎玻璃划破，捏着衣角，橘红色的亚麻棉裙被搓得皱巴巴的，深灰色的发丝凌乱着，碧玉色的眼睛红了一圈，噙满了泪水。当老师和同学们围过来的时候，橘井显得更加慌乱紧张，抿着嘴唇，精致的小脸显得惨白。

　　玛格丽特也围了过去,但她并没有幸灾乐祸。她更注重的是橘井到底为什么会让水晶球破裂。她知道,橘井虽然冒失,但她绝不会允许一个熟悉而又简简单单的魔法失败。玛格丽特深知这样的心情,就像在魔药课上失败了一次一样,紧张、不知所措、自责,特别是当这种魔法已经成功过上百遍,却马失前蹄。虽然玛格丽特也会对失败自责,也会悔恨,但她永远不会把不知所措放在脸上,而是压在心底,把脑子腾出来想解决的方法。这也许就是她成功比失败的几率多很多,心智比同龄的孩子成熟的原因吧!

　　玛格丽特竖着耳朵,努力地捕捉着橘井抽泣中凌乱的说话声……

十　制作练习(4)

　　"我……水晶球……碎了……不知道……"断断续续的话中夹杂着点点抽泣声,玛格丽特什么都没有听清楚。不过站在中心的伊老师肯定是听清楚了,只见伊老师从一个瘪瘪的手提包中取出一只崭新圆润的水晶球,与紫檀木的底座一起放在桌子上,神色凝重地盯着橘井。玛格丽特一看那手提包就知道那绝对不是凡品,藏青色的手提包上绣了一圈蕾丝花边,秀美大方而又不失优雅,但永远都看起来空空的,能从中拿出水晶球的,那想必是一只空间口袋了。可以随手拿出这样的宝物,西西里家族真是不一般的"土豪",伊老师肯定有非凡的能力。玛格丽特先后遇到三位能力出众的老师,那说明索里兹学院不是一般的惜才,而玛格丽特也明显低估了这个学院。

　　目光转回到橘井身上,只见她又一次开始了幻术魔法。一切都正常的运行着,橘井的心情也平静下来,瞳光慢悠悠地流向水晶球,云雾也轻轻地缠绕着。十几秒后,云雾慢慢散去,露出一片金黄色的麦田。麦穗儿沉甸甸的,麦梗微微弯曲,但依然顽强地挺立着。金色的太阳散发出温暖的光芒。天上的白云悠悠地飘着,轻如薄纱,显得十分轻盈而缥缈。看着水晶球内隐隐显出的优美景象,玛格丽特想:刚刚可能只是个意外吧,这样的效果看起来就是要成功的。而且如此简单的魔法,作为有西西里家族血统的橘井不可能不成功。就在云雾完全散开的一瞬间,水晶球突然发生了爆裂,和前面的一只水晶球一样,碎成了玻璃渣子。

　　伊老师看了看满桌子的玻璃渣子,突然笑了,摸了摸橘井的头,说道:"心急吃不了热豆腐。橘井,想要用这个小法术做出动态,必须有精通音律的谢依家族的歌声配合才行,瞳光的方法只能使眼中的画面定格罢了。歌声比瞳术更适合做出优美的画面……"

"谢侬"家族？玛格丽特突然想起来，妈妈是个音乐家，但通常以"弦音·麦伊"的艺名出现，而她的真名是千音·弦·谢侬。天哪！那么我也可以算作为谢侬家族的一员了，连血统上我都没有输给橘井，真是太棒了！得到这样的消息，玛格丽特迫不及待地开始试验最后一只水晶球。

"so ci do……"一曲《春暖花开》从玛格丽特的口中哼出，缥渺的歌声只有她一人才能听见，歌声形成的魔法在水晶球周围发出一片银闪闪的亮光，然后慢慢融入水晶球内，温柔缥渺，缓慢但无孔不入，不像瞳术那样强大直接。在水晶球内形成了一层薄薄的水雾，细细密密的，像是少女用细丝在锦缎上绣着的花纹，一点点清晰起来，慢慢显出了轮廓。这是一幅简单的图样，一株海棠直立在水晶球中，朱红色的花朵在枝头盛开，花瓣在光的映照下微微显得有点儿透明，几片微微卷曲的花瓣中包裹着嫩黄色的花蕊，墨绿色的叶子静静地展开，衬托着娇艳的鲜花。一只蝴蝶停在上面，静静地扇动着翅膀，湖蓝色的花纹在黑色的翅膀上显得非常清晰，能看清楚每一个鳞片。

果然是歌声的方法比瞳术更美！玛格丽特看着面前的四只水晶球，心怦怦直跳：伊老师看到最后一只水晶球一定会对我刮目相看吧！毕竟，连橘井都失败的法术而我却成功了！这次一定能超过橘井！

十一　暗调奇迹

进入索利兹学院的第一个星期，玛格丽特过得既愉快又疲劳，盼望着周五回家，能够好好地休息一下。但是周五下午并没有想象中的安宁，似乎比往常更加热闹。若在平时，现在正是上课的时间，原本寂静无声的操场，现在却有很多人在来回穿梭。原来，在索利兹学院里有一个不成文的规矩——新学期的第一个星期五下午，每一个新生都可以选择自己的社团。社团是这个学院里除了学生会以外的学生组织的团体，每一个社团都有自己的特色，但并不是每一个社团都像它一样那么受欢迎。

它就是暗调，一个在索利兹学院被称为传奇的社团，不受学生会管制。这里聚集着全学院最有魔法天赋的学生，而且每一名学生都是一个神话。在这个星期五的下午，玛格丽特奔走在操场上，耳边听到最多的就是关于暗调的议论，每一个集中在暗调报名台前的学生眼里都放着光，那是对暗调团员的无比崇拜。

就在周五一大早,通常赶忙去学校的罗希尔教授居然破天荒地等了玛格丽特几分钟,把一份名单交到了她手中。呵,这是一份索利兹学院的社团名单,每个社团的实力和成员几乎都从高到低地排列着。暗调、玛奇朵、俄·习、银珠阁……各种各样的社团列了出来,有学习音乐的,有学习珠宝设计的,甚至还有学习甜品调制的。社团里的成员信息都毫无保留地写在名单上,除了它——暗调。暗调在名单上排名第一,但后面的信息只有:团长、瑞贝卡。报名时间:新学期的第一个周五下午。地点:琐碎时光。

信息简简单单,却透露出让人无比好奇的神秘。玛格丽特知道,瑞贝卡是高年级的一个女孩子,烫着波浪大卷,总喜欢穿火红色的衣服,在别人眼里就是个完完全全的暴力女,脾气火爆,做起事来雷厉风行,在学生面前似乎高傲到了极致。当然,高傲也要有高傲的资本,瑞贝卡是学生中最厉害的控火师,是甜瑞拉老师(学院控火师导师)最得意的门生,也是标准的美女一个,走在哪里都是一枚火红的星。

琐碎时光?玛格丽特想,听起来像是一个咖啡厅,这里居然能成为报名点,真是太奇特了!下午我一定要去看看什么样的奇迹叫暗调!

下午,玛格丽特来到了琐碎时光。和别的咖啡厅一样,店面不是很大,暖黄色的光映照在咖啡厅里,不刺眼也不暗淡,反而有一种怀旧的感觉,暖暖的,十分舒服,很难看出这竟然是暗调的所属地。

进入琐碎时光,马上就来了一个围着围裙的金发少女,看来是这里的侍女。但那挺拔的身形是那么的骄傲,一点也没有侍女的感觉。她瞅了一眼玛格丽特马上就笑了,做了个"请"的手势,把玛格丽特带到了一个暗室。一进入暗室,那个金发少女就隐匿不见了。一阵眩晕后,玛格丽特发现自己身处于一个巨大的舞厅中,头顶有一盏水晶灯,四周是精美的壁画,脚下的大理石也绘着精美的图画。玛格丽特一看就知道这是幻术魔法,侧耳聆听,发现一曲《卡农》正隐隐约约地在舞厅中回响。这是钢琴的伴奏曲!玛格丽特马上反应过来,头微微一歪就想到了破解的方法。她咽了口唾沫,一边向声源走去,一边又张开嘴,清唱 Mi Re Do Ci……

十二　琐碎暗室

随着玛格丽特优美的歌声和钢琴曲的伴奏,舞厅的景象慢慢转变了,变得朦胧起来,水晶灯渐渐暗了下来,有点幽蓝色。但与此同时,那钢琴曲忽然一顿,又变成了《卡农》的变奏曲,变得更有气势,甚至还带着点兴奋的味道,舞厅又变得明亮起来。玛格丽特微微侧耳,马上听出了旋律的变化,她也加大了音量,改变了几个音符,又合上了钢琴的节拍,灯光忽明忽暗,甚至歌声的旋律千变万化,成功抵制了钢琴的幻术!

钢琴声终止了,房间完完全全地展现了出来:是一个琴房,又不像琴房。幽蓝色的灯光,一架白色的三角钢琴立在房间的最前端,地板是木质的,平滑而复古,墙两侧摆放着把杆,正中间铺着柔软的瑜伽垫。复古、欧式、艺术是这个房间的代名词。

当玛格丽特回过神来的时候,已经有一群人围了过来。那个烫着波浪大卷的瑞贝卡踩着高跟鞋走了过来,一对琥珀色的眼睛上下打量了玛格丽特,拍拍手说:"不错,漂亮的幻术,灵敏的反应能力。技巧和近身搏斗术还需要训练。"接着一张表格递了过来,然后说,"雪,从仓库拿本《暗调守则》给她。"玛格丽特转头望去,只看到一个金色头发的倩影,原来那个金发侍女就是雪。

"你好,我是瑞贝卡,暗调经纪。"瑞贝卡笑了一下,洁白如珍珠的牙齿把红唇衬托得更加鲜艳。"我叫玛格丽特!"玛格丽特自我介绍道。"T49,狼旗下成员。"一个穿着夏威夷衬衫的男孩子调皮地眨了眨眼,"找我的话,到火柴或三年级6班。看好你哦,学妹。"接着,是一位看起来中规中矩,乖巧的男孩子,一双大眼睛晶莹剔透,仿佛樱桃一样的小嘴惹人怜爱。他跟玛格丽特握了握手:"你好,我是津南。""这个变态喜欢用女士手枪……"T49在一旁泄密。接着,那个津南笑着说:"T49,你活腻呢?"声音就像他的外貌一样甜美,但他立刻和T49扭打在一起。最后,那个弹钢琴的人走了过来,一双湖蓝色的眼睛,深邃地几乎可以把一切都吸引进去。他穿着黑色衬衫,修长的手指似乎经常敲击琴键。"Blind,钢琴家。"接着华丽地转身。看着Blind修长的背影,玛格丽特突然觉得很熟悉,朦朦胧胧,似乎在哪里见过。突然,她惊呼起来:"游爵哥哥!你……"那个背影顿了一下,微微侧身,说道:"表妹,好好努力,等你成为强者……"接着又迈着优雅的步伐走了。

瑞贝卡皱了下眉头,但又恢复了微笑,说道:"亲,取个名字吧,去神父千佛那里接受洗礼。周六和鹰一起训练吧,训练师韵会在狼的火柴门口等你。"

名字,进入暗调居然需要新的名字?但是在这样一个高手云集的团体中,最好还是遵守它的规定。"嗯……猫,我叫猫。"玛格丽特一直希望自己像猫一样,所以她养了一只猫,也爱上了猫。

瑞贝卡笑了,说:"很奇特的名字,也很简洁的名字。记住,在暗调中,名字只

是个代号,我们要的是实力……"

十三 雏玄和鹰

周六很快就到来了,晴朗的一天,阳光柔和地照耀着大地,玛格丽特的心情和太阳一样明朗,乘车来到了"火柴"。

似乎13岁的孩子不适合来这里——火柴,全市最热闹的夜店,也叫KTV,但是,玛格丽特早就习惯了这个暗调的奇特基地,随着金色的旋转门进去,同样是暗门,玛格丽特穿过厨房,来到了一个隐蔽的角落,轻轻触碰暗调的标志——六芒星的立体银色符号。一个小门打开了,玛格丽特侧身走了进去。

明亮的灯光,木色的地板,一个金发碧眼的高挑女孩走了过来,看起来和伊老师差不多大。她身着黑色的套装,手里还拿着一个教鞭,她就是训练师韵。她靠在门框上,说:"猫,你来晚了。鹰早就开始训练了哦!"只见一个女孩正挥舞着长鞭。你看她手臂轻轻一抖,带动着鞭子狠狠地抽在地上,发出"啪"的一声巨响,同时,她的身形也随着长鞭在一个圈中灵活地舞动着,蹦跳着,看似凌乱,但又不失整齐,更奇怪的是,一只白色猫头鹰正在上空飞舞,在鞭子中穿梭,巨大的翅膀卷起巨大的气浪,霸气而灵活,似乎和那个女孩配合着飞行,画面看起来诡异而精彩。

"啪啪!"韵拍了拍墙壁说,"瑞贝卡给了我你的资料,你需要进行一定技巧性的练习,身体素质太差了,好好锻炼,否则你根本比不上鹰。"接着,韵扭过头喊:"鹰,休息啦!"刷的一下,挥舞长鞭的女孩就停止了动作,在半空中飞翔的白色猫头鹰也飞了下来,中途一道白光闪过,缩小了一倍的猫头鹰落在女孩的肩上。

等女孩走过来,玛格丽特才看清她的容貌:一头黑发扎成马尾辫束在脑后,黑色的眼睛,古铜色的皮肤,略有肌肉的手臂,手里长鞭折成几折抓在手里,黑色的T恤配水洗牛仔裤显得十分帅气。白色的猫头鹰落在她肩头更把这幅画面衬托得更加灵动。暗调盛产美女,如果说瑞贝卡是火爆,雪是清丽,韵是严肃,那么眼前的鹰就是帅气。她那大方爽朗的美让玛格丽特觉得眼前一亮。

"你好,我是鹰。"鹰大方地伸出了手。"猫。"玛格丽特也伸出手,白皙的手指和古铜色的手形成鲜明的对比,鹰超大的手劲让玛格丽特感受到了明显的差距。"猫,听说你是幻术师呢!你今年才加入暗调吗?"鹰睁大了眼睛问道。玛格丽特这才发现鹰的眼睛美丽得像星辰,在帅气的脸上也显得十分可爱。"是的,这是只雪鸮吗?"玛格丽特看着那个正扭着头整理羽毛的白色雪鸮问。还没等鹰开口,那只雪鸮瞪着一双明黄色的眼睛,开口说道:"本少爷叫雏玄,猛禽雪鸮,是鹰最重视的'人',最得力的助手!不要用'只'来形容我!"接着这只,不,现在是个自称"雏玄"的雪鸮傲娇地把头高高昂起,扭向一边。鹰笑了,用手抚了抚雏玄的羽毛,说道:"我是驯兽师,雏玄是我去年在谜影森林里历练时遇到的,当时我遇到了韵,她把我带到了瑞贝卡旗下。偷偷告诉你,韵的脾气很坏,喜欢听话的孩子。我现在在二年级4班学习,有需要随时找我。""哦!"玛格丽特若有所思的点了点头,"为什么你叫'鹰'呢?这个名字听起来很帅气!"

"因为我是雄鹰而不会成为柔弱的苜蓿草!"从鹰的眼睛里透露出坚定,但是随即又柔和下来,"还有就是个人喜好吧!就像你叫'猫'一样。"

"哦,晚上我们在兰卡迪见面吧,我把千缘带过来给你认识认识。"

"嗯,好吧!好好训练哦,我马上要离开了了。"

"嗯,再见!"

十四　曾经相识

晚上8点,城市被黑夜笼罩着,这里的能见度很好,漫天的星辰在空中闪耀,玛格丽特坐在兰卡迪靠窗的座位上,数着星星,努力寻找着空中那些充满神话色彩的星座,也努力无视着座位旁千缘如此人性化地吃甜品:

只见千缘坐在椅子上,举起两只前爪,看似熟练地举着小勺,舀起乳白色的双皮奶,轻轻地放入嘴中。值得注意的是,千缘的嘴似乎只张开了一点点,刚好塞进勺子,还用另一只爪子遮住,如果忽略那一身猫毛,它看起来就像是一位经受过严格的礼仪训练的千金小姐,尽管每一个动作都细致的揣摩和规划,小心翼翼的,漂亮优雅,但怎么看都让人觉得别扭。

就在玛格丽特终于找出天空中的天鹅座时,雏玄飞了进来,紧跟在它后面的就是黑头发的鹰。雏玄扇了扇翅膀,落在对面的椅背上,明黄色的眼睛瞪圆了,但又

马上眯了起来,大笑着喊:"哈哈,千缘,不管你怎么小心翼翼,但这吃东西的神态,我一眼就能认出来!喂,糖水沾到胡须上啦!"千缘一听,瞬间就炸毛了,背弓了起来,白色的毛竖了起来,耳朵上青紫色的毛一抽一抽的,蓝色的眼睛也眯了起来,看着雏玄,似乎下一秒就要扑上去了。

看着雏玄和千缘这样的互动,鹰和玛格丽特也大眼瞪小眼,半天才冒出一句话:"你们……认识?""这厮我怎么可能不认识?"雏玄一副想笑又拼命憋着的表情,紫黑色的鸟嘴都歪了。一旁的千缘也喵喵叫着,身上的毛似乎也平顺了一点,但声音还是充满着不满。雏玄咳嗽了两声,飞到鹰的耳边耳语了几句,结果鹰原来温柔的笑容突然变得一本正经起来。她对玛格丽特说:"带上千缘,跟我来。"她俩周围闪过一圈柔和的白光,迅速消失了。

好冷啊!玛格丽特觉得周围的温度突然下降了好几度,迅速睁开眼。这里看起来像是一个后院,脚底是柔软的草地,四周有高大的灌木丛,头顶上的星光稀稀拉拉的,被高大的松树遮挡着,整个环境看起来阴森森的。但奇怪的是,在这样幽暗的环境中,千缘和雏玄雪白的皮毛在这里却闪着纯洁的白光,白的像雪一样,蓝色和明黄色的眼睛也闪烁着光亮,就像美丽的坦桑石,在黑暗之中也无法磨灭。接着除了这两只闪光的动物以外,又有一个地方发出了光芒。玛格丽特顺着光看去,这是一双纯丝的手套,套在鹰的手上,白光映照着鹰的脸,看起来有些惨白,十分沉重。玛格丽特一双金色的大眼睛盯着鹰沉静的黑色眸子,只见鹰朝四周看了看,谨慎地说:"这件事关系重大,如果成功,千缘的原形应该可以恢复。它的身份很特殊,必须在没有外人的情况下进行。""千缘的原形?"玛格丽特好奇地问着鹰,但鹰再也没有回答她。

只见鹰那双戴着手套的手,在胸口前不停地掐着,在白光的映照下显得眼花缭乱。逐渐,鹰掐出的咒法显现出来,在千缘的周围若隐若现,接着动作越来越大,从手指到手臂,最后整个身体都旋转、摆动起来……阵法成型了!淡白色的光罩把千缘笼罩在一个球体中,暗红色和深蓝色的六芒星死死地缠住那个球,雪亮的丝线在光球周围若隐若现,似乎把千缘包裹成了一个茧。鹰

死死地盯着那个茧,等待阵灵的出现。突然,一束光从光茧中冒出来,逐渐散开,在空中形成一个半透明的光球……

十五 北极雪狼

　　光球终于形成了,鹰吐出一口浊气,似乎放下心来,但脸色更加惨白了,接着黑色的大眼睛一闭,像后倒下。玛格丽特正手忙脚乱地准备接住她的时候,雏玄已经展开巨大的翅膀,接住了鹰。它一改往日的笑脸,一本正经地说:"先看看千缘吧,这次解封对她的影响更大。"玛格丽特点了点头,飞奔过去,查看还在光球中的千缘。

　　光球似乎变大了一点,颜色也逐渐透明。光球中的千缘半卧着,耳朵似乎变得更长更大了,四肢不再是小短腿而变得修长而结实,上颚骨更尖了,尾巴也更蓬松,眼睛变得细长而幽蓝,虽然耳尖的紫毛没有变,但它看起来不像是一只猫而更像是一只……狼。天哪,它变成了一只狼,一只雪狼!玛格丽特感到十分震惊,但看起来千缘逞强地打起精神支撑着,她赶忙在光球底下布置一层软如果冻一样的结界,又在一边用实体幻术做了一层洁白如雪的天梯,一步一步地向上走,试图在光球完全消失前接住它。

　　一会儿,白色的光球消散了,化成了一股白色的水雾。千缘从光球中落了下来。它低头看到了玛格丽特,于是用最后一点力量幻化成原来的布偶猫,落在玛格丽特的怀里,彻底昏睡过去。

　　玛格丽特从天梯上走下,挥挥手,结界和天梯都消失了。她抱着昏睡的千缘,瞬移到鹰的身边,正巧,鹰也在雏玄的照料下刚刚醒来。"鹰,千缘它怎么了?"玛格丽特问道。一旁的雏玄又变得傲娇起来,尖叫道:"交友不慎啊!重'宠'轻友啊!"鹰挥了挥手,让雏玄安静下来,支起虚弱的身子,声音轻而沙哑,说道:"千缘它本是一只狼,它和雏玄一样,是妖兽,在谜影森林的冰雪高原地带。但千缘比普通的妖狼还要更特殊。它是北极雪狼,妖兽中的极品,所以它在小时候就被父母封印成布偶猫的样子,避免被捕。但它还是被抓走了,不过不是以狼的身份,而是猫。它能够安居乐业这么长时间,也算是这个封印的作用。"接着鹰轻咳了一声,小脸依然有些苍白,"除了千缘经过解封后可以在布偶猫和北极雪狼两个形象间任意转换外,目前它们的实力是差不多的,但北极雪狼的天赋可能会更强些,但这也需要把握机会和勤奋练习。嗯,明天早上千缘应该会醒过来,解封后的它自我修复能

梦想的翅膀

力会比原来要强很多。"

鹰又看了看周围,说:"现在很晚了,罗希尔教授在周六应该还会留在教师宿舍。这里离你的家挺远的,现在我还不能把你们传送回去,就让维玄把你们送回去吧。"接着,拍了拍维玄的翅膀,让它变得很大,玛格丽特躺在维玄的几片巨大的正羽和柔软的绒羽之间,原地休息。

在回家的路上,尽管有微微的气流从脸颊擦过,很凉,但玛格丽特还是晕乎乎的,努力消化着鹰告诉她的这么多信息。

十六　结束,新的旅程

新的一周又来了,玛格丽特再次回到了校园。早上,刚刚到教室,就带上千缘到了学校会议室。原来,学院准备组织一次谜影森林的历练,每个社团可以推荐三名成员加入这次活动。因为谜影森林是一个妖兽的天堂,所以,瑞贝卡就让拥有妖兽的鹰、猫和T49参加。

鹰的妖兽是维玄,玛格丽特的妖兽是北极雪狼千缘,而T49的妖兽是一只白虎,叫渊冥。青龙白虎朱雀神武是四大神兽,而这只白虎虽然没有神兽的能力,但也是能力强大,彪悍威武的。白虎一对吊眼闪着翠绿色的幽光,背面双向的黑色纵纹把白色的虎毛衬托得更加闪耀,前额的黑纹颇似"王"字,更显得异常威武。当然,平时的渊冥都是缩小到幼虎大小,坐在T49的肩头,虽然小巧,但不失虎的威风。比起千缘的懒散,维玄的活泼诙谐,渊冥的威武应该作为猛兽也算是正常的了。

"咳咳,这次历练的任务是穿越谜影森林,那里大部分是野生妖兽,出行安全由两位导师负责。如果安全出来,在谜影森林所得全归个人所有,学院会给高额的奖学金。历练定于下周二开始,结束时间不限,出口一直会有老师把守,每个人都会有一个通讯石,按上面的按钮就可以通话,捏碎后就可以向导师紧急求助。"会议室的主席位上校长索里兹用苍老但洪亮的声音说道。"还有什么问题吗?"有一位红色头发的家伙战战兢兢地举起了手:"那……那在历练过程中意外死亡了怎么办?""我相信我们应该不会让你在那里死掉的。"这时,有两位老师走了进来,一位就是魔药课老师西瓦,还有一位是瑞贝卡的导师甜瑞拉。

之前提到过,甜瑞拉导师是一位优秀的控火师,也就是炼器、炼药师,天灵地宝自然不可能少,而且战斗力也是学院女老师中数一数二的,下手快准狠,移动迅速敏捷。而西瓦老师人称魔药王子，曾经在玛格丽特前露的一手就已经使人赞叹了。那些杀伤力大、附有强大魔力的药水都在魔药教室的东边的架子上放着，那些全是柳岩老师的库存。可见，索里兹学院的师资力量还是很强大的，自己的生命会因为这个导师团队的存在而安全很多。

会议很快就结束了，玛格丽特、鹰和T49在琐碎时光集合。T49依然像个痞子似的说："两位学妹，你们的人身安全就交给我了！"鹰无视了他，认真地说："谜影森林是个危险的地方，我去过很多次，每次历练都是狼狈离开。这次历练绝对不是儿戏，但有两位导师随行安全性会更高一点。""我会向我父亲要谜影森林的资料。"玛格丽特淡淡地说。"拼爹的时代啊！"T49的声音听起来快要抓狂了，但他还是一副无所谓的样子，抿着嘴笑着。玛格丽特早就熟悉了他这样的性子，彻底无视了他。

下午一回到家，玛格丽特就让父亲把谜影森林的一切讯息都发了过来，不得不说，详细的资料还是很重要的。

玛格丽特躺在大床上，看着一系列资料，喃喃地说："谜影森林，马上就要开始新的路程了……"

完……

夜·怕黑

陈雨阳

一　夜——偷爱的贼

弯弯的月牙倒挂在乌黑寒冷的夜空中,几颗小星星勉强地从黑云中露出脸来,空气中弥漫着浓重的雾,让人有一种喘不过气来的感觉。虽然夜已经很深了,但城市里依然灯火通明,有人在工作,有人在吃饭,有人在休闲娱乐,一切似乎都按照某种计划井然有序地进行。

一个黑影在黑夜里奔跑,在房屋间、在大街上窜动,那就是我。如果你愿意,可以直呼我的名字——怕黑。你也许不认识我,但你一定认识我的同行们,我所做的是当今最时髦的行业,它被称为"偷爱"。简单地说,我就是要偷取他人的爱,无论是对家人的爱,还是对国家的爱,我都偷。

今晚的天气真的是糟透了,我心里在想。我不知道我的奔跑速度有多快,但我知道我的腿很酸,脑子有点累了,却始终没有找到合适的目标。就在我打算放弃搜索时,前方的一片工业区让我重新有了信心。说不定会有什么好东西,我开心地想,便加速冲了过去。

我蹑手蹑脚地穿过一座座乌黑的厂房,绕过一间间亮着明灯的警卫室,终于找到了我所期待的景象:在一座办公楼的六楼有一扇窗户内闪烁着灯光,其他窗户漆黑一片。脚尖触地,脚跟抬起,我静静地,悄悄地,慢慢地向前走去,生怕惊动楼上的人。由于没有开灯,我只好扶着墙一级一级向上爬去,墙摸起来

冰凉凉的,似乎很久没人碰了,令人有些毛骨悚然。

离那束光越来越近,我轻轻地推开门,只见里面横着放了一张书桌,桌前椅子上面坐着一个正在工作的人,有血有肉有思想的人!对于两天没吃饭的我来说,这真是件值得庆祝的事,我悄无声息地走进屋子,里面显得格外冷清,我细声对他的思想说:"不要写了,这工作这么累,还是别干了。"

"不,我要坚持,再苦我也要干,这是我们小组要做的项目,我必须完成!"

"这么累,这什么小组呀,明明是欺负你爱干活嘛。"

"可是……"

"可是什么可是,这烂工作辞了算了。"

"也对。"

我听了这句欣喜若狂,于是我小心翼翼地摘走了他那颗对工作的爱心,但是我可不是纯粹的贼,我还会为被偷者留下一颗希望的种子。这次,我把种子藏在他的思考中。

二 夜——看不见摸不着

冬天,不像人们想象的那样冷冰冰的,我独自一人坐在高大冷清的楼顶,静静地看着黝黑的夜空中的几颗闪烁小星,而那轮似乎要永远倒挂,不愿站正的"暗月",这时却不见了踪影。

又是一阵狂风,它挟着寒冷,带着睡意,吹灭了一束束闪烁的光芒。一场鹅毛大雪正在远方悄悄地酝酿着,准备在不经意间给人们带来一次突然袭击。我正打算在楼顶上美美地睡一觉,却被雪花呛得"泪流满面"。我抹去脸上一条条清水鼻涕,俯视楼下的城市,看着五光十色的灯光和穿梭于街道间的汽车。

"啊——"我打了个哈欠,正要再次入睡,不安分的胃却开始抗议:晚饭没吃饱,我要吃夜宵!"阿欠!"我又打了个结实的喷嚏,一下子缓过神来,心想这该死的胃早不讲,晚不讲,偏偏现在讲,这三更半夜的,要我去哪给你找夜宵呀?我扶着一根暖和和的管子(也许是输热管)爬起来,沿着一圈圈能把人转晕的楼梯向下狂奔。

我深一脚浅一脚地走在30厘米深积雪的路上,看似漫无目的地在城里转圈。大约过了一个钟头,冻成冰棍的我不得不躲进一个小区避避风雪。小区里静得让人发慌,在路灯的照射下,飘落的雪花显得晶莹剔透。"我可不喜欢这个无用而呛人的坏东西。"我轻声嘟囔了一句。突然一个景象,一个能令我的胃欢喜的景象出现在我的眼前:一束明亮的灯光穿过黑暗,发出刺眼的光芒。

作为一个贼,能爬楼翻墙是必需的,我轻松地爬到光束源头。只见房间里面坐着一个酷似"哈利·波特"的小男孩,他在专心地写着什么。我蹑手蹑脚地翻进屋内,悄悄溜到他背后,看见他一笔一画地写着班级日志,时而奋笔疾书、时而蹙眉沉思。我轻声对他的思想说:"夜深人静,唯有你为班级服务,何苦呢?班上其他人都睡了,只有你为了他们而做到现在,快睡吧。"

那男孩静静地坐着,没有任何反应。难道我说的是"快做吧?!",他怎么会没有反应?于是我又说了几句:"这不是你的工作,睡吧,睡吧。"

突然,我感知到他的心中闪过一丝银光,糟了!那是希望的种子!但待我发现则为时已晚,那男孩以迅雷不及掩耳的速度放下手中的笔,转过头来。

不要!不要!不要啊!

"咦?人呢?刚刚明明有个人在我背后呀,怎么现在没了?"男孩疑惑地四下张望——原来我早已跑远。

"哈哈哈!"我狂笑起来,"抓不住我吧?这是我们偷爱贼最神奇的地方——能够在紧急时刻迅速脱身,离开危险之地,哈哈哈哈!"不过此地不宜久留,我在月夜的掩护下,饥肠辘辘地逃离了。

三　夜——寒雪

寒风在呼啸,雪花在飘扬。这风让人颤抖,这雪让人退缩,空气中弥漫着阴冷的气息。一列蓝色的火车飞速驶进站台,站台上的旅客远远地望着它,一个穿着红色羽绒服的小男孩指着火车乐呵呵地说:"火车,是火车!"站台似乎被铜铃般的笑声唤醒,顿时人声鼎沸,有东北腔,有西伯利亚腔,有汉语,有俄语,甚至还能听到英语。

一缕阳光透过云层,雪没停,风没停,人们的笑语似乎把风雪遮盖,火车喘着粗气停靠在站台,站台上的欢笑声戛然而止。火车外壁上满是风雪的划痕,透过薄冰覆盖的窗户,长途跋涉的旅客疲惫的身影在走廊上晃动。太阳爬出云层,逐渐露出"头部",清晨的阳光照耀着战略要地——海参崴,也叫符拉迪沃斯托克。

我轻轻地睁开双眼,想慢慢爬起来,来个"自然醒",不料那讨厌的阳光却趁我不备,直接钻进了我的眼睛。"妈的!"不知为什么,我说出了生平第一句脏话。我

气呼呼地坐了起来,真想冲着太阳破口大骂,可我忍住了,毕竟这是几十天来见到的第一缕阳光啊!

不就是阳光嘛,有什么了不起的,我转念又想。起来吧,反正都已经醒了。我一个翻身站起来,看见对面床上的人还在呼呼大睡,心里的火便又大了起来,真想踢那人一脚。

"算了吧。"我望着窗外自言自语道。

床上躺着一位俄罗斯大汉,名叫弗拉基米尔·维萨里奥诺维奇·普京,和我一样从莫斯科来。

打开卧室的门,一阵刺骨的寒风便乘虚而入,把我冻得连打了几个喷嚏。我紧紧地裹着身上的厚皮衣,快步向酒吧走去。

"бутылка водки。"(来瓶伏特加。)

"Хорошо。"(好的。)

我接过那瓶晶莹透明的液体,用拔子"砰"的一声打开,举起酒瓶对着嘴巴一阵猛灌,不由得说了声:"好酒!"这不是我第一次喝伏特加,因此我对它的烈性已是"心领神会",但这酒实在是让我难忘。

一口,一口,又一口。嘴里都快要喷火了,刚才的寒意全无。我的脸红得像被烈焰烧红的铁块,身子摇来晃去。我隐约看到了卧室敞开的门,便大步走了过去。

"寿得米。"(俄文:черный,译为"黑",我就叫"怕黑",俄罗斯大汉不理解,于是就叫我"黑")。

"好。"

"不喝伏特加多。"他用不流利的中文说道。

"弗拉基米尔,我喝得不多,你看,这瓶才50毫升(实际为500毫升)。"我晃了晃手中的空瓶说道。

"寿得米,你看你这样还是先歇会再说吧。"

"好。"

我一头栽倒在软绵绵的床上,随手把酒瓶扔到地上。

"借酒消愁愁更愁。"不知过了多久一个声音传入了我的耳朵里。

愁啊!美好的理想在莫斯科的雪夜被打碎,完美的猎物如人间蒸发般凭空消失,比赛胜券在握,却在最后关头掉了链子……

"这世界没什么能让你牵挂的。"那声音又响了。

没有!没什么让我牵挂!我的心早已破碎,我的亲友,我的挚爱,我的同学,他们早已弃我而去……

梦想的翅膀

"生活毫无意义,不要再待在这个没有爱的世界了。"深沉的声音再次回荡在我耳畔。

是啊!生活毫无意义,这世界没有——

等等,他(她)说了"爱"。凭着我的职业敏感,我断定他(她)是我的同行——偷爱贼。

我闭上眼睛,默数三声,一睁眼,一个穿着西装的高大男子站在我面前,我上下打量着他。

"我……我不是……不是故意的……不是。"他言语虽然惊慌,表情却依然严肃。

我没有发话。

"既然……既然没事……我就先……先走了。"他假装镇定地转过身,准备离开。

"站住,既然来了,就别走了。"我冷笑道。

"啊——"一声凄惨的哀嚎划过冬日的天空。

我整理好行李走出火车,而"他"却已经去了另一个世界。

我为什么送他"走",这是另一个故事该讲述的,此时我已坐上了前往阿拉斯加的轮船。

四 夜——倒霉的"约瑟夫"号

一层浓重的雾,笼罩着白令海峡,黑夜里几乎看不到任何移动的物体。夜已深,一阵阵阴冷古怪的海风吹过海面,卷起几层海浪向远方冲去。天空一片漆黑,月牙时隐时现,几十颗闪烁的星星高挂在空中。

几圈海浪由近及远,缓缓展开,沉沉夜雾中突然露出一个悬挂着俄罗斯国旗,高高翘起的船头。轮船全速前进着,不一会儿整个船身便全部显现在眼前,几缕黑烟从船的烟囱升起,与灰色的雾形成鲜明的对比。

那便是轮船"约瑟夫"号,它正行驶于从海参崴到安克雷奇的漫长航线上。

突然,轮船剧烈地摇晃起来,只听"轰"的一声巨响,一道火光划过漆黑的夜空,船上变得十分混乱。

我被惊醒了,换上外衣打开舱门,只见门外乱的不可开交。我望着走廊的尽头,那里火光冲天,光线亮得让人睁不开眼睛。几个小朋友从我身边跑过,一脸惊

慌,一边跑一边回头望着那充满火光的尽头。

"救命啊,快救救我!"一个身材魁梧的男子把我撞到了一边,拼命地向楼梯口跑去。他的身后跟着一个看上去只有六七岁的小女孩,跟跟跄跄的从我身边跑过,满脸困意,不断呼喊着:"爸爸,你在哪?等等我呀!"

"轰!"的一声船体再次发生了摇晃,我一不小心随着船的晃动方向摔倒在地。我艰难地从地上爬起来,轻轻抖去身上的灰尘,一瘸一拐地随着人群涌向楼梯。楼梯早已人满为患,被挤得水泄不通。

一个瘦小的身躯出现在我面前,我定睛一看,呀,就是刚刚找爸爸的小女孩,现在她仍没找到爸爸。她忽然回过头来,两只水汪汪的大眼睛向我眨了两下,我出于好奇,便瞪大了眼睛,同样的向她眨了两下。她笑了,轻柔地对我说:"哥哥,你看见我爸爸了吗?"

她的困意已经消散,留下的全是惶恐和惊吓。我的大脑在接下来的几秒钟时间里飞速地思考起来,无数个声音开始汇报想法:

看她多可怜,快帮她找爸爸吧!

都这么乱了,自己逃命要紧!

让她去问其他乘客吧,反正我也帮不了她。

……

最终,只有一句话留在了我的脑海里:她看上去很好。于是我迫不及待地和她的思想交流起来。

"你父亲对你好吗?"

"很好,他每天都和我一起玩,有时还带我去游乐园玩,上次去的时候……"

我还没等她把话说完,就再次发问了:"既然他对你这么好,那他为什么会丢下你独自逃生呢?"

"他没有独自逃生!也许他现在也在找我。"小女孩很坚定。

"如果他在找你,那他应该早就看见你了,可现在距你们冲出舱门已经过去了十几分钟,但仍然没有他的影子。"

"嗯——"

趁她犹豫之机,我已经伸出手去触碰她对父亲的那片爱,不

知为什么,她的爱心并不像其他人一样是红色的,而是浅蓝色的,还环绕着两圈金色的光环。不过我已经来不及想那么多了,就在我即将触及到那片爱心的时候,一声"砰"的巨响将我弹到空中,耳边响起那位小女孩的惊叫和人群的惊呼。

我重重地摔在地上,眼前出现了一个幽蓝色的圣洁灵魂,她轻轻地从我身边经过,时间似乎停止了,她像一缕轻纱,又似一阵微风,渐渐地向远处走去。

我慢慢的晕了过去,朦胧中,似乎看到小女孩和她的父亲紧紧地拥抱在一起。我笑了,不知是在赞扬小女孩的成功,还是在嘲讽我的失败……

一阵刺耳的广播声将我唤醒。

"我是船长,刚才的爆炸是因厨房用火不慎而引发的,目前火势已被控制,请乘客们不必惊慌,有序的返回自己的舱室。重复,我是……"

我双手撑住身后那块软绵绵的东西,在一个白色的地方坐起来,仔细一看,原来自己正身处医务室。一位身穿白大褂的护士向我走来,示意我躺下,我冲她使劲摆了摆手,随即跳下床向自己的舱室奔去。

深夜的星空美极了,如同一幅千尺巨画。海面变得宁静,一切都是那么的美好。

走进舱室我习惯性地向舱外望去,月光下的海面闪烁着点点银光。忽然,一个有着高大轮廓闪着微光的神秘物体进入了我的视野。一种不祥的预感涌到我的心头:是冰山!我赶忙收拾值钱的物品和必备物资。

我背着一个旅行包匆忙跑到甲板上,另有几位乘客也发现了冰山,于是和我一样,匆忙逃到甲板上。我们经过一番商定,决定去船长室通知船长,但当我们匆忙地赶到船长室时却发现里面空空如也——船长不在!

我们商定划一艘救生艇先行离开,并通过应急通讯系统通知美国海岸警卫队,以便能将船上的其他人救走。而我此时只想到一个词:夜宵。

只听"砰"的一声巨响,我们将一艘救生艇放到了海面上,然后划着它向不远处灯火通明的阿拉斯加驶去。

可就当我们将救生艇刚划出去不久,冰山就与"约瑟夫"号相撞了!可怜的"约瑟夫"号被撞成了两截,海水猛烈地灌进船内,哭喊和哀嚎成了最后的声音。

我身旁的一位幸存者望着徐徐沉没的"约瑟夫"号大哭起来,我冷笑着走到他身后。

这天的夜,没有了欢笑,只剩下令人窒息的悲痛……

五 夜——彼岸

"船已经被撞成两截了,你的亲人们一定回不来了,估计再有几分钟,他们就要葬身鱼腹了。"我微笑着对那位乘客说。

"不,这不可能!"他的表情变得开始僵硬,曾经温暖的躯体温度骤然下降,周围的一切都变得那样冰冷。

"不要再辩解了!这不是你的错。"我安慰着他。

他的身体剧烈地颤抖着,好像下一秒就要崩塌了。突然,他转过身子,以迅雷不及掩耳的速度从腰间拔出一只闪着光点的黑色手枪,指着我大声吼道:"别再说了!再说我就要开枪了!"他用枪指了指我的胸膛,忽然两行热泪从他的脸颊流了下来。

过了一会儿,他带着哭腔说道:"我的妻子和刚出生的儿子都在船上,他们是我最宝贵的东西,你知道吗?"

我见情况有了转机,便立即插话:"不要再……"

"住嘴!"

"再想着他……"

"住嘴!"

"他们,他们一定已……"

"住嘴!!!"

事态的变化却出乎我的预料——他居然开枪了,只听"砰"的一声枪响,一颗铜黄色的子弹飞出那黝黑的枪膛,在空气中发出"唑唑"的响声,时间似乎凝固了,一股浓浓的杀气笼罩着小艇。说时迟那时快,这颗子弹旋转着穿透了我的胸膛,形成了一道可怕的贯穿伤,我顿时失去重心,胸口向大脑发出了剧烈的疼痛信号。

还没等第一颗子弹飞远,第二颗子弹就接着来了,在月光的照射下,这颗子弹显得格外醒目。几乎在同样的位置,第二颗子弹又击中了我,怒吼着从我的背后飞出。我一只手捂住伤口,另一只手想竭力保持平衡,可身体仍不自觉地向后倒去。

"嘭嘭"一声巨响我重重地摔进了冰冷的大洋之中。刺骨的寒冷渗进我的体内,再加上我的体内疼痛难忍的伤口,我的身体开始因各种"故障"而陷入昏迷之中:大脑"死机",四肢"供电不足",眼睛"信号不良",神经"线路故障",肌肉"零件损坏"——大脑自动关机了……

寒冷的北风"呼呼"的吹过海面,黑色的浓烟逐渐淡去,只留下正在徐徐下沉的轮船残骸和几艘满载乘客和船员的救生艇,在这之前一条满载希望的"SOS"信号已经从轮船发出。

大约40分钟后，几架涂着红十字的救援直升机赶到了，又过了十分钟，美国海岸警卫队的救生艇也赶来了。

太阳终于升起来了，对于大多数人来说，这不过是个平淡无奇的早晨，但对于"约瑟夫"号上的所有236名乘客和船员来说，这却是一个充满奇迹的早晨。

一名救援人员正在环顾着这片发生沉船事故的海域，忽然，他发现了一个黑点，定睛一看，呀！是个人，他奋不顾身地跳下救生艇，向那个人游去，那个人就是我——怕黑。

大脑自动开机——我微微睁开双眼，"嗡嗡嗡"的声音传入我的耳畔，我在直升机里。"距安克雷奇70千米，重复，距安克雷奇70千米。"从飞行员的对话可以得知，我应该要前往安克雷奇，这架直升机大概是救援直升机。

我用手向后一撑，艰难地爬起来，胸口发出阵阵疼痛，只见伤口上缠满了绷带。我尝试着活动了一下几乎被冻僵的手指，也许是还没有完全恢复的缘故，它们弯曲起来十分吃力。

我翻身坐起来，身旁的护士没有阻止我，只是冲我淡淡一笑："幸亏那颗子弹是从你的身体穿过的，没有对你的体内组织造成太大的破坏，估计过一两天就会痊愈了。"

我冰冷的心在阳光的照射下渐渐变得温暖，望着机窗外蔚蓝色的天空，我也笑了……枪伤在悄悄地快速愈合着——也许这是偷爱贼的另一个特殊技能吧。

大约过了两三个钟头，直升机平稳地降落在泰德·史蒂文斯安克雷奇国际机场。

我走下旋梯，俯下身，亲了一口脚下黄色的泥土，随后背起包，消失在人群之中。

六 夜——白风

寒风在呼啸，冰雪在怒吼。白茫茫，还是白茫茫，一切都是白茫茫的。玻璃窗上早已封上了一层冰，凉咻咻的，没人碰它。一个蓝白色的金属物体从厚厚的云层中钻了出来，"哦，是架直升机。"没事可干的人瞄了一眼便讪讪走开了。

太冷了，风越刮越大，有好几次直升机晃晃悠悠的差点被狂风掀翻。直升机终于抓住风变小的间隙勉强降落到跑道边，降落时本该发出"哐当"巨响的着地声被

夜·怕黑

寒风"呼呼"的咆哮声所掩盖。直升机缓缓放下舷梯，一个人突然跑下来，好像蹲在地上，没一会又站起来，与此同时，几层白雪突然覆盖住窗户，又突然滑落，随着白雪的跌落，刚刚走下来的人也突然消失在人们的视线外。

我冷得要命，好像下一秒就会变成冰雕……"哇，上帝呀，幸亏多带了几件外套。"我暗自窃喜。又是一阵阵急促的风声从我耳边划过，我情不自禁地打了几个哆嗦，我赶紧抱紧衣服，大步流星向候机楼走去。

"站住！"一个威严的声音喝住我。

我吓了一跳，转身定睛一看，一个黑人警察站在离我不远的跑道上，正用紧张的目光扫视着我。

"你在这干吗？"

我被他吓得几乎跳起来，身上的寒冷也被吓到九霄云外去了。

他从腰间拔出一支左轮手枪，一步步向我逼近："你是不是恐怖分子，想炸飞机？趴在地上别动！"

快跑！我心中只有一个念头。

豁出去了，我拼尽全力向不远处的候机楼狂奔，突然难题横在逃跑的道路上——安检。虽然安检排队的乘客很少，但整个流程十分复杂。怎么办？

安检机旁的那个白人警察闷闷不乐地盯着电脑屏幕，活像个木头人。机会来了，我急不可耐地冲着他的思想说道："不高兴吗？"

"非常绝望！"那人愤怒地吼道。

"怎么啦？"我轻声地把下一句话送进他的耳朵。

"明天我就要失业了！"愤怒的一瞬间变成了失落，接着传来号啕大哭声。

不费吹灰之力，我就让他把对职业的热爱之心拱手送给我。还没等我高兴过来，身后的警察"嗒嗒"的皮鞋声由远及近的传来，不好，他们追上来了。

我赶忙跑去办理登机手续，赶在警察到来之前逃进了登机口。

走进机舱前，我的目光得意地穿过候机楼的玻璃，寻找那位黑人警察——他现在还在人群中漫无目标地转悠呢。

踏着红色的绒地毯，迈着轻快的步伐，坐上舒适的座椅，透过窗户，阳光轻柔地拂照着大地，拂照在我的脸上……洋洋洒洒的风雪居然停了，一切都是那么雪白，一切都是那么安静。

争吵声把我拉回到现实中，邻座的两个人为了摆放物品的事儿和空姐发生了争执：一个人背着黑色的硬箱子，约有半人高，估计是萨克斯之类的乐器，另一个人拎着一个一人长的硬布袋，估摸着是大提琴之类的乐器。我实在是有点困，没多想便闭上眼睛沉沉地睡着了。

天是那么黑，月是那么暗，风是那么冷，我颤抖着走在清冷的马路上，一个黑影似有似无地在我身后窜来窜去。

"谁？谁?!"我警觉地回头喊了几声，没人理我。

我又向前走了几步，后背变得更加阴冷，猛一回头，一个无面人出现在我身后不到一米的地方，他奸笑几声，随后伸出巨爪，把我撕碎吞没……

"啊，天哪！"我被吓醒，稳住心绪，转头看看机舱外，天空还是那么碧蓝，好像一块泛着光泽的丝绒，平滑地铺向目光尽头。

忽然一个恐怖分子举起手枪高呼："现在飞机被我们劫持了，都坐下不要动。"

风吹过、光照过、雷达扫过，飞机却在屏幕上消失了。

七 夜——挣扎

一股股寒冷的气流由北方向南方飘去，天空一片白茫茫，许多人的心里也是一片白茫茫，就和刚刚停止的风雪一样冰冷而混沌。聚集在温哥华国际机场的人们，正在忍受一个又一个残酷的消息，泪早已流尽，悲痛却永无止境。

一位身材高大，脸型酷似林肯的男人，身穿洗得都快褪色的工作服，匆忙地走进机场大厅。脚步声越来越近，心也越来越紧绷，有人开始默默祈祷，有人则急切地向这位快步而来的男士走去。他是机场应急事务处理人员，他的每一个动作，每一丝表情，每一次忙碌，都牵动着所有人的心。今天，他的表情僵硬，心情如同他的脚步一样沉重，一丝不易察觉的哀伤隐隐地写在他的嘴角。

"根据已知状况推断，执行本次飞行任务的加拿大航空公司波音787客机被劫持，劫机动机、劫机人数和机舱情况目前尚不清楚。"他一字一顿面无表情地宣布。

话音刚落，焦急等待的人群顿时炸开了锅：几位乘客家属痛苦地捂着脸，失声痛哭；还有几位家属双腿发软，瘫倒在地上……

"呼"的一声，飞机穿过云层，机舱内弥漫着惊恐和焦虑的气氛。

坐在我身旁的恐怖分子不分青红皂白地抓住我的衣领，恶狠狠地将我从座椅上拖起来，接着顺势将我拉到身前，一只手勒住我的脖子，另一只手拿着冰冷的手枪，黑洞洞的枪口狠狠地抵住我的头——我成人质了。

"所有人都老老实实地待在自己的座位上别动，谁敢动我就一枪崩了他。"恐

怖分子用枪托恶狠狠地敲了敲我的头,"现在,飞机是我们的了。"

不知道是因为激动还是因为害怕,这个恐怖分子的声音有些颤抖,力气也格外的大,我渐渐地透不过气来,脸感觉越来越涨,下身几乎没有知觉。好在他慢慢放松下来,我的小命终于从阎罗殿门前转回来了。

喘过气来的我终于可以仔细观察机舱里每一名乘客——他们不约而同地露出惊恐的表情,身体微微颤抖,目光中透出深深的绝望。不过,那些目光中似乎又有着一丝希望。

希望我能打倒恐怖分子吗?想得真美,我才没有那么傻呢,这么好的机会,不用来多吃点美味的爱那多么浪费呀。

一个长着蓝色的大眼睛,身穿褐色毛衣的小男孩引起了我的注意。

"害怕吗?"我问这个小男孩的思想。

小男孩不知所措,断断续续地说:"怕,我……真的好……怕,那……个穿黑……衣的叔……叔……好可……怕。"

"悄悄告诉你,那个叔叔是吃人的怪兽。"

小男孩天真地问:"那奥特曼呢?"

"他不在。"我暗自窃笑,心想:这小男孩怎么就这么好骗呢?

"那我是不是死定了。"

我得到了满意的答案,骗局成功,"是的。"我用阴森森的语气告诉他。

小男孩对生命的热爱被我骗走,我得意地欣赏着手中那片红色的战利品,脸上露出兴奋地微笑。

"笑什么笑?都死到临头还那么高兴。"一个恐怖分子重重地踹了我一脚。他拖着我继续向驾驶舱走去,他的伙伴——另一个恐怖分子,则跟在他后面,边后退,边开枪,把几个企图站起来反抗的乘客一一打伤。

当我们走到头等舱,一位身穿西装的男子突然站起来和后面的恐怖分子厮打起来,邻座的乘客呆呆地望着这突然发生的一幕,却没有人出手相助,好像这件事和他们毫无关系似的。我刚打算乘乱逃跑,却发现身边的一位胖妇人正在惊慌失措地东张西望,害怕与担忧之余,似乎还有一丝不舍。

这真是个绝好的良机,我怎么可能轻易放弃呢。我毫不犹豫地冲着她的思想问道:"有什么不舍的,这世间难道还有什么比生命更让你牵挂的吗?"

"我在温哥华还有一家地产公司,最近刚卖出几套公寓,但买房的钱还没有打到我的账上。"

"都要死了还关心钱?"

"要是没钱,死了连墓碑都没人帮你立!"

"可再豪华的葬礼,你死后也看不到呀!这不等于白花钱吗?不如把这些钱投入公益事业,至少还能讨个好名声。"

"嗯——好像是这样哦。"

神不知鬼不觉的,她对金钱的热爱被我吞进肚子里。

"小子,还蛮老实的嘛。"恐怖分子粗糙的手拍拍我的肩膀说道。一股臭不可闻的烟草味扑向我的脸,在我的鼻腔中弥漫开来。转头一看,刚刚和另一个恐怖分子厮打的男士已经倒在血泊中,两个弹孔——一个在心脏、一个在头颅,汩汩地冒着鲜血,一直流到我的脚边。我不禁打了个寒战。

"砰!砰!"两声枪响后,驾驶室的门很快被撞开,恐怖分子把我拽进了驾驶室。

"改变航向,目的地多伦多。"恐怖分子冲着驾驶舱大吼,"关闭所有通讯系统,包括 SOS 警报。"

"这不可能,光靠目前的油量根本飞不到多伦多!"副机长转头对劫机客说,"我们可不可以改飞……"

"砰!"

又是一声枪响,副机长话音未落,便瘫倒在了座椅上。

"其他人还有意见吗?"

机长和副驾驶都沉默了……

我被按坐在副驾驶的座位上,望着眼前五颜六色的按键和窗外灰蒙蒙的天空,心里立即掠过一丝烦闷。恐怖分子站在我身后,再次用枪顶着我的后脑勺,威胁机长把飞机转向多伦多方向。

不知过了多久,一个镇静的声音穿过我的耳膜钻进我的脑海:"快把我的爱偷走吧。"

莫非这里还有一个偷爱贼?"不可能。"这个想法立刻被我否定。

"您是?"我冲着那声音问道。

"机长。"镇静的声音再次传来。

"您确定要我偷走您的爱?"我反问道。

"是的。"机长肯定的回答。

"那我来了。"我贪婪地取走那片红色的爱心,心中暗喜:真是天上掉馅饼呀,我怕黑什么时候遇到过这么好的事啊?!哈哈哈……

忽然,飞机剧烈地摇晃起来,旋转着向地面撞去。这是怎么回事?我连忙掏出

那片刚被我偷走的爱心。"天啊!"我发出一声惊呼,那是对生命的热爱。

霎时火光冲天,五大湖畔的冰雪显得更加寒冷,呼喊声和哭泣声再未停止。

八 夜——面目

狂风不再咆哮,冰雪不再肆虐。警车、救护车、家用轿车、客机、运输机、直升机……人们呼喊着、哀号着。没有什么声音能盖过人们的哀嚎,没有什么力量能超过人们的挽歌,那是世间最悲怆的旋律,那是世间最呦情的哀歌。人们在叫喊着,像一股洪流;人们在哭泣着,似一阵旋风,风雪似乎也为这悲凉的场面所打动,因此戛然而止。

乘客家属、媒体记者、空难专家、CIA探员……他们围在失事现场,眼前的景象让他们目瞪口呆——庞大的机身断为三截:机头直插湖中,机身从中间断开分为两段"无力"地躺在岸上,外壳被高温烧得面目全非。

风雪又一次降临,更加猛烈、更加迅速,焦黑和雪白融为一体,冰寒不再只停留于身体。

我被一股巨大的力量抛出驾驶舱,从碎裂的挡风玻璃中飞出,旋转着从6000英尺高空急速向地表坠去,冰冷的北风钻进我的大衣,我一边蜷缩着正瑟瑟发抖的弱小身躯、一边大口大口地吸取稀薄的氧气,大脑昏昏沉沉、四肢麻木、肌肉发软、肚子里翻江倒海、四肢不听使唤——糟糕!休克的前兆。

"嘣!"的一声,后背被一块坚硬的物体重击了一下,随后刺骨的寒冷瞬间浸透全身每一个细胞。

"不!不!不!"我对自己大喊。可无论我如何挣扎,身体仍在迅速下沉。

仅有的意识逐渐模糊,但机长镇定的声音却越来越清晰,在脑海中不断放大、回响。

这声音为什么这么耳熟,是幻觉吗?一段段支离破碎的回忆和着声音在心底浮起、交织,越来越完整。

那是18年前的一个晚上,大火烧毁了我的家——父亲失踪、母亲重伤。我裹着单薄的衣物,犹如一只丧家之犬在灯火昏暗的胡同里游荡,无处可去。忽然,一个身材高大,一头乱发的男子从胡同尽头的角落拐出来,将我撞倒在地。"谁呀?"我冲着那人大吼。

他站住了,原先低着的头慢慢抬起,刚刚的愤怒瞬间转化为疑惑,最后变为无穷的恐惧。

他默默地转过身,嘴里含着一根白棒子——棒棒糖,莫非我遇上街头无赖呢?他没有说话,只是又从口袋中拿出一根黑棒子的棒棒糖,上前一步递给我。我疑惑地看看他,又望望棒棒糖,本能地冒出三个字:"你是谁?"

"警察。"他镇静地说。

一个从没有过的冰冷念头随着他镇静的声音穿透耳膜,钻进脑海,"亲人毫无意义,你不过是他们争夺财产的筹码罢了,快从他们邪恶的魔爪和罪恶的心灵中逃出来吧!"他在我的身体中慷慨激昂地高呼。

六岁的我还不懂得什么是爱,便乐呵呵地听信了他的话,兴高采烈的拿着棒棒糖走了。

后来,我才知道,他是著名的偷爱贼,每隔5年会在8岁以下的儿童中挑选一个最有天赋的孩子作为自己的徒弟。他通常会先偷走候选者最重要的爱,并把希望的种子种在自己身上,之后选择最优者,让他吃下黑棒子的棒棒糖,使他的胃变异,唯有吃爱才能维持生命。

那是7年前的一个清晨,我这个幸运女神的宠儿离开了他,走上了自己的路。我的第一站是尼泊尔。雪山连绵起伏,蓝天映着白云,高山衬着湖泊,佛塔边喃喃的诵经声,虔诚的祷告声,沉重的撞击声在我耳畔萦绕、升腾,那不再是人间的声音、那不再是世俗的力量,那是令人肃然起敬的心灵震撼!

不!这不是真实的尼泊尔!我不断地冲着自己大吼。破旧、落后、阴沉、绝望、失败——这才是真的尼泊尔。

财富和生命是那么的渺小,信仰和敬畏是那么的崇高,生活无需享受、财富无需挥霍、生命不再浪费。

我瘫倒在一棵菩提树下,"佛祖啊!救救我这个可怜的人吧!"我仰望郁郁葱葱的树冠祷告着,一阵眩晕,我便昏了过去。

不知道过了多久,耳边隐隐约约听到一阵急促的脚步声。对!多么熟悉的脚步声呀,我渐渐地恢复了意识,猛地睁开眼,抬头望去,一个头戴鸭舌帽,身披貂皮大衣的高大男子向我走过来,我嘀咕道:"真是个怪人,现在的气温至少24摄氏度,用得着裹成这样吗?"

"站住!"我上下打量着这名男子,警惕地问:"你是谁?"

"医生。"他镇静地说。

还没有等我反应过来,他已经掏出一片蓝色的爱——最圣洁的爱——递给我,我看着面无表情的他,欣喜若狂地把爱心吞下。

当我再一次抬起头,准备感谢他时,他却早已无影无踪。
......

冰冷的海水猛得灌入我的鼻腔,冻僵的身体像子弹一样直直地向湖底冲去,眼皮越来越重,大脑越来越慢,一切就这样结束吧......

九 夜——墙

"VOA News······"

"······中央电视台记者现场报道"

"This is BBC news······"

"CNN News······"

记者,这群永远冲在各种大事件最前面的先锋们,不到一个小时就将坠机地点围得水泄不通。他们想把最新的救援情况第一时间传向全世界,让人们拥有希望。然而,糟糕的天气却让救援形势急转直下。

太阳终于落下,只留下无情的雪花还在飘荡,惨白的天空中飘洒着无数令人打颤的透明晶体,场面格外凄凉。

湖面上似乎有什么骚动,一个穿黑色风衣、戴着墨镜的男子出现在湖边,他拼尽全部气力才逃出湖水的魔爪,爬上岸边,冰冷的水滴"嗒嗒"地滴在草地上,小草不情愿地把头摇来摇去,似乎想甩掉身上的水珠。他四下张望——没人发现,便立刻窜进一片树丛,将一个小匣子轻轻地扔到草地上,拎起藏在树下的黑色皮质提包快步离开,一边走一边喃喃自语:"对你的考验才刚刚开始。"

小匣子上的LED灯闪动红光,一条绝密信号穿过寒冷的空气传向遥远的美国弗吉尼亚州,最高指令:缉捕无国籍乘客怕黑,并将其押送至芝加哥分部。

我失去知觉,意识在消散、温暖在远去、寒冷在逼近,我温顺地闭上眼睛,等待死神的拥抱......

不知过了多久,一只宽大、光滑、充满温暖的手轻轻地拍了拍我的脖子,一股酥麻的感觉传遍全身。死神吗?如果是,请把我带走吧!朦胧中,一张黑脸正凝视着我,似乎要表达什么,却欲言又止,多么熟悉的面庞呀,他是......

又是一阵眩晕,眼前天旋地转,身体依然像被灌满铅水似的动弹不得。又是一股巨大的力量向我冲来,把我推向一片充满幽蓝光芒的地方。那是天堂吗?

......

梦想的翅膀

奇迹总是在绝境中发生。

"嗡"的一声巨响,清新的空气猛的灌入鼻腔,悦耳的鸟鸣卷入耳道。手边的水花格外清澈,一艘蓝白相间的快艇拉着警笛向我驶来,这场景和白令海峡上发生的那一幕格外相像。

我被一只大网捞起,抬上担架,送上救护车,向医院疾驰而去。我身边有一名一起被救起的伤员浑身上下缠满白色的绷带,护士的安慰似乎也不能减轻他的痛苦,低沉的呻吟逐渐变成大声的叫喊。

我自然不会放弃这个绝好的机会:"老兄,是不是很痛呀?"

"废话!又是冻伤又是划伤,能不痛吗?"他的火气很大。

"既然身体都伤成这样了,还要它有什么用呢?"我小心翼翼地问道,"别误会,我是说你的身体受伤后还能做什么呢?"

"哦,我想,我想等我伤好后还可以游泳、打球、冲浪、蹦极……"他的语气渐渐缓和,这正是我的可乘之机。我接着说:"可是万一,当然只是万一,你的残疾无法治愈,那你的后半生不就全完了?"

"没关系,没有健全的身体我仍然可以做很多有意义的事情。"他的言语中满含微笑和期待。

他的乐观和坚持让我敬佩。可惜,他遇见了世界上第一流的偷爱大师,我不失时机地说:"那么就是说即使没有健全的身体你仍然可以做许多有意义的事情,不是吗?"

他似乎忘记疼痛,不再呻吟,陷入短暂的沉思,寻思了一会儿,答道:"的确,对我来说,健全的身体确实没什么用。"

我费尽心思终于把他对身体的喜爱拿下,心中涌出一阵狂喜。

"嘎……"的一声,突如其来的急刹车把我拉回现实:前面发生什么事了,我现在可是动弹不得,万一…… 我正打算抬头张望,救护车的门忽然被拉开,三个头戴黑色袜套,身穿黑色西装,脚蹬意大利黑皮鞋的男人跳入车厢。我心里暗自乐了起来,这伙打劫的强盗真文雅,还穿西服!很快,嘲笑变成紧张,接着又变成担忧,最后变成恐慌——我被绑架了!

三个可恶的黑衣人一把把我拉起来,五花大绑,我被拇指粗的麻绳勒得透不过气来。

"快把我放下,你们已经严重违反了加拿大法律!不想吃官司就快松手,不然别怪我不客气!"我使劲摇晃着胳膊,希望能挣脱绳子的束缚,却带来更尖锐的酸痛,两条绛红色微微隆起的划痕一点一点地延长,每延长一厘米,钻心的疼痛就加

夜·怕黑

深一分。与许多好莱坞大片里的场景一样——白色毛巾塞住嘴巴,黑色眼罩蒙住眼睛,被不明身份的人押上不明来历的交通工具,主人公被注射安眠药后被送往不知名的地点。我的身体渐渐不受控制地瘫在地上,眼前一片漆黑,耳朵被"嗡嗡"的引擎声淹没。

身体冰凉凉的,手指冰凉凉的,空气冰凉凉的,触碰到的物体也是冰凉凉的。这是哪儿?我猛地坐起来,目光环顾四周,空荡荡的房间,高高的天花板上悬着一盏老式的白炽灯,忽明忽暗。你如果冲它怒吼,它一定会用黑暗来惩罚你。

我试着用手敲打四周的金属墙壁,希望能得到回应。"嗒嗒……嗒……嗒嗒……嗒……"不知敲了多久,周围还是空空如也。我着急了,打算再次敲击,可红肿的手指却强行命令我停下。我不得不停止这徒劳的行动,坐下静静思考如何与外界沟通?突然,一个奇怪的想法冒上心头:让思想飞出去。

我盘腿坐下、调整呼吸、收拢心绪,眼观鼻、鼻观心,心静了周围也一片安静。身体慢慢变轻变得透明,一片透明的圆片从心中轻轻飘出,穿过墙壁、流过寒风,钻进另一个密不透风的黑匣子。匣子里也是空荡荡的,与房间不同的是没有灯,黝黑黝黑的。圆片静静地悬浮在匣子中,感受着空间的存在。慢慢地,呼吸声,微弱的呼吸声渐渐传来;静静地,目光,一双白色的眸子在黑暗中忽隐忽现。

我不想浪费任何一个可以偷爱的机会,便冲着眼前的黑暗说道:"孤独吗?寂寞吗?"

黑暗中传来一串小声的咕噜声:"又来了,他们有完没完啊?"接着,我得到一个尴尬的答案:"嗯"。

"想出去看看外面的世界吗?"我换了一种问法,继续与黑暗的谈话。

"嗯。"又是很尴尬的回答。

我有些不耐烦了,说道:"你一定很想见你的家人,不是吗?"

"你们这群CIA烦不烦呢?"黑暗中传来愤怒的咆哮。什么?CIA?我怎么会被CIA抓起来?黑暗中的声音开始喋喋不休地发泄不满和怒火:"你们这群无耻的恶棍!叛徒!马铃薯害虫!强盗……"

"我不是CIA的人,我和你一样是被冤枉的。"我解释道。

"这么说来你也是被强行抓进来的?"那声音将信将疑地问道。

我"悲伤"地望着那片黑暗,添油加醋地说道:"是啊!我被抓进来前就听说,这个地方有去无回。"我假装神秘地停顿一下,压低声音接着说:"据说,CIA只要发现你没有利用价值,就会将你枪毙,而且死无葬身之地!"

"真的吗?"黑暗中,白色的眸子渐渐清晰,透出惊恐的眼神,担忧和不舍在眼神传递中渐次浮现。

我立即顺水推舟："是啊！"

"啊！"一声从心底升起的哀号，接着黑暗中隐约传来"咚"的一声倒地声，红色、红色，淡淡的红色在黑暗中徐徐升起——红色的爱心、那是对自由的热爱！

突然，透明的圆片开始颤抖，怎么呢？我的身体急切地呼唤飞出的思想，快回来，快回来！

十　夜——冰山一角

天空阴沉沉的，冰冷的阳光懒懒地洒在大地上，刺骨的狂风呼呼咆哮，路人低着头，紧紧裹着大衣，匆匆行走在街道上。林立的大厦如同一座座巨大的山峰，交叠的阴影把城市笼罩在漫无边际的灰暗中。

死气沉沉的柏油马路上远远传来一阵"隆隆"的引擎声，一辆黑色的路虎越野车从遥远的"天际"驶来。车在一栋灰色的大楼前停下，两扇厚重的车门被缓缓推开。三位手持卷宗袋，身披黑色风衣的男人跨下车门。他们迈着沉稳的步伐，昂首挺胸地走进大楼。

我的思想在空中飞跃，在气流中穿梭，以最快的速度回应身体的召唤。身体在不停地颤抖，头脑昏热，周围依旧冰冷冷的，好像冰封了一个世纪似的，眼前依旧黑漆漆的，好似时间已经凝固。

一段又一段镇静的声波进入大脑，一幅又一幅清晰的画面闪过眼前：周围死一般地寂静，面前的密封门高大而严肃，透明的圆片带着我，好像阵阵暖风轻轻吹拂，我迈着轻快的步伐，面无表情地推门而入，透明的圆片变成一轮明月，冷冷地洒在铁架上那一排排泛黄的文件。

"D503 甲 67a94"，我从口袋中掏出一张搓得皱巴巴的便条小声读着上面的文字。接着，我快步走向铁架，一边默念便条上的内容，一边低头仔细寻找。

我期待却又充满疑惑地拿起那只文件袋，文件袋上印着两个朱砂大字：绝密。没错，就是它！我兴奋的打开文件袋，抽出几叠厚厚的文件。

第一张纸上印着英文字母"S"，表示这是最高机密，第二页纸上贴着一张微微泛黄的黑白照片，照片下面注明：亚伯拉罕·罗斯福，生于 1946 年，1963 年成为一名职业偷爱贼，时值美越战争时期，曾窃取多名军中高层人士对国家的热爱之情，后曾学习多项"超自然"技能，包括……

我的思维突然被拉回现实,和我的身体一起,静静地等待……

头顶的灯光不知道什么时候已经熄灭,黑暗正向我袭来。忽然,一声巨响打破宁静,地面被打开一个缺口,一束微弱的亮光投射进来,两个黑影悄无声息地从地下冒出来,在微光的映照下显得格外狰狞。黑影向我走来,阴森、冰冷、令人窒息。

我惊恐地盯着他们,心脏在胸膛中"砰砰"作响。他们是谁?CIA探员吗?难道他们是来杀我的吗?莫非今天就是我的末日……一连串的疑问好像一排炸弹,猛烈地撞击着我的心脏。

"咚咚"的脚步声越来越近,我的心也悬到嗓子眼。他们想对我做什么?会不会是可怕的科学实验?一个个被刑具折磨的血肉模糊的犯人的样子浮现在我眼前,我不由自主地打了个寒战。

突然,两只沉重而有力的大手将我一把揪起,恶狠狠地向门外拖去,也许是因为扯得太紧的缘故,我渐渐地感到呼吸不畅。"快……快放……放手!"我无助地挥舞四肢,不断用手拍打那两个穿黑色皮衣的男子。渐渐地,拍打变成比划,脑袋像被打了气似的膨胀起来,一股晕乎乎的感觉传遍全身,令人担忧的麻木随之而来。

视线变得越来越模糊,眼前的物体渐渐没有形状,只剩下恍恍惚惚的轮廓,黑暗终于在一阵疼痛中消失,夹杂着橙黄的血红色光影没天没地地笼罩着我。我心里默默猜想,该是傍晚时分了,我有多久没有见过血红色的晚霞啦!

寂静的黑夜又一次悄悄地降临,我被带进神秘的灰色大楼,楼里的场景与楼外好像两个世界:大楼内灯火通明,身穿工作服的职员在玻璃隔断的房间里快速地穿梭。我被关在一间四壁透明的房间里,眼睛一旦适应强烈的光亮后,我就开始四处搜索。突然,一位衣着杂乱,表情沮丧的年轻人吸引了我的目光。"哦哇"我暗自欢庆,这是偷爱的大好时机!

我习惯性地问道:"你是谁?"

"05643754C7312H98号雇员。"他头也没抬,声音平静,那串数字好像一串珍珠"噼里啪啦"的从他嘴里蹦出来。

"你从哪所学校毕业?"在通向目标的中途,突然来了个转移话题,是我惯用的伎俩。这样可以很好地绕过别人的警惕。

"普林斯顿大学,"他顿了顿接着补充,"数学系。"

我开始将话锋转向他的"要害":"这里的工作是不是很繁重?"

一句本该充满抱怨的回答却被他说得平淡无奇:"是呀!前几天局里还让我们通宵调查中国的那个外星人复活事件,最后什么奖励也没有。"

我显得有些尴尬,只好应声附和:"什么烂工作!只会浪费生命!"

"就是,这工作我早就不想要了!"

出乎意料,他竟然在平淡的语气中把对工作的喜爱送给我!

……

"你好。"一个声音把我带回现实。环顾四周,小伙子已经不见了踪影,透明的房间里散发出湖蓝色光芒。不知什么时候,一位身穿蓝条纹衬衫,灰色运动裤的男子坐在我的对面,他的表情十分轻松,嘴角还流露出一泯微笑。

"你叫怕黑,生年不详、国籍不详、年龄不详、工作不详、固定资产不详……"对面的男子捧起一本文件不紧不慢地读起来,不过我可没有时间听他唠叨,我决定直接与他的思想对话。

"你在干什么?"我以居高临下的口吻问道。

他以极其普通不带一丝感情的口气答道:"审讯疑犯。"

"你每天工作多久?"我小心翼翼地追问,生怕露出什么破绽。

"24小时。"他回答得极其平静。

我被震撼了:"你为什么要这样工作?"

"我誓死效忠于我的国家,为她奉献至死。"他的语气神圣而庄严。

一道强光在我眼前闪过,我被那股神圣的力量推回到现实。对面的男子依旧平静,继续缓缓地读着这文件上的记载:"怕黑曾去过包括阿富汗、伊拉克、车臣等危险的国家或地区……"

他的声音突然停止,我吓了一跳:怎么回事?我什么都没干,到底出了什么事?我一抬头,发现对面的男子已经瘫倒在座椅上。

夜——沉寂。

夕阳无力地落下,阴森森的黑夜悄然而来,陪伴它的是一轮不愿倾听自己柔和光芒的月亮。狂风卷着砂砾在冬日里呼啸而过,这势头像雄狮,这劲力似猛虎,它以迅雷不及掩耳之势向城市涌来。

街上看不到车,也见不到什么人,只有一个头戴灰色安全帽,穿着短袖T恤的黑影在奔跑。如果单看他奔跑的方向根本无法判断他的目的地,他一会儿向南,一会向北,一会向左转,一会儿向右走。每当他走过一条街道,那条街附近的房屋便立即变得死气沉沉,突然一道刺眼的强光闪过,还没等人看清楚,他便消失在无尽的黑暗中,一切似乎又恢复了平静。

我惊恐地望着眼前这位瘫倒在座位上的CIA探员,他的心中飘出一片金黄色的爱——这是他最崇高的爱,对祖国的热爱。幽蓝色的光芒在这金黄的爱的映照

下显得黯然失色,我的心中充满了疑惑与惊叹:这是谁干的?竟然取出了对祖国的热爱!难道这次又是"他"?

一段回忆被拉入我的脑海。

泛黄的纸片显得格外脆弱,好像只要再碰一下,便会四分五裂。我的手在纸片上飞快地滑动,一段记载映入我的眼球。1968年2月,亚伯拉罕·罗斯福以战地记者的身份参加美越战争的"苏格兰行动"(溪山战役),多次偷取南越部队里中高级军官对祖国的热爱,使其战斗力下降,成为围攻失利的重要原因。战后,他来到美国曼哈顿,参与"人类爱心盗取工程"的建设,与约翰、加里等偷爱贼结为好友。

黄沙随着热风一起从窗外吹来,一阵杂乱的脚步声由远处传来,我来不及多想,便恋恋不舍地放下手中的文件,跑到书架后面,蹲下躲了起来。

我被一股力量又推回到现实,金黄的爱已经消失得无影无踪,一个熟悉的黑影出现在我面前。

"你是谁?"我不知所措地问道。

他依旧镇定地答道:"棒球队队员。"

听到这个回答,我变得更加不知所措,阵阵担忧涌上心头:"你来干什么?"

他瞪了我一眼,随后平静地说道:"来捡一只不小心被我打出去的棒球。"

我疑惑地看着他,仔细端详着他的一举一动,他也用冷峻的目光盯着我,似乎要说什么,欲言又止。我们对视了许久,他终于又开口了:"不过在捡棒球的时候不要掉进水沟里,不然可能会爬不上来。"他冲着我微微一笑,然后拉着我的手一把将我拽起,神秘地说:"准备好了吗?"

"准备干什么?"我完全被搞糊涂了,"是回'黑匣子'吗?"

"不,我们去洛杉矶。"

耳边忽然听到"嘭"的一声巨响,我的双脚居然脱离地面,向高处飞去——我飞起来了,而且越飞越高,越飞越快,我紧张地抓住"他"的手臂,暗自叫苦:万一我摔下去不就粉身碎骨了吗?他飞的速度这么快,要是撞上什么东西,那我必死无疑……

眼前的光斑不断展开,耳畔静得出奇,一切都被笼罩在朦胧的月光下,白云在无尽的黑夜中显得死寂,在狂躁的冷风中变得渺小。

不知什么时候,风渐渐小了,我也渐渐落地。脚下是坚硬的土地,身边是刺骨的寒冷,唯有手边是让人舒服的温暖。一道耀眼的蓝光在我眼前闪过,一片麻木传遍全身,我跟跟跄跄地摔倒在地。这是怎么回事?是谁?他想做什么?还没等我反应过来,"他"就消失在宁静的夜幕中。

梦想的翅膀

我挣扎着从冰冷的地面上爬起来,眼前的景象令我目瞪口呆,高楼林立的城市中灯火通明,五彩斑斓的灯光让人目不暇接,我来到了美国第二大城市——洛杉矶。

我静静地走在街道上,两边是五光十色的大厦,好不热闹!我兴奋地望着一栋栋千姿百态的高楼,望着喧闹的街道……多么迷人的景色,多么令人向往的生活。这样的景象唯有东京可以与之媲美……

就在我依然陶醉于绚丽的灯火时,一股强大的冲力猛地撞击着我的胸膛。"谁呀?"我愤怒地吼道。

一个头发蓬乱,衣衫褴褛的中年人惊慌地站住了,他用颤抖的声音,结结巴巴地说道:"没……没事吧,没……没事我……我就……就走了。"说完,他便低着头快步离开了。

凭着经验,我断定这个人一定是遇到了什么大麻烦,这可是偷爱的好机会。想到这,我便立即冲他大喝一声:"站住!"

一听到这句话,他不禁打了个寒战。随后,他冲我喊了一声:"没钱还债了!"就撒开双腿,向小巷跑去。

我赶紧追上,一边跑,一边与他的思想对话:"为什么要跑呢?"

他紧张地答道:"债主来了!"

"你欠了多少钱?"看着他担忧的样子,我好奇地问。

"2.3亿美元(约合人民币14.49亿元)。"

当这个天文数字传到我耳畔时,我也惊呆了:"你怎么会欠这么多钱?"

"投资失败,创业受挫。"他悲伤地说道。

我开始火上浇油:"这怎么还得完啊?"

"唉,是啊!"他有气无力地答道。

"每天都要被人到处追债,生活毫无乐趣,没有意义!"我一"刀"刺向他的心脏。

"是。"他话音未落便扑倒在地面上——他对生活的热爱已被我取走。我抚摸着这片赤红的爱,欣赏着它发出的淡红色的光芒。

十一 夜——追逐

清晨,阳光不情愿地将自己的光芒吐洒在大地上。人们无力地行走在冰冷的街道。呲溜溜的寒风吹动着僵硬的树梢,抚摸着冰冻的河流。一切都是死气沉沉,

夜·怕黑

一切都是冰冷无力。

一辆黄色的出租车停在洛杉矶国际机场7号航站楼前。一个身披黑衣,背着黑包的年轻人走下汽车。没错,这就是我——怕黑。寒风在我身边吹动,黑暗在我眼前漂浮,死寂在我耳畔回荡,一切都是阴森森的。

步入航站楼,里面的场景与室外有着天壤之别,耀眼的灯光在窗外黑暗的映衬下显得尤为明亮。我快步走向一个印有蓝白相间盾形图案的柜台——这是联合航空公司的取票口,我即将乘坐该航空公司的飞机飞往约翰·肯尼迪机场。

也许是因为现在时间比较晚的缘故,取票口显得十分冷清。我走到工作台前,里面的工作人员立即坐起来,我将护照、文件复印稿等物品一一递给他。虽然他动作十分麻利,但一个不经意间打出的哈欠却将他的疲惫与辛劳展露无遗。他将一张蓝白相间的登机牌从机器里抽出,并机械化地将一个个鲜艳的印章盖上去,再僵硬地把它拿给我。我赶忙拿起登记牌和护照向候机厅跑去。

候机厅里空荡荡的,我的每一声脚步都回响在大厅内,久久不散。我只好小心翼翼地迈开每一步,生怕再发出刺耳的震荡。不远处的登机口前的座椅上坐着几排沮丧的旅客,他们有的低声叹息,有的大声辱骂,有的小声哭泣,还有的无奈地来回走动……

我悄声走近其中一位头戴鸭舌帽,裹着棉袍,体型微胖的中年男子,小声对他的思想问道:"你为何气馁?你为何无奈?"

他的口气显得十分粗鲁,光听他的话就能够把人吓退三步:"那个该死的狗屁航空公司!飞机已经延误了6个小时,还在说是流量控制!"他顿了顿,继续咆哮道:"就算是流量控制,也该轮到我们上飞机了!这不是明摆着欺负人吗?它个沙丁鱼(在欧洲国家这是喂猪的饲料)!没翅膀的烤火鸡!笨脑瓜的肥鸵鸟……"

"这航空公司也真是的!都延误了6个小时也不表个态!"我立即煽风点火,"真是把旅客当成傻瓜了!"

"就是!这家破公司早该在2002年的时候倒闭了(联合航空曾于2002年12月向美国政府申请破产保护)!真是个'老不死'的!"他气恼地叫道。

我便顺水推舟地附和:"这种烂公司犯了错还不道歉!一定要跟它闹到有赔偿才能罢休!"

中年男子应声答道:"这破公司!看我怎么找它评理。"说着,他便气急败坏地从座位上跳起,向服务台冲去,同航空公司工作人员理论起来,他的怒火足以燃烧整栋大楼。

我在他的怒火中取走了他对联合航空的信任,这个人真是好骗……

"请乘坐联合航空班机,飞往纽约的旅客注意了,您乘坐的飞机已经开始登机了。"一阵洪亮而柔和的广播声传到我的耳畔,我一下子从幻想转回现实,眼前仍旧明亮,只是沉寂的大厅变得充满活力。人声、脚步声、广播声……这声音中混杂着英语、法语、西班牙语……这声调蕴含着欢乐、兴奋、激动、气恼……一个个匆匆来往的旅客,一片片心情复杂的身影,一段即将隐没在历史中的回忆射入我的脑海。

天空阴森,气氛令人压抑。一道迅疾的闪电劈穿乌云,随之而来的是一阵倾盆大雨。

隐约有5个头戴高礼帽的男人走在大街上,若不细看,恐怕还会以为他们是黑手党呢。一个身材肥硕,肚子几乎扁平,样子酷似企鹅的男子用尖细的声音对旁边的那位体态又高又瘦,形似笔杆的男人说道:"为了防止我们的'人类爱心工程'受到干扰,我认为有必要启动'D401'保护计划。"

那位男人,紧锁眉头,闭着眼睛思索了一会儿,随后转过头与另外三个人讨论起来。

一声炸雷打破天空,这5个人在淡淡的夜色中消失了。

我急忙向登机口奔去——再过10分钟飞机就要起飞了。我检完登机牌后急忙向那架涂着蓝白色花纹的波音747客机跑去。

我踏入机舱,乘客们的眼睛立即像探照灯一样向我射来,上下打量着我,好像我是一个来自外星的新型生命体。这感觉真不自在!

我低着头,眼睛盯着脚下的地毯,不愿与他人对视,只是希望快点到达自己的座位。突然一个沉重的物体和我撞在了一起,他身上透着一股伏特加的烈味。我一抬头,这是个俄国大汉。他仔细端详着我,好像与我似曾相识。我的心里也变得很疑惑,这家伙是谁?我好像在哪见过?他瞪了我一眼,要说什么却又止住了,只在我耳边说了一句:"小心"。

我半信半疑地走到最后一排的座位上,轻轻坐下,闭上眼睛睡着了。

飞机孤独地飞过云层,然而一个巨大的阴谋才刚刚开始。乘客们正静静地等待死神的降临,可他们却浑然不知……

十二 夜——远方

风是那样的寒冷,天是那样的寂静,远处,一轮散发着橘黄色光芒的巨大火球徐徐升起,大地是一片苍茫和冰冷。凝滞的云团停滞在空中,忧伤地卷着北风刮过

沉寂的原野,卷过光秃秃的树梢,最后来到万尺高空,撞在了一只"巨无霸"的飞机上。

太阳细细打量着这架巨无霸客机,几缕灿烂的光芒透过玻璃折射过来,舱内的500多名乘客正若无其事的看书、打盹来消磨时间。然而他们不知道,死神已经为他们铺好了去往天堂的道路。

在这个宁静的清晨,一场悲剧发生了。在巨大的压力下,飞机剧烈的摇晃着,如同一个醉汉,摆动着、颠簸着、旋转着。它的尾翼无力地呻吟着,看上去摇摇欲坠。突然,飞机的尾翼断裂了,它像一只断了线的风筝坠向地面,脆弱的机身在强大的气流中不受控制的上下起伏,好似一列云霄飞车,这场面与1985年8月12日发生在日本上空的一幕十分相似,那是日本航空123号班机空难事件。

北风再次拂过大地,无尽的伤痛与苍凉随它而来。

我环顾四周,哭喊声,祈祷声不绝于耳。突然,一股恶心涌上心头,糟糕,我晕机了。我的身体随着飞机上下起伏,好像被一股巨大的压力按在座位上,动弹不得,杂乱的思想在我脑中交织,眼前是一片苍茫。

隐约之间,一个哭泣的女子在我身旁的舱道中滚翻,跌倒在地。好机会!一个清晰的声音出现在我的脑海中,我立即与她的思想对话。

"何必哭泣?"我试探着问,"不就是死么?有什么大不了的?"

"可我才结婚两星期,我丈夫还在纽约等我呢……"说着她便号啕大哭。

我冷冰冰地说道:"恐怕你再也见不到他了。"

"不,不,这不可能!这不可能……"她沮丧地摇着头,豆大的泪珠从她那柔白的面颊上流下,"不可能!不可能!"

"马上就要坠机了!你,必死无疑!"我以一种居高临下的态度对她说。

"不……"她一声长叹后瘫倒在地,空姐赶忙将她拖起,不情愿地将她向飞机前舱拉去。

我打量着手中这片红色的爱,心中充满喜悦。但很快,这种喜悦就将被死亡的威胁摧毁。

飞机时而俯冲时而爬升,不受控制地左右摆动。我的头就像一只拨浪鼓,随着机身摇来晃去,我的身体被一股重力死死摁住,鼻腔感到十分难受,好像被塞了一个软木酒塞。我挣扎地喘息着嘴边稀薄的氧气。

终于,一个黄白色的氧气面罩从头顶脱落下来,我急忙将它拉到面前,套在头上,大口大口地吸取氧气,生怕自己窒息。

机舱安静下来,所有的人都等待着奇迹的降临,希望自己能在这起空难中存活

下来。

然而接下来发生的事情却让这些希望化为泡影——飞机开始高速俯冲。

我突然感觉身体轻飘飘的,渐渐离开座位。这是怎么回事?我居然浮起来了,难道是进入太空呢?我好奇地环顾四周,发现所有的物体都飘起来了,人、桌布、书本甚至行李。我意识到情况不妙,大家好像失重了。以我的物理常识推断,我们的飞机正以接近音速向地面俯冲,紧接着就是坠毁!

透过窗户望着蔚蓝的天空和白花花的云朵,心中不免吐出一丝哀伤,也许这是我最后一次看到这样漂亮的天空了。永别了敌人,永别了世界!一行淡淡的泪痕划过我的脸颊,我静静地闭上双眼,等待死亡的降临。

一架蓝白色的飞机划过朦胧的天空,在繁华的都市旁闪过一片烈焰,尖叫、呐喊、惊呼不绝于耳。

一段回忆在混乱中装入我的脑海:

那是一个美丽的黄昏,暖风从天际袭来,一个身材笔挺,穿着橘色棉袄,头戴风帽,时不时伸出大手来回搓动的古怪男人冒冒失失地走在大街上,每当有路人从他身边经过时,都会用诧异的目光盯住他,对他指指点点,他却毫不在乎。

忽然,他拐进一个巷子。巷子在一个不引人注意的角落里,只有一个装修破旧的咖啡厅坐落在这里,灰暗的灯光使这里显得更加苍凉,毫无生气。

他推门走入咖啡厅,一股寒风迎面而来,让人感觉来到了另一个冰天雪地的世界。

一个服务员迎上来,一脸冷酷中闪过一丝期待:"我们这次往哪搬?去里约热内卢吗?"

"不,去华沙。"那个古怪的男人回答道。

这架巨大的飞机划过凝固的天空,残破的机件如天女散花般砸下地面,不远的平地上响起一声沉闷地撞击,破裂的机身与欢呼和哀嚎交织成一片,几丝冰意窜上人们的心头。

烈火在我耳边翻腾,金属在我手边碰撞,痛苦在我脚旁交织……

与日本航空123号班机坠毁后所出现的场景相似,当我猛地从昏睡中清醒过来时,发现自己正躺在沙地上,而刚刚乘坐的波音飞机已经四分五裂,幸存的乘客们痛苦地哀嚎着。

我勉强站起来,低矮的小草在脚边发出无力的叫声。眼前,一个抱着毛绒玩具的小男孩正在大声哭泣。好机会!我连忙一瘸一拐的向他走去。

我冷冰冰地望着他,好像面前躺着的不是一个有血有肉的人,而是一个待打的

标靶:"不就是家破人亡吗?有什么好哭的?"

"嗯?!"他怔住了,那双好奇的大眼睛上下扫视着我。

我继续按"老套路"出牌:"重新开始吧,男子汉。"我顿了顿,心中暗暗祈祷这招能成功,"忘记曾经的一切,开创你自己的路吧。"

他眨了眨那双水汪汪的大眼睛,天真地说:"什么意思?"

我心中暗骂:糟糕,高估他了,他只是一个小学生。我立即转变语气:"父母和亲人认为你已不再有意义,把你抛弃了。"

"他们真坏!"小男孩将毛绒玩具狠狠地扔开,继续大哭起来。

一片天蓝色的爱落入我的手中,我露出了满意的微笑。

远处,阵阵警笛终于传入耳畔,我拿起背包,消失在灿烂的旭日之下。

十三 夜——方向

风在荒野上飘荡,沙在草丛中潜伏。人们早早地爬起床,迎接一个无趣而平常的一天,然而这一天注定要不平常。当太阳吐洒出的第一缕阳光照耀着大地的时候,一架满载旅客的飞机在纽约附近的珀斯安博伊坠毁,耀眼的火光击碎了宁静的早晨。

路旁的青草溢出丝丝焦味,土地显得黝黑而苍凉,连海上的碧波似乎都被烈火染成了凝重的乌黑。几朵白云悠悠地飘在蔚蓝色的天空中,他们徘徊着,飘荡着,好像被地下的什么事物所吸引,久久不愿离开。

一丝暖风裹挟着春意急促地刮来,纽约,这座巨大的空运枢纽今天却显得格外安静,所有用来飞行长途旅程的波音747客机都静悄悄地停在机库中。但当人们把目光转向纽约城区时,景象就截然不同了——一大群黑人和一部分较为激进的人权主义者正在为"弗格森"等一系列白人警察无故枪杀黑人的事件进行抗议,大街被堵的水泄不通。别说出城了,就是出门都有些困难。

我怀着期待与激动沿着金门大桥向纽约走去,每走一段都能看见几辆下半部分被写满标语的消防车匆匆驶过。什么"不要种族歧视!""白人不应有特权!"等应有尽有。越是后出来的消防车标语就越多,甚至有些车的挡风玻璃上都被花花绿绿的标语写满了。

估计是示威游行。我暗想,这次的示威规模肯定很大,是个"捞油水"的好机会。走在大街上,嘈杂的噪声充斥于这座繁华的都市。抬头望望蓝天白云,

梦想的翅膀

转头看看碧水金波,拂去城市的疲倦,静享自然的悠闲,一切又回到了静谧与美好……

转头平视前方几个穿着羽绒服,背着登山包,面色凝重的人突然映入我的眼眶,估计是前来游玩的旅客。

一看到他们那复杂的表情,平时好客的路人也纷纷避让。只有一位志愿者上前问他们:"几位这是怎么呢?遇着啥难题呢?需要帮忙吗?"

一个身材高挑面色苍白的人迎上去,看上去是要接受帮助的样子:"既然你这么问了,那我就告诉你,我们确实需要帮助,"他故意顿了顿,知道那位志愿者露出一脸急切,他才继续往下说,"但是还得看你愿不愿意帮。"

志愿者愣住了,他还是头一回遇到这么奇怪的游客,一时接不上话来:"嗯——嗯——那个,那个我是个志愿者,帮……帮助别人本……来就是我应该做……做的。"

"既然你都这么说了,那我也就不客气了。"这位形象高大的男人又发话了,话一出口志愿者便又被搞得一头雾水。

"你这是什么意思?"志愿者彻底糊涂了。

"没什么意思!"男人长叹一声,接着说道,"你听着就好。"他话音刚落便伸出他那只沧桑的、满是伤痕的大手,放在志愿者胸口前。说时迟那时快,一道蓝光闪过,志愿者瞬间被巨大的冲击力弹出了几十米,重重地摔在地上,一缕绿烟从他的胸膛中浮出,几团恐怖的橘色沫沫从他嘴中吐出……

"砰砰"两声枪响把我从记忆拉回了现实。一群荷枪实弹的警察正手持防爆盾,并对空鸣枪,希望驱散示威人群,但这显然是徒劳而无效的,示威人群反而因此更加猛烈地冲击警方防线。

一个年轻警察正精疲力竭地抵挡着人群一轮又一轮的冲击,他的脸色显得有些憔悴、无力。

好机会!

我用一种同情的态度对他的思想说道:"如果照这样下去,你一定会被撞倒,然后遭人踩踏的。"

他似乎满不在乎:"没事,我还有那么多战友帮我顶着呢,我怕什么?"

"可你已经被冲撞了那么多次,他们却一个也没来帮你。"我装作气愤地说道。

他寻思了一会儿答道:"因为——因为他们是在帮别人,如果我需要帮助,他们也一定会回来帮我的。"

"那可不一定,刚才我就看见一个警员被撞倒后他们连扶都没扶。"这自然是

我编的,它唯一的用处就是击垮"猎物"的心理防线,使之投降。

"这——这不可能,这不可能!"他无力地反驳着。

我听后冷冷地说道:"既然这样,恐怕你就将成为下一个牺牲的警员。"

"不——"在他的哀嚎中我取得了他对职业的热爱。

我走进地铁站,坐上了一列奔向机场的地铁消失在茫茫人海之中。

十四 从这里到永远

北风乍起,一股股来自格陵兰岛的寒流,打着转,绕着圈,像个淘气的皮球似的荡入城中。人们还没来得及为它的可爱发出欢笑,就已被寒冷乘虚而入,打了一个结结实实的喷嚏。

蔚蓝色的天空中堆积着大团大团的,像棉花一样的云朵。它们密密麻麻地遮住了天空,地下的"上班族"们被它压抑得有一种喘不过气来的感觉,而稠密的人群和拥挤的话语,让这种感觉显得更加明显。

厚实的云层间透出一丝阴森、昏暗的光亮,那狰狞的光芒让人感觉很不自在。一道明亮的,狭长的尾迹划过遥远的天际,当人们透过窗户遥望天地间的这道奇观时,却未曾想到全人类的未来已被一个名不见经传的小卒改写了。

我走出轻轨站,脑中一片空白,苍茫的天空已被金红与蔚蓝所占据。踏入纽约肯尼迪机场的大厅,一派现代的辉煌与繁忙呈现在我的眼前。一个青年妇女推着手推车急急忙忙的从我的面前奔过,眼中流露出一丝担忧。

她紧张地注视着前方,却一不留神被地上的金属栏杆绊倒,推车中满满当当的东西撒了一地。望着她那惊慌的面容,我好奇地走上前,帮她收拾物品。

她的头发被色调凝重的黑色丝巾包裹着,暗黄色的脸上布满疲惫与哀伤,其中更带着一丝令人不易察觉的气恼。

"您是伊拉克人吧?"我的话像利剑一样插入她的心中。

她愣住了,双眼上下扫视着我的全身,一阵惊恐闪过她的面颊,说道:"你……你不会也是 FBI(美国联邦调查局 Federal Bureau of Investigation)的人吧?"她的惊恐继续放大,"我……我……我马上就离开美国,马上,我保证!"

"我不是什么 FBI 的探员。"我也被她吓了一跳,但还装作平静地对她说道,"我不过是个普通的旅客,不信你看。"

说着我便掏出证件递给她,她细细查看后松了一口气,压低了音量对我说:

"哎,吓死我了。FBI 一直在暗中监视并限制我的生活,现在居然还要将我驱逐出境!你瞧,那几个戴墨镜的家伙还在监视我呢!真讨厌!"她的样子显得很是虚弱。

"说实在的,这些悲剧都是因为你的祖国造成的。"我装作同情她的样子继续说道,"要不是因为你的祖国发生战乱,你用得着这样颠沛流离吗?你用得着这样前忧后虑吗?伊拉克,它根本就不配做你的祖国!"

"可是……可是……"已经流到她嘴边的话又被她咽了回去——她对祖国的热爱已成为我的战利品。

回首望望身后的大厅,我毫无留恋的再次将头转回,踏上了芬兰航空 LO027 号班机——我的下一站将是华沙。

这架庞大的波音 787 客机静静地滑行在跑道上,窗外只有死一般的荒凉和灰暗,而冰冷的建筑映入了我的眼眶,一股不祥的预感涌上心头。

飞机滑出跑道,耳畔只剩下嗡嗡的引擎声。我晕乎乎地闭上了眼睛。回忆,一段神秘的回忆再次窜入了我的心中。

那是一个夏夜,蝉鸣在山谷回荡,一轮亮丽的明月悬挂在空中,静静地好像在等待些什么。

终于,一个人影出现了。说他是一个,不如说他是一团。他们在路灯下摇晃着,旋转着,像是在寻找什么。

"来了闯入者,小心点为妙。"一个尖锐的声音说道,"上次的那个闯入者就差点让我们的行动全盘泡汤!"

但另一个声音立即出来反驳:"可这仅仅是'差点',我们现在不还活得好好的吗?"他顿了顿接着说,"而且我们的行动马上就要大功告成了。"

"不,那可不行!'人类爱心窃取工程'投资巨大,可不能功亏一篑呀!"

突然,一个威严的声音发话了:"这是我的学生,发生的一切后果由我承担。"

……

夜幕又重新笼罩着大地,只留下死一般的沉寂……

飞机的轰鸣声将我惊醒,机舱外仍旧是茫茫一片。厚实的云朵层层叠叠的积压着,漂浮着。好似漂浮的冰山,又如团团棉花。落日的余晖(纽约和华沙存在 6 小时的时差)已渐渐散去,只留下一片暗淡的金红,幽静的夜晚正在悄然袭来。

在一声"轰隆"的巨响之后,飞机缓缓地降落在跑道上,耳畔又一次被"嗡嗡"声掩盖。

夜·怕黑

飞机渐渐停稳,我的心情却更加繁重。走进航站楼,里面静得出奇,乘客们悄然无声地坐着,他们抬着头,目光显得极其冷漠,如同一把钢针,一下就能把人扎得透心凉。

忽然,一个小女孩跌跌撞撞地闯到我面前。她抬起头,用她那碧蓝色的大眼睛凝视着我,脸上充满了惊恐。

"哥……哥哥,你……你看见我……我的爸……爸了吗?"她的语音断断续续,好像是受到了什么惊吓。

这声音似曾相识啊!好像是在"约瑟夫"号上听到的。我仔细端详着小女孩,寻思了一会儿,对她说道:"嗯——我好像看到了你的爸爸,他可能在上飞机,你是来和他告别的吗?"

"不……不是,我要和他一起去莫斯科。"她的表情很是紧张。

"那我怎么看到他已经上了去莫斯科的飞机,"我冷笑了一声接着说道,"你恐怕是被他丢弃了吧?"

"这不可能!他是不会丢弃我的!"小女孩尖叫道。

我微笑着望着她,轻轻地说道:"可你至今还没有找到你的爸爸,难道他失踪呢?"

她用纤细的声音答道:"不会的。"

我摇了摇头:"他至今没有出现只能说明一点——他已经不爱你了,你,被抛弃了!"

"不!"在她的惨叫声中我拿走了她对他父亲的一片蓝色的爱。

走出航站楼,天空里正飘着小雨,让人感到心烦意乱。雨"滴滴答答"地下着,路上车辆稀少,行人更少,我快步走向去往城区的班车站台。

走着走着眼前忽然一黑,一个布带一样的东西将我的双眼蒙上。不好,有人在我身后!我正打算回身反击却感觉浑身无力,身体猛地向地下一摊,晕了过去。

周围十分安静,耳边不断的响起"砰砰"的轻响,眼前朦胧一片。我伸出手搓搓眼睛,静静地环顾四周,一个硕大的,闪着血红色光泽的爱心突然映入我的眼眶。我心里一惊,正要失声尖叫却又将已滑到嘴边的恐惧咽了回去。

我仔细端详着这颗红心,只见上面满是粗糙的裂痕,透过它们似乎还可以看到红心内涌动的液体。红心急促的上下跳动,那些裂痕也随着它上下抖动,好像随时都要爆裂开来。

突然,脑中传出一个声音,显得庄严而雄厚:"恐惧无处不在,外界充满危险,

一切都暗藏杀机,生活还有什么意义呢?"

这是什么?莫非又是一个偷爱贼?我疑惑地冲他问道:"你是谁?这里又是哪?你怎么会在这?"

"我只是一颗红心,但我无处不在,我同样也能让你痛不欲生。"这声音从空中悠悠飘来。

难道这颗红心也会偷爱?我惊讶的打量着眼前的爱心,这,这怎么可能!

"世上没有什么'不可能',只有无限的可能,危险也一样,放弃你可贵的生活吧。"

怎么会这样?它怎么会这么可怕?我的身心已被忧虑和畏惧完全占据。

那该死的声音又神不知鬼不觉地来了:"生活不应该被担忧所控制,这根本就不叫什么生活!"它话音未落我对生活的热爱已悠悠飘起,飞向眼前的红心。

"不!不!"我在一声惨叫之后彻底丧失了对生活的热爱。

我的身体僵住了,时间似乎在我手边停止,就连紧张的呼吸似乎都停了下来。忽然,我的脑袋开始不受控制的左右摇晃。一道耀眼的白光在眼角闪过,一股强劲的力道击中了我脆弱的脑壳,疼痛随着神经传向四肢……

在一阵撕心裂肺的痛苦之后,我开始尝试着与红心进行思想交流。

要知道,只有有思想的高智慧物质才能偷取他人的爱,这颗红心必定有他的特别之处。

我试探着对红心问道:"你乃何许人也?"

"我根本不是人。"一个阴森可怖的声音从空中悠悠飘来。

它怎么会不是人?既然它不是人,那么它会是什么东西?超级电脑吗?人类的科技还没这么强大吧!

这次的声音显得更加冷漠:"生命就是冷冰冰的,没有什么值得眷顾的温暖,只有可怕的冰凉会永存。"

"既然如此,你,为什么还要留存于此?这只会让你感到无比的悲凉。"我冲着它问道。

它的声音十分洪亮,如一把利剑刺入我的耳膜:"的确,生命只会让你们感到痛苦。"

一切似乎都静止了,当两只贪婪的双手出乎意料的接触之时,历史就将被改写了——我和那颗红心将要同归于尽。

我的眼前再次闪过一道白光,这道白光绝不同于上一次我所看到的那束光,它并不耀眼,但它发出的炽热的烟火却让人睁不开眼。一阵沉闷的爆炸声响过耳畔,

维斯瓦河畔升起一道袅袅的白烟,我的眼睛矇眬了……

夜更深了,历经沧桑的古城华沙又迎来了一个历史变革的时刻——人类又一次躲过了一个浩大的灾难。

在那唯有闪烁的小星和一轮明月的夜空中,一道流星擦过凝滞的夜空,我和那颗充满无数罪恶的红心一起坠向无尽的深渊,一切又只剩下无尽的迷茫。

完……

猫皇

张雨芊

一 银 雪

夜幕降临,一轮金黄色的明月印在深蓝色的夜空中,远远的只有几颗忽明忽暗的星星作为点缀。看!在明月之下的猫群中,有着一只威严无比、体格健壮的母猫,颇有一种鹤立鸡群的感觉。

"喵呜——"一声猫叫响彻了寂静的夜晚。她,就是猫皇银雪。

银雪,有着一身雪白洁净的毛发,在月光下泛起了淡淡的银光。银色,与金色一样象征着权力,却不像金色那般俗气,闪闪发光。端庄典雅,不失猫皇之风采。一双幽兰的大眼睛,卷翘的睫毛像一只只上下翻飞的黑蝴蝶。她的眼睛里一会儿闪烁着冷冷的寒光,让你不寒而栗;一会儿又充斥着妩媚妖娆,对你回眸一笑,百媚千娇;过一会又变成威严凌厉的目光,使你心虚地低下了头……多变的眼神,使她变得神秘莫测。而修长锋利的四肢,坚硬透明的胡须,亮白如玉的牙齿,再加上犹如快刀的利爪,使她十分威武。

银雪,轻轻地提起右前爪与后爪,在空中划起了一道优美的弧线,宛如那一轮明月。竖起锥形的耳朵,挺胸、抬头,藐视着世间的一切,颇有傲气。她洁白的尾巴向上卷曲着,像贵妇人走在红色的地毯上一样,走向王位。不愧是高贵的猫皇。

by 长尾巴的兔子先生

ZRL.

猫皇

她终于稳稳地坐在那块——从前让她觉得高不可及的王位上！此刻，她的心中充斥着无比的自豪，犹如那金椅般在心中闪光；又好似那月光般普照大地；更如同那龙椅上的武则天……众猫屈膝下蹲，抬起的头颅慢慢低下。还有那么几只强壮的大公猫，不肯低头。银雪似乎并不生气，她微微一笑，眼睛中闪烁着智慧的光芒。她慢慢说："我知道还有一些猫，不服气。他们那一块块坚硬的肌肉，就像一面面迎风鼓动的战旗。"说着，她的目光突然变得犀利起来，说："那明天就在捕猎场与我一决雌雄吧！"

二 捕 鼠

一进捕猎场，银雪凝重的脸上露出了久违的笑容，那双幽蓝的眸子瞪得比铜铃还大，粉红的鼻头似蛇信子般的伸缩，捕捉着空气中灰老鼠群留下的淡淡气味。她一边闻一边快速向前追去。轻手轻脚，伸出一边的猫爪，从地面上直线升起，向前推进，再分开五个手指用厚厚的肉垫，稳稳地摁在地上，再抬起另一边，绝不会向灰老鼠传递任何一丝信息。后面的猫儿个个想着美味的灰老鼠，有的甚至还流下了口水。

突然，在一棵香樟树下中断了老鼠的气味儿。银雪收回了笑脸，"喵……"她轻轻叫着，猫群立即形成一个密不透风的包围圈，围住那棵香樟树和墙根下黑乎乎的老鼠洞。银雪拿胡须一测，他们处在下风口，老鼠闻不到他们的气味。于是她迈着沉稳的猫步，大胆地向洞口走去。它又用胡须一量，哇！一个惊人的消息，这个老鼠洞洞口极其的大，比银雪的胡须整整大两倍还不止，这说明他们进去是绰绰有余的。

那大家会问了，洞里不一定也这样大，进去出不来怎么办？这个问题问得好。第一，老鼠洞从头到尾都是一样大。第二，老鼠洞有出入口，进去不会出不来。但机智的银雪还想到了一个问题，既然有两个洞口，我从一个洞口钻进去，老鼠就会从另一个洞口钻出去。这样岂不是竹篮打水一场空吗？她便让手下捉老鼠最厉害的两只公猫——璇雀、虎皮，去对面上风口，散发猫的味道，再对着老鼠洞大叫。引起老鼠的恐慌，老鼠就会慌不择路，从银雪这儿出来。到那时，她们就可以守株待兔了。果然，老鼠很快就中了圈套。第一只老鼠刚出来，银雪就迫不及待地张开血盆大口，只听"咔嚓"一声，第一只老鼠就被咬碎了头骨。

接着，第二只、第三只……只有几只老鼠侥幸存活了下来，一溜烟逃跑了。猫儿们满载而归，几乎每只猫都收获了五六只老鼠。回到领地，一只公猫挑了一只最

大的老鼠向猫皇示好,又有几只母猫送给猫皇几只肥肥嫩嫩的小老鼠,真让猫垂涎欲滴啊!猫皇多赏给璇雀与虎皮几只大老鼠。银雪说道:"大家都知道,老鼠美味,皮肉鲜美。要知道,我们的臣民,饿到恨不得与老鼠抢食物。这是为什么呢?因为,现在老猫太多,小猫太少。小猫又得不到食物,饿死的太多,那我们怎么忍心吃得下去呢?现在,臣服我的猫,就把猎物给小猫!还不臣服的,你们就自己吃下吧。"

话毕,场下沉默了良久。那几只昨天不下跪的猫,突然跳出来说:"我服了!有这样仁德的猫皇,我真是三生有幸呀!"说完便跪下给猫皇磕了一个头。接着,底下响起了连绵不断"我服了"的声音。其中有一只猫,把老鼠放在了猫皇身边,轻声道:"不考虑自己的身体,也要给肚子里的孩子吃嘛!"猫皇朝她看了一眼,还以为是谁,原来是自己的姐姐——宫主夜澜,忙答应:"谢谢姐姐关怀,姐姐也要多注意身体。"

宫主夜澜又是谁呢?

三 宫 主

宫主夜澜,也就是猫皇的姐姐。猫皇如雪一般的纯白,而宫主夜澜却因为似碳那般的乌黑,从小就被猫耻笑。更别提她那小鸡般的爪子,又细又长,在硕大的身体上,显得极不谐调。瞧瞧她,黄绿色的眼睛,似兽非兽的样子,一点儿也不讨人喜欢。再加上父母的偏爱,夜澜总是一个猫,孤零零地在外游荡:走进花园,花儿闭上了它那美丽的脸庞,暂停了舒缓的香味;走到池边,池水异样的平静,夜澜看到了自己丑陋的脸庞;走到街上,猫儿们总是躲着她,好像她是一堆垃圾,谁都不喜欢她……只有茫茫的夜色,才能掩盖住她的丑陋。那一双绿宝石般的眼睛中,常常有眼泪一起一伏,好像阵阵波澜。也许,是因为这样才起名为夜澜的吧!

大概是从小就饱受打击的缘故,夜澜的嫉妒心极强。因为知道猫皇银雪在登上王位之前就和前朝王子——锦荣私订终身,并怀有一子,她登上王位才如此顺利,所以,夜澜对猫皇说话才这样阴阳怪气的!

自从银雪有了锦荣王子的孩子后,夜澜也十分想生孩子,对于这么有攀比心的猫来说,没有什么事是做不成的。不久夜澜也怀孕了,仅仅比银雪晚了一周。

越是有攀比之心,对别人的嫉妒心就越强;而越是嫉妒别人,别人就越是不理

她,嘲笑她。这一切又加剧了嫉妒心理的膨胀。于是,这样的恶性循环,让夜澜越陷越深,最终无法自拔!

唉,这些悲伤的事儿咱们暂且翻过一页,还是先看看贵族的奢华皇宫吧!

四宫殿

自从当上了万猫之上的猫皇之后,银雪再也不用住那又破又小的茅草房了,现在她住进了金碧辉煌的大皇宫。

还未走近大皇宫,只觉得眼前一片金光。那是一扇用黄金制成的大门。门旁是环绕皇宫一圈的围墙,围墙高60米,长24680米,猫国认为好事成双,双数是最吉利的,所以这些数据都是双数。

围墙上有一塔楼,也用黄金制成,塔上盘踞着一只凤凰,凤头朝南,凤尾朝北。那凤凰的头宛如水滴,一个长长的尖嘴叼着一根麦穗,一对美丽的大眼睛,占了整个凤头的三分之二,长长的睫毛像是在眨动一般,纤细玲珑。凤身上布满了似鱼鳞一般的羽毛,有大有小,有长有短,有宽有窄,千奇百怪,各不相同,却又甚是好看。凤尾如孔雀一般,有着一根根粗壮的尾羽,每根上面都有一个似水滴状的羽毛。那羽毛的颜色丰富多彩,外面一层翠绿,似绿玛瑙;中间一缕黄,似黄宝石;里面一圈蓝,似蓝水晶……

光这黄金门就耗材不少,里面还有白银殿,就是文武大臣上朝的地方;水晶宫,也就是皇亲贵族生活的地方;而银雪住的则是五彩斑斓的点彩宫。

点彩宫,从名字上看就是一个五光十色的世界。一进门你就可以进入一个小型的休息室,这个休息室是用祖母绿与黄水晶做成的,当然还有一些钻石,如蓝宝石、石榴石的点缀。黄水晶的墙上有着一颗颗半径为5厘米的祖母绿,祖母绿外面又嵌上了小碎钻。一张张用蓝宝石做成的椅子、桌子,放置其中。石榴石的地板,把桌子、椅子、壁纸、吊顶等等都倒映在其中,像一幅美丽的画卷。石榴石上又涂上了粉红的淡彩,显得十分好看。

这里是银雪平日小憩的地方,她一般会在桌上摆着一杯冒着热气的卡布基诺咖啡,旁边再摆一块金环酥脆的小蛋挞。让阳光透过窗户,照在桌上,看着窗外艳丽的景色,喝着咖啡,吃着蛋挞,享受着美好的下午茶时光。

再往里走就是客厅兼会议室了。这里用着朴素的大理石与白云母,窗户则是用的紫檀木雕花而成。三只真皮沙发居于正中央,正对着沙发的是一台液晶电视,电视旁边是一个小茶几,茶几上放着几盆银雪喜爱的小花。这客厅好温馨!

客厅两旁，一个是卧室，一个是书房。书房与客厅是一个风格，而卧室就有点儿不一样了。卧室的地板与天花板都采用了黑曜石，在它们上面，还有一颗颗钻石与水晶，就像一颗颗星星在天空中闪烁一般。墙壁则用的是月光石，月光石如月光一般柔和、明亮，让人觉得十分舒适。一张宽大的红木床放在侧角，旁边还有衣柜、梳妆镜、穿衣镜……这卧室旁，有一间豪华的浴室。里面有泡汤浴、淋浴、牛奶浴……一大堆，还有两只猫服侍你。

皇宫实在是太大了，花园、御膳房、宫殿，数也数不清。如果你有空，也来猫皇的宫殿逛逛吧！

你说，住在这儿哪有不开心的事儿？想不开心都难哩！

五 政 务

在这充满奇珍异宝的皇宫中，那幅"画卷"显得那样朴素。一排清脆的嫩竹高矮不一，稍稍高一点儿的长出一片片细长的竹叶，有的愿意卷曲着，便向猫们展现它卷曲的美丽；有的十分大方，猫儿们就可以看到它展开时的平整；还有的不喜欢长成绿色的，它就变成可爱的鹅黄色……竹林旁，有一些零零散散的桃树，它们愿意长哪儿就长哪儿，愿意长高的，就尽情地伸展枝条；不愿意长高的，就尽情地开花。开花时，那边一团火红，这里一簇嫩粉，面前一片玫红。一团团、一簇簇的，好看极了。

那个白色身影是谁？啊，竟是银雪。她那嘴角微微翘起，眉毛弯成了两道月牙，长长的睫毛，如上下翻飞的蝴蝶一般，一眨一眨。这分明是在笑嘛，可是在她蓝色的眼睛里，一条条红色的血丝十分明显。这是怎么呢？哦，原来猫皇一直在改革创新，让百姓安居乐业。在这如山如海的奏折之中，她早已忘却自己还是一个身怀六甲的孕妇。

经过猫皇的努力，皇宫内外治理得井井有条。城市里，百姓安居乐业，猫国上下一个乞丐也没有。皇宫里，贵族其乐融融，皇城内外一个小偷也没有。能把一个国家治理得如此之好，得费多少心血呀！谁说女子不如男，即便身怀六甲，也能治国有方。

银雪虽然治国有方，但每天挺着个大肚子上早朝，还是颇受影响。再说，已经怀孕快两个月了，这么大的工作压力怎么受得了？猫皇一直在找一个合适的人选，既要在臣民中有威信，又要对自己忠心耿耿？银雪首先想到的是焱森森宰相，虽说他年事已高，但他文武双全，一定是个好帮手！可在朝廷上能信服他的就只有几个同辈的元老，这可怎么是好？

第二个人选便是垚磊鑫,垚磊鑫是焱森淼的弟弟,比他小五六岁,也是能文善武。虽然在文韬武略上仅次于他的哥哥,但在众朝臣中却是威望极高。有什么万全之策呢?银雪想着想着,不知不觉中一朵桃花已被她揉得稀烂,这桃花倒是给了她许多的启示。

一朵桃花只可妩媚妖娆,却不能结果,而两朵桃花才能结出桃子。要是……垚磊鑫主持,焱森淼辅佐。对,这是极好的!想着想着,这道御令就发出去了。

六 待 产

如一盏茶。	似一朵花。	像一首诗。
千滋百味,	千姿百态,	千言万语,
浓郁,清淡,苦涩,	妖娆妩媚,清雅,	夸张,含蓄,婉约,
甜香……	平凡,端庄大方,	豪迈……
这,	玲珑羞涩……	这,
就是成长!	这,	就是成长!
	就是成长!	

银雪合上了这本诗集,仔细端详着。只见诗集已旧得泛黄,那黄色像是土色但又比它淡一点儿,却又不如鹅黄那样鲜明。这本诗集默默地诉说着它看见的历史。银雪用她那双纤细的手,轻轻掸去上面的尘土,然后静静地把书放在那檀木椅子上。

她的眉毛弯了弯,像两片柳叶一般柔和。一双水汪汪的大眼睛,饱含着笑意。长长的睫毛俏皮的眨动。嘴角微微向外扯了扯,露出了两颗洁白的大门牙。

"啾叽喳唧啾咕"一串悦耳的鸟鸣传来,银雪把头扭了过去,只见着了几个褐色的影子。在好奇心的驱使下她走向了那片林子。"沙沙沙"是树叶在舞动,"哗哗哗"是流水在唱歌,"呼呼呼"是风儿在低吟,"塔塔塔"是猫皇在走近。果然,在林中有那么十几只鸟儿在开合唱大会。你瞧那只,通体雪白,那金蓝色的嘴壳,仰天长啸:"啾……啾……"。你看这只,白色的翅膀配月白的尾羽,煞是好看,那声音也如毛色一般,婉转润滑。

银雪,早已沉醉其中。她眼睛微闭,抿着嘴静静地聆听。那小鼻孔,一张一缩,嗅着空气中芳草的气息。

太阳已升至中天,银雪被这太阳光刺得有些睁不开眼。想了想已是午膳时间了,虽然自己还不饿,但肚子里的孩子该饿了吧!就这么想着,她回到了点彩宫。享受那虽然营养却又不怎么好吃的午膳。

午膳后银雪照例在榻上纳凉,吃些酸甜可口的梅子。银雪想着,待产真好。午觉过后,当然是出去看看夕阳西下的景观咯。

只见那轮红日,一点点的下降,一点点的染红天空。旁边的那些云彩,有的粉的像朵桃花,有的紫的像颗葡萄,有的金的像个麦穗……在海上太阳一点点的被浸没。向东方望去,是一轮洁白的月亮。

晚膳时,那道松鼠鳜鱼十分好吃,酸甜爽口。酸与甜,在唇齿之间交替,美味绝伦!猫皇略感到肚子里有什么东西在踢自己。看看自己的肚子,才想到,宝贝们肯定也喜欢这道菜,才会如此高兴。她不觉地笑得更开心了,眉毛弯成了一道月牙,眼睛眯成了一条缝,眼角笑出了鱼尾纹,嘴巴都快咧到耳根子了!

晚膳后,便有宫女陪猫皇走路散心。不知不觉中,夜色已浓,洗漱完毕后,银雪躺在床上,便是一夜无梦好眠。

七 宝 宝

"喵——"这一叫石破天惊,如同一道闪电划破蔚蓝的天空,就连哈士奇也要逃之夭夭。循声望去,那个用和田玉打造而成的添新宫,不说和田玉光泽亮丽,光往上一躺,就感觉润滑细腻,冬暖夏凉,更别提谁有福气住在里头了。

咦?怎么有一道黑影闪了过去?

走近添新宫瞧一瞧,先是一面灰白色的石门,门口垂满了藤蔓,好似一道天然的屏风。翠绿的藤蔓上长出了几个粉红色的花骨朵儿和三个桃红色的小花,风儿轻轻拂过,淡淡的花香进入宫内。榻上,铺上了柔软的干草和那软软的棉花。宫里都是锦衣玉食,哪有在干草上生孩子的?让人好生奇怪。哦,原来猫族有个不成文的规定,孩子生在干草上,小公猫身强力壮,小母猫身姿窈窕。干草上有只母猫,好像刚刚生完猫宝宝一样,前肢折叠成"Z"型,后脚折叠在肚子下,卧在干草上,头上还残留着几颗豆大的汗珠,眼睛里布满了血丝。

它就是猫皇银雪!

她的旁边静静地卧着四只小猫,肉滚滚的,还没睁开眼睛,也看不出毛色。如果耳朵不是锥形的还以为是小老鼠呢!只觉得,活泼可爱。快看,那只稍大一点儿的动了一下呢!就算他只是小手轻轻向左一挥,银雪就已喜笑颜开了。猫皇不由

地感叹,当妈妈的感觉真好!

光阴似箭,日月如梭。不知不觉半个月过去了,在添新宫里,银雪的精神也好多了。哦!宝宝们也睁开了眼睛,两公两母。大女儿叫幽紫,她几乎和银雪是一个模子里刻出来的,只是眼睛发出淡紫色的光芒,神秘莫测,当时向妈妈挥爪的就是她,可见她是多么冰雪聪明。封号叫"雪月"。

大儿子后背和脸上乌黑一片,其余都是似雪的白色,只是后背上有三道白痕,就如"影"字的三撇,叫他"黑影"再贴切不过了。封号嘛,当然是"雪影"。

二女儿有个好听的名字——黛雪藏梅。她洁白的毛发走路时泛起了紫光,四只脚却是浅灰色的,就如墨梅一般,是多么高洁靓丽,封号肯定是"雪云"。

小儿子叫"雪里乌枪",白色的身体,乌黑的尾巴,那双宝蓝色的眼睛让人着迷,是啊,与他父亲锦荣太像了。封号就是"雪荣"。

银雪的眼睛里,涌动着慈爱的光芒,静静地享受着做母亲的快乐。

八 初出茅庐

猫宝宝出生的第二个月,他们又长大了一些:幽紫的眼睛变成了深紫色,黑影的黑痕长宽了一点,黛雪藏梅的脚变成了浓黑色,雪里乌枪的跑步速度更快了。看到孩子们飞快的成长,银雪决定带他们出去走走——走出皇宫,在荒郊野外过一段以洞为家的生活。

可这又是因为什么呢?宫里锦衣玉食的生活,只会让他们只知享乐不思劳苦,意志也会薄弱。要想更好的教育孩子的智力与品德,大自然是最好的老师!而人类呢?溺爱孩子,而这种爱,也将是导致人类灭绝的重要因素之一。之所以这样说,是因为温室中的花朵只能永远待在温室中,一旦离开温室,就会面临死亡!

一出洞口,银雪灵敏的鼻子告诉她,一位不速之客来了。果真,只见一条眼睛碧蓝,浑身洁白,身体强健的萨摩耶犬来了。两个猫皇站起来也没他高。但银雪相信自己的孩子能打败他,所以她站在洞口观战。这只狗狗看银雪没有注意,便竖起狗尾,张开血盆大口。这几只小猫也不甘示弱,张开猫嘴一起用最响亮的声音向狗狗示威,声如响雷,传遍了山谷的每个角落,久久回荡着。叫完后,紫雪立即组织战斗。首先雪里乌枪以最快的速度吸引狗的注意力。黑影伸出利爪直立前身,向狗屁股上狠狠地抓了两道,狗狗愤怒地转过身来,正想追去,又被雪里乌枪在腿上抓

了几道。狗狗不再上当了,不再回转身去,却不知这又是陷阱。雪里乌枪和黑影因为体力消耗太大躲进草丛里了。现在轮到黛雪藏梅,她趁机替换雪里乌枪。在狗不知情的情况下,她后腿一弯,向上一跃。骑在狗背上,疯狂乱抓。狗狗的肩一耸一耸,腰不停地扭,试图把黛雪藏梅扭下来。狗狗怒了!他突然一甩,黛雪藏梅一下子就荡到了他的胸前,狗爪还不停的拍打着黛雪藏梅。黛雪藏梅也不是Hello Kitty,一个翻身又趴回了狗背上,撕咬着,直到狗狗皮开肉绽为止,才从狗背上越回草坪上。可狗狗还不走,最后是紫雪出马了,它一个助跑,在狗狗面前向上纵跳,伸出猫爪,不偏不倚的抓破了狗鼻子。火红的血在白色的皮上像盛开的凤仙花,狗狗灰溜溜地走开了。

九 猫学院

四只小猫虽是初出茅庐,但在文功方面已是初露锋芒。别忘了他们的母亲可是猫皇银雪,银雪可是以文武试第一当选的。此时的银雪却有许多的忧虑。你看她眼睛微微眯起,眉头已经锁出了一个小疙瘩,嘴巴抿成了一条缝。虽然现在自己成了一位母亲,但是,自己同时也是猫皇,猫国的臣民也是自己的子民,这个大家庭更需要自己的投入。可是,小猫们的教育才刚刚开始。工作和家庭无法两全,怎么办呢?有什么办法能让小猫继续学习,自己又不耽误工作呢?

银雪一边思索着,一边漫无目的地走着。身旁的杂草东倒西歪,杂乱无章,几近枯黄。整个草坪黯然无光、死气沉沉。这更让银雪增添了几分忧愁和烦恼。就在这时,一颗通体翠绿的小草跃入了她的眼帘。那嫩嫩的草尖上,开出了一朵鹅黄色的小花,走进一闻,好香!那一丝丝的香气在银雪黑暗的内心里好像点亮了一盏明灯,毫无头绪的她突然灵光一闪,立刻有了主意。

"喵!对了!"银雪情不自禁地轻叫了一声,"我要在这片空旷的草坪上,建一个猫学院,让所有的小猫咪们上学"。一个宏伟的计划在她的头脑中诞生了,她甚至立刻理清了实施这个计划的五个理由:一是能提高群体的文武素质,让下一代猫皇更加强壮,带领猫族走向繁华的生活。二是把这片无人问及的辽阔土地据为己有,扩大领地。三是希望猫族就像这片草地一样,总有一颗茁壮的小苗不畏雪花的寒冷,慢慢地爬起来,用顽强的精神,在枯黄的草地里展示自己独有的一面。四是很多猫整天无所事事,不是去挑逗一些在发情期的母猫,被狠狠抓上一把;就是找一些小猫撒气,打的小猫不是黄色的尾巴上少一片毛,就是背上

多三道爪印。银雪决定让这些猫被一些模范的猫培训后,一起当老师,自己也抽空去给小猫们上上课。五是可以让自己的小猫继续学习到新内容,工作与家庭两不误。

计划一经公布,立刻在猫国引起了极大的轰动,大家都抢着报名。这个好结果出乎银雪的预料。自古忠孝难以两全,家国无法兼顾,而现在自己的目的也达到了,猫国全体上下也大有收获,真是两全其美!一想到这儿,银雪心里就无比开心!

十　学　校

不久,一个宽敞的石头房,矗立在空旷的草坪上。石头房建在四个枯树根上,褐色的树根,上面布满了密密麻麻的年轮。用手一摸,凉凉的,树皮上的"小疙瘩"在与指纹之间摩擦时,手指尖便会麻麻的。就像爸爸温暖而粗糙的大手,在孩子粉嫩的脸上来回的摸着,有点儿刺人,又有点儿痒痒的感觉。上面巨大的石头,被打磨出了光泽,在阳光下闪着银光。石头缝里被添上泥土,种下草和花。相信,春天里,几朵艳丽的小花和翠绿的小草,会在石缝里顽强地生存。春风把泥土夹杂着野花的清香吹入教室,必会令猫神清气爽!

窗外还挖了一个荷花池,等到里面的荷花亭亭玉立之时,那"出淤泥而不染,濯清涟而不妖"的出水芙蓉,一定会给夏天的校园带来一道美丽的风景线。操场旁栽种了一些竹子,翠绿、挺拔,虽种下不久,可已展现出了宁折不弯的禀性。校园的四周还栽种了一些蜡梅。冬天,它们就会迎着洁白的雪花,傲雪开放。到那时,就可谓是"梅须逊雪三分白,雪却输梅一段香"啦!这可谓是四季景不同,景景都有情啊。

走进教室。其中一间教室空间比较大,一块黑板竖立在正面墙上,摆放着桦木做的桌椅,最前面的讲桌上有一小盆水仙花,淡黄色的小花,显得十分可爱。讲桌上放着两本书,一瓶蓝黑的墨水,配上洁白如雪的鹅毛笔,显得既朴素,又散发着一些文化的气息。另一间教室空空荡荡的,分明是给猫儿们练武用的。

明天就要正式开课了,会有什么好玩的事儿呢?

十一 训 练

清晨,迎着明媚的阳光,猫儿们在草尖儿上露珠的陪伴下,踏起轻快的脚步,在薄薄的雾气里穿梭。一路上,蹦蹦跳跳,与小伙伴们有说有笑,不知不觉中就来到了猫学校。

小猫们好奇地走进了学校,只见在教室外一面银灰色的石墙上,布满了一簇簇似粉红色棉花糖般的蔷薇花。花瓣的最顶层是粉红色的,逐渐变淡,最后变成了白色。那渐变的颜色是多么的自然啊!最外边的花瓣像海浪似的卷曲着,层层叠叠。花蕊的柱头是金黄色的,底部则是白色的。在绿叶的衬托下,有着几朵粉色的小花。有的是花骨朵,有的是微微张开的,还有的张开了所有的花瓣。花骨朵儿小小的,只有大拇指那么大,花瓣是乳白色的。微微张开的花是淡粉色的,十分小巧。而全开的就不一样了,它的花瓣是真正的粉红色的,花蕊是金色的,上面沾着许许多多的花粉。一阵微风袭来,空气中弥漫着一种清香,扑鼻而来。蜜蜂、蝴蝶也顺着香味摸到了这个地方。在阳光下,粉红色的花朵赤光闪烁,美丽至极。在绿叶的映衬下蔷薇像一位纯洁的少女,用双手捧托着脸庞。让小猫们忍不住想走近了看看。

小母猫们不由地赞叹那美丽的校园,她们暗暗发誓一定要好好学习,不能辜负了这美丽的校园,更不能辜负了为她们建这所学校的猫皇银雪。而小公猫们,则觉得灰色的石墙够他们比赛谁爬得高又快了。当然,这也要经过老师的同意哦!于是他们正在想象着老师的模样。有的小公猫说:"老师如果是一个心慈手软的男老师就好了,男老师小时候肯定也喜欢玩游戏,也会理解我们并同意的。"另一只小公猫反对道:"男老师都很凶的,还是女老师好。磨一磨嘴皮子,或者弄点恶作剧,她就怕了。"就在这时"喵,喵,喵——叮咚"的铃声传来了。哈!上课铃响了。

第一节——武术课。

一只强壮的公猫进来了。哦!大家还记得捉老鼠的虎皮吗?就是他!虎皮一脸严肃,用严厉的目光扫向每一只小猫。那目光仿佛像一把利剑,直戳你的心脏,又如一个透视镜,把你从里到外看个透,似乎你的心里想什么他全知道。这一看,吓得好多小猫后背发凉,鼻头上也出现了细细的汗珠,从心脏开始颤抖传到了身体内每一个毛孔,再到汗毛尖。

这样的状态,持续了足足三分钟。这是小猫们从小到大经历过的最难熬的三分钟,仿佛过去了三年。

"同学们,先热热身!"虎皮命令道,"先绕教室快速跑30圈。"

"啊,什么?没有听错吧!"

"30圈!"

"想跑死猫啊!"

小猫们七嘴八舌地议论了起来。

一只有着黑白相间花纹、体型肥硕叫黎瑛的小猫抱怨的声音最大。"抱怨的猫,再加10圈!"虎皮威严地说。这下教室里就只能听见沙沙的脚步声了。

窗外,银雪正悄悄地看着猫儿们,她那双幽兰的眼睛与上扬的嘴角,写满了说不出的喜悦。

再看看小猫们吧,一开始还精力充沛。12圈时,好多猫已经气喘吁吁了,小小的肉垫已经麻木,韧带也有点酸痛,肌肉已经变成了一个个小石头。这时,有一只叫藜瑷(藜瑛的姐姐)的小猫,趁虎皮不注意少跑了两步。虎皮一回过头来,举起那用藤蔓做的鞭子,照着藜瑷的屁股,狠狠地抽了一鞭子。只听藜瑷的那一声惨叫,所有的猫就知道虎皮这一鞭的力度有多大了。再一看,屁股上一条长长的血印子,笔直笔直的、皮开肉绽,连白色的组织液都流了出来。血印子旁边,乌紫乌紫的,比紫雪的眼睛还紫。紫的外面泛青,就像狼那一口锋利的牙齿,泛出可怕的青光。其余的部分,又红又肿。

这下,所有的小猫都傻了!看到虎皮手里那不长眼的长鞭,他们全都加快了脚步。29圈时,紫雪虽然一直在跑,但是速度却慢了下来;黑影还有一点力气跑两步;黛雪藏梅几乎是走下来的;雪里乌枪则遥遥领先,第一个到达终点,而且只是轻轻地喘了两口气而已。其他的猫就不用提了,藜瑛竟然是爬到终点的!

虎皮决定,今天就只练习跑步。首先他讲了动作要领:"要利用我们的肉垫反弹的原理,让自己蹲下去,再突然站起来,把自己弹到空中,再把前爪和后爪缩到最紧,在达到最高处时,突然伸展前、后肢,前肢尽量向远处伸,尾巴保持身体的平衡,最后用肉垫轻轻地落地。记住哦,不能把爪子伸出来。现在大家试一试。"

小猫们做得千奇百怪,有的缩成了一个球,"砰"的一声就直接落到地上;有的尾巴没有控制好平衡,像一张大饼一样扑在了地上;还有的前肢伸展不到位,在空中的跨度很小,导致没有足够的时间调整身体的平衡,摔出了个"猫吃屎"……

不过,万事开头难,经过一段时间的艰苦训练,小猫们各方面都有了大幅度的

提升。银雪和虎皮合议,决定在明天组织一次丛林冒险。这样不仅可以测试一下小猫们的学习成果,还可以去亲近美丽的大自然。毕竟,猫是大地的精灵,本就该走进自然。

十二 冒　险

正当夏末秋初,一轮火红的太阳挂在蔚蓝的天空,染红了原本洁白的云彩。云,泛出了淡淡的粉红色,映着公猫儿们那兴奋得通红的脸庞;也映着母猫儿们沉浸在幻想中陶醉的表情,还有着淡淡的杀腥气,仿佛那云彩是被还冒着热气的鲜血染红的。

幽紫、黑影、黛雪藏梅、雪里乌枪……来到了一个美丽的花园。一只叫柳鹏的小猫好奇地问道:"我们不是要去阴森森的丛林吗?听说,那里面布满了荆棘,会有一些白色的骷髅僵尸朝我们狂奔而来,还会有许许多多的陷阱像绞肉机、沼泽、火山爆发一样……他们还说,我们会完成一场精彩刺激的冒险任务,挑战一个BOOS,还要带点血腥味,现在怎么到这儿来了呢?"银雪只是微笑着,不做声。柳荷(柳鹏的妹妹)用力地努了努嘴,猫儿们朝她努嘴的方向望去。一个巨大的藤条展现在他们的面前。只见这藤条一直往上延伸,似乎穿过了厚厚的云层,似乎伸到了宇宙的边缘。猫儿们不由地惊叹:"哇!好高呀!中国的黄山岂能与此相比?"而且,藤条粗厚连锋利的猫爪都无法插入。藤壁光滑,连爬墙虎都无法立足于此。银雪发话了:"你们需要爬到第二层,大约800米左右。"

十三 献　计

"怎么办啊?"一只小猫问道,只见它的两根眉毛拧成了一个小疙瘩,就像个"川"字。"川"字右边那根长长的竖,就像眼前这个好像无法超越的大藤蔓一样。这只小猫那高高撅起的小嘴巴,几乎都能挂几个油瓶了!其他的小猫,有的在暗自埋怨;有的在沉默思考;有的在与同伴轻声议论……

突然,幽紫的脸上露出了一丝笑容——她有了办法。她的两个嘴角向上扬去,美丽的睫毛就像两只黑蝴蝶在花丛中翩翩起舞,上下翻飞。小疙瘩变成了一撮洁白的绒毛,耷拉下去的耳朵,重新竖起。一双墨紫色的眼睛,正盯着藤蔓,仿佛可以看穿所有物质,直达藤蔓核心,一秒摧毁。

她立即把自己的想法禀告了银雪。

银雪与虎皮合议,同意了她的建议。"喵,安静!"虎皮发话了。所有小猫都毕恭毕敬地站好,嘴巴像拉上了拉链一样。看样子,这段时间的训练成效显著。空旷的田野,只有那一声"安静"在久久回荡。

紫雪上前一步,徐徐道出了自己的想法:"同学们,面对这样的困境我已经有了对策,请大家配合。团结的力量最大,所以我觉得我们可以叠罗汉。我们大家一层层的叠,10000多只猫加起来肯定比藤蔓还高!只要每只猫稳稳地站立在同伴身上,再贴近藤蔓牢牢抓住,既可以减轻下面猫的负担,又不会掉下来。这样,每上去一只猫。就将自己的同伴拉上去一只。我们很快就能到达第二层了!"别看猫儿个头小,团结的力量可大着呢!

在排队的过程中,没有一只猫说过"我先,我先"或"我不要,我不行"这类的话。大家井然有序地听从紫雪的安排。不一会儿,他们就爬到了第二层。此时此刻,夕阳西下,暖暖的阳光照在银雪的身上,又不是那么烫,恰到好处的舒服!紫雪背对着夕阳,雪白的毛发被染成了温馨的粉红色。她站起来,全身都被映成了红色,仿佛与太阳融为一体。分不清哪个是猫哪个是太阳了!

十四 受伤

早晨,一缕温暖的阳光照在银雪的身上,她抖了抖身子,屁股使劲往后弓,前脚伸的笔直。她在阳光下舒舒服服地伸了个懒腰,开始了新的一天的美好生活。

现在正当夏末秋初,天高云淡,大雁南飞。一阵凉爽的秋风拂过她的脸颊,不像夏天那般闷热,又没有冬日那么冰冷。风,穿过了小树林,银雪带着好奇走了进去,美丽的树叶像一只只上下翻飞的花蝴蝶,有的黄如金,有的红似火,有的绿若翠……早晨是多么美好呀!

可不知是什么原因,一向沉着冷静的猫皇银雪,今天却有点儿躁动不安。坐也不好,站也不是,心脏像一只小兔子一样上蹿下跳,就只差从喉咙里跳出来了。"喵——"的一声惨叫,如同一把利剑直戳银雪的心脏,她不禁打了一个冷战。她的心就像被刀割了一下,从心一直痛到每一个毛孔、汗毛尖。她循声找去,沿着一条荒芜的小径,来到了一块鹅黄色的草地上,只见黛雪藏梅正与一只高大、魁梧的狼狗扭打在一起。就是上次在"野外训练"时四只猫打败的大狼狗,估计他是气不过被猫仔打败,回来复仇的!黛雪藏梅此时已经伤痕累累,雪白的胸脯上被硬生生

地撕下来一块皮,红色的鲜血滴在草地上,像一朵朵盛开的鸡冠花在雪中绽放。

银雪的心一下子提到了嗓子眼,她大吼了一声:"喵——"眼睛直瞪着那条恶犬,龇出一口利如刀尖的牙齿,银白色的毛发直直地指向天空,尾巴则指向那只狗。银雪伸出鹰喙般的爪子,以闪电般的速度向狗奔去。只见一个银白色的弧圈在眼前掠过,银雪就骑在了狗的背上,疯狂地撕咬,将爪子嵌入狗的肉里。伸长,碰到了狗的血管;延长,碰到了狗的经脉;再伸长,碰到了狗的骨头。直到狗松开咬住黛雪藏梅的牙齿,银雪才肯罢休。在落日余晖的映衬下,狗一瘸一拐地奔向了荒野的另一端。

银雪连忙跑向黛雪藏梅,温柔地用她那粉红色的舌尖舔着黛雪藏梅的伤口,黛雪藏梅依偎在银雪的怀里,一动不动,享受着母亲的温柔。

十五 露 西

一阵阵秋风袭来,带着那淡淡的花香,吹走了酷热的夏日,也带来了凉爽的金秋。走进山谷里,侧坐溪边,听着悦耳的溪声,看着游鱼在穿梭,在高大的银杏树下歇息,任凭金黄色的树叶掉落在身上……多么美啊!

突然,一个黑色的身影从银雪眼前窜过,打破了她美好的幻想。银雪一惊,她记得猫群里没有一只全身乌黑的猫啊?这只猫,难不成是入侵者?!银雪来不及多想,直奔向那个神秘猫。她就像一条银白色的闪电,四周的树叶也被卷起来好高,连在猫学院学习的猫儿们都能看到。眨眼工夫,她已经追上那只黑猫了。两只猫同时减速,地上出现了一个个蓝色的电火花,"啪啪""啪啪"地响着。

银雪一看,竟然是其他品种的猫。因为银雪是山东狮子猫,山东狮子猫为白色长毛猫,颈、背部的毛足足有5厘米长呢!当然也有黑白相间毛色的品种,但以纯白为珍贵,所以不可能是全黑的。那他是什么猫呢?一个个巨大的问号在银雪的脑海里浮现出来。一个圆形的头部,短短的小鼻子,圆溜溜的大眼睛极为闪亮,泛着淡淡的古铜色耳梢非常小而尖,是圆弧形状的,毛很短,紧贴身体,毛质柔细,质感细致,四肢粗壮,强健有力,脚趾也是圆形,紧凑有力,发亮的乌黑色使他极为耀眼。

黑猫开始了自我介绍:"你好,我叫露西。我是一只孟买猫。因为与族群走失,无法度过冬天。请收留我,好吗?"露西满脸的诚恳,眼眶里也泛起了一层薄薄的泪花。

十六 病 倒

　　猫皇向大家宣布了本月的重大事件"一只名叫露西的孟买猫将和大家一起度过冬……"银雪那"天"字还没有说完,猫群就出现了强烈的骚动。银雪的耳朵里充斥着吵闹声:有平稳低沉的老猫声,有慷慨激昂的成年猫声,也有天真稚嫩的小猫声……可混杂起来就变成了震耳欲聋的轰隆声。

　　银雪只觉得耳根略有些微微的颤动,还伴随着阵阵刺痛。猫群的声音越来越响,银雪的耳朵越来越疼,最后竟发出了"嗡嗡"的耳鸣。可猫群发出的声音却没有一点要停的样子。

　　银雪心中升起了一颗火种,渐渐地成为了火苗,过一会儿成了火焰,最后化为一团熊熊烈火,在心中燃烧。银雪发出了一声惊天动地的怒吼,吼声一直从小岛传到了遥远的太平洋。银雪突然眼前一黑,无力地昏倒在地上。

　　"啊!"一只离银雪最近的小猫叫着。"发生什么事了?"紫雪担心地问。"不会是妈妈晕倒了吧?哎呀,别瞎想了!妈妈不会有事的。"紫雪自言自语道。

　　"太医,太医!快传太医!不好啦,猫皇昏倒了!"平时一向稳重的焱森淼老丞相,急得六神无主。紫雪脑袋"嗡嗡"直叫,"妈妈,妈妈"紫雪喃喃地叫着。黑影一个箭步冲到最前面,大声说:"猫皇的身体不太好,大家先散了吧!"

　　这下,猫群才慢慢地散去了。黛雪藏梅傻了眼,以前强壮的妈妈去哪儿呢?紫雪也回过神来,跑到太医身边询问情况。

　　"啊,猫皇她只是发了高烧自己却没有发现,本来以她的体质,过个一两天就会退烧的。哪知道今天猫群如此混乱,她急火攻心才昏了过去呀!"

　　还没等太医说完,紫雪赶紧追问:"要吃什么药吗?怎么样?有没有生命危险……"

　　太医慢慢取出温度计一看,只见红色指针划过:正常、微热、中热……巨热!巨热呀!"病得很严重啊。"太医摇了摇头说,"只有苍天能救她了。"

　　紫雪愣了愣,带着哭腔向大家宣布:"太医说,只有苍天能救妈妈,大……呜呜……大家一起随我去放孔明灯为妈妈祈福,求得苍天保佑吧!"所用猫都郑重地点了点头,而黑影和官主却冷眼看着紫雪。

　　黑影与官主有什么关联吗?

十七 祈 福

　　夜悄悄来了,它带来了一桶黑色的油漆,拿起宽大的刷子,沾上浓浓的油漆,轻轻地刷在蔚蓝色的画布上。那颜色愈来愈深,从蔚蓝变为深蓝。静静的,悄悄的,一点一点的,刷上黑色。直到整块幕布完全变黑,才肯收手。月亮并未准时升起,它早已被乌云姑姑拉去说悄悄话了。代替星星的是那一盏盏寄托着希望的孔明灯!

　　东边站着一群服饰华贵的达官贵人,南边来了一群父老乡亲,西边站着几只孤傲的小猫,北边是一个个宫女太监,中间是维护秩序的两代老臣。一个放孔明灯的台子,一声清脆响亮的话语。有了成千上万盏的孔明灯,有了数以万计的猫儿;他们不分尊卑,无论老幼,心中都只有一个愿望——自己敬仰的猫皇赶快好起来!

　　一盏盏孔明灯被放飞,一个个希望在升腾。千千万万,大大小小的孔明灯,在空中闪烁。那盏红的,是一位宫女做的,她认为爱心是红的,她要用红色的爱心唤起猫皇的记忆!那盏钻石的,是一位达官贵人做的,猫皇的灵魂是透明的,是高贵的,是纯洁的,是不灭的!他要让银雪知道,赶快好起来,他这一病是多少灵魂在为她祈祷!那盏金凤凰灯,飞得最高最远,这是银雪孩子们亲手做的。为此一双双小手被弄得伤痕累累,有的还磨出了血泡,长起了老茧。虽然,凤尾不够美丽,凤嘴不够完美。但是,这是孩子们对母爱的渴望,对妈妈醒来的祈祷!现在,银雪不只是一个猫皇,她更是一个母亲,一个病人……猫儿们放飞孔明灯,为她祈福!

　　此时的银雪,像夜一样安静,像布娃娃一样美丽。大家都希望她的眉毛能皱一下,嘴角能扯一扯,或者眼睛眨一下也行。这些个小小的心愿却又都无法满足。我们怎么能知道她在想些什么,怎么才能醒呢?

　　而她的梦境又会是什么样的呢?

十八 梦 境

　　一张床上躺着一只大猫和一只小猫,床上睡着这一对母女猫。她们睡得好香好甜,祝她们在梦里相见!

　　是谁躺在床上呢?哦,是银雪和紫雪母女躺在床上。在女皇的梦境里,前面是一簇淡紫,后头是一抹酱紫。在中间的小木桥上,站着一个熟悉的身影。

　　模糊的画面渐渐清晰,那桥上站着少年银雪,那时是多么美丽!柳叶眉微微皱了皱,眼中流露出点点焦急,嘴唇也抿得更紧了。忽然,她眉梢一翘,小嘴儿一咧,把手向那儿挥了挥。一个俊俏的王子来了!真可谓英气逼人,浓眉大眼,高鼻梁。一身帅气的西装,显出了他结实的肌肉。他奔跑着,向桥上走过来了。他走到银雪跟前,拦腰来了个公主抱。银雪的双颊微微发红,睫毛一眨一眨的,欲言又止。只是轻轻搂住他的脖子,说了声"亲爱的"。哦,话语是那么的轻柔,是那么的绵软,让人有一种骨头都酥了的感觉。

　　他们来到了那片紫色的田野,在那里狂欢。瞧,那花海,多么美丽!这朵左右摇摆,那朵原地转圈,那边的一簇簇聚拢,这里的星星般散开……它们千姿百态,好不美丽!风儿呜呜的在帮他们伴奏,鸟儿啾啾的在为他们伴唱,花儿是自由的,是奔放的!银雪与王子一起闻着花香,高唱爱歌,像孩子一般捉迷藏、捉蝴蝶。他们嗅着花香,享受美好的生活。

　　忽然三个凶神恶煞的士兵站了出来,他们破坏了这场狂欢,把银雪的爱人——王子,硬生生地拖走了。王子的眼里满是不舍,不过他还是面带微笑地说:"雪,带着我们的孩子,过好日子!放心,孩子们是龙裔,没人敢对你怎样!银雪!我——爱——你!今世姻缘不长,来生再续!"

　　银雪背后,是一声声声嘶力竭的呐喊。

　　银雪不忍,唱起了那支歌:

　　"啊,我的恋人,我的爱人,我的情人。我就知道有这么一天,请别忘记我,我一直在你身边……"

　　"啪"的一声,银雪的梦境中断了,紫雪也醒了。她醒来第一句话是:"爸爸,王子是我爸爸!"说完她便泪如泉涌。

　　"咳咳,紫雪乖,不哭。"一个熟悉而又陌生的声音响起。这是谁的声音呢?

十九　苏　醒

　　一滴晶莹的泪珠逃出紫雪的眼眶,如导弹一般向银雪扑去,"噗"的一声它着陆了,它轻轻地,慢慢地,顺着银雪的手臂往下滑。突然,一个熟悉而陌生的声音响起:"不哭,咳咳……咳……不哭。"

　　所有人都被怔住了,看着那双如幽兰色花朵般的眼睛,慢慢绽放。紫雪连忙擦了擦眼泪,两双幽蓝的眼睛就那么凝望着,紫雪本来满肚子的话语却在这时被哽住了。银雪的眼中,微微闪过一些晶莹的东西。她拍了拍紫雪,一个深深的吻,便烙在紫雪的脸颊上。

银雪慢慢地说了句:"请焱淼淼丞相代理一个月的朝廷事物,垚磊鑫协助。愿他们兄弟二人合作顺利。"说完,便让其他人退下,只留下了紫雪。

紫雪道:"妈妈,哦不,母皇,请问您有何吩咐?"银雪微微一笑,这一笑不失优雅又不缺亲和,真是比蒙娜丽莎的微笑还迷人啊!"我的孩子,我喜欢'妈妈'这个称呼,以后就这样叫我吧!我们现在只是母女,记住哦。"银雪略带调皮地说。

银雪接着说:"你知道吗?关于……关于……一个故事。"说到这儿,不知怎的,银雪有些结巴。紫雪疑惑的望了望妈妈,问:"什么事儿呢?"

"关于,你爸爸的故事。"银雪叹了口气,继续说,"当时,我只是一个花农家的'灰姑娘',而你的爸爸则是真正的白马王子。在一片紫莹莹的熏衣草花园里,我们第一次见了面。他那短短的猫脸上,一双大大的、蓝幽幽的、水汪汪的大眼睛将我迷住……"就这样,银雪母女俩一直聊到深夜,分享她们之间的故事、秘密。她们已不再是君臣,而是母女、闺蜜。

二十 遇 难

"不……不……不好啦!"一个身穿被烧了半截官服的小太监慌慌张张地钻进了金銮殿。银雪微微一怔,赶忙问道:"怎么呢?"

虽然银雪表面淡定,气定神闲,内心里却是满满的疑问与焦急。"快说!"见小太监没说话,银雪一掌拍在了桌子上,"告诉我,发生了什么?"

"启禀猫皇,皇宫失火了!黑影王子他……他,被砸昏啦!"

银雪的脑袋里"嗡"的一声响。

猫皇脱掉高贵的花盆鞋,摘下嵌满珠宝的皇冠,打翻了青花瓷碗,砸碎了黄金扳指,急不可耐地向宝蓝宫——黑影的住处——冲去。宝蓝宫前,一个黑黑小小的身影躺在地上,旁边是一摊鲜红鲜红的血。银雪一下子冲上去,抱起了那个黑黑小小的身体,眼泪立刻涌了出来,往日的威严,一去不复返了!此时的银雪,只是一个母亲。

一瞬间,银雪感觉到了黑影还有一丝微弱的鼻息。"太医!快!他还活着!"银雪大叫道。太医作出了一个治疗方案:要输血。

猫皇看着自己的血流进了儿子的身体,疲惫的脸上满是希望。可……没过多

久,猫皇因失血过多,再次陷入昏迷。但不幸中万幸的是,黑影醒了!猫皇,却要连喝五年的中药调理。不知是该悲,还是该喜?

二十一　大结局

调理了几日,银雪又回到了猫皇的岗位上。她的第一句话便是:"诸位爱卿,放火之猫是谁?"焱森森老臣上前回话:"猫皇,放火之猫,便是您的亲姐姐呀!"银雪心中一震。接着银雪又问了一句:"放火之猫我已查出,有参与的猫。"她顿了顿,把威严的目光射向每一只猫说,"如果能够在此承认,从宽处理!"

一位小太监慌忙跪下,说道:"奴才有罪!小的和夜澜大人纵了火!求猫皇饶命!"银雪让他抬起头来,一看,吓了一跳,不是宫女扶住了她,恐怕又要昏过去了:竟是一个被打得面目全非的脸。银雪声音有点儿发颤的说:"宣夜澜觐见!"夜澜看了看小太监,厌恶的狠狠地踢上一脚,露出了比以往更丑恶的嘴脸。好比一个苹果,皮烂了,丑了点儿,心还是好的,有救!这心烂了,就只能摔掉!那只从里到外都烂了的"苹果"幽幽地说了一句:"左右大臣,都退了吧!嗯?哼!"还没等猫皇开口,夜澜高傲地扬着头说:"我知道你让我来干什么!不就是认罪吗?我告诉你除了纵火,我还干过许多事儿呢?"夜澜的眼睛向上翻了翻,嘴角咧开了一个鬼魅般的笑容,像一个彼岸花,在阴界摇曳。

夜澜大声说:"我告诉你!你的什么黑影,其实是我生的!你生产时我把他混了进来,他叫咒怨!是希望咒你,怨你!现在你为了他,失去了元气,需要五年来调理,真的能好?我看你就是五百年五千年也别想调理好!"夜澜像吼出来一样,说完这句话。

两行清澈而又纯洁的泪从银雪的眼中流了出来,她默默地想:古人不是说不能以貌取猫吗?为何黑色的皮毛下会藏着一颗黑色的心?你还是我的亲姐姐吗?这猫皮下是猫心还是毒蝎之心?银雪刚想开口问,夜澜又赶忙接着说:"我想你心中还有许多疑问吧?你和锦荣

的事,是谁举报的?他为何会被直接处死?你为何会昏倒?我告诉你!都是我,我下的药,我告的密!哈……今日,我让你体会我多年所受之苦,让你疼,令你痛,让你生不如死!我就是黑皮毛,又怎么样?他们就会取笑我,骂我打我厌弃我!等你死了,我就是猫皇!我要让全天下的猫,都和那个小太监一样,面目全非!"银雪听的不时地打起了寒战,当听到锦荣二字时,更恨不得把夜澜千刀万剐。

银雪不停地深呼吸,试图让自己冷静下来。可这一切都是徒劳!银雪是个皇帝!也是只猫!野性在她身上彻底的爆发啦!一掌下去,檀木桌裂成了两半,连在场的夜澜也吓了一跳。"喵嗷——"这是愤怒的呼喊,是野性的喷发,是抑制不住的愤怒!当一只猫难,当一只母猫难,当一只猫皇更难!银雪慢慢冷静下来。嘴中蹦出了一段话:"奉天承运,皇帝诏曰。皇姐夜澜,残害皇家,罪该当诛,念其有苦,不忍发配。想起先皇,宽以待猫,吾今效仿,赐其府邸,愿其改过,重新做猫。钦此!"

……

二十二 结局之外的结局

难道故事就这样结束了吗?

时光如水,白驹过隙。转眼,五年过去了。我们亲爱的猫皇银雪依然端坐在宫殿中,只是早已成为了太上皇。她的双鬓有些稀疏,不过那双眼睛仍然神采奕奕,无时无刻不折射出智慧的光芒。如今的猫皇是紫雪,她像银雪一样干练、成熟,少了几分俏皮,却多了一些幽默。紫雪原来臃肿可爱的模样早已褪去,现如今是靓丽动人的少女身段,又多了成熟的潇洒、优雅与自然。黛雪藏梅做了郡主,又与自己喜爱的爱人结为连理,诞下了一对龙凤胎,生活甜蜜而又幸福。雪里乌枪虽已有家有业,但还是喜欢冒险。瞧!又和他的夫人上山打猎去了呢!

黑影和夜澜呢?黑影随其母夜澜,就住在银雪赏赐的府邸。今年,夜澜生辰,银雪决定亲自探访。毕竟血肉相连,五年未见,彼此心中多少都有些牵挂。

掀开,珠光宝气的帘;走下,金光闪闪的轿;来到,五彩缤纷的园。园中,布满鲜花。红的是玫瑰,白的是百合,黄的是雏菊……各色各样,无奇不有,美妙绝伦,甚为壮观!银雪从一个黄花梨做的木楼梯走上去,看到了夜澜!"姐姐!"银雪有些激动。夜澜跪下说道:"罪臣夜澜叩见太上皇。""快,平身!"银雪赶忙说道。夜

澜一抬头,正好与银雪的目光相对,四目都散发着纯洁的味道。两人都老了许多,心血依旧。看来夜澜真心悔改了!"黑影呢?""早就成家喽!儿媳妇是个漂亮姑娘,肯跟他这个浑小子,就是黑影的福分!"夜澜在话语中透出的无不是慈祥与欢快。就这样,姐妹俩喝喝茶,聊聊天,一下午在不知不觉中过去了……

宫里的政务还有紫雪呢!不知以后紫雪会不会发生与猫皇相同的故事呢?我只知道,猫皇的故事还在继续……

完……

柳沛阳

（这几天，马航MH370航班神奇地失踪了，全世界都在关注，都在猜测真相是什么。我从各种网络信息资料中似乎发现了什么……）

一

2014年3月8日0时35分，一架波音777—200型客机从吉隆坡国际机场呼啸着腾空而起，飞向蓝天。它就是马来西亚航空公司的MH370航班，从吉隆坡飞往北京，飞机上共载有机组人员及乘客239人。

不一会儿,飞机进入平飞状态,转为自动驾驶模式。这时,乘务员玛丽按响了驾驶舱的门铃:"我可以进来吗?"

"进来吧,玛丽。"机长扎哈里输入密码,打开了驾驶舱的门。

"机长,您要的水。"

"谢谢。"扎哈里接过水,"对了,我托你带的那两只黑箱子上飞机了吗?"

"机长吩咐的,我哪敢忘呢,已经放在货舱里了。对了,箱子里有什么宝贝呀?"玛丽笑着问。

"嘘,小声点!那可是炸弹哦!"扎哈里摆出一脸严肃的样子。

"哦?是吗!那您可得小心驾驶啦,不要让飞机太颠簸。"看得出机长是在开玩笑,所以玛丽跟着也故作严肃。

"哈哈……你们这两个恐怖分子。"一旁的副机长法里克大笑起来。扎哈里终于忍不住也笑了。

"二位专心驾驶吧。但愿到达北京的时候,即使有再大的雾霾,我们也能平安着陆。"玛丽笑着离开了驾驶舱。

驾驶舱的门又紧紧地关上了。

接下来,扎哈里和法里克二人像往常一样开始有说有笑。他俩搭档这么多年,每次在飞行途中都有说不完的笑话,说不完的趣闻。

突然,扎哈里停止了聊天,抬手看了一下手表,原本满面笑容的他,脸色变得凝重起来。法里克察觉到了,关切地问:"怎么啦?扎哈里。哪里不舒服吗?"

扎哈里在位子上怔了几秒,一直说没事儿,然后站起来,转过身走到舱门边的小茶吧拿起一个杯子,对法里克说:"你要不要也来杯咖啡?"

"好的,谢了!"法里克一边答应,一边翻开《吉隆坡时报》专注地看起来,上面有一版内容是介绍刚刚荣获第86届奥斯卡奖的电影。

扎哈里站到了法里克背后,手里拿着一只杯子。这是一只又大又厚的玻璃杯,可是,里面没有咖啡,是空的!扎哈里扣着杯把,高高挥起玻璃杯,猛地朝法里克的脑袋连击了几下。法里克立刻从座椅上瘫倒在地,晕了过去。

二

扎哈里从柜子中拿出绑绳,将法里克从脚到头死死地绑在座位上。然后他来到舱门前,仔细检查一番,确认门已锁死。

梦想的翅膀

他回到座位,慢慢推动操纵杆,飞机高度显示仪的数字不断地在减少,直到在29500英尺停住了。自动驾驶按键上的绿灯早已变成了红灯,舱内的警报声也随之响起。

扎哈里的嘴角拂过一丝微笑,他平静地把飞机上所有的对外通讯联络设备,一个个依次关闭。

他知道,根据《国际航空飞行规则》,在29500英尺这个高度不会有飞机飞行,就像高速公路的应急车道一样,这个高度的空域通常都是禁飞的,所以关闭了所有通讯系统,包括"飞机防撞系统",都不会发生碰撞。而且,作为一个有20多年飞行经验的机长,他对自己的飞行技术十分自信,即使没有任何电子通讯设备的帮助。

扎哈里打开一张地图,手指在地图上滑动,停在了印度洋中心的一个位置,用红笔在那里画了个圈。

他深深地吸了口气,又长长地吐了出来,然后把话筒放在嘴边:"各位乘客您好,我是机长扎哈里,由于我们的飞机出了点小状况,需要紧急迫降,请大家……"客舱播音器里响起了扎哈里平静而舒缓的声音。

乘客们骚动了,有个3岁大的小孩开始哭了。玛丽和其他乘务员也感到有些惊讶,她们不知道飞机为什么要迫降。但是这种事也并非罕见,而且她们也相信机长这样处理自有道理。这样想着,乘务员们赶紧起身安抚乘客。渐渐的,客舱里的骚动平息了下来……

"轰隆隆——"随着沉闷的刹车声响起,飞机似乎降落了。

机上的乘客纷纷从座位上站起来,透过舱窗向外张望,外面一片漆黑。

"我们在,我们在……岛上!"突然,一个乘客大叫起来,"怎么回事?!"

正当大家开始七嘴八舌议论纷纷的时候,播音器里又传来机长熟悉的声音:"是的,你们说对了,我们是在岛上,在印度洋里,而且这里是一座二战时废弃的机场。虽然机场小了点,但值得庆幸的是,我们还是平安降落了。这是一个好消息。"

听到这里,有几位游客禁不住要欢呼,然而很快他们的笑容在脸上凝固了。

"对了,还有一个坏消息,那就是,本架飞机已经被我劫持!"

客舱里立即安静了下来,几秒钟后又随即炸开了锅。乘客中有人惊恐地待在座位上,有人开始哭喊,有人开始疯狂地拨打手机,有人和家人紧紧地抱在一起,还有几个人连踢带踹地试图打开救生门……

扎哈里没有理会这些,他说了句"晚安",就关闭了照明电源。飞机上所有的灯一下子灭了。

机舱外,海风依旧呼呼地吹着,海浪依旧猛烈地拍打着岸边的礁石,机舱里的声音渐渐被黑夜淹没了……

三

2014年3月8日凌晨5时30分,扎哈里从睡梦中醒来。其实他之前并没有睡着,只是迷迷糊糊地游离在半梦半醒之间。此时,距离MH370航班降落在小岛上已经过了近两个小时,而远在吉隆坡的马来西亚航空公司也早已发现本架航班失踪,正一边在雷达上反复搜索着,一边考虑着如何向世界宣布这个惊人的消息。

几位乘客一直在冲撞驾驶舱的门,但扎哈里一点也不担心,因为他知道,即便用炸弹,这扇门也未必能打开。

扎哈里透过宽大的挡风玻璃,静静地凝望着海平面,脑子里一片空白。"哗哗"的海浪声荡漾在耳畔。他就是这样望着,可以说是在发呆,他也不知道下面该做些什么。

太阳刚刚露出海平线一道光圈,海水就染成了淡橘色。看到这个景色,扎哈里不禁又想起了他的女儿劳拉。有一次,还是在女儿上一年级时,泰森老师要同学们用"朝阳"一词写比喻句,劳拉写道"朝阳就像泰森老师的光头一样闪亮",结果惹来泰森老师的一顿臭骂,她被骂哭了。扎哈里知道后差点把学校告上法庭。

劳拉是他唯一的孩子,而且在他40岁时才出生,所以扎哈里格外宝贝她。但是,就在3年前,10岁的劳拉被查出得了一种罕见的绝症。为了给女儿治病,他不惜倾家荡产,一次次带她去世界各国遍访名医。去年底,女儿还是永远地离开了他。为筹集医药费,他被迫欠下了100多万美元的高利贷,由于利滚利,这笔债务几乎不可能还清了。债主不断地催促他还钱,威胁他,威胁他的家人。上个月,妻子也离开了他,去了国外,去寻找所谓的"新生活"了……

这时,副机长法里克醒了。他一边扭动着身子挣扎,一边愤怒地吼道:"你怎么能这样!你想干什么?"

扎哈里冷笑了几声,恨恨地说:"我恨透了这个公司,我恨透了这个世界!"

说着,扎哈里的眼前仿佛又浮现出上周在公司财务部的那一幕……

"经理,我最近手头有点……有点……有点紧,能不能预支我今年的工资?您知道的,我……"

"知道,知道!你女儿死了,老婆跑了,还欠了一屁股的债!可是你知不知道,公司年年亏损,你们飞行员的工资又那么高,公司现在不裁员,就已经很仁慈了!你知足吧,还想预支工资?"

"可是……"

"去去去!请出去吧,我还有事呢!"

就这样,不到两分钟,扎哈里就被推了出来。那一瞬间,他觉得自己被整个世界拒绝了。他开始恨财务经理,恨马航,更恨这冷漠无情的世界……

当扎哈里走出公司大门,突然空中传来一声哀鸣,一只受伤的黑鸟自由落体般地摔在了不远处的马路上。他的眼泪一下子流了出来。

四

2014年3月11日9时30分,MH370航班已经失踪3天了,各国都参与了飞机的搜索工作。

"起飞前准备的食物早就发完了,就连救生艇和救生背包里的食物也所剩无几,恐怕今晚乘客就要挨饿了。"乘务员玛丽跟其他同事小声地说。

这几天,扎哈里一直待在驾驶舱里。他除了喝了点水,基本没吃什么,明显瘦了不少。副机长法里克虽然被砸伤了,但经过扎哈里的包扎,渐渐好转起来。

"扎哈里!你……你怎能这样!"法里克怒气未消,想想又怒吼起来。

"我要制造这次事件来报复公司,报复马来西亚!报复世界对我不公平!"扎哈里掩饰着内心的无望,冷冷地说。

"即使这样,"法里克早看穿了扎哈里的内心,清楚地知道他不是这种冷漠无情的人,"你也不能把自己个人的仇恨发泄在这两百多号无辜者的生命上。这对他们公平吗?"

"不不不……"扎哈里闭上眼睛,故意压低了嗓音。

法里克见扎哈里这样,准备给他心理上来最后一击:"想想你的女儿!你对得起她吗?她在天堂知道了,能开心吗?"

"你给我闭嘴!"扎哈里脸色苍白,突然睁开红彤彤的双眼,眼泪随即流下。

"你要回头!你要……"

还没等法里克把话说完,扎哈里一下子操起地上的玻璃杯碎片,"啊"的一声叫着,向法里克刺去。

然而,碎片在距离法里克脖子4厘米处停了下来。扎哈里的手在不停地颤抖

着,他感觉眼前一片漆黑。

法里克愣了一下,突然对扎哈里喊道:"刺下去,刺下去!有本事就杀了我!"

时间好像停顿了几秒,扎哈里猛地把手上的碎片砸向挡风玻璃,碎片瞬间裂成了几瓣,挡风玻璃上也留下了一个深深的白色印痕。这个印痕就像一颗破碎的心。

扎哈里双手抱头,蹲在地上,痛苦地嘶吼着,仿佛要将自己的灵魂呕出来……

五

MH370在岛上的第4天晚上,食物彻底耗尽。

"机长,机长,没……没吃的了。"玛丽一边轻轻地敲着驾驶舱的门,一边紧张地说。

没有机长的回应,玛丽禁不住打了个寒战。

过了好一会儿,扎哈里虚弱的声音透过舱门传了出来:"我托你带的两个箱子里有吃的,不过也没什么,只是一些压缩饼干和水。"玛丽听了,心中苦笑,机长居然早有准备。

经过昨晚与法里克的争吵,扎哈里痛苦万分,什么东西都吃不下——不只是身体对食物的排斥,更主要的还是心理上的压力。他满面苍白,双眼布满血丝,嘴唇毫无血色。

法里克仍然被绑在椅子上,嘴巴也被忍无可忍的扎哈里用毛巾堵上了,除了进食,其他时间都是堵着的。

机舱外,月光下,海水依然涌动着,海浪依然拍打着沙滩,就像一位母亲在轻拍摇篮哄自己的孩子入睡。几天下来,乘客们的惊恐、愤怒、抗争已经变成了无助、绝望和困乏,变成了垂死前的麻木。他们已经习惯了,每当黑夜来临,就在这海浪声中昏昏睡去。

扎哈里还在望着满天星斗。有两颗星星格外明亮,多么像女儿那双明亮的眼睛啊!看着看着,他双眼模糊了。扎哈里低下头,不敢再看下去。

一阵撕心裂肺的哭喊撕破了宁静:"救救我女儿!救救我

女儿啊!"

扎哈里从驾驶舱门的猫眼向客舱里望去——一个八九岁的小女孩斜靠在第一排座椅上,她双眼紧闭,嘴唇干裂发白,脸红得很不正常,一看就知道她在发高烧,可能正处于休克中。一个女人跪在地上,双手紧握着女孩的手,满脸泪痕地哭喊着。乘务员赶紧上前察看,还不断地送来药,但似乎都没什么用。过了一会儿,女孩微微睁开眼睛说:"妈妈,我没事儿。只要和你在一起,我就会好起来的……"女孩的妈妈点着头,悲伤地抽泣着。

扎哈里的心一下子被击中了,法里克的话仿佛又在他的耳畔回荡——"想想你的女儿!你对得起她吗?她在天堂知道了,能开心吗?"他的脸开始痛苦地扭曲。

扎哈里转过身,凝望着挡风玻璃外的大海。大约过了一支烟的工夫,他拿出海事卫星手机,拨通了一个号码,平静地说:"我是MH370航班机长扎哈里……"通完电话,他给熟睡的法里克松了绑,将手机放在了法里克的身边。

随后,扎哈里打开了驾驶舱地板下的出口,走出机舱,来到海边。四周还是那么寂静,他又抬头望了望挂满星星的夜空,长长地吐了一口气,朝着大海深处缓缓地走去,走去……

天上的星星渐渐暗淡了,远处的海平面泛起了鱼肚白,一道灿烂的阳光照进了MH370的机舱……

(本故事纯属虚构。很遗憾,现实中MH370到现在还未找到,我很难过。真希望它像故事里那样,能有一个美好的结局!)

完……

隔壁的世界

曹冠群

一　进入蜘蛛界

当清晨的第一缕阳光撒进乐天的屋子时,他的闹钟响了。

"啊啊啊……"乐天揉着眼睛,伸了一个大大的懒腰。他还在回忆昨夜的梦境,翻了一个身继续卧在他那柔软的被子里。

"乐天!"他听见有人喊道。乐天顿时一个激灵,一下子就清醒了,因为这叫喊声实在是太大了。"乐天,你赶快把衣服从衣橱里拿出来穿好!"

"知道了。"乐天回应道。他立刻爬起来,这时的睡意完全没有了。乐天打开了衣橱。这是什么?乐天惊讶得快跳起来了,我的衣橱怎么呢?

衣橱里除了衣服,还多了一个洞,一个闪着七彩光芒的洞。在那些光里,隐隐约约似乎还能看见一片绿色的东西。

我不如钻进去瞧一瞧。好奇心占据了乐天的大脑,一个大胆的想法在他的脑子里萌发了。

好,就这么办!

他定了定神,深吸一口气,双手向前举着,双腿稍弯,用一只脚站立,然后利用另一只脚蹬了一下床,冲了进去。

乐天只觉得头晕眼花,四肢无力。不过很快,他便着了地,落在了一块柔软的草地上。

哇!乐天又一次惊呆了,他发现自己身旁有许多"大伞",它们形态各异,有的"伞面"上长着七彩的圆点,伞柄上有着彩条,总之都是漂亮无比。

"咦?这不是大蘑菇吗?"可他还不怎么相信,这东西怎么比他还大几倍呢?他正在思考时,又发现了另外一个怪东西。

这个怪东西长着九只眼睛,每只眼睛都高高地鼓起;一个巨型大嘴巴,嘴巴里露出了牙齿,洁白、锋利的牙齿整齐地排列着,显得有些恐怖;身体上长满了细毛,像个大球;还有一、二、三……八条腿!

"你好!"大怪物用阴森的语气说道,"我是巨型蜘蛛,欢迎你来到我们蜘蛛世界,请你叫我大蛛王。"

"大蛛王?"乐天满脑子疑惑。

插图:曹冠群

大蛛王还是用它那种特有的奇怪的口气说道:"请跟我来吧!"说完转身走了。

乐天既害怕又好奇!大蛛王怎么会说人话呢?这是哪里呢?它让我去,会不会有什么危险呢?一系列的问号塞进了他的脑袋。

不过,乐天望着周围陌生的世界,只好硬着头皮,跟在"大蛛王"身后。

二 大蛛王的城堡

"到了。"大蛛王冷哼一声,这声音在临近的树林里来回荡漾着,乐天的心也随之震了一下。他抬头看见一个圆形的物体,至少有一个体育馆那么大,像皮球那么圆,圆形物体上面还有一个像球门一样的洞,上面蒙着一层蛛丝,神神秘秘的,让人琢磨不透,这应该就是蛛穴了吧?乐天想。他开始头皮发麻,眉头也拧出了一个"川"字,鼻子上渗出了芝麻粒似的汗珠,细细的汗珠从他的脸颊往下流……

"进去呀!"从大蛛王的语气中透出了一丝不耐烦。乐天一愣,赶紧抬起那正在发抖的脚朝前走去。他的每一步都是那么沉重,那么艰难,像是腿上灌满了铅,似乎每走那么一步,他的力气便减少了几分。

到洞口时乐天停顿了一下,硬着头皮轻轻地揭开了蜘蛛丝,低着头钻了进去。而大蛛王呢,却是毫不客气地扯开蜘蛛丝,走了进去。就连不易扯破的大蜘蛛网也被它的几条粗壮的腿扯掉了。但奇怪的是,不过几秒钟,蜘蛛网便又完好无损地复原了。

进入内部,眼前的景象更让乐天惊呆了。首先映入眼帘的是一个由蜘蛛丝编

织成的,金光闪闪的巨大的金字塔形建筑。每一根蛛丝都晶莹发亮,柔顺透明。乐天怎么也不敢相信蜘蛛居然能织出金丝来。他抬起头,看到金字塔顶端是一个透明发亮的晶体,正闪着五彩的光芒。更神奇的是,晶体的彩色光芒还在不断变幻,一会儿红得似火,一会儿粉得如霞,一会儿白得如雪,一会儿又黄得赛金……绚丽无比,看得乐天目瞪口呆。

"呵呵!这就是我们的城堡。这灯是许多发光蜘蛛死后的身体凝结而成的晶体,这金字塔是由蜘蛛吐丝建造的,快掀开这个金丝帘进去吧!一场蜘蛛界为你举办的欢迎仪式正等着你呢。"大蛛王笑着说,这是大蛛王第一次笑,笑得很可爱,九只眼睛都眯成了一条线,看上去还很和蔼。

蛛丝墙裂开了一条缝,乐天进入了那面墙后再一次惊呆了!里面灯火辉煌,有无数只小蜘蛛举着两条腿欢呼着:"大王来了!大王来了!"那场景比音乐会还热闹!噢!原来他——"大蛛王"就是这群蜘蛛的首领啊!

"好了!安静!"大蛛王说道,蜘蛛群立刻静得连掉下一根针都能听得见,"下面有请我们的贵宾,大家欢迎!"

"哗——"台下立刻响起一片跺脚声。这可不是不礼貌,这是蜘蛛王国欢迎仪式的规矩。

"欢迎仪式正式开始!"大蛛王把乐天请了上来……

三 盛情的款待

"吧啦吧啦……"一阵欢快的音乐声从蜘蛛群的一个角落里传来。乐天定睛一瞧,不会吧,这么美妙的声音竟然是从一只蜘蛛的嘴里传出的。这只蜘蛛体型不大,就管它叫"音乐蛛"吧!音乐蛛的嘴巴一张一合,眼睛眯成了一条缝,几条腿有节奏的跺着,活像一个摇滚乐队队长,十分精神。

紧接着,一群超级"迷你蛛"迈着配合得很协调的步子,向乐天走来。突然,它们停了下来,一个接着一个爬上了一只仰面朝天的大蜘蛛身上,表演起了叠罗汉节目。但是这个倒叠罗汉很不一般,如果说第一层是一只蜘蛛的话,那么第二层就有两只,第三层有三只,依此类推。足足有一、二、三、四……哇!让乐天惊得嘴巴都可以放下一个鸡蛋了,足足有20层!啊!那么最底层的那只蜘蛛要承受多大的压力呀!

但下面更让乐天吃惊的是,最底层的"大力蛛"用八只脚支撑着上面的几百只倒叠罗汉的蜘蛛,却没有摇晃一下。突然大力蛛往上一跳,几只脚把上面的蜘蛛

用力一抛,哇!至少抛出了几米高,大力蛛又往后打了一个滚儿。而此时,恰巧上面的迷你蛛们也往下掉了。哇!这还得了!这些可怜的蜘蛛们会摔得很惨的。就在这千钧一发之际,大力蛛猛地向前一趴,小蜘蛛们便稳稳当当地落在了大力蛛身上。乐天的嘴巴再一次张成"O"型。

"我是侍卫将军——寒尔,献丑了。"说完大力蛛退了下去。原来这个寒尔是侍卫将军,怪不得这么有力气,乐天想。

"上菜!"一只体型很大且圆滚滚的蜘蛛叫道。立刻,从地下升起一张大圆桌,旁边还有一圈椅子。桌子很圆,是透明的,在彩灯的映照下,光彩夺目。

桌子上摆放着一个花瓶,花瓶里插着一朵紫色的花。仔细一看,在紫花上还有一只玻璃做的蜘蛛,蜘蛛眯着眼睛舒展着十条腿,看起来十分开心。正当乐天看得入迷时,一只蜘蛛端着一盘黑乎乎的东西放在了桌子上。

"咳咳……"这只蜘蛛清了清嗓子,"银虫泥酱"。

妈呀!"银虫泥酱"!乐天吃惊极了,仔细端详着,盘子上有一层银色的纸,在纸上放着十只肥嘟嘟的虫子,一只大虫子在中央,另外九只虫子围绕着大虫摆在四周,虫子上面撒了一层像黑莓果酱一样的东西。再仔细一看,盘子旁摆着一张纸条,上面写着,配料:肥虫、乌树酱,美味指数五星。"妈呀!"乐天喊道:午餐竟然是虫子,看着就恶心,不知道有没有毒,还说美味指数是五星,想想都要吐了。

"快尝尝看!"那位坐在乐天旁边的音乐蛛催促道,乐天看着那些蜘蛛和蔼的面容逐渐消失了,取而代之的是一个个"蛛"目圆睁的眼睛,还有一张张血盆大口。蜘蛛们都是一副迫不及待的样子。

哦,原来它们正等着乐天第一个动口,那一只只眼睛都直盯着盘子里面的虫,客人不动口,主人怎么能动呢?"快尝尝吧!"大家都急切地催促道。

哦不!乐天急得要跳起来了,不会吧?要我吃这样的东西!但如果我不吃的话,其他的蜘蛛可都在等着呢!说不定会引起一场混战。嗨!没办法了,就算中毒,也总比被蜘蛛咬死好呀!乐天闭上了眼睛,抓起那条最小的虫子,一点一点地放入口中……

"啊!啊……"乐天的眼神突然变了!他觉得,舌尖碰到了一层软软的东西,那肉质不像牛肉那么紧,也不像猪肉那么肥,更不像羊肉那么松。虫子像冰淇淋那样在口中慢慢融化,有一点点咸,又有一点儿酸,渐渐地变得有些辣了,嚼一嚼,又变得有些甜呢!哇,真是"此味只应天上有,人间哪得几回尝"啊!

乐天开始大口地吃了起来,油脂顺着他的嘴巴往下流。其他的蜘蛛立刻欢呼起来,他们一拥而上把桌子上残余的几只大肥虫一抢而光。午餐的菜品一道接着

隔壁的世界

一道往上端,什么"蚂蚁串烧",什么"菌菇小烤",什么"蜜虫汁"……每一道菜都是乐天见所未见,闻所未闻,尝所未尝的。

丰盛的午宴终于结束了。"好了,除了国务大臣和侍卫将军,其他的快退下。让来自外面世界的贵宾好好休息!"大蛛王吩咐道。随着一声令下,蛛穴里除了几只蜘蛛留了下来,其他的蜘蛛都走了。

大蛛王回过头慢慢地瞪着乐天说到:"过几天就到'九重日'了,不知道贵宾有什么重要的话要说呢?"

"九重日?什么'九重日'?什么情况?"乐天有点儿丈二和尚摸不着头脑。他正要问,突然从外面传来一阵尖利的叫声。

四 王位篡夺者

"不好,大家快走!"大蛛王叫到。话音刚落,一个圆球似的东西,轰隆隆地向它们滚来。到了大家面前,圆球突然停住了。原来是外面裹着一个黑披风的东西。等这个披风一脱,一只大蜘蛛露了出来,慢慢舒展开它的身子。乐天一看,原来就是刚才在角落里的国务大臣——那只圆滚滚的大蜘蛛。它浑身发黑,有八只大脚,每个关节上还装有一把刀片一样的利器。它也长着九只眼睛,只不过每只眼睛都是倒三角形的。它那血盆大口更是可怕,尖牙外露,口水直流。

"快把贵宾带入密室,由侍卫将军去保护,快传禁卫军来。"大蛛王大声叫道。

看来这里的情况很是紧急。

"哈哈!禁卫军已经来不了了,前后通道都已让我的手下'狼毒蛛'放的毒雾封闭了,周围全是我的人,况且我还在你们的食物里放了'无力散',现在你们的力气只有正常时的一半了,就是上帝也不能救你们了,哈哈哈哈……"圆球疯狂地笑着。

"'冷火',你这样的行为太卑鄙了,我们巨王蛛族难道还会怕你?"大蛛王平静地回应道。"你不怕我?我倒要看看你的实力究竟怎样,我等这一天等了好久了。"国务大臣冷火蛛凶狠地说道。

哦!原来这个"圆球"叫冷火蛛,是大蛛王的国务大臣。乐天总算听出了一点儿名堂。看样子,肯定是冷火蛛一直觊觎王位,准备篡夺王权呢。今天是趁着乐天的来到,大蛛王疏忽的时候突然发动了政变。

乐天被侍卫将军寒尔硬拉到了一旁,这时大蛛王和冷火蛛已经战到了一起。

只见冷火蛛迅速绕到大蛛王身后,准备来个背后攻击。但大蛛王似乎早就料到了,它往左边一闪躲了过去。紧接着,大蛛王腾空而起,向冷火蛛压来。冷火蛛见状用前脚上的刀片往上一顶,这是力量与力量之间的较量!顿时,两蛛之间爆发出一道蓝光,它们俩第一局打平了。

"哼!"冷火蛛不服气,不信凭自己的实力只能与大蛛王相持平。不过,即便如此,冷火蛛也并没有先出手,而是站在一旁,等待对方先出手。但是大蛛王才不笨了,它也在观察着对方,就这样它俩对视了接近五分钟。

性子急的冷火蛛等不下去了,先下手为强,飞快地旋转着几只脚,凭着脚上的刀片,把大蛛王逼入一个死角。糟了!乐天心里一紧,不能让冷火蛛杀了大蛛王。他随手抓起桌上的花瓶冲了上去,向冷蛛王砸去。冷蛛王的注意力被分散了,大蛛王趁机逃出了死角,挡在乐天前面。

"你先去避一下,这是我们蜘蛛国内部的事情!"大蛛王命令乐天。

"哪来的臭小孩?"冷火蛛生气极了,这时它的攻击力大增。乐天在一旁看到,冷火蛛身上好像有一层红火闪动着!

冷火蛛又向大蛛王扑来,大蛛王往右一闪,没料到这是冷火蛛的圈套,冷火蛛立刻也往右一闪,与大蛛王来了个"硬碰硬"。大蛛王被撞出几米远,好像腿也断了几条。

冷火蛛得意地狂笑着说:"大蛛王,今天你难逃此劫,就让我成全你吧。"说完凶狠地向大蛛王扑去。

乐天想到冷火蛛在食物中下毒的卑鄙行径就知道它不是什么好蛛,大蛛王这下受了伤,如果冷火蛛当上国王不知道会发生什么呢?

只见大蛛王猛地向冷火蛛吐出一张蛛网,趁着冷火蛛用手上的刀片劈开蛛网时,大蛛王爬上了墙壁,从屋顶的天窗飞快地逃走了。

"首领!首领!"冷火蛛的手下蜘蛛们纷纷出来,欢迎着新的首领。

"好,安静!"冷火蛛说道,"把所有的元老都喊来,下面我来宣布一下我们族群的新规则……"

五　第一条规则

"第一条规则——"冷火蛛严肃地说道。底下的蜘蛛们屏气凝神,此时,这里的空气似乎也凝固了。"大蛛王已经被我打败,现在我就是国王。我宣布,从现在

起,我说的一切都是法律,全体蜘蛛都必须听我的,如有违反都要坐牢!"

"啊!说的话就是法律?"乐天想,"这个家伙也太独裁啦!"

此时,蜘蛛群有些骚动,但是没有一个蜘蛛敢大声说话,空气又再次凝固了。就在这个时候,有一只老蜘蛛说话了:"为什么?凭什么我们要全部听你的?自古以来,没有哪一任首领在重大的事情上独自决定的。"

"是呀,是呀,为什么?简直乱来!""新首领怎么这样?一点都不懂规矩!"蜘蛛中有人附和。

底下全乱了套,刚才那只老蜘蛛开始吐丝,然后揉成一个球扔向冷火蛛。将丝球扔向首领,这是不认可的行为。

冷火蛛走近了老蜘蛛,抬高了头说:"你竟敢这样,太不尊敬首领了!"只见冷火蛛把脚上的利刀猛地刺向老蜘蛛的胸口,老蜘蛛挣扎了几下死去了。

"还有谁不认可?现在可以说。"冷火蛛大叫道。

台下原本吵吵嚷嚷的场面安静了下来,大家全部顺从地趴在了地上,看样子它们已经承认了新国王。不过从蜘蛛们的表情中仍可以看出它们对冷火蛛的不满与恐惧。

"再过三天就是'九重日',这个人类是来搞破坏的!现在把他关起来,等到那天用来祭祀!"冷火蛛指着乐天说道,"其他的回去不许乱溜出来,不许乱说话"。

六 狱 友

几个冷火蛛的手下走了过来按住了乐天的手臂,把乐天带出大厅他们通过一条曲折的小路来到了一处阴暗的建筑,这里就是牢房。

几个冷火蛛的手下把乐天推进房间,乐天不由得搓了搓手,因为一进到这里,便有一股冷气扑面而来。这里的墙是泛着荧光的灰墙,显得十分阴森,房间里只有一扇很小的窗户,虽然能通风,但总觉得很闷,更谈不上光线啦。床呢,更让人觉得恶心,竟是一张黑色的蜘蛛丝网吊床,睡上去黏黏的,像是落入了胶水池一样。

"咣当"一声牢门重重地关上了,乐天歇斯底里地朝房门扑去,冲着铁门上巴掌大的小孔对外大声叫喊道:"快放我出去,我要回家!"可是除了蜘蛛们离开的脚步减弱的回声,没有谁来理他。

这时一个声音传来,"你是从人类世界来的吧?你叫什么名字?"

是谁在说话?乐天定了定神,他终于发现,原来是在对面。在走廊对面也是一间牢房,从铁门上的小孔发出了声音。一会儿,通过这个巴掌大的小孔露出了半张笑脸。

"你是人类的使者吗?我叫正齐,是灵界的使者,来参加'九重日'的,没想到被蜘蛛给关起来了,这些蜘蛛一定是疯了。"

乐天好奇地问:"什么'九重日'?什么使者?我刚到这里,就目睹了一次政变,现在又被关进了牢房。"

"政变?难道'大蛛王'有不测?现在谁当了国王?"

乐天只好把前面的情况说了一遍。过了很久,对面才传出了一阵叹息:"看来担心的事情终于发生了,我昨天刚到这里,冷火蛛就瞒着国王把我关了起来,看来它是蓄谋已久呀。"

接着正齐在对面通过小孔又说道:"我来向你解释一下吧!'九重日'这是每隔99年就要举行的一次仪式。在这个世界上有金、木、水、火、土、气、人类、灵类、动物类九种元素,这九种元素组成了世界。大蛛王必须在'九重日'这天集齐这九种元素,通过'无影蛛丝'把它们编织到一起,这样就会使得这个世界和谐稳定。"

"九重日"原来是这么回事。乐天说道:"我跟这件事有什么关系呢?现在又有一个看上去很坏的蜘蛛称王。"

"也许你以前还不知道!你就是被选定的人类使者,是九种元素之一,要不然你不会出现在这里。只不过,现在谁当了蜘蛛王是个大问题。因为在'九重日'这天如果集齐九种元素,就可以打开通往其他世界的大门,通过'无影蛛丝'得到它想要的一切。这样的话,世界上的元素将因此失去平衡而陷入混乱。居心不良的冷火蛛如果掌握了世界上控制元素平衡的能力,那它一定会趁机统治世界,那么大家就全完了。"正齐忧虑地说道。

现在大蛛王战败受伤,乐天和正齐又被关在这里,后面到底会怎么样呢?

七 越 狱

"呃……大蛛王已经战败成了废蛛吗?他现在在哪?不知道它是生是死?我怎么样才能出去呢?"乐天眯着眼睛睡在黑色"蛛丝床"上想着,突然一阵冷风吹过来,蛛丝床"哗哗"地摇动着,像个摇摇床,乐天把蛛丝被又捂紧了些。

"我要是知道大蛛王的下落就发大财啦,冷火国王已经下了十万枚金币的悬赏令。"走廊里传来了看守蜘蛛的对话声。不一会儿,从牢门口的小洞里投进了几个

隔壁的世界

干瘪的水果和几片黑色的面包。

乐天突然听到两声闷响,感觉像是有人倒地的声音,究竟发生了什么事?只听到有声音在喊:"乐天你没事吧!我来救你出去。"

乐天听到这声音来了精神,怎么回事?难道会有谁来救我?

随着一声巨响,门被撞开了,出现在乐天眼前的是一个魁梧的蜘蛛,它竟然是侍卫将军——寒尔。紧接着,对面的大门也被打开了,灵界的使者正齐也被救出来了。

乐天这下终于看清了正齐的样子,她竟是一个漂亮的女生,一头蓝色的长发,两只耳朵看起来是尖尖的,雪白的皮肤透着一点微微的红色,一双乌黑的大眼睛闪着深邃犀利的光芒,身着一身银色的衣服,背着一把银弓,显得格外精神。

"你是谁?大蛛王怎么样呢?九重日的时间快要到了,我们一定要阻止冷火。"正齐焦急地说。

"我叫寒尔,大蛛王很安全,只是受了伤。我就是受大蛛王之命前来营救你们的,事不宜迟,现在跟我走吧!"寒尔说道。

一行人跟着寒尔走出了牢房,一路上乐天看到地上冷火蛛的手下东倒西歪,心里不禁想,这个寒尔单枪匹马闯入监狱,看来真不愧为一员猛将。

一路上他们小心谨慎地避开冷火蛛的守卫,趟过小溪,穿过密林,来到了一个山坳。远处一座低矮的石头房子出现在他们眼前,突然从路边草丛里窜出十几只蜘蛛大声叫道:"不许动,你们是谁?"乐天吓了一跳,啊!难道大蛛王就在这里吗?

八　打开穿送门

寒尔回应道:"我是寒尔,客人已带到。"几只蜘蛛说道:"原来是寒尔将军,等你很久了,赶快进去吧!"几只蜘蛛带领大家进入房子。

进去一看,乐天却没有看到大蛛王,只见一只蜘蛛坐在房间中间的桌子旁对他们说:"什么时间?什么颜色?"

乐天看了一眼说话的这只蜘蛛,只见它抬起一只大脚放在另一只脚上,抖动了几下身子,好像是在活动活动它的脚。这大概类似于人类的跷二郎腿吧!乐天心里不觉暗暗好笑这是什么问题。

"比高时、红色!"寒尔回答道。

只听那只蜘蛛发出了一阵难听的叫声,接着开始吐出蓝丝,它前后摆动身子,蓝丝奇迹般地穿过了墙。过了一会儿,一些密密麻麻的白色圆点在墙面显现出来,组成了一组神秘的图案,许久,它才"刷"的一声收回了蛛丝。

哎呀,墙上居然出现了一扇门。

"这是传送门,我们要进去办点事。乐天、正齐请你们俩就在这里等我!"寒尔说。

正齐和乐天同时说道:"我陪你去吧!"

"不行!里面很危险。"寒尔答道。

乐天说道:"现在是非常时期,多一个人就多一份力量。"

正齐也回应道:"再说时间已经不多了,就让我们跟着你一起去吧!"

寒尔想了一会儿,说道:"好吧!你俩跟在我们后面,注意安全。"

这时候寒尔手下的蜘蛛们全都聚到了门口。寒尔说道:"大家一定要小心!"

寒尔轻轻地推了一下大门,"吱呀"一声——大门慢慢打开,一阵寒风吹来,大家都打了一个寒战!乐天也缩了缩脖子,好冷!

一出大门,首先映入眼帘的是一片血红色的花丛,它们散发着浓浓的香气,迷人极了。但是穿过花丛便是一片蓝紫色的草地,显得阴森诡异,慢慢地,慢慢地,大家觉得有一阵寒气在接近……

果不其然,一个戴着黑帽子,架着黑眼镜,围着黑围巾,穿着黑衣服和蹬着黑皮鞋的"怪树"出现在眼前。好像是一棵树!个子那么高,身材那么像,不是树又是什么呢?他的手脚显露出来的竟然是树枝,这时一阵寒风吹来,轻轻揭开他的围巾,他的脸就是一张树皮。

"那个人长得与树好像呀!简直就是树!"正齐好奇地说到。

"你好呀!好久不见。我来借你的宝物一用,我们的国王大蛛王急需要它!"寒尔笑着和他打招呼。

"把木灵石借给你?做梦!"树人说道。

"大蛛王现在受伤了,恳请你答应!"寒尔焦急地说道。

"哈哈……交给你们,那就要看你们有没有本事了,你们不知道我'黑灭'是这个世界的最强者,确切地说,是昆虫界的——毁灭者!"树人说道,"像你们这样到过我这里的人,哈哈!都不会有什么好下场!"

"黑灭!黑灭!黑色毁灭者!"蜘蛛们开始惶恐了。"大家不要慌,布阵保护好乐天和正齐。"寒尔镇定地说。蜘蛛们立刻摆出一个三角阵势来应付。

黑灭也不甘示弱,拿出一沓镜片把自己围了起来。紧接着,又拿出一个发着绿

隔壁的世界

光的宝石,照向一面镜子,顿时周围一片光亮。无数个黑灭出现在眼前。

哎呀!不好!这是乐天在游乐场见到过的光线错觉,是魔术师在表演魔术时常用的手法。它会使观众分不清某样东西,而它实际上就在你的跟前,从而实现魔术表演的神奇效果。黑灭肯定是想把自己隐藏在许多幻影中,使蜘蛛们看不见他,这样好来偷袭它们吧!除非,蜘蛛们知道他在其中的一面镜子前,对他一击即中,否则没有办法打败他。可是这个难度非常高,成功率微乎其微。

一个蜘蛛向它面前的黑灭吐出了一张蛛网,却没想到这只是个幻影,自己马上被重重地击倒了。紧接着又有几只蜘蛛被击倒受伤了。

可就在这时奇迹发生啦!只见正齐闭着眼睛,张着弓箭仅靠自己感觉慢慢转动身体,等感觉黑灭到了面前,她猛地射出了弓箭,黑灭一闪躲了过去,可是身前的镜子却被击破了,黑灭一下子就暴露了。看来黑灭没有法宝了,只能用真功夫了。

寒尔将军看到了机会立刻手一挥,蜘蛛们又摆开了圆形阵法。一只超大蜘蛛站在了最后面,它和一些蜘蛛团团围住了黑灭。

谁知,黑灭还有暗器,他甩出一根亮亮的细针,朝寒尔掷了过去。只见一道银色的弧线划过了天空,好像一颗流星雨刺向蛛群。不过蜘蛛们很快变化着队伍,围成一个空心圈,针刺进圈内,小蜘蛛灵巧地避开了暗器。大蜘蛛则不停地编织着蛛丝。暗器都用完了,蜘蛛们却毫发无损,黑灭自己却被蛛网围在了中间。相比原来的昆虫们一见到利器就四处逃窜、不顾伙伴,这群蜘蛛的团结一致和训练有素让黑灭十分吃惊。

沉默了几分钟的黑灭,突然一屁股坐了下来,从口袋里掏出那颗宝石,说道:"你们过关了!我一直守在这里,一直等待着一个传说中的人到来,传说我会被一个弱不禁风的小姑娘打败,如今我终于等到了,我愿把这个传家宝'木灵石'给你。这是治百病的灵石,得重病的人有了它会马上康复的。"黑灭对正齐说。

"不!我们只是借用,到时候还会还给你。"正齐说道。

"谢谢,谢谢!"黑灭握着她的手,他的声音也变了,可能是太激动了,他高兴得连身子都在抖动。

寒尔在一旁说道:"我们快走吧,传送门马上要关闭了。"

这时,他们发现在远处的传送门发出了红光,他们告别了黑灭,向传送门跑去……

九　完全的康复

"大蛛王！"乐天高兴地蹦跳着，一下子抱住大蛛王喊道。大蛛王被乐天扑得往后一仰，差点摔倒。

"你慢点啊！"大蛛王也十分兴奋，不管伤口好了没有，试图撑起身子来，这一站使它重心有些不稳，差点儿摔跤，"唉！看来我是老啦！"

"快试试这个吧！"正齐急忙拿出木灵石，这块木灵石发出淡绿色的光，晶莹剔透，乐天把宝石举起来，透过宝石远远望去，远处的景物看得一清二楚。

乐天急忙把"木灵石"往大蛛王嘴里一塞，大蛛王还没来得及反抗，就咽下去了，因为这个实在太滑了。"啊、啊！"大蛛王叫了几声，慢慢坐了下来，"这，这是什么？"

"哈哈，这是……"乐天还没说完，大蛛王的身体就发生了奇迹般的变化。很快的，大蛛王的几只腿就长出来了，几条伤腿也已经完全好了。但是真正的变化在于，它的九只眼睛中，一只眼和另一只眼睛合并了，变成八只眼，显得十分对称，不像以前那么恐怖了。就连尖尖的牙齿也短了许多，也不是很锋利尖锐了。但它的杀伤力不仅没有减少，还增加了。不光身体恢复，面目也变得和蔼了，而且体力又强了。

"这，这不是'木灵石'吗？"大蛛王十分惊讶，"这东西真是神奇呀！"它活动活动身体，感到十分奇怪。

"身体复原了，这样你可以夺回王位了吧？"乐天问道。

"不，不用，现在并不用着急。我还得等待时机，然后彻底打败那个冷火蛛，哼哼！"大蛛王的脸上露出一些光彩，眼睛里也闪烁着光芒，显得十分神气。

"那就开始吧！"乐天提议道。

"好呀！"大蛛王伸长脚和手，好让整个身体能够更加贴近地面，然后它的身体一鼓一缩，好像是在呼吸空气，而且双目微闭，样子嘛，还很搞笑呢！

"这，这是什么奇怪的招数？"乐天绕着大蛛王走了好几圈，挠挠头，瞪大了眼睛，也学着大蛛王的样子，伸手缩脚。一旁的正齐着急了，跺着脚问大蛛王："你这是干什么？快告诉我呀！"

大蛛王不理乐天和正齐，继续它的动作。不一会儿，大蛛王的身体慢慢发生了一些变化，它的全身闪着五彩的光芒，慢慢地身体被一个透明的泡泡罩住。接着又慢慢地离开地面，大蛛王竟然腾空了，它微笑着悬停在半空中看着乐天。乐天吃惊地望着大蛛王！脑子里充满了杂乱的符号。

大蛛王微笑着说:"这叫灵星飘,修炼这个功夫有的需要很长时间,而有的很快就能学会,让我来教你们吧!"

"你学了多长时间?"乐天问道。

"我学了快半年,算快的了。我看你们的样子很机灵,说不定能比我学得还快。练这个功夫,需要平心静气,心里没有任何烦恼与忧伤,没有喜悦与激情。你只要想象在你四周会出现一层气泡,而气泡则会把所有的东西隔绝。"大蛛王说道。

乐天与正齐点点头,学着大蛛王的样子练了起来。谁也没有想到,只过了几分钟,一个亮晶晶的泡泡就出现在乐天周围,真是太神奇了。可是只维持了几秒钟的时间泡泡就消失了。

大蛛王笑着对乐天说:"看来你很有潜质,如果再加上这块木灵石你应该很快就能学会。"大蛛王刚说完,大家发现那块神奇的木灵石不知什么时候出现在了大蛛王的手里。这时大蛛王吐出了一根蛛丝系住木灵石把它做成了一个项链。

"戴上木灵石再试试。"大蛛王说完轻轻地把木灵石挂在了乐天的脖子上。

乐天觉得自己充满了力量,随着木灵石发出阵阵淡绿色的光,乐天身体周围出现了一个泡泡,泡泡托着乐天,慢慢地上升。"哇噻,我居然成功了!"乐天高兴得叫起来。

"嗯,不错不错,没想到你这么聪明。不过这只是修炼的第一步,你才刚刚开始。"大蛛王说道,"这个泡泡还有很多功能需要你来发现。"

"你看好了。"大蛛王看了看自己的泡泡,往地面落下。只见泡泡碰到地面一下子弹了起来,把自己保护得好好的。泡泡又向一个石块撞去,只见刚才还软软的泡泡,却变得像金刚石一样坚硬,石块被撞得粉碎。啊!真是太神奇了。

大蛛王对乐天说道:"你必须学会控制好你的泡泡。泡泡会感受到你的思想,有时让它变得坚固,有时却让它变得柔软。你的思想必须集中,才能实现这些功能,你还有很多需要学习。"

"太好了,这个泡泡不光能当玩具,又可以保护自己,真是太好了。"不过,乐天刚兴奋的一跳起来,泡泡却破裂了,乐天一下子摔倒在地。"看来还不能高兴得太早,我还得加紧练习呀!"乐天捂着摔疼的屁股苦笑着说。

看着乐天这么快就学会了泡泡!正齐却高兴不起来,她眉头紧锁,恼恨地说道:"我怎么这么笨,学不会灵星飘。"

乐天赶紧说:"我把木灵石给你,你一定会很快学会的。"

大蛛王说道:"不要紧,假以时日你一定会学会的。只是现在时间紧迫,这时乐天如果没有木灵石的帮助肯定不能使用灵星飘,你就骑着侍卫将军寒尔行军

吧。"

一旁的寒尔爬过来笑着说："你要是不嫌我丑就让我来背着你吧，我可是背过几百个蜘蛛的，昨天乐天刚看过我叠罗汉的表演。"

"好吧，只是辛苦你啦。"正齐高兴地说道。

乐天问大蛛王："那下一步我们该怎么办呀？"

十　金灵石

"嘿！看来只好去凌月园了！"大蛛王缓缓地说道。

"凌月园是什么地方？"乐天好奇地问。

蜘蛛们也在那七嘴八舌地问什么是凌月园。"你们去了就知道了，不要多问。"寒尔说道。

"大家都跟着我走。"大蛛王下达了命令。晶莹的泡泡发出五彩的光芒把大蛛王罩笼，大蛛王飘浮在空中向南方飘去。

寒尔驮着正齐与蛛群跟着大蛛王，浩浩荡荡地向前进发。乐天好不容易生成了一个泡泡紧跟着蜘蛛群。大蛛王左右摇晃着泡泡，晶莹的泡泡又散发着橙色的光，显得朝气蓬勃，十分活泼。乐天对大蛛王的泡泡仔细一看，不对呀！为什么橙色的泡泡里夹杂着一丝灰色？难道大蛛王还有一丝后顾之忧？难道这事还有点危险？难道凌月园有鲜为人知的秘密？难道……想着想着，乐天的泡泡也变得泛蓝，不那么朝气了，只不过好在大家也都没有发现……

不知不觉中，大家已经走了好长一段路了。这时，一片绿色的密林挡住了他们的去路。这片林子十分幽静，但幽静得让人很不舒服，让人静得发慌。又总觉得哪里不对，这些树为什么树干那么粗，树冠那么少呢？为什么这些树干这么平滑，没有结疤？为什么一阵风吹过，叶子不摇晃，不发出一点声音呢？莫非真的有什么秘密藏在背后？

"嘎——"的一声鸟叫，把大家吓得打了一个寒战。

"现在我们正面临第一个考验，就是这只鸟。这只鸟是传说中守护这片闭气林的，它名叫'金锜'，可别小看它，它的战斗力很强。"大蛛王指着在大家头顶上盘旋的一只鸟说。

乐天抬头望了一下，哈！这小东西！这鸟也太小了吧！真的不敢瞎说，恐怕这鸟连麻雀都不如，等它飞下来后，乐天看到它的嘴巴是橘色的，全身银白，只有头顶

一块是金色的,眼睛滴溜溜地转着,一副机灵样。

"这么点大,太好对付了!"正当大家这样想着,没想到金锜鸟先发起了攻击,它张开双翅向前滑行。乐天想一下子捉住它得了,于是冲着金锜鸟跑去。谁知金锜鸟突然猛地一冲,从乐天的头顶上飞了过去,一道闪电从金锜鸟身体发出,乐天感觉全身麻木,多亏有泡泡的保护否则不堪设想。

金锜鸟又俯冲下来朝着蜘蛛们发起进攻。它太坏了,知道乐天和大蛛王有泡泡保护,只挑没保护的蜘蛛们,几道闪电过后有些蜘蛛受伤了。

于是乐天与大蛛王便开始变化队形来保护蜘蛛们,而小蜘蛛们则利用空隙来攻击金锜鸟,但是刚一接近,就被金锜鸟的闪电给电倒了。而且由于金锜鸟的体型太小了,正齐射出的箭都擦着它的身体错过了。

乘金锜鸟一个左转弯,乐天立即挡在了它的前面,大蛛王也随即站在金锜鸟的背后准备进攻。可是早有准备的金锜鸟一下子飞上高空,大蛛王攻击的蛛网一下蒙在了乐天的泡泡上,不过好在泡泡的反弹没伤着乐天。

"嘎——"的一阵鸟叫声传来,金锜鸟又得意地飞过。

"这样肯定不行,我们一定要想个办法。"乐天焦急地说。突然乐天看到寒尔和其他蜘蛛,于是他有了主意。

不一会儿,蜘蛛们排好了队形,等待着金锜鸟的第二次攻击。金锜鸟一个俯冲又向蜘蛛们扑来,乐天和大蛛王立即挡在蛛群的前面阻止。这时金锜鸟发现小姑娘正齐一个人孤单地在一旁,趁着这个机会它朝正齐飞去。

金锜鸟没想到正齐却不躲闪,难道有诈?可是已经来不及了,这时寒尔像叠罗汉一样背着十几只小蜘蛛,它用力一抛,十几只蜘蛛便被抛上了空中。这时,居高临下的小蜘蛛们发挥了作用,每只蜘蛛都吐出一团团绿色蛛丝向金锜鸟喷去。这时乐天和大蛛王前后夹击,寒尔与其他蜘蛛在地面遥相呼应,蛛网交错,感觉就像布下了天罗地网。金锜鸟被几捆蛛丝缠住了,正挣扎着慢慢地向下掉落,正齐对准金锜鸟发出了银箭。金锜鸟也发出了几道耀眼的闪电,但是,这次没有用,因为绿色的蛛丝牢牢地困住了它。

接着,这只鸟便发出了一阵惨叫,"呜——"的一声,但随即金锜鸟突然闪着白光,慢慢变小,直到最后,它化为了一颗银色的卵型宝石,好像一个鸟蛋。银色的宝石发出"噌"的一声,好像宝剑出鞘,一道耀眼的光芒闪耀大地。

大蛛王说道:"这就是'金灵石',上古玄铁受烈焰融化而成,我们终于得到了。时间不多了,赶快找到出路我们离开这里吧!"

果然,大家前面一棵巨大的树干上有一个卵型小洞。正齐把宝石放了进去,它

便与树合二为一了。紧接着,树林在慢慢移动,树叶也在"沙沙"地摇晃着,像是在为他们喝彩。几声悦耳的鸟鸣也从远处传来,大家一看是群紫玲鸟在嬉戏。不一会儿,面前便出现了一条林荫小道,正齐收起金灵石跟着大家走了进去。

但是,进去才知道,这里是一片神奇之地……

十一 脱离险境

"哇!这儿简直是世外桃源呀!"乐天惊呆了,"居然会有这么好看的美景?"天空中闪着五彩的极光,有粉色的、有黄色的、有绿色的、有橙色的,还有紫色的和蓝色的。

这儿十分美丽!瞧!前面是一片玲珑花,每朵花都娇艳无比,像是刚从水里摘下来的,嫩嫩的、柔柔的。特别是那朵紫色的玲珑花,它有五个花瓣,花瓣上的经脉弯弯绕绕,像一位画家勾勒出的细流,慢慢流淌,细润柔美,真是难得!旁边的树林在玲珑花的映衬下更显生机。原本淡绿色的林子,现在变成了嫩绿色,青翠欲滴。风一吹过,树林就"沙沙"作响,就像一首柔美的歌曲,引人入胜,陶醉其中。在玲珑花和丛林的中央,是这个世外桃源的中心——月池。

月池十分平静,没有一丝波澜。它的水十分清澈,至少能看见水下几十米深处的五彩卵石。这些五彩石也为这汪碧水增添了几分生趣情调,更显活泼,仿佛让水有了活力。

这么美丽的地方怎么会有危险呢?大家都打消了顾虑,全都沉浸在美景中时,一道黑影掠过,大家都没有注意……

不知怎么的,大家只觉得全身发冷,这时一阵狂风吹过。林中花朵全都在摇摆,这是几级大风,怎么这么厉害?风越来越大,林中树叶摇来摇去,连枝干也跟着一起摇晃,最后实在撑不住了,"轰"的一下就倒了。那些花呢,"刷"的一下,花瓣掉了,连着花梗被一起吹走,不知去向了……

此时,狂风刮得更大了,在越来越近的黑色飓风中不时传来阵阵闪电,大家被吹得东倒西歪。"这风太厉害了!大家快找不容易被吹走的东西抓紧。"寒尔以前的镇定也失了几分,脸上的细纹也增加了几条,眼睛眯着,身上的绒毛也湿了,那应该是汗吧!哎,这肯定是碰到了大麻烦。

乐天此时表现得镇定许多,眉头虽然紧皱着,但眼睛却炯炯有神,此时,他的泡泡是红色的,正义!能量!勇气!充满了活力。

乐天仔细地向周围搜索,在不远的地方闪出一道光亮,他似乎看到了什么。这是一个圆形的门,里面泛着红色的光,隐隐约约的,让人琢磨不透。那会不会是冲出这个危险之地的出口呢?乐天也确定不下来,便摇摇晃晃地大喊:"大家去远处那个圆形红光洞口去看看,说不定有线索。"

寒尔把一根蛛丝固定住,顺着风把自己和正齐带了过去,其他蜘蛛也纷纷效仿,不但没有受到伤害,还把大风当成工具飘到了洞口,一举两得。

乐天走近了一看,原来是大蛛王正聚精会神地在吐着七彩蛛丝,在这紧要关头大蛛王用无影蛛丝打开了一扇传送门。

大家向里张望着。哇!隐隐约约地看到好多石头,有的正在高速掉落,有的正落下来摔成粉末……还有许多条"红河",好像在流动,那不会是火山喷发的岩石和岩浆吧?都是红的!里面的场景把大家都给镇住了,进去还是留下?大家面临着生与死的决定。后面是大飓风,只要留下必定卷入里面,被转晕至死;进入前面的洞则又会被热死或砸死。这到底该怎么办?

大家在洞口等着大蛛王的指示,可是大蛛王不能分心,正专心致志地维持着传送门。怎么办呢?只好进去了。如果往后退的话,肯定被卷死,绝对行不通。而进去呢?大家对里面并不熟悉,不知道会发生什么。

乐天轻轻地迈开了一小步,那一小步是多么艰难啊!就像是在脚上绑了十几个吊桶似的,再迈那么一小步,乐天手里已经聚满了汗,鼻尖也出现了浓密的汗珠。

近了!乐天迈着沉重的步伐靠近那个洞口,"咚咚",乐天的心开始跳了,又缩短了距离!"咚咚",乐天的心开始加速。"呼呼",大家感到身后有了凉意,大家都知道那股强风正在接近。只差那么一步了,"哗哗哗",狂风已经接近了!乐天不得不迈开他那条腿,进去了!

紧接着,大家都鱼贯拥进了这个洞口,只因为后面大风威力胜过了大家心里的压力。等到了这里才发现其实没那么可怕,乐天望着这景象感叹道。

这儿的确是一片火山之地,有的地方岩浆还在往外扩散着,不时的,还会有几块岩石从火山口喷出来掉落,大家好像被火山包围了,一座座火山连绵起伏。

"啊呦!"正当大家在打量这新的环境时,蜘蛛群的首领大蛛王在传送门即将关闭前飞了进来,掉入了旁边满是岩浆的山崖里。这可怎么办?没有大蛛王不就乱了吗?唉,麻烦来了……

十二　虚惊了一场

"赶紧去救大蛛王呀!"蜘蛛们大喊道。还没等大家说完,寒尔就蹬了蹬腿,伸了伸手臂,站在了陡崖边,深吸一口气,吐出一根蛛丝,跟跳水运动员似的跳了下去……

"不要!"乐天看见寒尔奋不顾身下去救人,他突然觉得好感动,没想到蜘蛛也有这么深的感情。

大家围拢到崖边向下张望,在岩浆中两个熟悉的身影爬了上来,是大蛛王和寒尔。大蛛王说:"实在不好意思啊,我刚刚打开传送门时不能分神,害得你们担心,真是对不起啊!"说完,大蛛王用脚弯了一下,这也许就表示对不起吧!

"没事,刚才多亏了你打开了一道传送门,只是你的身体?"乐天说着,心里却犯起了嘀咕:怎么会这样呢?岩浆的温度肯定超过一百摄氏度的,就是人掉入必定也烫死了,更别说是蜘蛛了,它们体型再大,也不可能活着呀!

小姑娘正齐围在大蛛王和寒尔身边仔细察看,发现它们都没有烧伤的痕迹,不由得惊呼起来:"这,这怎么可能呢?"

看着大家惊讶的表情,大蛛王笑着说:"你们不知道吧,这里的岩浆全都不烫,只是温的,还能够洗去身上的异物。我敢肯定这就是传说中的温泉浆,它应该是从远处的温岩山流下来的。而在山脚下,应该会有岩之石,只要拿到岩之石就能完成到这里的使命了。

"太棒了,咱们快去吧!"乐天兴奋地喊道,"哎,前面那个是什么?"他朝着那边望去,一副不解的样子。

大家也朝那边望去,可是什么都没有。"乐天,你看错了吗?"正齐问道,"什么东西也没有啊!"

"不会呀!前面好像有一个黑影子,不过闪一下就没有了。"乐天抓了抓头,又揉了揉眼睛,把眼睛瞪得老大,四处张望着,"不可能呀!"

"大家还是小心为妙,谨慎一点。"大蛛王说。

"啊!"队中有蜘蛛突然叫了一下,随之就不见了身影。

"怎么回事?"乐天叫起来,"肯定是那个黑影子。"说完,乐天摆出一副跆拳道的样,左顾右盼,生怕那个黑影从哪里冒出来。

"啊!"队中又有蜘蛛突然叫了一下,又不见了身影,只在地上留下了几个脚印。不过最关键的是正齐居然也不见了。

"肯定是炎火蛛!"大蛛王气愤地说,乐天看见他的脸色泛着红光,细细地看,发现在红光里还有紫光,想必是它生气到了极点。

"在这火山岩浆里,生活着一种叫炎火的蜘蛛。它们行动迅速,身手敏捷,刚刚有蜘蛛受到攻击,我们却没及时发现,就是这样的。因为火山四周没有什么吃的,它们平时都在休眠,只是我们刚到它们便袭击了我们,这事有些奇怪。我怀疑这是冷火蛛捣的鬼,因为以前这里就是它的老家。"

"那怎么办?要赶紧去救他们呀!"乐天心急如焚。经过一段时间的相处,蜘蛛们已经是他的朋友和亲人了。这时的他,眉毛紧锁、怒目圆睁,显得十分气愤。

"必须得先商量好对策才行。"大蛛王可比乐天冷静多了,镇静地说,"首先要找到它们的老巢进去探寻情况,见机行事地把他们救出来,如果不行的话再想办法,知道了吗?"

"知道了!"蜘蛛们齐声喊道。乐天和大蛛王带着大伙儿向着炎火蛛留下痕迹的方向进军。

队伍走进了一座山谷。"哎,我怎么觉得这么奇怪呢?"乐天四处张望着。顺着炎火蛛的脚印越走越不对劲,原来到处有岩浆和岩石,还有许许多多的火山。可这里岩浆及火山越来越少,火山喷发的声音和岩石坠落的声音几乎都听不见了,仿佛成了空谷,就连自己的脚步声也埋没在了这宁静的地方。

就在这时,一座山挡在了面前,在几乎垂直的山腰上露出一个巨大的洞口,洞口边还立着一个碑,上面写着:炎火霸王穴。

"果然是炎火蛛搞的鬼,因为我们俩有灵星飘的泡泡保护,所以咱俩可以直接上去。"大蛛王对乐天说,"进去之后见机行事,千万不要打草惊蛇。"

"好!"乐天的泡泡闪着火红的光芒,他的勇气和正义与这个泡泡融合在了一起,此时,乐天的泡泡更加光彩夺目了,他也飞得更高了。

他们刚进入这种蜘蛛的巢穴,就被一股很难闻的气味笼罩了。紧接着,他们发现了一个洞穴。

"嘶嘶——嘶嘶——"一阵奇怪的声音从里面传出来,"是——谁——呀?"

此时乐天和大蛛王都有点紧张,他们的泡泡都变成绿色了,里面几乎没有红色了。但声音听起来有一点耳熟,会是谁呢?是冷火吗?乐天朝里面望去……

十三 遇上焰火蛛

只见在这个洞穴里的一个角落边有一团又大又胖的"黑泥",这"黑泥"突然动了起来,不知怎么回事从中间出现了一张恐怖的脸,哇!啊!乐天猛得一惊,跳

了起来："这，这是……什么东西？""它是焰火蛛。"大蛛王轻声说道。

此时的乐天手脚冰凉，他的泡泡也泛着死一般的灰色，中间还夹杂着一些星星点点的深蓝色，仿佛更给这灰色泡泡添加了几分死气。

乐天还不知道这种蜘蛛十分古怪，长得跟泥巴似的，所以这种蜘蛛靠周围的泥土来掩护自己，从而捕食。别看这种蜘蛛不好看，但它们行动敏捷并具有强大的毒液。它们喷出的毒液就像焰火一样，猎物只要被喷到就完蛋了，所以这种蜘蛛叫焰火蛛。

乐天不禁联想到前面大蛛王所说的冷火蛛，这不与焰火蛛名字相似吗？不会它就是传说中可怕的炎火蛛的首领吧！乐天越想越害怕，越想越冒冷汗。

"是——谁？"泥巴没有动，而是阴森森地问道。乐天似乎看到了这个泥团愤怒的眼睛。

没有一个人说话，也许这时沉默不语是最好的选择。这一刻空气凝固了，天地间只有这死一般的沉寂，静得让人直发慌。

"嘶嘶——"黑泥突然动了一下，伸开它那可怕的四肢。大蛛王一个箭步挡在乐天的前面，保护着乐天。乐天看清楚了：它有八只大脚，每只脚上都有一个刀片，闪着蓝光，在微弱的光下显得更加阴森。它还有七只眼睛和一张血盆大口，口中还长出了三根尖尖的毒牙，让人望而生畏。

"嗒嗒……"黑色的烂泥慢慢从这只蜘蛛的身上滴下来，仿佛它刚才从泥巴里洗过澡，还没擦干净身子就爬了出来似的。紧接着，"泥团"完全站了起来，转过身去，看了看乐天和大蛛王。突然它呆住了，过了一会儿，它才反应过来："你……你是人类？大蛛王你是在保护他吗？"

"嗯，不错。"大蛛王说道，"我是不会让任何人伤害人类的。"

这时大蛛王身后的乐天显得镇定了一些："我叫乐天，是人类，你是谁？"

"噢，我叫点炎，你们怎么会在一起？"此时的点炎完全没有了刚才的嚣张，眼神也变得柔和许多。

乐天有点疑惑了。咦？怎么会？我怎么变得这么受欢迎呢！乐天眼珠一转："我和大蛛王是好朋友，你为何这么问我？"

"啊，您可能有所不知，我们炎火蛛族是负责保护'九重日'圣地的。我得到冷火蛛的消息，说大蛛王挟持了人类，准备破坏'九重日'。刚才我看到大蛛王正保护人类使者，所以感觉很是奇怪。"

乐天赶紧把冷火蛛的事情说了一遍，焰火蛛点炎若有所思地过了一会说道："冷火蛛毕竟是我们族的长老，我怎么样才能相信你们呢？除非你们能通过考验，在今天凌晨之前取得火光石。因为只有正直善良的人才能得到它。"

乐天听后终于眉头舒展,他又想到了他的伙伴正齐,说道:"既然这样,你能否放了我的一个伙伴,她叫正齐。"

"噢——当然没问题。"说着,点炎蛛取出了钥匙,插进了旁边的门,"吱呀"一声,门开了。"是不是她?"点炎蛛问道。

"是的,谢谢你!"乐天和大蛛王看到了正齐不禁高兴起来。

十四　意外的事情

"我们要怎样通过考验呢?请你说一下。"大蛛王说道。

"啊!您到我们的圣地就明白了,走吧。"点炎蛛说道。

"喔?圣地,让我们去看看吧。"乐天说道。

大家在洞穴中左右穿行良久,终于来到了一个圆圆的大门前。这扇大门是用一种发着清香的红木做成的,门上刻着一些花纹,有些是鱼的形状,有些是鸟的形状,还有些是蜘蛛形状……在大门的正中央画着一个蜘蛛,它的下面有一个牌子,上面清楚地写着:"九重圣地,严惩旁出。"

"这个是什么意思?"乐天望着牌子疑惑地问。

"啊,没有关系,你们只要从这扇门进去就好了,只是出来的时候千万也要从同一扇门出来,如果你从其他的门出来就完了,千万要记住。尊敬的贵宾,我只能送你们到这里了,这里是机密的圣地,我可进不去。"点炎蛛恭恭敬敬地说道。

"唉,这有什么,难道这门会吃人?"乐天这时有些自大,他的泡泡发出火一样的颜色,感觉里面充满了他的激情,仿佛一碰就要爆炸,喷发出火红的火焰。

"不、不、不,各位。我在这里要和你们说清楚,别看只有这扇门。可是你走到里面就会发现有很多一模一样的门,如果你选的不对,没有在规定时间出来,你就可能永远都困在那里面了。"点炎蛛神色十分恍然,仿佛自己已经进去似的,"还有,你们进去后一定要先把东西食用完,否则会没有体力的!"

乐天、大蛛王和正齐定了定神。特别是大蛛王,虽然不语,透露出的却是镇定,它的泡泡泛着特别纯净的天蓝色,仿佛是刚从水里捞出来似的,格外耀眼闪亮,十分美丽,显得晶莹透明。

"那好,我们准备走吧!"大蛛王说道。

乐天小心翼翼地推开门。"吱——"门只开了一点点小缝,"呼——"的一阵热风吹过来,让所有人的心都绷得紧紧的,似乎连心脏跳动声都听得一清二楚。

门已经全部被乐天推开了,大家不约而同地惊叹道:"这里太美了"。

首先映入眼帘的是一盏水晶大吊灯。这盏吊灯晶莹剔透,在淡雅的橘色光芒的映照下更显耀眼。仔细一看,发现这吊灯的颜色不停地转换,一会儿红、一会儿蓝、一会儿黄、一会儿绿……乐天一行啧啧赞叹。

水晶灯的正下方有一张钻石桌。桌面晶莹闪亮,仔细一看,竟然是用一整块钻石打磨出来的。它与上方的水晶灯,相互映衬,华彩夺目,让人惊讶万分。在桌子的旁边有三张椅子,刚好够他们坐,不多不少,仿佛是商量好了的。

乐天兴奋极了,一下子蹦到椅子上。哇噻,好舒服呀!他感觉自己仿佛处于一堆棉花糖里,又绵又软。轻轻在上面摇摆还感觉弹性十足,像个橡皮糖呢!

正当大家兴奋时,不免有些害怕。这里虽然挺美,但是十分寂静,哪怕是自己说了话,也感觉这声音很小,像在幽谷里来回回荡的感觉,这不免让乐天、大蛛王、正齐有点恐惧。自然而然的,大家的话也就更少了,更让人觉得静得发慌发闷。

"哐——"不知何时门自动关上了,除了关门时那巨响声在大厅里来回荡漾,也没人说话了,大家只是呆呆地望着这里的一切。

寂静。

沉默。

"呵呵,我们吃最后的晚餐。"正齐有点不自在,讲了这句话来缓解一下紧张的气氛。

"啊,你不讲我还不知道!看起来还挺美味。"乐天也附和道,这句话同样也是缓解气氛。

"不过,我想这应该挺好吃的。"大蛛王也应和道。

桌子的中央有一盘金色的"叶子",它看起来金光闪闪的,应该很松脆吧!它旁边的那一盘菜也韵味十足,红黄绿的搭配使这道菜更像一幅画,格外美观,都让人不忍心吃了。

不一会儿,大餐就被大家吃完了!但是吃完饭后,等待他们的,就是决定命运的选择了。

渐渐的,墙壁上浮现出了一扇扇一模一样的门……

十五 一个个尝试

"哦!"乐天突然站了起来,"我们忘了看哪一扇门是我们要进去的,现在所有的门全一样,该怎么办呢?"这时他的脸也惨白惨白的,没有一丝血色,即使旁边的

隔壁的世界

水晶灯再耀眼，钻石桌再闪亮，也盖不过这里的死一般的气氛。

"完……完了！"大蛛王这时似乎也有点失控，望着包围他们的门，它又是捶桌子，又是捶脑袋，大吼大叫。

"或许，我们应该先观察观察。把每个门都试一试，有可能会找到一扇合适的门。"正齐开口道。她没有乐天那么绝望，也没有大蛛王那么急躁。她的镇定呈现出的是一种难得的彩色！每一种颜色都是那么艳丽，那么多彩，这道"风景"立刻给这里增添了无限的生机与活力。

"那怎么办呢？"乐天揉着他那双有些红肿的眼睛，停止了喊叫，望向了正齐。

"一个个试呀！"说着正齐拉着大蛛王和乐天的手，走到离他们最近的一扇门前，"试这个？怎么样？"

"嗯！"乐天的眼神里透着信任与希望，这也是正义、勇敢的表现！

"吱——"的一声门拉开了。

眼前的景象让他们大吃一惊：这里可谓是大雪纷飞呀！密密麻麻的白影从大家的眼前晃过，远处的雪花向右飘，近处的雪花向左飘，不时随着寒风形成一个大漩涡，一下子把原有的队形弄乱。远处有一棵年迈的老树，它已被白雪覆盖，就像一个指路标，孤零零地站在那里。

突然，一阵狂风刮来，大蛛王见势不对，急忙关上了门。

看来这个也不对。大蛛王一行又推开了下一扇门。

哇！这里真是芳草如茵呀，哦，是一片原始森林。近处高大的松树笔直地挺立着，像一个哨兵在站岗。一阵微风拂过，旁边的小树小草左右摇摆，发出"哗哗"的声音，就像是大自然妈妈唱给宝宝听的摇篮曲。树下，星星点点地散布着七彩的花，每一片花瓣都润泽透明，像琥珀或玉石雕成的，格外好看。

"这里好像不错耶！"乐天想要进去了。

可就在这时，门上面突然一闪，挂下一条蜈蚣来，它的黑皮上有着红色的斑点，十分奇怪。突然，它吐出了红信子，吓得乐天直往后退。

"哐——"的一声门重重地关上了……

"也许一个个试并不好。"刚刚还吓得浑身发抖的乐天一下子变得沉着冷静，善于思考起来了，"也许，应该想想其他的办法，要知道这儿可是有成百扇门的呐！"

"嗯，是的，可是还有什么办法呢？这门呀都差不多。"大蛛王挠着头，看它这样子，就知道它一定没有理出什么头绪来。

"噢！"正齐突然叫道，她趴在一扇门的门框上，双眼直直地盯着门中间的一个

东西,嘴巴张得大大的,看她的样子就知道,她肯定有什么发现。"这里有些图案,好像每扇门都不一样呢!"

乐天急忙跑过去,他一下子从冷静切换到激情模式,仔细观察起来。原来,门上在细微处刻了一些式样不同的图案。你瞧这扇门用桃木刻了一个圆,它的正下方有一团火苗似的图案。它是用来提示什么的呢?它是按图意来提示门背后是什么的吗?那么刚才的那两扇门一定是关于冰雪和树木的啦!

乐天走到刚刚推过的那两扇门前,咦?差不多耶!一扇门上面刻着一个菱形,旁边还有一个小水滴,这肯定就是那个寒冷的地方了。菱形代表一块冰,另外一个小水滴呢,肯定就是进一步验证它是否适应这个环境了,因为水可以凝结成冰嘛。另一扇门也是如此呀,上面刻着一朵花,还有一片叶子呢!这不是森林,树木的象征吗?只要知道图案的意义,找到回去的门不就很容易吗?

乐天推开带有火苗的那扇门。呀!一阵狂热的风扑面而来,只见这里漫天沙海,时不时被狂风卷成一个个漩涡,直扑乐天他们。天上的太阳也格外毒辣,乐天的皮肤隐隐疼痛。大蛛王的泡泡虽然是海蓝色的,但是在强烈的毒太阳光的照射下,泛出一阵阵耀眼的金光,刺得大家都不敢正面直视。

"哐——"的一声门被正齐关上了。

"嗯,你们看,图上画的是一个圆,我们把它看做是太阳,底下有一团火对不对?它不仅代表了太阳的毒辣,也说明了这里天气的炎热。的确,这里是沙漠呀!"乐天解释道,他为自己这么有道理的推论而感到十分兴奋。他的眼神一闪一闪的,瞧他那得意样,大蛛王不禁暗暗苦笑。

"那么,我们寻找一下正确的门好了……"正齐边走边说。

十六　遇上突发事

乐天走到一扇门的面前,说道:"这扇门好像有些古怪呀,图案怎么这样?"

大蛛王向前一步:"嗯,也许它别有含义呢!只见这扇门上面有一个S型,旁边画了一个三角形,中间写了一个大大的感叹号。这是什么意思呢?'S'代表什么呢?旁边还有一个表示小心谨慎的牌子,一般工地、机房重地都会有这个牌子的,因为它们都表示危险,不能让人随便进去。为什么一定要用'S'表示呢?其他的字母ABC……不都可以吗?这可真是疑点重重呀!"

"要不——"乐天有点冒汗了,有点没底气、没信心的感觉。

隔壁的世界

"怎么呢?"正齐问道。

"我是说……"乐天的神色更加紧张,就像是经过了史上最多沙尘暴的影响,变得灰头土脸,"要不我们试试这里?怎么样?我只是说,试……试一下,尽管有些危险。"

"嗯,是的。不尝试永远都不知道门背后是什么样子的。尽管是有点危险。"大蛛王的泡泡重新变成蓝色,还似以前那么亮、那么纯,像是从水里刚捞出来的一样。

"吱——"门被正齐拉开了一点点小缝,这是个很小很小的缝,看上去约一厘米,但在他们看来,只有一毫米,因为透过那个缝看去,里面好像什么也没有。

"吱——吱"门已被拉大了,可是里面只有一望无际的草地。

"咦?奇怪,这里怎么和门上描述的不一样呀!"正齐相当疑惑,说完她踏了一只脚进入门内,什么事也没发生。

但是正当大家放心踏入这里时,正齐却大喊大叫起来,猛地把乐天推到了一旁,随之就晃晃悠悠地要倒下来的样子。大蛛王上前一步,扶住了正齐问:"怎么呢?"

正齐急忙指了指草地上:"看……看……看那里!"

哇,大家差点叫出声来,在草地上正滑动着一条蛇,这条蛇足有一个大人的腿那么粗,皮肤是绿色的,上面有一道一道的蓝色花纹,眼睛是圆形的,配着它那不太对称的三角形蛇头。这条蛇舌头很长,两个大牙凸在外面,上面还有点点红斑,这是剧毒的绿斑蛇。

乐天惊得大叫起来,冷不丁地瞟到草地上有一片花花绿绿的东西正朝他们"飞"来,定睛一瞧,全是绿斑蛇!

"哐——"的一声大蛛王和乐天把正齐给拉了回来,并关上了门。

正齐这时已经晕倒了。"正齐怎么样了,该怎么办呢?我用木灵石救她吧!"乐天望着正齐满脸愧疚,正齐是为了救他而受伤的。

乐天把木灵石放在正齐的身上,木灵石闪着光可是正齐却没有反应。大蛛王看到了,立即把正齐轻轻地放在地上,然后吐出一根根粉色的蛛丝,慢慢地把正齐包住。但可以看出,这丝并不勒人,而是轻轻柔柔地包住正齐,应该是起到一个保护作用。"木灵石没用,我用蛛丝先保护好正齐,然后我们俩找一找能有火山的地方,接着看看有没有火光石。"大蛛王说道。

"嗯,也只能这样了"。乐天点点头。

十七　门上的标记

乐天又来到一扇门前,只见上面有一个方块,在方块下面有一些水的痕迹。乐天注视着,突然他感到全身冰凉,有一种说不来的感觉。乐天心想:我怎么感到这么冷?莫非与这扇门有关系?这扇门背后是不是十分寒冷?加上这幅图,上面有个方块,下面是水,好比把方块看成冰块,就像南极北极一样,冰下面是水,那么这扇门后一定十分寒冷,跟火山一定毫无关系,线索肯定不在这边。

"这边肯定没有。"乐天斩钉截铁地说,"嗯,看门上的图标就像是有透视眼一样,一下子就知道背后是什么样的。"

"哎?这扇门是不是有些奇怪?"大蛛王燃起希望来。

只见这扇门上面画着一个小小的苹果,它显得十分完美,因为从图案上来看,它十分饱满圆润,上面还有一片小叶子,叶子上还有一粒水珠,这样看,说明它十分新鲜呀。但是唯一的疑点就是,在苹果周围有许多小小、弯弯的东西分布在旁边。这是什么呢?乍一看,这完美的苹果就被这些小东西丑化了。

"我来打开看看。"乐天一马当先,"真搞不懂里面是什么呢?"

"吱——"门打开了。

"哇——"太吓人了。

乐天惊呆了:这扇门后有成片的蠕虫,一眼望不到边。这里的蠕虫品种也是应有尽有。你瞧,那只肥肥的肉色大虫,扭动着身子,背一拱一拱的,正往门边慢慢爬过来。

乐天赶忙关上门,大口大口地喘着气。"唉,只有一个小时时间呀,现在面对上百扇的门,要找出其中一扇门后的火光石。唉!怎么办呀!"乐天唉声叹气,烦恼多了就让人胸闷,透不过气来,更给这里增添了不少压抑之情。尽管这儿金碧辉煌,但是沉闷、压抑在这里蔓延。

"嗨,别泄气!"大蛛王接着说道,"我知道怎样能节省时间了!"大蛛王两眼放光:"你我分头找。但分头找也是有讲究的。只要拉一下门,然后尽快看一下里面大致是什么不就行呢?"

乐天被大蛛王说得突然一拍脑袋:"哎呀!我怎么没想到。"说完乐天便推开了旁边的一扇门。

这里可真美呀!放眼望去,满眼都是绿色。在这个绿绒一般的草地上,嵌着一颗颗水晶般的湖泊,这些"水晶"在阳光的照射下格外闪亮,格外耀眼。定睛一瞧,

嗨！在水里还有不少小鱼呢！这些小鱼通体透明，活动自如，十分灵巧。

乐天被这景象迷住了，但一想到正事，他马上闭上眼，关上了门。

"吱——"又一扇门被推开了。

乐天一惊，"啊！"乐天激动得快要跳起来了。

可是他立刻又担心起来。

在他面前的竟是来的那扇门。可是正齐身负重伤，即使出去了，她也活不了多长时间，怎么办呢？乐天十分纠结。如果出去，正齐会死。可如果不出去，就有两种可能：一是找到闪亮火光石；二是再也找不到回来的出口，该选哪一种呢？

正齐更重要！乐天的决心一下子变得很坚定，心中充满了正义与勇气！尽管乐天不知道他在蜘蛛界待了多长时间，可是在这蜘蛛界里的事情却处处牵动着乐天的心！他已经与蜘蛛们建立了切不断的关系。如果丢下正齐，不但对不起正齐，更对不起自己。

乐天愿蜘蛛们一起快乐生活，一起玩耍，他不希望任何一只蜘蛛被抛弃，被丢下。乐天摸着自己的心，感觉第一次有过这样为别人而牺牲自己的念头。

乐天从口袋里掏出一把小刀，深吸了一口气，用小刀在手指上轻划了一点，然后小心地把鲜血涂抹在门框上，最后轻轻地把门关上。

他继续走向下一扇门⋯⋯

十八　找到火山门

乐天来到这扇门前定睛瞧了瞧门上的标志，上面有一个像小山一样的图案，旁边还有一些像小河一样的图案。小山一样的图案上面刻画了很多清晰的裂纹，这些裂纹曲曲折折，让人感觉这一定是经历了风风雨雨才这样的，但是又让人佩服雕刻这幅画的能工巧匠。

乐天只好分析起这幅图来。这条河显得那么熟悉，好像在哪里见过似的。瞧，这条河上面也刻了不少水纹，但水纹虽多，却让人觉得这水是不怎么流动的，即使要流动，也觉得这水没什么活力，慢悠悠地流淌着。这，这会不会是火山岩浆地带？这山不就像火山吗？这河流不就像岩浆吗？这应该就是有闪亮火光石的火山岩浆地带吧。乐天决定推开门看一看。

"呼——"乐天推开了这扇门，里面的一股热浪立刻扑了出来，乐天马上闭上眼睛，双手捂着脸，猛地一转身，身体一扭，躲过了热浪。也幸亏有那泡泡保护膜，那泡泡

泛起一缕青烟,颜色变得有些火红,但不太亮眼,也许是泡泡挡住热浪之后的反应吧。

"啊!"乐天仿佛是见到了救星,脸上绽放出一朵大红花。这里火红的颜色亮得耀眼,把乐天的脸映得满面红光。亮丽的红色仿佛是一个巨大的圆形光环,把乐天笼罩在里面,好像他是一位天使一样。

"怎么呢?"大蛛王看乐天一副高兴的样子,急忙问道。

"你猜猜看!"乐天抿着嘴像是在笑。

乐天和大蛛王在火光的互相映照下站在门口,大厅更显得金碧辉煌、闪闪发亮,一旁的正齐虽是被轻轻柔柔的粉红色蛛丝包裹着,可是在他们看来,她似乎完全都好了,正在顺畅地呼吸着。

"找到火山的入口了吧?"大蛛王轻轻的笑道,"不愧是乐天。""是的,可下面的路就难走了。"乐天难免有些担忧,这是应有的后顾之忧。但为了他的伙伴——正齐,乐天和大蛛王慢慢地迈开脚步,踏进了充满危险的火山之地。

这个地方乐天没来过,豆大的汗珠顺着脸颊往下流着,背上就像是被千千万万个蚂蚁咬了似的,又疼又痒,还麻麻的。不知怎么搞的,乐天的脸色也不是那么红润了,像纸一样,惨白惨白的。

大蛛王往前走了一步,呵呵笑道:"也没必要那么紧张吧。"从表情上来看,大蛛王虽有笑意,但是仔细地看,就会发现它的笑是硬邦邦的,一点儿不像发自内心的、从容不迫的笑。谁都知道,它只是安慰乐天,也安慰自己。

"是,是,是没必要那么紧张。"乐天也附和道。可乐天的内心怎么会不紧张呢?可见他们内心像跌入一条大河那样,波澜壮阔,却不是滋味。大蛛王轻轻走到乐天的身旁,拍了拍他的肩膀。也难怪,乐天孤身一人来到这个陌生的地方,不害怕才怪呢!

只有在艰苦环境里成长的人,才能练得一身坚强的品质。温室的花朵总是很娇弱,经不起风雨。像乐天这样的人,才是真正能经受住风吹雨打,而且不娇弱、不低头的人,就像一块钢铁,百锤不烂。想到这些大蛛王欣慰了许多。

"哦,快看呐!"乐天叫道,这不禁让他有些惊喜。刚刚还是惨白的脸庞一下子有了润色,红扑扑的,粉嫩嫩的,像婴儿的脸。

大蛛王循声望去,它也是又惊又喜。

原来他们看见了一座火山。这座火山十分高大,直入云霄,山上的脉络十分扭曲、狰狞。火山口还冒着缕缕青烟。有时像一条龙,张牙舞爪;有时像一条狗,调皮嬉戏;有时像一只鸟,展翅翱翔……

在火山旁边还流淌着一条岩浆河。这里有火山也有岩浆,这是火山岩浆地带!那么也就意味着这里有闪亮的火光石。

隔壁的世界

十九 寻 找

"既然这里有闪亮的火光石,那我们就快去找呀!"乐天激动地喊道。

"嗯,好呀!"大蛛王也附和道。但是他的表情却十分担忧,透出的是一丝不安。

"也许应该先找到突破口才可以,在这么大范围内去寻找火光石,如果有条理一些则会有很大的进展。"乐天炯炯有神的眼睛里充满了智慧和希望的光。

"嗯,那是当然。"大蛛王嘴上说,心里也是这么想的。它同时也暗暗佩服乐天这个聪明的孩子,说道:"那我们赶快去岩浆地带看一看吧!"

"嗯,好的。"乐天指了指前方,两颗水灵灵的大眼睛闪着光芒,这是希望的火苗,是对美好事物的向往。它就像一块黄金,不但很珍贵,而且还指引着他们去往正确的方向。

毒辣的阳光从厚厚的云中钻出了一个小脑袋,原本火红的岩浆在阳光的照射下更加鲜明了。岩浆泛出的金色波纹,格外刺眼,让人分不清东西南北。

不一会儿,火山岩浆地带就被乐天"摸"得一清二楚,就是到目前为止,仍没有一丝关于闪亮火光石的线索。

太阳越来越毒辣,乐天和大蛛王忙得一头汗。起初,只有几颗芝麻一样大的小汗珠聚在了乐天的头上。汗珠从脸颊往下淌,不一会儿,乐天的背上就像被水打湿过一样,远远看去,还以为乐天掉进水里了呢!

"呵呵!岩浆这边没什么线索呀?"乐天擦了一把汗。这时的乐天真可谓是"灰头土脸",乐天指着前方一座座山口冒烟的红色火山,继续说:"现在时间很紧,怎么才能找到火光石呢?"说着,他看了看手表,又抬起头看了看火山,"哇!这里至少有几百座火山呐!"他从未见过这么多的火山,感叹道。

"现在火山那么多,时间又紧,这可怎么办?"大蛛王也有些发愁了,脸色变得暗了一些,原来它的脸色是那种暗暗的蓝,现在又有点像是加了墨绿色,隐隐约约地透出了绝望之情。

乐天皱了皱眉头,他的脑子飞快地思考着。

"噢!"乐天大叫,"我知道闪亮火光石的大概位置了。你仔细看,火山口围成的形状是什么?"

"好像是一个圆形,对吧?"大蛛王道。

乐天紧接着说道:"那么你想这火光石可能在这火山群的边缘吗?要是有的话,早就被拿走了。我想这火光石肯定是在火山的最里面——火山口!在那儿火

山岩随时会喷发,所以只会在那儿!"

"对呀!"大蛛王叫了起来,"好了!我们快走吧。咳咳、咳咳……"这时乐天突然咳嗽起来,而且越咳越厉害,最后脸都红了。

"怎么啦?你没事吧?"大蛛王急忙停下脚步,关切地问道。

乐天好不容易才停止了咳嗽:"没什么大事,就是喉咙痒,可能休息一下就好了!"

"不,你肯定是中毒了。这里火山喷发的毒气已经蔓延到周围,你如果贸然进入火山,肯定要死的。看你这样,还不是很严重,让我来用'蛛毒疗法'为你解毒疗伤。"大蛛王说道。

大蛛王吐出了草绿色的蜘蛛丝,包裹在它毒牙滴出的蛛毒周围,然后卷成一个小小的圆形的球:"把这个含着,过几分钟就会好一点了。"

乐天把这个球含了下去,他感觉这东西凉凉的,像是青草的那种芬芳,又像是薄荷的味道。乐天吃了之后,只过了一会儿就好了很多。乐天感激地问:"这是什么神药啊?好神奇呀!"

"这个也没什么,绿色蛛丝就是我们平常吃的那些本草植物的精华呀,用它包裹着我吐出的蜘蛛毒,用以毒攻毒的方法可以抵御这火山喷发的毒气。"大蛛王说道。

"怪不得你们蜘蛛不怕这火山的毒气了。既然我也差不多好了,那我们就继续走吧!"乐天说道。

大蛛王笑了笑:"好!那咱们就继续出发!"

二十 危险重重

话音刚落,一块椭圆形的,并散发着浓浓火药味儿,闪着火光的大石块便从天而降,而大蛛王却丝毫没有察觉。

乐天眼尖,一下子就发现了那个大石块。"小心!"乐天大叫道,说完便冲到了大蛛王的旁边,伸出手,拼命把大蛛王向前推,企图让大蛛王往旁边去一点。可是大蛛王人高马大,体型健硕,根本不能直接用力把它推到旁边。乐天手脚并用,伸直了手臂,一咬牙,一闭眼,猛地用整个身子往那儿一歪,以最大的冲力把大蛛王推出了好几米远。

"呼——"乐天倒地声伴着大石块降落的声音,回荡在他们的耳边。紧接着,

还没等大蛛王反应过来,巨大的石头便砸了下来。

"天,天哪!"大蛛王叫了起来,差点儿要蹦起来了,"刚刚,刚刚落下来的是什么?会不会是火山里的岩石?还有,刚刚是你把我推出那么远,你伤着了吗?"一时激动的大蛛王说起话来都有些语无伦次了,把一大堆问题都抛出来了。

"呵呵,我没有事,大概就受了一点伤而已吧!"乐天卧在地上,虚弱地回答。乐天嘴上是这么说,其实他受了很严重的伤。他感到身体无力,头晕乎乎的,自己的手臂一阵发麻,似乎连一根羽毛都拿不起来了。此时此刻,乐天的脸色变得异常灰白,浑身没有一点生机的感觉了。

"乐天,你没事吧?要不要休息一下呀?"大蛛王关切地问道。

"嗯,没事、没事的。"说着乐天举起手臂,艰难地抬起头,实际上他是想看一看现在还剩下多少时间了。

天哪!只剩下半个小时了,这对谁都是一个考验。不能放弃!乐天要用自己的生命换来他人的生命!

"不,我不用休息,我们继续走吧,要尽早赶到火山群中央,找到火光石才行!"说这句话时,乐天的内心澎湃着,可是他的意志并没有动摇,他不可能轻易放弃!

继续出发!

乐天颤颤悠悠地站了起来,此时的他很虚弱,站起来时眼冒金星,腿发软,整个身子像一坨烂泥,可是他的意志却像一块坚硬的钢铁,经过千锤百炼,却仍然不失本色,坚硬如金。

"我拼了!"不知是哪里来的一股劲,让乐天大声喊出了这句话。这时挂在乐天胸口的木灵石,发出了一阵淡绿色的光芒,顿时,乐天觉得浑身爽快舒畅,让他有了一股活力。

乐天竟然奇迹般的康复了,一定是木灵石的功劳,他平静了一下,仔细观察起这里的地形。乐天发现这里的火山越来越密了。乐天揉了揉发酸的眼睛,说道:"这又能说明什么呢?哦!"乐天大叫一声,先挠了挠头,然后一跺脚,一拍手,一副典型的恍然大悟的样子,"我知道了,火山越来越密的原因是因为中央肯定有一座非常大的火山,也许那就是有着闪亮火花石的地方。为了让人不轻易找到它,所以在这座火山的外围就有许许多多、层层密密的火山包围着。当然,这也就说明了我们离火山中央越来越近了。"话还没说完,乐天就已经手舞足蹈了,像个淘气的小娃娃,在火山的互相映衬下,他的脸显得红扑扑的。

"太好了!我们走吧。"大蛛王说道。现在乐天可缓过神来了!

越往前走,危险也就更多了。一开始,只是有几块岩石从天上蹦下来。过后,

就有大块大块的石头从天而降,让人防不胜防。不但会有夹杂的岩石滚落下来,而且地上处处流淌着一条条似蛇一样的岩浆;并且越往后,那一条条似蛇一样的岩浆便越来越宽,越来越多,让人几乎没有落脚点。

"啪"的一声,他们的泡泡耐不住高温,破碎了。这下可好,没有了泡泡的保护,对付那些困难就更难了!

"快看!"乐天大叫一声,手指着前方,蹦跳着,高喊着,像发现了新大陆一样。

大蛛王顺着乐天手指的方向看去,随即它的嘴角立刻咧开了,也洋溢出了笑容。

那是什么呢?

抬头望去,只见一座非常巨大的火山脉出现在前方,山口涌出滚滚岩浆,火红色的岩浆不停地翻滚着,向外溢出。火山口冒着滚滚浓烟,刺鼻的气味飘散到空中,格外难闻。只见滚滚浓烟中,似乎有一个亮亮的东西飘浮在上面,这莫非是"火光石"?

二十一 绝佳的主意

乐天和大蛛王一看到那闪亮的火光时,眼睛一下子就直了,原本筋疲力尽的他们涌出了无穷的力量,那闪耀的火光石就是他们的目标,加油!一定要拿到它,他们两个飞一般的向火山跑去。

"吱——"他们刹住了脚步,终于来到了火山面前。乐天抬起了头向上看,天哪,在远处看这座火山并不高,可是来到它的面前才发觉它是那么的高,直插云霄仿佛没有尽头,那颗闪亮的火光石在沉沉密密的云雾中时隐时现,增添了几分神秘。更何况,山体的裂缝中不停地喷发着热气和岩浆,要爬上这座火山,简直是比登天还难。

"这么高怎么上去呢?"乐天这时也没了办法。他不停地拍着头、抓着耳,似乎想用这些方法来收获些灵感。

"嘿,快想想办法呀!"大蛛王几只腿蹬呀蹬,那好几只眼睛也在滴溜溜的直转,"去山上可是要经过火的呀!我们蜘蛛可最害怕火了。"大蛛王急的在原地转了好几个圈。

原本这里的气候就很躁热,加上现在一点办法也没有,乐天的脑袋里嗡嗡直响,好像装了一个马蜂窝。

"扑哧——扑哧——"从旁边地面上的裂缝中突然喷出了一股强大的热气。

隔壁的世界

乐天吓了一跳,突然灵机一动,有了主意。

"对了,我有办法了!还有,幸亏你是一只大蜘蛛。"乐天说道。

"是什么办法?快说!跟我是蜘蛛有什么关系呢?"大蛛王在一边瞪大了眼睛。"因为我要用到你的蜘蛛丝啊。你瞧,这里的热气这么多,用你的蜘蛛丝,就可以做成一个热气球,这样我们就可以飞上去了,不用害怕那些岩浆了。"乐天回答道。

"热气球?这能行吗?"

"一定能行,在我们刚才经过的地方有些树木,我们一起去吧!"

他们飞快地来到了山脚下的这片树林。"快点摘树叶吧!用你的蜘蛛丝把树叶织起来。"乐天说。

"这个对我来说是小事一桩。"大蛛王笑着说。

大蛛王用几只脚抓牢了树干,另外几只脚飞快地采摘树叶,同时,从它胸口分泌的蜘蛛丝把树叶层层密密地连接在一起,一个巨大的气球就这样做好了。

他们把气球背到山脚下,把气球的底部对着正在喷着的热气,不一会儿气球就鼓了起来,大蛛王飞快地爬上了气球,把漏气的地方立刻修补得好好的,又在气球外面裹了好几层丝。大蛛王又照乐天的话,用蜘蛛丝在气球底部编织了一个挂篮。

热气球越来越大,越来越轻,慢慢地飞上去了,他们成功了!乐天和大蛛王向着火山顶部进发,他们能拿到这火光石吗?

二十二　到达山顶了

"到了,到了!快要成功了。"乐天看着慢慢上升的热气球,高兴的呐喊起来。

照这样下去要不了多久乐天和大蛛王就成功了,他们辛苦了那么久,终于能有所收获,这能不让人高兴吗?

这时天空显得尤为湛蓝,如同一条蓝绸子,轻盈而美丽。上面那一朵朵白色的云朵像那可爱的棉花糖,远处一道彩虹如桥梁一般挂在天上,五颜六色。此时阳光照耀大地,也照耀着他们的心,乐天觉得这是世界上最美好的时刻了。

"扑哧——扑哧——"热气球在继续上升,可到了这个时候,乐天却高兴不起来了,大蛛王见乐天脸色不对,它刚想问,但随着它的视线看到不远处天边的颜色,它也立刻紧张了起来。

此时天空,突然飘来了一大片乌云,天阴沉沉的,刚才还风和日丽,现在却变了天。乌云在他们周围翻滚,还夹杂着一道道闪电,天空变得深邃起来,显示出一种神秘,像是在透露出一种恐惧和威胁,狂风夹杂着暴雨刮向他们,热气球快速地向山顶飞去,好几次就要撞到凸出的岩石了,那些尖利的石块如刀锋一般,与乐天他们擦身而过。

热气球离山顶越来越近了,这时狂风肆虐,耀眼的"火光石"在云雾中忽隐忽现。如果照这样下去,热气球即使到了山顶也会给吹飞掉的。

"大蛛王,快准备好你的蜘蛛丝绑在我身上,一到山顶你就把我放下去。"乐天说道。

"这,这太危险了!风这么大,热气球又飘忽不定,万一撞上山崖,那可就要粉身碎骨了。"大蛛王担心地说道。

"时间来不及啦,我们必须抓住这唯一的机会!"乐天的眼神是那么的坚定,透露出视死如归的气概。是的!时间已经很少了,如果错过这次,恐怕就没有机会了。

乐天飞快地把蜘蛛丝绑在了身上,站在气球边上,热气球终于到山顶了,他飞身一跃,向着"火光石"扑去。

气球被风吹得离山顶慢慢远去,大蛛王趴在气球边上,从胸口吐出的丝越来越长。乐天在空中荡来荡去,终于他扒住了一块岩石,并飞快的固定住了蜘蛛丝,有了这根蜘蛛丝,大风就不会把热气球吹走了。

大蛛王顺着蜘蛛丝,慢慢滑了下来,来到了乐天身边与他会合。

二十三　只是幻影吗

乐天和大蛛王来到了山顶,他们看见在乱石嶙峋的山顶上,"火光石"散发着灿烂的光芒,照亮了周围。历经了千难万苦,终于到达了目的地,乐天和大蛛王兴奋得两眼放光,他们手脚并用向着"火光石"爬过去。

真是一块神奇的石头呀,"火光石"竟然悬浮在空中,从它的中心向外透出炽热的火光,就像一团焰火在其中燃烧着。

大蛛王刚想伸手去取,可是在"火光石"的四周立刻升起了一圈火焰,只听得一声惨叫,大蛛王身上烧着了好几处,痛得它在地上打滚,才把身上的火焰给扑灭了。

这时响起一个洪亮的声音:"大胆毛贼,竟敢来偷窃'火光石',还不快滚!"

隔壁的世界

乐天看到如此情景,心中不禁也吓了一跳,原来这"火光石"是有守卫的,这可怎么办呀?看到大蛛王的惨状,乐天心里开始有些害怕了,不过他一想到他的朋友正齐,便勇敢地往前走去,回答道:"我们并不是小偷,但是我们的朋友需要这'火光石'去救命的。今天,我无论如何都必须取得这块'火光石'"。

只听见"火光石"传来一个低沉的声音:"哈哈!今天我看你们是得不到了,快点回去吧!就凭你们,上来简直就是送死。"

"就是送死我也要上。"乐天大叫一声,猛地向"火光石"扑去。乐天心里想,我要以最快的速度取得它,也许刚才大蛛王速度太慢了才给火焰烧着了。

但是,他想错了。

在"火光石"的四周快速升腾起一圈火焰。乐天犹豫了一下,但他想到正齐的性命危在旦夕,如果不赶快的话,也许就来不及了,想到这里他的心中充满了勇气。

乐天猛地飞身跳起,身体跃过了火焰,一阵剧痛传来,乐天浑身都着火了,他忍着剧痛,一把把"火光石"紧紧攥在手心。

乐天重重地跌落下来,大蛛王赶紧跑到乐天身边扶起他。乐天看着大蛛王说道:"赶快把'火光石'送给正齐。你快去,不要管我。"

但是令他俩都想不到的事情发生了,明明紧紧抓在手里的"火光石"却化作一阵闪光,又悬浮在刚才的那个地方。难道冒着生命危险而取得的"火光石"只是一个幻影,难道一切努力都白费了吗?

插图:曹冠群

367

梦想的翅膀

"不会的!"乐天一下傻眼了,明明觉得前一秒火光石还在手心里,怎么后一秒就化作幻影了呢?乐天绝望得一屁股坐在了地上,他顿时觉得天地间简直就像是打翻了的墨水,灰蒙蒙的,或者说是黑色的一片。大地仿佛也在震颤,乐天觉得天昏地暗,头脑嗡嗡直响,如乱麻一样交织在一起,杂乱无比。

这时候,乐天才觉得他原先的伤又疼了起来,他已经没什么力气了,似乎没有什么比原先付出很多而没有回报的感觉更难过了。但是乐天担心的并不是这一点,而是他们的伙伴正齐齐等着他们呢。

一旁的大蛛王,似乎也丧失了力气。

顿时一片死气沉沉!

一切努力都白费了!

过了许久,忽然有一片亮光从他们头顶上照过来,是什么?乐天艰难地抬起头,看到一个人,他是?

只见一圈光环笼罩着他,背后有一双火红的翅膀……这好似天使啊!可不是吗?乐天仔仔细细地打量着他:红色的头发,微红的脸颊,粉红的手臂,亮红的衣裳。再仔细一看,他的额头上还有一个鲜红的印记。

莫非他是——这个石头的守护者?还不等乐天开口问,那个人就已经开口了:"我想你们想的没有错,我就是这个石头的守护者。我的名字叫——焰火。"

"相信你们一定是为这块石头来的吧!在拿到这块石头之前,请听我讲一个简短的故事吧!"

"你们知道闪亮火光石的来历吗,我想你们听了一定很吃惊。传说在这个世界诞生之后,海水汹涌,火山喷发,一个奇异的物体在此变成结晶,成了红色的火光石。然而,这个石头是经过千百万年才诞生的,如此珍贵也让很多人想得到它。不过,想要得到它,必须经过很辛苦的寻找,要有超常的毅力、耐力,并且怀着一颗正义的心,要有勇气,是为了友情和亲情而来,不能只顾利益。"

"从刚才你们的表现中,我看到了你们确实能力非凡,具有我所说的精神品质。我想,你们可以拥有这块石头。"焰火一口气说了这么多。

"我,我们真的可以拥有这块石头吗?"乐天有些不相信,他觉得只是一场梦。

"没错。"焰火身子一闪,一块石头落入了乐天的手里。

"这,这真的是火光石!"这时,天空明朗了起来,周围的火山岩都长出了绿草,生机勃勃。蓝天白云也都探出了头,温暖的阳光洒在他们身上,一切都是那么暖意融融。

"谢谢你,焰火。"乐天轻轻的对着手里的石头说着。

"乐天,我们拿到了闪亮火光石,赶快回去吧!"大蛛王急忙说道。

"嗯,啊——不!"乐天看着手表大声叫了起来,"好像只剩下十分钟了,赶不过去啊!"

惊喜过后,他们又陷入了深深的绝望。

二十四 真实的梦境

怎么办!怎么办?只剩下十分钟时间了!

这时他们只有一个念头:就是快跑!

他们互相对视了一下,便迈开步子往前冲。现在时间就是生命,他们要与时间赛跑。

他们的脚下,尘土飞扬,一个个小石子被溅得跳了起来。他们的耳旁,风呼呼地吹着,周围的景物与他们擦肩而过。他们这个速度,肯定连飞人刘翔都赶不上。

可是,跑着跑着,乐天就有点儿支撑不住了,他感觉头晕乎乎的,迈开一步就像是绑了许多水桶在腿上似的,十分艰难。乐天心里明白,自己已经十分累了,还要再继续这样跑下去吗?

当然要!正齐是他的朋友,怎么能丢下她不管呢!不知哪来的一股力气,乐天跑得更快了。

糟了!只剩下三十秒了!!!前方已出现了那扇门,可是那实在太远了呀!怎么办呢?来不及多想,他们只有不停地迈着步子往前冲。

时间到了!十、九、八……三、二、一!

现在完了。门一关,一切的努力都白费了!

"正齐!"乐天和大蛛王一边喊道,一边冲进了门。

乐天闭上了眼睛,"对不起!正齐!"乐天大喊道。

当乐天重新睁开眼睛时,他和大蛛王都惊呆了。

那,那不就是正齐吗?她是怎么好起来的?一大串问题在他们脑子中浮现,到底怎么回事?

正齐看到他们,立刻眉开眼笑:"哦,你们终于回来了!我清醒过来时,发现你们已经无影无踪了。"

乐天与大蛛王相视一笑,正齐没事就好了,刚才发生的那些事,就当是个锻炼吧!

就在这时,地动山摇,转眼间这栋大厅的砖块就已经往下掉了。一个砖块正好砸向了乐天……

乐天一下子惊坐起来,周围的环境是那么熟悉:小熊挂钟,洁白的床单,还有小书桌。这不是我的家吗?乐天抬头望了一下时钟的日历,今天本应该是星期六,怎么会是星期天了。

"刚才这是一场很长的梦境吗?也许只是一场梦吧!"乐天对自己说。

可是,他手上却攥着一块闪亮的石头。

后 记

  当李万青老师把为本书题跋的任务交给我时,我欣然接受了。

  因为我觉得这是一项光荣的任务,一项有意义的任务。一是作为一名陪伴了孩子们六年的资深家长,眼看着孩子们从懵懂无知的小娃长成了青春少年,对他们有一份发自内心的真心喜爱;二是亲眼见证了孩子们在学业,特别是语文学习上的巨大进步,我自认为对他们还是比较了解的,所以,觉得也有必要为他们的作品实话实说。

  抛开低年级的看图写话不谈,孩子们的正式写作起步于三年级。作为一名具有多年丰富语文教学经验的优秀教师,李老师自从到三(2)班走马上任以来,就始终紧紧抓住语文学习的重头戏——阅读和写作。在高考重新改革,语文比重大幅提高的今天看来,李老师毫无疑问是深谋远虑,相当具有前瞻的战略眼光和思想的。如果仅是满足于教授课本上的那点知识,李老师可以很轻松地应对。但是,看到开学孩子们写的第一篇作文,语句不通,用词贫乏,逻辑混乱,毫无章法,更遑论什么文采了,李老师的两道浓眉紧蹙起来,陷入了沉思。

  必须采取措施!

  阅读和写作不分家。两手都要抓!缺一不可!

  为了尽快提高孩子们的读写能力,李老师决定先从阅读入手。除了布置和督促孩子们课外大量广泛阅读,他还改革了课堂教学,推出了全新的"翻转课堂"模式。李老师花费大量时间和精力课下制作好教学视频,布置孩子们回家观看,并针对视频提出问题,做出解答,然后第二天在课堂上再分组讨论。在讨论过程中,李老师并不参与,只是偶尔及时把握并引导讨论的话题和方向。由于孩子们课前已做了充分预习,讨论时争相发言,踊跃表达自己的看法。这种全新的学习方式强烈地刺激了孩子们的学习积极性,变被动学习为主动学习,从而极大提高了他们的自主学习能力。在短短两年时间内,阅读理解能力显著提高,同时也为日后的中学阶段奠定了坚实的基础。

  再说写作,这是一个颇令广大家长头痛的问题。如何尽快提高孩子们的写作能力?除了课堂上教授写作方法和技巧,一个环节接一个环节地强化训练,李老师又采取了一项非常措施:写轮流日记。把全班分成若干组,每组约四五人,每人每周至少写一篇。内容、字数、题材、体裁皆无限制,天马行空,自由自在。跳出应试

梦想的翅膀

写作的条条框框,孩子们不拘泥于考卷上的一个个小方块,老师也不再拿着一杆标尺打出高高低低的分数。在轮流日记这片天地中,孩子们寻找到了课堂之外单纯的写作乐趣,而老师也更多的是鼓励学生,感受他们在字里行间洋溢的快乐和属于孩子们的小小智慧,重在培养写作兴趣和感觉。兴趣有了,何愁水平不提高?

翻开孩子们的轮流日记本,看着那一行行童趣盎然的文字,我时有恍然如梦的错觉。打开几年前的班级博客或QQ相册,孩子们的写作刚刚起步之时,那些所谓的作文是多么稚嫩可笑、杂乱无章啊!无论是字数、谋篇布局还是文采,都与今日的作品不可同日而语。如果不是亲自陪伴了孩子们数年,如果不是亲眼见证了孩子们的成长足迹,我真的是难以置信!这是一个巨大的进步,一个巨大的飞跃,一个梦想插上翅膀的翱翔。我粗略统计了一下,这几年孩子们个人写下的文字多则二十余万,少则几万字,因为李老师对写轮流日记没有任何限制,完全可由孩子们自己掌握,兴趣多、灵感多时就多写,兴趣少、灵感少时就少写。但对孩子们写的每一篇日记,李老师都会非常认真地批阅,做出点评,并要求家长们也给予关注,多多鼓励。

可是,这一写就是四年,一千四百多个默默耕耘的日子,每个学期一直坚持不懈,谈何容易!李老师和孩子们付出了多少心血和汗水!梦想总是美丽的,而要实现梦想,却绝非一蹴而就的事,这需要拥有超出常人的毅力,付出百倍辛勤的劳动。正如蝴蝶,需要经历漫长而痛苦的蜕变,才会有破茧而出,在阳光下蹁跹起舞的那一刻。总不时见到媒体说某某学霸天天都是在快乐地玩,学习一点不费力,轻而易举就取得了优异成绩,拿到了大奖。这完全是误人子弟不负责任的言论。看看那些学业优秀、事业有成的人士,有几人敢说自己轻轻松松就成功的?君可见他们在背后付出了多少艰辛的劳动?

作为孩子们四年的语文老师,李老师有N多可以半途放弃的理由。批阅轮流日记是额外的工作,且要占用大量下班后的休息时间,而李老师实在太忙了。他每天要备课,要批改成堆的作业,要研究教学,要撰写论文,要应对诸多杂事,甚至中午还要和数学老师骆平轮流值日照看孩子们吃饭,等孩子们吃完了,老师才能去吃饭,彼时早已是冷饭冷菜了……集老师和家长双重身份于一身,每天像部不停地高速运转的机器,李老师真的太忙太累了,常常被孩子们发现中午在办公室竟趴在桌上睡着了,孩子们喊好几声都喊不醒!

是什么精神在支撑着李老师如此拼命地工作?是什么动力可以让一个人有如此坚韧的毅力?除了李老师本身的非凡素质(李老师曾数次在严冬酷暑带着年幼的儿子进行长达数百公里的自行车骑行,毅力非同一般!),我想,支撑李老师几年如一日地坚持下去的是他对孩子们的一颗仁爱之心,像润物细无声的春雨滋养着

后 记

孩子们的金色童年;是他作为一名智慧老师的执著信念,始终坚信孩子们的巨大潜力;是他对本职工作和教学事业的热爱和强烈责任感,是他要为孩子们的美丽梦想插上翅膀的美好愿望!

每次翻开孩子们的轮流日记本,眼前就仿佛出现了这样一幕:在一条长长的路上,有一些奔跑者在奋力奔跑。跑在最前面的引路人是李老师,后面跟随着一群英气勃发的青春少年。看那,他们跑得汗流浃背,跑得气喘吁吁,但他们的脸上却洋溢着灿烂的笑容。那是快乐的笑容,那是开心的笑容,那是对未来充满信心的笑容!

把孩子们的作品结集出版,是李老师和家长们的共同愿望,希望给孩子们的童年留下一份特别的回忆。

正如著名儿童文学作家金曾豪先生所说:"有文学相伴的童年是快乐的、丰富的、美丽的。"二班的孩子们喜爱读书,广泛涉猎各类书籍(这是写好小说必备的功夫),尤其喜好文学类书籍。孩子们如饥似渴地从书中汲取营养,把自己的许多课余时间都用于大量阅读和写作。班级里掀起了一股股读书写作的热潮,有的写鬼怪魔幻,有的写童话故事,有的写校园趣事,有的根据时事发挥想象写成小说,短篇、中篇甚至长篇,精彩纷呈,好一派创作繁荣兴旺的景象!

我读着这些奇异灵动充满童趣的作品,不禁由衷地欣赏和钦佩孩子们。虽然平时我也浏览过一些孩子的作品,觉得他们的文字很有灵气,但如今细细读到孩子们的这些作品,仍不由得在心里暗暗赞叹。孩子们的创作是无拘无束的自由式,但从中完全可以看出小作者们颇宽的知识面和扎实的写作功底。心理活动、细节的描写,笔法细腻传神,情景交融,修辞手法丰富多样;构思对话简洁生动,善于运用多种对话手段使人物形象鲜明饱满;情节复杂,线索众多却叙事有条不紊,间或恰到好处地夹叙夹议……凡此种种,无不彰显出其长期持之以恒训练有素的写作技巧。这是量的积累的结果,这是质的飞跃的必然。想想都觉得有点儿匪夷所思,几年前入学时还大字不识几个的小娃,如今居然能有模有样地创作小说了。其想象力之丰富奇异,写作手法之老道娴熟,有些甚至完全可与《哈利·波特》或其他名作相媲美!

笔者在这里随意摘选了几个小片段,和大家一起分享:

那些花蕊探出了小脑袋,绿叶就夹在一片杜鹃花中间,每一片绿叶上都闪着雨珠。雨珠顺着绿叶的茎,慢慢地滑落下来,掉在绿叶尖顶上,弹了一下,然后落入池塘中,泛起一阵涟漪。(陈允初《黄金时空》)

一个"雨珠掉落池塘"的小小细节也能写得如此生动传神,好一个"弹"字!

……这时,乘务员玛丽按响了驾驶舱的门铃:"我可以进来吗?"

"进来吧,玛丽。"机长扎哈里输入密码,打开驾驶舱的门。

"机长,您要的水。"

"谢谢。"扎哈里接过水,"对了,我托你带的那两只黑箱子上飞机了吗?"

"机长吩咐的,我哪敢忘呢!已经放在货舱里了。箱子里有什么宝贝呀?"玛丽笑着问。

"嘘,小声点!那可是炸弹哦!"扎哈里摆出一脸严肃的样子。

"哦?是吗?那您得小心驾驶啦,不要让飞机太颠簸。"看得出机长是在开玩笑,所以玛丽跟着也故作严肃。

"哈哈……你们这两个恐怖分子。"一旁的副机长法里克大笑起来。扎哈里终于忍不住也笑了。(柳沛阳《MH370航班》)

这一节精彩对话,自然流畅,寥寥数语,人物形象便已呼之欲出。仅前几句就已全部囊括了李老师教给孩子们的写对话的四种手段(提示语在前,在后,在中间,无提示语)。后生可畏,不容小觑!

"汪汪,汪汪!"小黑毫不畏惧。在两人接触的一刹那间,小黑扑到龙哥的腿上,狠狠地咬了下去。龙哥一甩腿,将小黑摔在了地上,趁机挥棒打小黑。小黑一翻身,躲过了落下的棒子,再次反扑。龙哥躲避着,挥棒乱打,一棒打中了小黑的右前爪。小黑疼得滚到了一旁,"嘶嘶"地倒吸着凉气,但随即又扑了上去……(史文君《向左,向右》)

如此紧张激烈一气呵成的打斗场面想不到竟是出自于一个文静秀气的小姑娘之手,读者有没有以为是男生或女汉子所为?

突然,屏风后露出一点裙角,墨绿色的像一片荷叶。接着,那屏风后的人儿走了出来,墨色的秀发松松挽起,一根玉兰簪子插在发髻上,洁白的脸庞,红润的嘴唇,眼睛微微张开,睫毛又长又密,纯洁的像一个瓷娃娃。(范心蕊《玛格丽特与魔法校园》)

这样的描写多像电影里的慢镜头:先是自"屏风后露出一点裙角",引起观众的好奇心,然后镜头推移,呈现一个个特写镜头,主角惊艳出场:墨色秀发松松挽起,一根玉兰簪子插于发髻,白面红唇,眼睛微张,睫毛长密,像个精致的瓷娃娃。这种欲露先藏的巧妙手法着实是高明,收到了此处无声胜有声的强烈艺术效果!

凉的!冰凉的!当斑点冲入气流,这是她的第一感觉。她轻轻扇了一下翅膀,只感觉双翼下冰凉冰凉的,还有空气在有节奏地流动着,轻轻吹动着她的初级飞羽,她心想:太爽了!在这里飞比在自己飞过的任何地方都舒服多了!就算是盛夏里那缕温柔的风也比不过它。有那么一会儿,她感到这个世界里似乎只剩下自己和这瀑布了。(杨晗菲《鹰》)

后 记

  如此细腻动人文采斐然的文字,就像一缕清新温柔的微风从心田轻轻掠过,触动着那个在这喧嚣的尘世间逐渐变得迟钝粗糙的角落。这不是出自一个饱经沧桑的成人之手,而是一个儿童纯真的心灵感受,因此它们就愈加具有打动人的力量。

  大家看看羽霁,"哄"的一声笑了出来。晓风和晓雷笑得前仰后合;茉夕、墨祺笑出了眼泪;漠沁表情冷淡,眼角却挂着笑意;馥羽霖皱着眉,戴上眼镜打量她的妹妹,看了几眼也笑出声来;舞冰捂着嘴偷笑;舞雪低着头,看不见她有没有笑,但身子却在不住抖动……婉媛老师慈祥地笑着,看着不知所措的馥羽霁:"进来吧!"馥羽霁慌慌张张坐到姐姐旁边,想想也觉得好笑,便也笑了起来……(贝贝《龙游寻梦》)

  哄笑、前仰后合的笑、逼出泪的笑、眼角挂着笑意的浅笑、皱着眉又出声的笑、捂着嘴笑、看不见面容身子却在抖动的笑、慈祥的笑、莫名的笑……笑有多少种,便有多少种性格。小作者对不同人物"笑"的刻画,足见其平日细致敏锐的观察力和良好的写作功底。

  孩子们的作品是一汪浩瀚的海洋,这里撷取的仅是其中的几朵浪花。由于时间篇幅等原因,还有不少孩子的优秀作品这次暂未录入作品集,有点儿遗憾。但我想,孩子们喜爱写作,乐在其中,并从中找到了一份特别的快乐和自信,这,或许才是他们着迷于写作的最大动力吧。文学陶冶了孩子们纯洁无瑕的心灵,丰富了他们的童年精神生活,这部作品集将把孩子们幸福快乐的童年永远地烙印在他们的生命中,为他们的美丽梦想插上凌空翱翔的翅膀!

  路漫漫其修远兮,吾将上下而求索。愿孩子们继续努力,不断创作出更多更好的作品!

  衷心感谢李老师为了孩子们付出了无数辛勤的劳动!感谢李老师在百忙之中利用休息时间抽空审阅孩子们的作品,为他们的童年留下了永远美好难忘的回忆!

  衷心感谢二班的所有老师们,几年来一直陪伴着孩子们,给了他们许许多多的关爱和鼓励!

  衷心感谢游府西街小学的领导和老师们,给了孩子们一个健康成长、快乐成长的大环境!

  衷心感谢姚凌曦妈妈、杨晗菲爸爸等热心家长帮助联系出版的各项事宜,让这本承载着孩子们梦想的作品集得以面世。

  是为后记。

贝贝妈妈 2015 年 4 月草于金陵